师范教育精品课程系列教材

新编教育学原理

主　编　高欢梅

副主编　林　芸　李振华　赵　晋

胡　兰　裴德金

北京理工大学出版社

BEIJING INSTITUTE OF TECHNOLOGY PRESS

内 容 简 介

本书是根据教师教育课程改革的趋势和要求，为提高师范生的教育基本理论水平而编写的高等师范院校公共课教育学教材。本书共十二章，主要包括教育学概述、教育的产生和发展、教育与社会发展、教育与个体的发展、教育目的、教育制度等内容。该书在体系上有所创新，在内容结构上以基础性和理论性为重点，注重反映当前教育思想和教育理论的新形势，吸收当代国内外教育理论研究的最新成果。

本书脉络清晰，层次分明，结构完整，既可作为高等院校师范生的教育学教材，也可作为各级教育学院、教师进修学校的培训教材，还可作为各类人士参加教师资格证考试的参考用书。

图书在版编目（CIP）数据

新编教育学原理／高欢梅主编. --北京：北京理工大学出版社，2021.9（2023.1重印）

ISBN 978-7-5763-0277-6

Ⅰ. ①新… Ⅱ. ①高… Ⅲ. ①教育学-高等学校-教材 Ⅳ. ①G40

中国版本图书馆 CIP 数据核字（2021）第 177582 号

出版发行／北京理工大学出版社有限责任公司
社　　址／北京市海淀区中关村南大街 5 号
邮　　编／100081
电　　话／（010）68914775（总编室）
（010）82562903（教材售后服务热线）
（010）68944723（其他图书服务热线）
网　　址／http：//www. bitpress. com. cn
经　　销／全国各地新华书店
印　　刷／北京国马印刷厂
开　　本／787 毫米×1092 毫米　1/16
印　　张／20. 75
字　　数／484 千字
版　　次／2021 年 9 月第 1 版　2023 年 1 月第 2 次印刷
定　　价／49. 80 元

责任编辑／朱　婧
文案编辑／李　硕
责任校对／刘亚男
责任印制／李志强

图书出现印装质量问题，请拨打售后服务热线，本社负责调换

前言

“教育学”作为师范类专业的必修课程，在教师教育中的重要性不言而喻，而教育学教材则是“教育学”课程的重要载体。为了提高师范类专业学生自身综合素质、适应教师教育专业发展、推进教育教学水平不断提升，同时促进学生对课程的理解和认识，提升学生对“教育学”课程的学习兴趣，我们以师范专业的教学特点和培养目标为依据，在总结本课程长期教学经验的基础上组织编写了本书，力求其体系具有科学性、趣味性、应用性和前沿性，内容能够贴近教学实际。

本书内容主要包括教育学概述、教育的产生和发展、教育与社会发展、教育与个体的发展、教育目的与素质教育、教育制度、教师与学生、课程和课程改革、教学、德育、班主任及班级管理、中小学教育研究与管理。学生通过学习本书，可以较为全面地掌握教育学的基本知识。

本书在编写过程中，注重理论与实践相结合，具有以下特点。

第一，教育理论较为先进。本书以我国基础教育改革为契机，吸收国内外最新的研究成果，反映当代社会经济、文化和科技发展的趋势，力求内容新颖，能体现基础教育改革的理念，努力构建先进的教材体系。

第二，体例科学合理。本书遵照教育学学科的基本规范，兼顾学科本身、学生发展、社会需求三者的和谐统一，既注重理论性和实践性的结合，又注重前后内容的一致性和相互呼应。全书体例科学，语言风格一致，非常有利于学生学习。

第三，贴近教育实践。本书中的例子取材于当今的教育实践，使学生在学习的过程中不仅能了解教育理论的实用价值，还能在学习的同时增强自己作为师范生的责任感和使命感。

本书在编写过程中，参考了国内外许多专家学者的著作、文献资料，并引用了相关内容，在此对这些专家学者表示诚挚的谢意。

由于作者水平有限，书中不足之处在所难免，恳请广大读者批评指正！

编　者

2021 年 5 月 15 日

目 录

第一章 教育学概述

学习目标

1. 掌握教育学的含义，了解教育学的研究任务。
2. 了解教育学产生与发展的过程。
3. 理解学习教育学的意义，掌握学习教育学的方法。
4. 掌握中外古代教育家的主要教育思想。
5. 能够运用教育学理论分析教育现象。

第一节 认知教育学

一、教育学的含义

对“教育学”一词的解释，国内外专家学者从不同的角度进行了研究，形成了不同的定义。

1. 国外学者对教育学的定义

日本学者田浦武雄说：“对教育进行学术性研究并综合成一个理论体系，这就是教育学。”法国学者贝斯特说：“教育学是教育的科学。”苏联学者斯皮库诺夫说：“教育学是关于专门组织的、有目的和系统的培养人的活动的科学，是关于教育、教养和教学的内容、方式和方法的科学。”美国学者亨德森说：“教育学通常被理解为教的科学和艺术。”

2. 国内学者对教育学的定义

在我国教育学界，学者们对教育学的定义也不尽相同。

总体来看，教育学的含义主要有三种：一是指一门科学，把教育学定义为研究教育现象和教育问题、揭示教育规律的一门科学；二是指一种学科门类，将教育学与哲学、经济学、法学、历史学、文学等并列；三是指一门课程，教育学课程主要在师范院校开设，也称教育概论、教育原理或教育学原理等。

本书所讲的教育学是指一门科学，即教育学是研究教育现象和教育问题、揭示教育规律的一门科学。

二、教育学的研究对象

任何一门学科都有其特定的研究领域和研究对象，教育学作为一门学科也不例外，教育学的研究对象就是教育现象、教育问题和教育规律。

教育学以人的教育为其研究对象。在西方，教育学一词是从希腊语 pedagogue，即“教仆”派生出来的。古希腊把陪送奴隶主子弟来回于学校并帮助他们携带学习用品的奴隶称为“教仆”。按其词源来讲，教育学最初是作为关于儿童和青年的科学而产生的。由于社会生产和社会生活的需要，它逐渐成为一门以教育现象、教育问题为研究对象、探索教育规律的学科。

教育是培养人的社会活动，它广泛地存在于人类社会生活之中。人们为了有效地进行教育工作，需要对它进行研究，总结教育经验，认识教育规律。

（一）教育现象

教育现象是教育本质的外在表现，它广泛地存在于人类社会生活和实践中且表现方式复杂多样。教育是社会生活的一个方面，是人类社会生活不可缺少的组成部分，它同社会的经济、政治、文化以及民族和人的发展等因素密切联系、相互影响和相互作用，因此，教育必然是一种社会现象。

教育是人的基本需要之一，人的一生都需要接受教育。人的一生所受的教育有家庭教育、学校教育、社会教育、工作单位的教育以及自我教育等多种形式。在各种形式的教育活动中，必然会出现各种各样的教育现象，在教育活动中，教育现象是一种普遍存在，所以，教育现象是教育学研究的首要对象。

（二）教育问题

教育问题指在教育过程中需要解决的疑难和矛盾。教育工作者在教育实践中会遇到许多难点，汇总后当成教育问题提出来，当这些问题被解释和解决后，就会产生新的教育理论。解释教育问题既是教育科学研究的发端，也是教育学的实用价值之所在，所以教育问题是教育学发展和进步的内部动力。

（三）教育规律

教育规律是教育内部诸因素之间，教育与其他事物之间的本质联系，是不以人的意志为转移的客观存在。教育规律既有普遍意义的基本规律，又有作用于某一局部的具体规律。教育的基本规律表现在两大方面和两小方面。两大方面（宏观，也称两大关系），一是教育同社会发展的本质联系，二是教育同人的发展的本质联系。两小方面（微观），一是教学过程的基本规律，二是德育过程的基本规律。

三、教育学研究的任务

教育学研究的根本任务是揭示教育规律。教育学研究的具体任务是依照教育的逻辑层次，揭示教育的各种规律（包括宏观的和微观的），并在揭示规律的基础上，阐明教育工作的原则、方法和组织形式等问题，为教育工作者提供理论和方法上的依据。

教育学的具体任务如下。

（一）发展教育理论

教育理论是人们在长期的教育实践过程中总结、归纳、概括而形成的理性认识，是由概念、命题、原则等构成的系统的理论结构，反映了教育活动中的必然联系。当前我国正进行基础教育课程改革，教育学的重要使命在于为基础教育改革和发展提供先进的教育理论，从而为中小学的课程改革服务。

（二）解释教育问题

作为一名中小学教师，为提高工作的自觉性，避免盲目性，必须掌握基本的教育理论，按照教育规律和青少年身心发展的特点设计教育活动，调整和控制教育行为，科学地解释和解决教育问题。教育学的使命就在于为教育工作者提供解释教育问题的视角。

（三）改造教育实践

教育学对教育问题进行科学解释的目的不仅仅是促进教师教育知识的增长，更在于改造教育实践。改造教育实践的任务主要体现在：启发教育实践者工作的自觉性，形成正确的教育态度，培养坚定的教育信念，提高教育实践者的反思能力，逐渐成长为一名称职的人类灵魂工程师。

（四）提高教师素质

长期以来，部分教师不将教育学作为一门学问，错误地认为学不学教育学对教学没多大影响，只把自己看成知识的传递者，满足于“教书匠”的角色，这种认识是错误的。作为一名合格的教师，必须重视教育理论的学习和研究，只有懂得教育规律，遵循教育原则，采用科学的教育方法，才有创新的动力，才能获得尊严，才能全面提升自身的素质。

四、教育学的学科性质

教育学是一门社会科学，它在整个教育科学体系中属于基础性的学科。

教育学发展到20世纪，已经形成分化与拓展的趋势。20世纪有关教育的研究和理论，已不再是“教育学”这样一门学科所能包揽的了，而是逐渐形成一个学科群。这种以教育事实和教育问题为共同研究对象，旨在揭示教育规律的多种相关学科，统称为教育学。教育学是庞大的教育科学体系中的基础学科：一方面，从教育科学的其他门类和方法里吸取营养，丰富和充实自己的内容；另一方面，又对教育科学的其他门类和方法起一定的指导作用。

在教育科学体系中，主要包括如下几类科目。

（1）原理类：包括教育哲学、教育原理等。

（2）历史类：包括各种不同国别的本国教育史和按不同地域划分的外国教育史，还有按历史阶段划分的各种断代教育史等。

（3）教学研究类：包括教学论、课程论、学习论，各门学科的教学法或各门学科的教学（或教育）论、教学技术手段学等。

（4）思想品德研究类：包括德育原理、德育心理学等。

（5）学校管理类：包括学校行政学、学校管理学和教育督导、教育测量与评价等

（6）不同阶段或类别的学校教育研究类：包括学前教育学、小学教育学、中学教育学、高等教育学、职业技术教育学等。

(7) 教育研究方法类：包括教育研究法和教育统计、教育规划、教育预测等。

(8) 教育比较类：包括比较教育学等。

除上述科目外，还产生了一批运用其他学科的理论和方法来研究教育现象的交叉学科，如教育经济学、教育政治学、教育文化学、教育社会学、教育人类学、教育信息学、教育传播学、教育未来学、教育心理学、教育社会心理学等。

从这样一个教育科学体系中我们可以看到，教育学的分化是首先将时间、空间和整体性作为研究对象进行分解，然后分别进行专门研究。同时，教育科学体系中出现了有关教育研究方法的学科以及运用相关学科的理论与方法研究教育的学科，这对教育科学的继续发展具有重要意义。这些新学科的出现，不仅让人们对教育的认识变得丰富、清晰、细致、准确，而且展示出教育研究的不同层面和不同角度，为下一步形成对教育整体的、科学的、辩证的认识提供了丰富的思想与理论材料；同时，对提高教师教育实践的自觉程度、科学化水准和效益具有积极的、不可替代的作用。虽然并非每个师范生都要学完这些学科，但这些学科丰富了师范教育中教育类课程的内容，在未来教师的教育信念、认识和行为技能、技巧的形成方面具有理论指导意义。

第二节　教育学的产生和发展

任何一门科学都有其产生与发展的过程。教育学是人类社会和教育实践活动发展到一定历史阶段的产物，是在社会对教育的需要日益增长的情况下产生和发展起来的。

一、教育学的产生

教育学是随着人类社会的发展和人类教育经验的丰富而逐渐形成和发展起来的一门学科。在原始社会中，由于生产力水平低，人类的认知简单，所以没有教育学。随着社会生产力的发展，出现了脑力劳动与体力劳动的分工，产生了文字，出现了学校，人们的教育经验逐渐丰富，教育工作也日益复杂，越来越需要对教育工作进行研究、对教育经验进行总结，逐渐产生了教育学。

二、教育学的发展

教育学的发展与其他许多社会科学一样，有一个漫长而短暂的过程。说它漫长，是因为早在几千年前，先哲们就对教育问题专门论述和精辟见解；说它短暂，是因为作为一门规范性学科，教育学只有两百多年的历史。

教育学的发展，大致可分为四个阶段：萌芽阶段、独立阶段、多元化阶段、现代化阶段（也叫作理论深化阶段）。

（一）教育学的萌芽阶段

萌芽时期的教育学还没有从哲学体系中分化出来，成为一门独立的学科，仅仅是以教育思想的形式，与当时的哲学、政治、伦理道德、宗教等思想混杂在一起。教育思想也散见于哲学家、伦理学家、政治学家等的论著和言语记录中。

1. 我国教育思想的萌芽阶段

（1）孔子的教育思想。中国古代最伟大的教育家和思想家孔子，以及以他为代表的儒家文化对中国文化教育产生了极大的影响。孔子的教育思想集中体现在记述他及其门下弟子言行的著作《论语》中。

①孔子注重后天的教育。如孔子认为人的先天本性相差不大，个性的差异主要是后天形成的（“性相近也，习相远也”）。

②孔子主张“有教无类”。这是孔子关于教育对象和追求教育平等的思想，他希望把人培养成“贤人”和“君子”。孔子大力创办私学，培养了大批人才。

③孔子的学说以“仁”和“礼”为核心并将他们作为最高道德标准，并且把“仁”的思想归结到服从周礼上（“克己复礼为仁”），主张“非礼勿视，非礼勿听，非礼勿言，非礼勿动”，强调忠孝和仁爱。

④孔子继承西周六艺教育的传统，教学纲领是“博学于文，约之以礼”，基本科目是诗、书、礼、乐、易、春秋。

⑤“庶、富、教”的论述反映了孔子关于教育与经济发展关系的思想。孔子认为，庶与富是实施教育的先决条件，只有在庶与富的基础上开展教育，才能取得社会成效。

（2）孔子的教学原则和教学方法。

①启发诱导原则。孔子提出：“不愤不启，不悱不发，举一隅不以三隅反，则不复矣。”孔子是最早提出启发式教学的教育家，比苏格拉底的“产婆术”早几十年。

②因材施教原则。孔子承认学生的先天差异，但更强调“学而知之”，重视在了解的基础上因材施教。

③学、思、习、行相结合原则。孔子说：“学而不思则罔，思而不学则殆。”强调学以致用，把知识运用到政治生活和道德实践中去。

④温故知新原则。“温故而知新，可以为师矣”，也就是现在的巩固性原则。

孔子的教师观：“其身正，不令而行；其身不正，虽令不从。”

孔子的终身学习思想：“学而不厌。”

孔子的爱岗敬业思想：“诲人不倦。”

（3）孟子的教育思想。孟子是教育史上最早把“教”和“育”连在一起使用的人，他在《孟子·尽心上》里说：“人生有三乐，父母俱在，兄弟无故，一乐也；仰不愧于天，俯不怍于人，二乐也；得天下英才而教育之，三乐也。”

“性善论”是孟子教育思想的基础。他认为，人生来就有恻隐、善恶、辞让、是非之心，教育就是扩充“善性”的过程，最后使人达到仁、义、礼、智。这使孟子成为教育史上“内发论”的代表。

孟子认为教育的目的在于“明人伦”。孟子继承了孔子的教育与政治思想，提出“民贵君轻”的“民本”思想。他说：“善政不如善教之得民也。善政，民畏之，善教，民爱之，善政得民财，善教得民心。”孟子还提出了一种理想的“大丈夫”人格，即“富贵不能淫，贫贱不能移，威武不能屈”。

（4）荀子的教育思想。荀子提出了“性恶论”，这是其教育思想的基础。荀子是“外铄论”的代表人物，他认为教育的作用是“化性起伪”。荀子认为，完整的学习过程是由感性认识到理性认识，再到行的过程，即闻—见—知—行。“不闻不若闻之，闻之不若见之，见之不若知之，知之不若行之。学至于行之而止矣。行之，明也；明之为圣人。”

荀子重视循序渐进。他在《劝学篇》中指出，“不积跬步无以至千里，不积小流无以成江海”。荀子也重视教师的地位。“天地君亲师”，把教师的地位与“天地君亲”并列。

（5）墨子的教育思想。先秦时期以墨翟为代表的墨家与儒家并称显学。墨翟的教育思想以“兼爱”和“非攻”为主，注重文史知识的掌握和逻辑思维能力的培养，还注重实用技术的传习。墨家认为，获得知识的途径主要有“亲知”“闻知”和“说知”三种，“说知”是依靠推理的方法来追求理性知识。

（6）道家的教育思想。老子和庄子是道家的创始人，道家是中国传统文化的一个重要组成部分，由于它主张“弃圣绝智”“弃仁绝义”，所以长期不为教育理论所关注。其实，道家的许多教育思想是很值得研究的。根据“道法自然”的哲学，道家主张回归自然、“复归”人的自然本性，认为一切任其自然，便是最好的教育。

（7）《学记》的教育思想。随着文化教育的发展，《学记》问世了。《学记》是《礼记》中的一篇，这篇著作从正反两方面总结了儒家的教育理论和经验，以简约的语言、生动的比喻，系统地阐述了教育的作用和任务，教育、教学的制度、原则和方法，教师的地位和作用，师生关系和同学关系等。《学记》是罕见的世界教育思想遗产，在很大程度上具有经验描述的性质。

《学记》是我国也是世界上最早的专门论述教育问题的著作，它是集先秦时期教学经验和儒学思想之大成的教育著作。成书于战国末期，据郭沫若考证，是由孟子的弟子、思孟学派的代表人物乐正克所著，全书一共 1 229 个字。

《学记》里的教学原则主要包括以下几点。

①“教学相长”“学然后知不足，教然后知困。知不足，然后能自反也；知困，然后能自强也。”

②“藏息相辅”“时教必有正业，退息必有居学”，即课内与课外相结合。

③“豫时孙摩”“禁于未发之谓豫，当其可之谓时，不陵节而施之谓孙，相观而善之谓摩。”

④启发诱导。“君子之教，喻也，道而弗牵，强而弗抑，开而弗达”，主张开导学生，不要“牵着学生鼻子走”；对学生提出比较高的要求，不要使学生失去自信；指出解决问题的路径，不提供现成的答案。

⑤“学不躐等”“不陵节而施”，就是要按照循序渐进的原则进行教育。

⑥“长善救失”“学者有四失，教者必知之。人之学也，或失则多，或失则寡，或失则易，或失则止。此四者，心之莫同也。知其心，然后能救其失也。教也者，长善而救其失者也。”

⑦“化民成俗，其必由学”“建国君民，教学为先”，揭示了教育的重要性和教育与政治之间的关系。

⑧“师道尊严”，《学记》里的教师观是尊师重道。“师严然后道尊，道尊然后民知敬学”。“玉不琢，不成器；人不学，不知道。”揭示了教育的个体功能。

⑨《学记》设计了从基层到中央的完整的教育体制，提出了严格的视导和考试制度。

在我国古代也涌现出不少优秀的教育著作，像韩愈的《师说》、朱熹的《语录》、颜元的《存学篇》等，这些著作对师生关系、如何读书与学习，都有精辟的论述。

2. 西方教育思想的萌芽阶段

追溯西方教育学的思想来源，首先要提到的就是古希腊的哲学家苏格拉底、柏拉图和亚里士多德，以及古罗马时期的昆体良等人。

（1）苏格拉底。苏格拉底以其雄辩和与青年智者的问答著名，问答法又称“产婆术”，就是现在的“谈话法”。苏格拉底在与鞋匠、商人、士兵或青年贵族问答时，佯装无知，通过巧妙的诘问暴露出对方观点的破绽和自相矛盾之处，从而使对方发现自己并不明了所用概念的根本意义。

“产婆术”分为三步。

第一步称为苏格拉底讽刺。苏格拉底认为这是使人变得聪明的一个必要步骤，因为除非一个人“自知其无知”，否则他不可能学到真知。

第二步叫定义。在问答中经过反复诘难和归纳，从而得出明确的定义和概念。

第三步叫助产术。引导学生自己进行思索，自己得出结论。正如苏格拉底所说，他虽无知，却能帮助别人获得知识，好像他的母亲是一个助产婆一样，虽年老不能生育，但能接生，能够催育新的生命。

（2）柏拉图。柏拉图是对哲学的本体论研究做出重要贡献的古代哲学家，他把可见的“现实世界”与抽象的“理念世界”区分开来，认为“现实世界”不过是“理念世界”的摹本和影子，应建立本质思维的抽象世界。据此他认为，人的肉体是人的灵魂的影子，灵魂才是人的本质。灵魂是由理性、意志、情感三部分构成的，理性是灵魂的基础。理性表现为智慧，意志表现为勇敢，情感表现为节制。根据哪一种品质在人的德行中占主导地位，他把人分成三种集团或等级：运用智慧管理国家的哲学家；凭借勇敢精神保卫国家的军人；受情绪驱动的劳动者。

柏拉图认为，人类要想从“现实世界”走向“理念世界”，非常重要的途径就是教育，教育帮助未来的统治者获得真知，以“洞察”理想的世界。这种教育只有贯彻了睿智的哲学家和统治者的思想，才能引导芸芸众生走向光明。柏拉图认为，教育与政治有着密切的联系，以培养未来的统治者为宗旨的教育乃是在现实世界中实现这种理想的正义国家的工具。柏拉图的教育思想集中体现在他的代表作《理想国》中。

柏拉图的思想是国家主义教育思想的渊源。柏拉图也是“寓学习于游戏”的最早提倡者。在西方教育史上，柏拉图的《理想国》、卢梭的《爱弥儿》、杜威的《民本主义与教育》是三个里程碑式的著作。

（3）亚里士多德。古希腊“百科全书式”的哲学家亚里士多德，秉承了柏拉图的理性说，认为追求理性就是追求美德，就是教育的最高目的。他认为，教育应该是国家的，所有的人都应受同样的教育，“教育事业应该是公共的，而不是私人的”，这与孔子的“有教无类”异曲同工。

亚里士多德也是第一个提出教育自然性原则的教育家。他注意到儿童心理发展的自然特点，主张按照儿童心理发展的规律对儿童进行分阶段教育，这也成为后来强调教育中注重人的发展的思想渊源。他的和谐教育思想，成为后来全面发展教育的思想渊源。亚里士多德的教育思想大量反映在他的著作《政治学》中。

（4）昆体良。古罗马的昆体良被称为西方第一位教育家，他的《论演说家的教育》（有译名为《论演说家的培养》《雄辩术原理》）是西方最早的教育著作，但它比我国的《学记》要晚近300年。昆体良提出了朴素的教育民主思想，猛烈抗议当时学校中盛行的体罚，主张“让教师首先唤醒他自己对学生的父母般的情感”。在学习方法上，他介绍了三个顺序递进的阶段：模仿—理论—练习，据此有人也称昆体良的《论演说家的教育》是世界上第一部教学法著作。

但是，这一阶段教育方面的著作多属论文的形式，停留于经验的描述上，缺乏科学的理性分析，没有形成完整的体系，因而只可以说是教育学的萌芽。

（二）教育学的独立阶段

随着资本主义生产的发展和科学的进步，资产阶级为了培养他们所需要的人才，在教育上提出了主张，采取了一些新的措施。资产阶级教育家为了阐明他们的教育主张，总结教育方面的经验，出版了一些教育著作，从而形成了体系比较完整的教育学，教育学逐渐成了一门独立的学科。

1. 培根

第一个提出教育学是一门独立学科的人是英国的培根，他在《论科学的价值和发展》（1623年）中，首次把“教育学”作为一门独立的科学确立下来，他把教育学的定义界定为：“教育学是一门知道阅读的学科。”此外，他的归纳法为教育学的研究提供了方法论基础。

2. 夸美纽斯

教育学进入独立阶段的第一个代表人物是捷克的著名教育家夸美纽斯，他被誉为“教育学之父”。他于1632年写成、1657年出版的《大教学论》，是近代教育史上第一部以教育为专门研究对象的著作，这部著作的出现标志着教育学成为一门初具雏形的独立学科。在这部著作中，夸美纽斯称赞教师职业是“太阳底下最光辉的职业”。

夸美纽斯是受到人文主义精神影响的教育家，他强调教育自然性。自然性，首先是指人是自然的一部分，人都有相同的自然性，都应受到相同的教育；其次，要遵循人自然发展的原则；最后是要进行把广泛的自然知识传授给普通人的“泛智教育”，而不仅仅只强调宗教教育。

夸美纽斯在《大教学论》这本教育著作中，提出了自己的教育主张：每个人都有接受教育的可能性和权利，教育是形成人的品德和智慧的最重要工具，通过对人的教育可以达到改造社会的目的。他强调，教育要成功，必须要遵循自然的规律。这些主张与中世纪形成的压抑人性、推崇神道的教育传统是截然不同的。以上述思想为核心，他提出了普及初等教育，主张建立适应学生年龄特征的学校教育制度。他在他的《世界图解》里还首次论证了班级授课制，规定了广泛的教学内容，提出了“百科全书”式的教育内容体系。他提出了教学的直观性、系统性、量力性、巩固性、自觉性五个教学原则（也有说提出了便利性、彻底性、简明性与迅捷性四个原则），高度评价了教师的职业，强调了教师的作用。这些主张在反对封建教育、建立新教育科学方面，都起到了积极的作用，为建立教育学的科学体系奠定了基础。当然，《大教学论》也有其历史、阶级的局限性。他以经验论为基础，应用“自然适应性”的观点进行机械类比，并使自己的教育言论具有神学色彩，企图把科学同基督教教义调和起来，还没有成为真正科学的教育学。

夸美纽斯在《大教学论》中体现的教育思想如下。

(1) 提出了教育适应自然的重要思想。

(2) 提出了“泛智”教育思想，主张把一切事物交给一切人。

(3) 首次提出并论证了直观性、系统性、量力性、巩固性、自觉性等教学原则。

(4) 提出了学年制的思想，并首次从理论上论述了班级授课制。

(5) 提出了普及初等教育思想。

(6) 构建了教育学的学科框架和百科全书式的教育内容体系。

3. 卢梭

18 世纪法国启蒙思想家卢梭（1712—1778）是一位享誉世界、对教育思想的丰富和教育学的形成产生深远影响的人物。卢梭的小说体教育名著《爱弥儿》，在当时引起了极大震动，政府当局下令查禁焚烧。在《爱弥儿》中，卢梭对当时流行的古典主义教育模式和思想，从培养目标到教学内容、方法进行了猛烈的、全面的抨击。“出自造物主之手的都是好的，而一到人的手里，就全变坏了。”《爱弥儿》首卷的第一句话，毫不含糊地树起了遵循人自身成长规律的自然主义教育的大旗。卢梭认为，现存的人是坏的，但人的本性是善的，假如能为人造就新的、适合人性健康发展的社会、环境和教育，人类就能在更高阶段回归自然。他所理解的自然，是指不为社会和环境所歪曲、不受习俗和偏见支配的人性，即人与生俱来的自由、平等、淳朴和良知。因此，人为根据社会要求加给儿童的教育是坏的教育，让儿童顺其自然发展的教育才是好的教育，甚至越是远离社会影响的教育才越是好的教育。

在《爱弥儿》一书中，卢梭以假设的教育对象爱弥儿为“模特儿”，按个体生长的自然年龄阶段，依次阐明了自己对处于不同年龄阶段个体教育的目标、重点、内容、方法等一系列问题的独特见解。卢梭尖锐地指出：“我们对儿童是一点也不理解的，对他们的观念错了，所以愈走就愈入歧途。”卢梭对教育学的最大贡献就是，开拓了以研究个体生长发展与教育的相互关系为主题的研究领域。

4. 康德和裴斯泰洛齐

继卢梭之后，在 18 世纪还有两位人物对教育理论和实践的发展做出过重要贡献。一位是德国的大哲学家康德（1724—1804），他对教育学形成的贡献不仅表现在为认识人性提供了新的哲学框架，而且他还是第一位在大学里开设教育学讲座的教授。1776 年，康德在哥尼斯堡大学开设了教育讲座。此后他的学生林克将他演讲的内容整理、编纂并出版，题为《康德论教育》。在这本论著中，康德鲜明地表述了自己的立场：“只有人是需要教育的，所谓教育是指针对保育（儿童之养育）、管束、训导和道德之陶冶而言。故人在幼稚时期需保育，儿童时需管束，求学时需训导。”他把教育看作是使人性得以不断改进和完善的重要手段。因此，“儿童应当教育，然而不是为现在而是为将来人可能改良到的一种境界；换言之，是适合于人类理想与人生的全部目的的”。无疑，康德的行为与思想在促进教育思想与理论科学化方面起到了推动作用。

另一位著名的教育家是瑞士的裴斯泰洛齐（1746—1827），他于 1774 年创办了新庄孤儿院。在那里，他把卢梭在《爱弥儿》中论述的教育理念付诸实践，成为卢梭《爱弥儿》的信奉者和实践者。他以其博大胸怀和仁爱精神进行了多次产生世界影响的实验。他认为，教育的目的在于按照自然的法则全面、和谐地发展儿童的一切天赋能力和力量。教育应该是有机的，应做到智育、德育和体育的一体化，使头、心和手都得到发展，教育者的首要职责在于塑造完整的、富有个人特征的人。他主张教育要遵循自然，教育者对儿童施加的影响，必须和儿童的本性一致，使儿童自然发展，并把这种发展引向正确的道路。他的代表作是《林哈德和葛笃德》《葛笃德怎样教育她的子女》。他的主要思想可以概括如下。

（1）提出全面、和谐发展的教育目的。

（2）第一个提出“教育心理学化”的口号。

（3）提出“要素教育论”。其基本思想是教育过程要从一些最简单的、为儿童所能接受的“要素”开始，再逐渐转到日益复杂的要素，促进儿童各种天赋能力和力量全面、和谐地发展。

（4）建立初等学校各科教学法。他被誉为“初等教育之父”，是教育史上小学各科教学法奠基人。

（5）他是西方教育史上第一位将“教育与生产劳动相结合”这一思想付诸实践的教育家，也是形式教育论的代表。

5. 洛克

进入近代，国家教育和民主教育的思想都在发展，这在英国教育家洛克（1632—1704）身上得到了集中体现。一方面，他提出了著名的“白板说”，认为人的心灵如同白板，观念和知识都来自后天，并且得出，天赋的智力人人平等的结论，“人类之所以千差万别，便是由于教育之故”。他主张取消封建等级教育，人人都可以接受教育。另一方面，他主张绅士教育，认为绅士教育是最重要的，一旦绅士受到教育、走上正轨，其他人也会很快走上正轨。绅士应当既有贵族气派，又有资产阶级的创业精神和才干，还要有健壮的身体。绅士的教育要把德行教育放在首位，基本原则是用资产阶级利己主义的理智克服欲望，确保个人的荣誉和利益。与其形成鲜明对照的是，他轻视国民教育，认为普通的学校里集中了“教养不良、品行恶劣、成分复杂”的儿童，有害于绅士的培养，主张绅士教育应在家庭实施。他的绅士教育思想主要反映在他的代表著作《教育漫话》中。

6. 赫尔巴特

将教育理论提高到学科水平并为后人所公认的，是在19世纪产生重要影响的德国教育学家赫尔巴特（1776—1841）。他是第一个把裴斯泰洛齐的理论用文字形式介绍到德国的人，他也是康德的信奉者，并接替康德在哥尼斯堡大学的教授教席。赫尔巴特在1806年发表的著作《普通教育学》，被誉为教育史上第一部科学形态（规范化、现代化）的教育学著作。自此以后，教育学作为相对独立的以教育为研究对象，以揭示教育活动规律为宗旨的学科地位被确立。

赫尔巴特的《普通教育学》获得如此殊荣并不是偶然的。在这本著作中，他构建了教育学的逻辑体系，形成了一系列教育学的基本概念与范畴。他首次提出“教育性教学”“课程体系”“管理制度”等教育范畴，并强调教育学的两个基础：哲学的伦理学基础（用来指导教育目的与价值的选择与判断）和心理学基础（用来指导对教学过程内在结构的认识和方法的选择）。赫尔巴特在《普通教育学》中系统研究了教学和教学过程，提出了著名的按教学过程中儿童心理活动变化而划分的“四阶段理论”（明了、联想、系统、方法），使原来难以把握的教学过程变得可操作起来。

赫尔巴特强调，教学必须使学生在接受新教材的时候，唤起心中已有的观念；多方面的教育应该是统一而完整的，学生所学到的一切应当是一个统一体。他强调系统知识的传授，

强调课堂教学的作用，强调教材的重要性，强调教师的重要地位，形成了传统教育的教师中心、教材中心和课堂中心的特点。

赫尔巴特的教育观是二元论的。一方面，他强调儿童的兴趣是教育的出发点，是教学的依据；另一方面，他把教育看成接受过程，强调教师的主导作用。在政治伦理观方面，他主张，教育应该从国家理念出发，教育的根本目的在于培养良好的国家公民。所以他特别强调道德教育，强调道德教育是教育的首要任务，而且道德教育就是“强迫的教育”，纪律和管理是教育的主要手段。他提出，纪律的本质就是“约束儿童的意志”，使其与国家的意志相一致，还提出威吓、监督、命令、禁止和惩罚等是管理的有效方法。

赫尔巴特的《普通教育学》曾一度风行世界，对19世纪以后的许多国家的教育实践和教育思想产生了很大的影响，他被誉为“规范化教育学之父”，是科学形态教育学的奠基人和创始人。我国“五四运动”以前的学校教学，也深受赫尔巴特教学思想的影响。赫尔巴特被看作传统教育学的代表。他的主要观点可以概括为以下几点。

（1）首次提出了教育性教学原则。“我想不到有任何无教学的教育；正如反过来，我不承认有任何无教育的教学。”他强调教学过程是知、情、意统一的过程。

（2）认为伦理学和心理学是教育学的两个理论基础。

（3）强调教师的权威作用和中心地位，形成了传统教育中教师中心、教材中心、课堂中心的“三中心论”。

（4）提出“四阶段教学”理论。将教学过程分为明了、联想、系统和方法四个阶段。后由他的学生席勒修改为预备、提示、比较、总括、应用，称为“五段教学法”。

（5）提出教育的目的是为国家培养品德优良和人格完善的社会公民，赫尔巴特也因此成为社会本位论的主要代表人物。

总之，在这一阶段中，教育学已具有独立的形态，成为一门独立的学科。

（三）教育学的多元化阶段

随着科学技术的发展，心理学、社会学、法律学、伦理学、政治学等经验学科逐渐兴起，这些学科的知识和研究方法，对教育学的发展起到了巨大的推动作用。教育学不仅从这些科学中吸取有关的研究成果，而且也逐渐利用社会学所常用的实证方法（收集资料，进行调查、统计，根据事实进行客观的记述、比较、说明，探究其规律）和心理学所采用的实验的方法来研究教育问题，使教育学不再仅仅是根据一定的理想和规范去考察教育，而是从教育事实出发，对其进行客观的分析与研究，从而使教育学向着实证的社会科学转化，在科学化的道路上前进了一步。同时，由于人们所处的社会条件不同，所运用的研究方法不同，对于社会和教育的认识也就各不相同。自19世纪50年代以来，教育科学迅速发展起来，出现了各种各样的教育学，并形成了许多门类。

多元化阶段的教育学包括实证主义教育学、实验教育学、文化教育学、实用主义教育学、马克思主义教育学、批判教育学。

1. 实证主义教育学

英国资产阶级思想家、社会学家斯宾塞（1820—1903）于1861年出版了《教育论》。斯宾塞是英国著名的实证主义者，他反对思辨，主张科学只是对经验事实的描写和记录。他提出，教育的任务是教导人们怎样生活。他把人类的生活活动分为五种。

（1）直接保全自己的活动。

（2）获得生活必需品从而间接地保全自己的活动。

（3）目的在于抚养教育子女的活动。

（4）与维持正常社会政治关系有关的活动。

（5）在生活的闲暇时间满足爱好和感情的各种活动。

斯宾塞运用实证的方法来研究知识的价值问题，认为直接保全自己的知识最有价值，其次则是间接地保全自己的知识，其他的知识价值次第下降。由此，他强调生理学、卫生学、数学、机械学、物理学、化学、地质学、生物学等实用学科的重要性，反对古典语言和文学的教育。此外，他还特别重视体育，他说："不仅战场的胜负常取决于兵士的壮健程度，商场的竞争也部分由生产者的身体耐力所决定。"在教学方法方面，他主张启发学生学习的自觉性，反对形式主义的教学。斯宾塞重视学科教育的思想，反映了19世纪资本主义工业生产对教育的要求，但他的教育思想具有明显的功利主义色彩。

代表人物：斯宾塞。

代表著作：《教育论》（1861年）。

基本观点：反对思辨，认为科学就是对事实的描述和记录，反映了资本主义发展的需要，带有明显的功利主义色彩。

2. 实验教育学

实验教育学是在19世纪末20世纪初产生于德国，以教育实验为标志的教育思想流派。

代表人物：德国的梅伊曼和拉伊，法国的比纳，美国的霍尔和桑代克。

代表著作：《实验教育学》《实验教育学纲要》等。

基本观点：

（1）反对以赫尔巴特为代表的强调概念思辨的教育学，认为这种教育学对检验教育方法的优劣毫无意义。

（2）提出把实验心理学的研究成果和方法运用于教育研究，使教育研究科学化。

（3）把教育实验分为提出假设、进行试验和确证三个阶段。

（4）主张用实验、统计和比较的方法探索儿童心理发展过程的特点及其智力发展水平，用实验数据作为改革学制、课程和教学方法的依据。

3. 文化教育学

文化教育学又叫"精神科学教育学"，是19世纪末出现在德国的教育学说。

代表人物：狄尔泰、斯普兰格、利特。

代表著作：《关于普遍妥当的教育学的可能》《教育与文化》等。

文化教育学的基本观点有：

第一，人是一种文化的存在，人类历史是一种文化的历史；

第二，教育过程是一种历史文化过程；

第三，教育研究必须采用精神科学或文化科学的方法；

第四，教育的目的就是要促使社会历史的客观文化向个体的主观文化转变，并将个体的主观世界引导向博大的客观文化世界，培养完整的人格；

第五，培养完整人格的主要途径就是"陶冶"与"唤醒"，建构对话的师生关系。

4. 实用主义教育学

19世纪末20世纪初，美国出现了实用主义教育学，由杜威（1859—1952）所创立，其

代表作是 1916 年出版的《民本主义与教育》。作为现代教育的代言人，杜威的教育思想与赫尔巴特的教育思想针锋相对。杜威主张教育为当下的生活服务，教育即生活。由于生活是一个发展过程、生长过程，所以教育也是生长的，这是从教育的纵向来说的；而从生活的横向来说，则是人与环境的相互作用，形成了个体的和集体的经验，所以教育实际上是经验的改造和改组，是促进学生形成更新、更好的经验。为此，他强调教法与教材的统一，强调目的与活动的统一，主张“在做中学”，在问题中学习。他认为，教学的任务不仅在于教给学生科学的结论，更重要的是要促进并激发学生的思维，使学生掌握发现真理、解决问题的科学方法。引导学生了解发现真理的方法有两个因素：一是智慧，二是探究。智慧与冲动相对立，由于运用了智慧，人对于问题的解决，就与动物的“尝试与错误”区别开来。探究则与传统学校“静听”的方法相对立，它是一种主动、积极的活动，它的价值在于可以使学生在思维活动中获得“有意义的经验”，将经历到的模糊、疑难、矛盾的情境转化为清晰、确定、和谐的情境。

杜威对传统教育的批判，不仅是对方法的批判，而且是对整个教育目的的批判。他认为，那种外铄的教育目的使受教育者无思考的余地，限制人的思维，致使受教育者不需要也不可能有自由思考、主动创造的空间，只能使用机械的注入法，学生消极地对待教师所教的内容，成为教师和教科书的奴隶。

杜威以儿童中心主义著称，强调儿童在教育中的中心地位，主张教师应以学生的发展为目的，围绕学生的需要、兴趣和活动组织教学。杜威的学说是以经验为基础，以行动为中心，是适应垄断资产阶级的需要而产生的。杜威标榜“民主教育”“进步教育”，重视儿童的主动性、积极性，反对传统教育。但是，他却否定理论的指导作用，否定系统的科学知识，否定教师的主导作用，这是违背客观规律的。杜威的实用主义教育学在 20 世纪 30 年代盛极一时，在世界各国广为流传，被一些资产阶级学者称为“新教育”“现代教育”。从此，西方教育学出现了以赫尔巴特为代表的传统教育学和以杜威为代表的现代教育学派的对立局面。

代表人物：杜威、克伯屈。

代表著作：杜威的《民主主义与教育》《经验与教育》，克伯屈的《设计教学法》。

基本观点（主要是杜威的）：

（1）“新三中心论”：儿童中心（学生中心）、活动中心、经验中心。

（2）将教育的本质论概括为“教育即生活”“教育即生长”“教育即经验的改造与改组”。

（3）主张“在做中学”，在问题中学。

（4）学校即社会，强调教育与社会生活的联系。

（5）提出“五步教学法”：创设疑难情景—确定疑难所在—提出解决问题的种种假设—推断哪个假设能解决这个困难—验证这个假设。

5. 马克思主义教育学

“十月革命”以后，在列宁、斯大林的领导下，苏联进行了 20 多年的教育革命实践活动，取得了正反两方面的经验。1939 年出版的由凯洛夫主编的《教育学》，是一本试图以马克思主义的观点和方法阐明社会主义社会教育规律的著作，也被称为世界上第一本马克思主义教育学著作。

该书系统地总结了苏联20世纪二三十年代的教育经验，基本上吸收了赫尔巴特的教育思想，把教育学分成总论、教学论、德育论和学校管理论四个部分。其主要特点是重视智育在全面发展中的地位和作用，认为“学校的首要任务，就是授予学生自然、社会和人类思维发展的深刻而确实的普通知识；形成学生的技能、技巧，并在此基础上发展学生的认识能力；培养学生的共产主义人生观；肯定课堂教学是学校工作的基本组织形式，强调教师在教育和教学中的主导作用”。该书于1948年和1956年曾进行过两次修改，1951年被译成中文。该书在苏联和我国产生过很大影响，成为指导我国当时教育工作的著作。

凯洛夫教育学在国家行政领导与学校的关系上，忽视了学校的自主性；在学校与教师的关系上，忽视了教师的自主性；在教师与学生的关系上，忽视了学生的自主性；过分强调了课程、教学大纲、教材的统一性、严肃性和不断改革的必要性。

我国新民主主义革命时期，近代教育家杨贤江（1895—1931）以李浩吾的化名于1930年出版了《新教育大纲》，这是我国第一本试图用马克思主义的观点论述教育的著作。书中对教育的本质和作用进行了论述，在教育理论方面具有启蒙作用。

中华人民共和国成立后，在20世纪50年代和60年代，我国广大教育理论工作者以马克思主义为指导，开始尝试编写具有中国特色的马克思主义教育学，“文化大革命”以后陆续出版了一些不同版本的教育学著作。党的十一届三中全会以后，在解放思想的精神鼓舞下，许多教育理论中的重要问题得到了广泛深入的讨论，对教育的性质、本质，教育与人的发展的关系，课程、教材、思想品德教育等理论的认识取得了许多新的进展。教育改革的实践和实验，为教育学的发展提供了重要的理论资源。

6. 批判教育学

批判教育学兴起于20世纪70年代，是西方教育理论界占主导地位的教育思潮。

代表人物：美国的鲍尔斯、金蒂斯、阿普尔，法国的布厄迪尔。

代表著作：《资本主义美国的学校教育》《教育与权力》《教育、社会和文化的再生产》等。

批判教育学在教育理论、课程及教育管理等领域进行了开创性的研究，批判教育学流派思想复杂，基于不同的思想基础与社会背景，不同流派有不同的特点。但是，不同流派追求对传统教育的批判与“解放”，强调运用批判理论、通过批判的研究方法进行教育研究与分析，这是各流派批判教育学的共同特征。从某种意义上说，批判教育学的批判性是一种立场，一种态度，一种理性的追求，更是一种方法论。

（四）教育学的现代化阶段

自20世纪50年代以来，由于科学技术的迅猛发展，人们认识到提高生产效率和发展经济的关键在于智力的开发和运用，由此在世界范围内进行新的教育改革，促进了教育学的发展。同时，由于科学的综合化发展越来越趋于主导地位，教育学也日益与社会学、经济学、心理学等学科相互渗透，在理论上逐渐深化，在内容方面更加丰富；再加上控制论、信息论和系统论的产生与发展，为教育学的研究提供了新的思路、新的方法，所以，各国的教育学在不同的思想体系指导下，都有新的发展，在理论上都有所深化。

1. 布鲁姆

1956年，美国心理学家布鲁姆制定出了《教育目标的分类系统》，把教育目标分为认知

目标、情感目标和动作技能目标三类，每类目标又分成不同的层次，排列成由低到高的阶梯。布鲁姆的教育目标分类，可以帮助教师更加细致地确定教学的目标和任务，为人们观察教育过程、分析教育活动和进行教育评价提供了一个框架。但是，布鲁姆的教育目标分类学并未说明应该怎样促进学生心智能力的发展，对情感目标、动作技能目标阐述得还不够深入。他认为教学应该以掌握学习为指导思想，提出了“掌握学习理论”。“掌握学习理论”的中心思想是：只要提供最佳的教学并给以足够的时间，多数学习者能获得优良的学习成绩。

1960 年，布鲁纳出版了《教育过程》一书，提出了结构主义教学理论。他主张，不论教什么学科，务必使学生理解该学科的基本结构。“所谓学科的基本结构，即指构成学科的基本概念、基本公式、基本原则、基本法则等，以及它们之间的相互联系与规律性。”他特别重视学生能力的培养，提倡发现学习。布鲁纳的教育思想，对于编选教材、发展学生能力、提高教学质量，其有积极意义。但他忽视了学生的接受能力，主张儿童提早学习科学的基本原理是不宜推行的。

2. 赞可夫

1975 年，苏联出版了心理学家、教育家赞可夫（1901—1977）的《教学与发展》一书。这本书是他 1957—1974 年进行教学改革实验的总结，全面阐述了他的实验教学论体系，系统地叙述了学生的发展进程，介绍了研究学生学习过程的情况。通过实验，他批评了苏联传统的教学理论对发展智力的忽视，强调教学应走在学生发展的前面，促进学生的一般发展。赞可夫的教学理论对苏联的学制和教育改革一度起了很大的推动作用。他的理论核心是“以最好的教学效果使学生达到最理想的发展水平”，提出了发展性教学理论的五条教学原则，即高难度原则、高速度原则、理论知识起主导作用原则、理解学习过程原则、使所有学生包括差生都得到一般发展的原则。

3. 巴班斯基

1972 年，苏联出版了教育科学院院士、副院长巴班斯基几本系列著作，包括《论教学过程最优化》等。巴班斯基认为，应该把教学看作一个系统，从系统的整体与部分、部分与部分以及系统与环境之间的相互联系、相互作用中考察教学，以便达到最优处理教育问题。他把教学过程划分为社会方面的成分（目的、内容）、心理方面的成分（动机、意志、情绪、思维等）和控制方面的成分（计划、组织、调整、控制）。

巴班斯基将现代系统论的方法引进教学论的研究中，是对教学论进一步科学化的新探索。在他的教学过程最优化的理论中，所谓最优化就是现有条件下达到最好，老师和学生的潜力都发挥出来。

4. 马卡连柯

马卡连柯是苏联教育家，著有《教育诗》《塔上旗》《论共产主义教育》，他在流浪儿和违法者的改造方面有杰出贡献，其核心是集体主义教育思想。他认为，全部教育过程应该是在“通过集体”“在集体中”和“为了集体”的原则下进行的。他把这个总的原则概括成“平行教育影响”的原则。

5. 苏霍姆林斯基

苏霍姆林斯基是苏联当代著名的教育实践家和教育理论家，他在《给教师的一百条建议》《把整个心灵献给孩子》《帕夫雷什中学》等著作中，系统论述了他的全面和谐教育思想。他认为，学校教育的理想是培养全面和谐发展的人，其著作被称为“活的教育学”。

6. 瓦·根舍因

德国教育家瓦·根舍因著有《范例教学原理》，创立了范例教学理论。布鲁纳、赞可夫、瓦·根舍因的理论被称为现代教学理论的三大流派。

7. 保罗·朗格朗

1970 年，法国教育家保罗·朗格朗出版的《终身教育引论》，产生了广泛的影响，被公认为终身教育的代表著作。

8. 蔡元培

蔡元培是中国近现代著名的民主革命家和教育家。毛泽东评价他为“学界泰斗，人世楷模”，提出了“五育并举”的教育思想，即军国民教育、实力主义教育、公民道德教育、世界观教育和美感教育，提出了“囊括大典、网罗众家、思想自由、兼容并包”的原则，是我国最早主张“以美育代宗教”的教育家。此外，他主张教育应脱离政治而独立。

9. 陶行知

陶行知师从于杜威，提出了生活教育理论。他的生活教育理论包括三个论点：生活即教育、社会即学校、教学做合一，强调学做结合。

10. 黄炎培

黄炎培提出了“使无业者有业，使有业者乐业”的著名职业教育理论，被誉为我国的职业教育先驱。

11. 晏阳初

晏阳初提出了“四大教育”“三大方式”。“四大教育”是文艺教育、生计教育、卫生教育和公民教育，“三大方式”是社会式、家庭式和学校式。他被誉为“国际平民教育之父”。

12. 陈鹤琴

陈鹤琴提出“活教育”的理论，包括活目标、活课程、活原则、活方法、活步骤。他被称为“中国的福禄贝尔”。

目前，我国广大教育工作者正在以马克思主义为指导，研究我国教育事业发展与改革过程中的重大实践问题和理论问题，认真总结我国的教育实践经验，继承我国宝贵的教育遗产，借鉴外国有益的教育经验，加强教育学的理论建设，提高教育学的科学水平，努力建设具有中国特色的社会主义教育学体系。

第三节　学习教育学的意义、原则和方法

教育学是教师职前培养和职后培训的一门必修课程，对从事教育工作具有特别重要的意义。教育学为中小学教师形成教育思想、教育智慧、专业精神、专业人格奠定基础，帮助学生获得教育素养。

一、学习教育学的意义

（一）教育学有助于形成教育思想

柏拉图曾说过：奴隶之所以是奴隶，乃是因为他的行为并不代表自己的思想而是代表别人的思想。教师应该是教育的主人，教师的教育行为应该代表教师自己的教育思想，教育思想是教师的第一素养。教育思想成就教师的伟大，没有教育思想，教师就成了一台教育机器。教师只有形成自己的教育思想才能拥有教育乃至人生的尊严。马克思说："能给人以尊严的只有这样的职业，在从事这种职业时我们不是作为奴隶般的工具，而是在自己的领域内独立地进行创造。"

教育思想包括三个层次：第一个层次是教育认识，解决知与不知的问题；第二个层次是教育观念，解决行为问题；最高层次是教育理念，解决价值取向问题。

教师一定要确立自己的教育理念，教育理念是教师的主心骨。这样不管遇到什么阻力，碰到什么困难，都会勇往直前，朝着自己的理想、信仰奋斗不息。这是教师人生价值和人生幸福的源泉。

教育学的学习既可以解决教育认识、教育观念问题，更重要的是可以形成教育理念，为将来的工作提供源源不断的动力。

（二）教育学有助于提升教育智慧

教师的教育教学行为就其表现形式而言，是由思想决定的；就其表现内容而言，是由素质决定的。从这个意义上可以说，教师拥有什么，他才能够给学生什么。教师只拥有知识、技能，他就只能传授学生知识，训练学生技能；教师拥有智力、能力，他才能发展学生智力，培养学生能力。唯有智慧才能启迪智慧。据此，教师可以分为"教书匠"（知识、技能型的教师）、"能师"（智能型的教师）、"名师"（智慧型的教师）。

"教书匠"就知识论知识，就技能论技能；"能师"会在传授知识和训练技能过程中发展智力、培养能力；而"名师"还会在这个过程中迸发出智慧的火花去启迪学生，开启学生悟性，增长学生智慧。教师应该拥有教育智慧。尽管我们无法给教育智慧下个确切的定义，但可以肯定地说，从认知层面讲，智慧要比智力或能力更高、更富有弹力。从这个角度可以说，教育智慧是教育能力和教育艺术的结晶，只有教育能力与教育艺术和谐统一、相辅相成，才构成教育智慧。这正是教育智慧的生命力和活力所在。教育智慧赋予教育教学工作永恒的魅力，教育学的学习有助于未来教师领会教育智慧，并提高自身的教育智慧。

（三）教育学有助于塑造专业精神

精神相对于物质而言，物质是精神的基础，但精神具有相对独立性和巨大能动作用。精神既来源于物质，又超越物质，超越是精神的本质要义。就人的需要层次而言，物质需要在底层，精神需要在高层。精神需要的是核心和灵魂。精神是一种深刻而稳定的动力特征，其核心是表现个人主体能动性的独立人格。从事"太阳底下最光辉职业"的教师尤其需要一点精神。作为专业人员，必须具有与其专业相关的"精神"；就教师而言，就是"教育专业精神"。

教育学有助于塑造未来教师职业的专业精神。现代的教师应具备三种专业精神：敬业精神、人文精神、科学精神。其中，敬业精神是核心，人文精神和科学精神是敬业精神的两翼。

1. 敬业精神

敬业精神是一种职业观或职业态度。教师怎样看待自己所从事的职业，对自己所从事的职业抱什么样的态度，这不仅仅是一个职业观的问题，也是一个人生观的问题。

2. 人文精神

人文精神的核心是对人的关切，尤其是对普通人的命运和心灵的关切，也是对人的发展和完善、人性的优美和丰富的关切。

3. 科学精神

教育是传播真理的活动，现代教育要求在传播真理的同时发现真理。教育需要科学精神，教育的发展呼唤着科学精神。未来教师必须具备科学精神。

（四）教育学有助于形成专业人格

俄国教育家乌申斯基指出，“教师的人格对年轻的心灵来说，是任何东西都不能代替的”“只有人格才能够影响到人格的发展，只有人格才能养成性格”。奥地利教育哲学家布贝尔也说过：“教师只能以他的整个人，以他的全部自发性，才足以对学生的整个人起着真实的影响。因为在培养品格时，你无须是一个道德方面的天才，但你却需要一个完全生机勃勃的人，而且能与自己的同伴坦率交谈的人。”这里都明确提到教师的人格问题。教师应具备与其专业要求相当的人格，我们称其为专业人格。教师的专业人格包括良好的人性（性格）和高尚的品德（品格）。

教育学对教育工作的作用和价值，教师在入职前往往不容易认识到。但经过教育实践后，在总结经验时往往不无遗憾地说：“后悔当初没有好好学习教育学。”因此，应珍惜学习的机会，系统地掌握教育学的基本知识，为未来的教育实践打下坚实的基础。

二、学习教育学遵循的原则

（一）坚持以马克思主义为指导的原则

坚持以马克思主义为指导，就是以马克思主义的立场、观点、方法来回答当代教育实践中的新问题；用马克思主义的观点指导教育实践，并深入学习和领会马克思、恩格斯及我国老一辈无产阶级革命家有关教育问题的论述。

（二）坚持理论和实际相结合的原则

理论联系实际是马克思主义认识论的一条基本原则，是学习任何一门学科必须遵循的指导方针和基本方法。在教育实践中，一方面，要自觉地运用所学的教育理论去分析和看待我国教育事业和学校教育工作中的实际问题，从理论上明辨是非，树立正确的教育观点，从实践上坚持正确的做法，提高教育工作的自觉性；另一方面，要善于运用所学习的教育学理论来总结和指导自己的教育实践，自觉地纠偏。

（三）坚持学习与研究相结合的原则

教师不应该是墨守成规的“教书匠”，而应该是不断创新的研究者。这就要求教师在学习理论时开动脑筋，认真思考，力求做到举一反三、闻一知十，不断捕捉和提炼实践中遇到的新问题并进行研究，将知识学习与研究有机地结合。

三、学习教育学的方法

（一）观察法

1. 观察法的定义

观察法是指观察者根据一定的研究目的、研究提纲或观察表，用自己的感官和辅助工具去直接观察被观察者，从而获得资料的一种方法。观察法是教育研究中常用的方法。科学的观察具有目的性、计划性、系统性和可重复性。

常用的观察方法有自然观察法和实验室观察法。观察一般是利用眼睛、耳朵等感觉器官去感知观察对象。由于人的感觉器官具有一定的局限性，观察者可以借助各种现代化的仪器和手段，如照相机、录音机、显微录像机等来辅助观察。观察者对观察所获得的第一手资料还要进行科学的分析、加工。

2. 观察法的优缺点

（1）观察法主要有以下几个优点。

①通过观察直接获得的资料比较真实、可信。

②在自然状态下的观察可获得生动的资料。

③观察具有及时性，能捕捉到正在发生的现象。

④观察能获得一些无法言表的材料。

（2）观察法主要有以下几个缺点。

①受时间的限制。某些事件的发生是有一定时间限制的，过了这段时间就不会再发生。

②受观察对象的限制。例如，研究青少年犯罪问题，有些秘密团伙一般不会让别人观察。

③受观察者本身的限制。一方面，人的感官都有生理限度，超出这个限度就很难直接观察；另一方面，观察结果也会受到主观意识的影响。

④观察者只能观察外表现象和某些物质结构，不能直接观察到事物的本质和人们的思想意识。

⑤观察法不适用于大面积调查。

观察可以在整个教育过程中进行，也可观察其中的某些部分。教育观察应尽量在自然状态下进行，做到被观察者不受到干扰，以便获取准确的信息。观察应按照预先拟定的计划进行，并客观、全面地记录观察的全过程。

（二）行动研究法

1. 行动研究法的定义

行动研究法是指教师在自然、真实的教育环境和教育实践中基于解决实际问题的需要，与专家合作，将问题发展成研究主题进行系统的研究，以解决教育实际问题为目的的一种研究方法。

行动研究融教育理论与实践于一体，赢得了广大教育工作者特别是一线教师的认同，成为其专业发展的重要途径。

2. 行动研究法的特点

行动研究法之所以适合一线教师，是因为其自身与教学有不可分割的联系。其具有以下几个特点。

（1）为行动而研究。行动研究以解决教学实际问题、提高教育质量为首要目标。其主旨不在于建构理论体系、归纳规律，而是解决教师在特定工作场景中遇到的实际问题，研究的目的指向教育行动的优化和行动者的理性直觉，旨在不断革新和改善教育行动。任何脱离自己工作场景的，为了研究而进行的研究都不是真正意义上的行动研究。

（2）对行动的研究。为行动而研究表明了行动研究的价值取向，而对行动的研究则指明了行动研究的对象。行动研究的课题源于具体的教学实践活动和教师本身的需要。也就是说，行动研究以教学过程中遇到的各种实际问题为研究对象。行动研究者要研究自身的实践，而不是他人的实践。

（3）在行动中研究。行动研究的策略是在真实的课堂教学环境中边教学边研究，即教师发现问题、思考问题、解决问题都不脱离教学工作，教师研究的情境就是教师工作的实际环境，研究工作与教学工作有机地融为一体，教学的过程就是研究的过程。因此，从事研究的人就是应用研究结果的人，研究结果的应用者也就是研究结果的产生者。

（4）具有开放性。行动研究是一种在动态环境下或在较短时间内显示出各行动在实际工作中的作用和效能的研究方法。行动研究并不过于强调研究过程中控制的严格性，也不过于强调研究计划的严密性，允许在实际工作中对研究方案进行不断的修改和完善，充分体现了研究过程的开放性，追求研究结果的及时反馈。

（三）历史法（文献法）

1. 历史法（文献法）的定义

所谓历史法（文献法），就是从事物发生和发展的过程中去考察事物，以弄清它的实质和规律的一种方法。如要弄清某一教育问题、探索教育发展规律、总结教育教学经验，都需要用这种方法进行研究。

2. 运用历史法（文献法）的注意事项

运用历史法（文献法）时，首先，要做好史料的收集，包括著述、记录、信件、总结等文字的史料，也包括遗物、古迹等非文字的史料。最好能收集到第一手资料，若是二手资料，要认真考察它的出处、转述者的立场和治学态度。查阅的文献资料要尽可能全面。其次，要对史料进行鉴别，去伪存真。最后，要对收集到的史料进行分类，可按时间的先后或按研究的内容整理归类，便于问题的研究。

（四）调查法

1. 调查法的定义

调查法是一种了解教育情况、研究教育问题的基本方法。调查法是指研究者为了达到预期的目的，制订某一计划，全面或比较全面地收集研究对象的各种材料，并进行分析、综合而得出结论的研究方法。

调查法可分为全面调查法、抽样调查法和个案调查法。全面调查法用于调查某一事物或现象在某一地区的全面情况或对某一单位的全面了解；抽样调查法是从总体所包含的全部个体中随机抽出一部分个体作为调查的直接对象，借以推断、说明总体情况的一种调查方法；个案调查法是对某一事件或某个个体进行调查研究的方法。

在运用调查法研究教育问题时，要确定好调查目的，选择适当的调查对象，拟定调查提纲，实施好调查步骤。

2. 调查的方法

教育调查的方法多种多样，常用的有以下几种方法。

（1）访谈法。访谈法是指调查者与校领导、教师、学生、家长及相关人员进行谈话，了解所研究问题的相关情况以及被调查者对问题的看法和态度的方法。根据谈话的内容和要求，访谈既可采用个别交谈的方式，也可采用开座谈会的方式。

（2）资料法。调查者可查阅学生的作业、作品、书面测验，教师的教案、教学笔记、班主任工作记录以及学校的计划、总结、各种规章制度与执行情况记录等教育资料，从中获得所要了解的信息。

（3）问卷法和测验法。问卷法是一种较经济的书面调查方法，尤其适合于团体调查。它要求调查者将所要了解的内容事先编制成调查表或其他形式，发给被调查者，被调查者按要求填写，调查者把问卷回收后进行统计处理。调查者也可以根据所要了解的情况，对调查对象进行测验。

以上各种调查方法可以使调查者获得大量的材料，但要揭示事物的本质，找到规律性的联系，还必须运用分析、综合、比较、归纳、演绎等科学的思维方法。此外，通过调查得来的数据，也需要利用教育统计的方法加以科学处理。

本章小结

教育学是研究人类社会教育现象、教育问题，揭示教育规律的一门社会科学，它有着漫长的历史。其作为一门学科，有自身的研究对象和任务，也有其产生与发展的过程——由最初的包含在一个庞大的哲学体系中，到逐渐形成和发展为教育理论。教育学是从事教育教学工作的教师必须掌握的教育理论，所以，学习教育学对教育工作者来说具有重要的意义。本章着重阐述什么是教育学、教育学是怎样产生的、为什么要学习教育学以及怎样学习教育学四个问题。

思考练习

单项选择题

1. 反映柏拉图教育思想的著作是（　　）。

A.《雄辩术原理》　B.《巨人传》　C.《理想国》　D.《教育论》

2. 主张让儿童顺其自然地发展，甚至摆脱社会影响的法国教育家是（　　）。

A. 杜威　B. 卢俊　C. 裴斯泰洛奇　D. 洛克

3. 我国近代教育史上，被毛泽东称颂为“学界泰斗，人世楷模”的教育家是（　　）。

A. 陶行知　B. 杨贤江　C. 徐特立　D. 蔡元培

4. “是故学然后知不足，教然后知困。知不足，然后能自反也；知困，然后能自强也。故曰：教学相长。”这段话出自（　　）。

A.《大学》　B.《论语》　C.《学记》　D.《孟子》

5. “现在，我们教育中将引起的改变是重心的转移……在这里，儿童变成了太阳，教育的一切措施要围绕他们而组织起来。”这一儿童中心理念出自教育家（　　）。

A. 洛克　　B. 康德　　C. 杜威　　D. 培根

6. “庶与富”是“教”的先决条件，首次提出这一观点的教育家是（　　）。

A. 孔子　　B. 孟子　　C. 荀子　　D. 墨子

7. “学而不思则罔，思而不学则殆”出自（　　）

A.《学记》　　B.《论语》　　C.《大学》　　D.《师说》

8. 荀子在《劝学篇》中指出“不积跬步无以至千里，不积小流无以成江海”，这句话所蕴含的教学原则是（　　）。

A. 循序渐进原则　　B. 因材施教原则　　C. 启发诱导原则　　D. 直观性原则

9. 教育史上传统教育派和现代教育派的代表人物分别是（　　）。

A. 夸美纽斯和布鲁纳　　B. 夸美纽斯和杜威

C. 赫尔巴特和布鲁纳　　D. 赫尔巴特和杜威

10. “君子如欲化民成俗，其必由学乎。”《学记》中这句话反映了（　　）。

A. 教育与经济的关系　　B. 教育与科技的关系

C. 教育与政治的关系　　D. 教育与人口的关系

第二章

教育的产生和发展

学习目标

1. 掌握教育的概念。
2. 理解和掌握教育的本质属性和社会属性、构成要素、功能和起源。
3. 了解教育产生、发展的过程以及不同阶段教育的特点。
4. 能够运用教育理论对具体教育现象进行分析。

第一节 教育的认知

教育是培养人的一种社会现象，是传递生产经验和社会生活经验的必要手段，是保证人类社会延续和发展的一种社会活动。

一、教育的基本概念

什么是教育，古今中外教育家对它的解释不尽相同。有人曾从古籍中对“教育”一词的字义进行考证，认为最初“教”与“育”是分开使用的，如“教也者，长其善而救其失者也”“修道之谓教”。《荀子》中有“以善先人者谓之教”，东汉的许慎在《说文解字》中的解释是“教，上所施，下所效也；育，养子使作善也”。把“教”与“育”连在一起，最早见于《孟子・尽心上》中“得天下人才而教育之”，自此，便有“教育”一词。但是我国把“教”与“育”一次性地连在一起使用，要到1906年。

在国外，一些著名的教育家，对“教育”的解释也有差异。如夸美纽斯认为“教育在于发展健全的个人”，裴斯泰洛齐说教育是“依照自然的法则，发展儿童道德、智慧和身体各方面的能力”，杜威则认为“教育就是经验的不断改造和重新组织”“教育即生活；教育即生长”等。以上各种观点，虽然各有差异，但有一个共同点，那就是都把教育看成是感化、陶冶、培养人的活动，是促进年轻一代身心健康发展的一个重要因素。

教育的概念可分为广义的和狭义的。广义的教育指的是一切有意识地增进人们的知识和技能，影响人们思想品德和意识的活动。它包括家庭教育、社会教育和学校教育。狭义的教育专指学校教育，即教育者依照一定的社会或阶级的要求，对受教育者进行的一种有目的、有计划、有组织的传授知识技能、培养思想品德、发展智力和体力，以便把受教育者培养成为一定社会或阶级所需要的人的活动。它以培养人为宗旨，是传承经验的途径，是个体社会化和社会个性化的实践活动。

二、构成教育的基本要素

（一）教育者

凡是对受教育者在知识、技能、思想、品德等方面起到教育影响作用的人，都可称为教育者。但自学校教育产生以后，教育者主要是指学校中的教师和其他教育工作人员。教育者是构成教育活动的一个基本要素。教育是教育者有目的、有意识地向受教育者传授人类生产斗争经验和社会生活经验的活动，教育者是教育活动的领导者、组织者、管理者，在教育活动中起主导作用。教育是一种以培养人为目的的活动，在整个活动过程中，教育者以其自身的活动来引起和促进受教育者的身心按照一定的方向去发展。离开了教育者及其有目的的活动，教育活动也就不存在了。

（二）受教育者

受教育者是指在各种教育活动中从事学习的人，既包括学校中的儿童、少年和青年，也包括各种形式的成人教育中的学生。受教育者是教育的对象，是客体，同时也是学习、发展、自我教育的主体，是构成教育活动的基本要素，缺少这一要素，就无法构成教育活动。教育活动是使受教育者将一定的外在的教育内容和活动方式内化为自己的智慧、才能、思想、观点和品质的过程，如果没有受教育者的积极参与并发挥其主观能动性，教育活动就不会获得好的效果。随着受教育者知识增长和能力的提高，其主观能动性在教育活动中将表现得更为明显，发挥的作用也更大，他们可以在愈来愈大的程度上主动、自觉地吸取知识以及进行品德修养。

（三）教育措施

教育措施是实现教育目的所采取的办法，它包括教育内容、教育手段等。

1. 教育内容

教育内容是教育者用来作用于受教育者的影响物，它是根据教育目的，经过选择和加工的影响物，是最有价值和适合受教育者身心发展水平的影响物。这种影响物主要体现在各种教科书、教育参考书和其他形式的信息载体（如广播、电视、电影、报刊等）中，也体现在教育者自身所拥有的知识、经验、言谈举止、思想品质和工作作风中，还体现在经过选择和布置的具有教育作用的环境（如教室、校园、阅览室等）中。在不同的历史条件下，针对不同的对象，教育内容也有所不同，但概括起来，不外乎德、智、体、美、劳等几方面。

2. 教育手段

教育手段是教育者和受教育者在教育活动中所采用的教和学的方式和方法，如讲、读、演示、练习等；也包括进行教育活动时所运用的一切物质条件，如教具、实验器材、电化教育器材等。教育者和受教育者凭借这些手段，才能完成教与学的任务。

教育的三个基本要素是相互联系的，其中，教育者是主导性的因素，是教育活动组织者和领导者。教育者掌握着教育目的，采用着适当的教育内容和手段，创设必要的教育环境，调控着受教育者和整个教育过程，从而促进受教育者的身心发展，使其达到预期的目的。受

教育者既是教育对象（客体），也是主体。教育措施是连接教育者和受教育者的中介。

三、教育的属性

（一）教育的本质属性

教育的本质属性是一种有目的地培养人的社会活动，这是教育区别于其他事物现象的根本特征，是教育的质的规定性。教育是人类特有的现象，也就是说，教育把人类积累的生产斗争经验和社会生活经验转化为受教育者的智慧、才能与品德，使他们的身心得到发展，成为社会所需要的人。教育是人类社会所特有的一种现象，在人类社会之外以及动物界是不存在的。

（二）教育的社会属性

教育的社会属性包括以下几方面。

1. 教育的永恒性

教育是人类特有的社会现象，它随着人类社会的产生而产生，又随着人类社会的发展而发展；只要有人类社会存在就有教育，教育是一个永恒的范畴。教育的永恒性是由教育本身的职能决定的。教育的职能主要体现在两方面：一是使年轻一代适应现有的生产力，教育具有生产斗争工具的职能；二是使年轻一代适应现有的生产关系，在阶级社会，教育具有阶级斗争工具的职能。而这两种职能在任何社会都会得到体现。任何社会，老一辈人在给年轻一代传授生产知识、技能和生产经验的同时，也会把社会的思想意识、风俗习惯和行为规范传授给下一代，使年轻一代既适应生产力的需要，也适应生产关系的需要。可见，教育是年轻一代健康成长和社会延续与发展的不可缺少的手段。教育与人类社会共始终，是永恒的社会现象。

2. 教育的历史性

教育随人类社会发展而发展，随人类社会变化而变化，在不同历史阶段，教育都表现出不同的性质和特点。这是因为教育既受当时生产力的制约，同时也受当时生产关系的制约。一定的教育不可能超越一定的历史时期，不可能超越这一时期的生产力和生产关系的影响，从而使教育带有所处时代的性质和特征。同时，生产力和生产关系向前发展了，又必然赋予教育以新的性质。因而在人类历史上，有什么样的社会形态便有什么样性质的教育。教育具有历史性。

3. 教育的阶级性

在阶级社会里，教育具有阶级性。一定的教育反映一定阶级的要求并为之服务，它主要体现在教育目的、制度、方针和内容上。各历史阶段的统治阶级总是牢牢地掌握教育的领导权，用它来传播统治阶级的思想，为维护其统治服务。

4. 教育的相对独立性

教育为生产力和政治经济制度所制约，但它仍有自身的特点，具有相对的独立性。具体如下。

（1）教育具有质的规定性。

教育的质的规定性在于，教育是有意识地向受教育者传递社会经验以培养人的社会实践。①教育是培养人的社会实践；②教育是有意识地培养人的社会实践；③培养人是在教与学的对立统一中实现的；④教育是有意识地培养人的特殊社会实践。

（2）教育具有历史继承性。一种社会形态下的教育，就其思想、制度、内容、方法等方面来说都与以往各个时代的教育有着继承的关系。任何一种教育都是在整个教育历史发展历程中产生的，都与以往的教育有渊源，都带有自己发展历程中的烙印。也就是说，教育是具有历史继承性的。正因如此，不同民族的教育具有各自不同的传统和特点。

（3）教育与其他社会意识形态是平行的关系。

教育作为社会意识形态的一种，与其他意识形态是相互影响的平行的关系。

（4）教育具有与生产力和政治经济制度发展的不平衡性。教育和政治经济制度与生产力发展水平是不同步的，或超前起催生作用，或滞后起阻碍作用。教育与生产力和政治经济制度的发展，并不完全同步。就教育与生产力的关系看，教育事业发展要受生产力水平的制约；但另一方面，“经济要发展，教育需先行”，这几乎已经成为当代经济和教育发展的客观规律。教育与生产力发展的不平衡性说明，不是等生产发展了再发展教育，而是要求教育的发展在一定程度上应优先于生产的发展，这也是我国把教育列为国民经济发展战略的重要原因。

就教育与政治经济制度的关系看，由于人们的思想意识往往落后于存在，教育的思想和内容也往往落后于政治经济制度的发展，当旧的政治经济制度消亡之后，与之相适应的教育思想和内容，并不立即随之消亡，还会残存一段时期，如在社会主义初级阶段的社会里还残存着剥削阶级的教育思想。另外，由于人们认识了社会发展的规律，根据社会发展的趋势，预见到教育发展的方向，在旧的政治经济制度下，也可能出现新的教育思想，如在资本主义社会中产生了马克思主义教育思想。

（5）教育的独立性是相对的，而不是绝对的，因为教育归根到底是由生产力的发展和政治经济制度决定的。每一时代的教育从以往时代的教育中继承什么，也与当时的政治经济制度和生产力发展的水平分不开。在新的政治经济制度条件下，与旧的政治经济制度相适应的教育思想和内容，绝不会长期存在下去，迟早需要改变；新的教育思想，也只能在新的政治经济制度下，才能真正得到普遍的实施和发展。

四、教育的功能划分

教育的功能是指教育者在通过教育媒介对受教育者个体和社会发展所产生的各种影响和作用。教育的功能有三种划分方式。

（一）按教育功能作用的对象划分

按教育功能作用的对象划分，可以把教育的功能分为个体发展功能和社会发展功能。

教育的个体发展功能也称教育的本体功能，是指教育个体发展的影响和作用。这是由教育的本质属性决定的，教育的本质属性就是有目的地培养人，这是教育区别于其他社会现象的质的规定性。培养人是教育的根本，所以个体功能也就是它的本体功能。

教育的社会功能是指教育对社会发展的影响和作用，是教育的派生功能。教育是通过培养人来作用于社会，影响社会的。现代教育的社会功能包括人口功能、经济功能、政治功能、文化功能、科技功能等。

（二）按教育作用的方向划分

按教育作用的方向划分，把教育的功能分为正向功能与负向功能。

教育的正向功能（积极功能）是指教育有助于社会进步和个体发展的积极影响和作用。教育的育人功能、经济功能、政治功能、文化功能等往往就是指教育的正向功能。

教育的负向功能（消极功能）是指教育阻碍社会进步和个体发展的消极影响和作用。教育的负向功能是由于教育与政治、经济发展不相适应，教育者的价值观念与思维方式不正确、教育内部结构不合理等因素造成的。

（三）按教育功能呈现的形式划分

按教育功能呈现的形式划分，可以把教育的功能分为显性功能与隐性功能。

教育的显性功能是指教育活动依照教育目的，在实际运行中所出现的与之相吻合的结果。显性功能是以直接的、明显的方式呈现出来的，其主要标志是计划性。

教育的隐性功能是指伴随显性教育功能所出现的非预期性的，以间接的、内隐的方式呈现出来的功能。

显性功能与隐性功能的区分是相对的，一旦隐性的潜在功能被有意识地开发、利用，就可以转变成显性功能。

第二节　教育的产生

教育的起源问题既是教育史研究中的一个问题，也是教育学研究中的一个重要问题。在教育学与教育史上，关于教育的起源问题，主要有四种观点，即神话起源论、生物起源论、心理起源论、劳动起源论。

一、教育的神话起源论

这是人类关于教育起源的最古老的观点，所有的宗教都持这种观点。这种观点认为，教育与其他万事万物一样，都是由人格化的神所创造的，教育的目的就是体现神的意志，使人皈依于神或顺从于天。这种观点是根本错误的，是非科学的。之所以如此，主要是受当时在人类起源问题上认识水平的局限，不能正确提出和认识教育的起源问题。我国的朱熹是这个观点的代表人物。

二、教育的生物起源论

这是第一个正式提出的教育起源学说。生物起源论的观点是教育起源于动物的生存本能，认为教育现象不仅存在于人类社会中，也存在于动物界。教育是人和动物所共有的活动。这个观点认为，人类和动物没有本质区别，人类社会的教育只不过是生物界教育的高级阶段。代表人物有法国的哲学家利托尔诺、英国的教育家沛西·能和美国的桑代克。这种观点的根本错误在于没有把握人类教育的社会性和目的性，从而没能区分出人类教育行为与动物类养育行为之间的差别，仅从外在行为的角度而没有从内在目的的角度来论述教育的起源问题，从而把教育的起源问题生物学化。

三、教育的心理起源论

这种观点认为教育起源于儿童对成人的无意识模仿，代表人物是美国的心理学家孟禄。他认为，原始教育形式和方法主要是日常生活中儿童对成人的无意识模仿。表面上看，这种观点不同于生物起源论，但实质上是一样的。因为如果教育起源于原始社会中儿童对成人行为的“无意识模仿”的话，那么这种“无意识”模仿就肯定不是获得性的而是遗传性的，是先天的而不是后天的，是本能的而不是文化的和社会的，只不过这种本能是人类的类本能，而不是动物的类本能。这样，教育的心理起源论和教育的生物起源论就犯了同样的错误，即否定了教育的目的性（意识性）和社会性。

四、教育的劳动起源论

教育的劳动起源论是在直接批判生物起源论和心理起源论的基础上并在马克思主义历史唯物主义理论的指导下形成的，是马克思主义教育学关于教育起源唯一正确的观点。这种观点认为，人类社会是和人类同时出现的，只有人才能经营社会生活，从事社会活动。自从有了人类社会才有了教育，教育是人类最古老的活动之一。教育是人类社会所特有的一种社会现象，是一种有目的、有意识的行动。这个事实本身就表明，教育与人类及其社会的存在与发展有着不可分割的联系。教育从一开始，就具有明确的愿望和要求，必须由年长一代有目的、有意识、有计划地把人们积累的有关生产斗争和社会生活的经验、知识、技能，系统地、有步骤地传授给年轻一代，使年轻一代能够参加和适应生产劳动。

另外，人类的生产劳动，一开始就具有社会性。由于人们在交往活动中彼此间结成了一定的关系，从而形成了一定的社会意识、道德观念、行为准则，积累了社会生活经验，年长一代为了保证生产劳动和社会生活世世代代延续下去，就要对年轻一代进行教育和培养，使其更好地从事生产劳动和适应现存的社会生活。因此，作为社会现象的教育，既是和人类社会同时产生的，又是随着人类社会的发展变化而在不断地发展变化着。

教育的起源是与人类社会的产生和存在有直接联系的。人类社会是从猿转变为人的时候开始的，当人类制造出第一件工具以后，便完成了这一伟大的转变。由猿转变为人的最根本的活动就是劳动。劳动的唯一标志是制造工具，人一开始制造工具进行劳动，就需要教育。人类为了自身的生存与延续，必须把通过实际劳动获得和积累的经验、技能，传授给年轻一代。这样教育的产生就是十分必要和自然的了。教育就是生产的需要，是使人能生存下去的需求。

再从教育的对象来看，有目的、有意识、有计划地向年轻一代传授生产劳动经验，也是人类社会一开始就需要的。原始生产工具的制造以及提高制造工具的经验，都需要经过漫长的岁月，需要付出艰巨的劳动才能有所进步。年轻一代要掌握制造工具和熟悉使用工具的经验、技能，绝不是一般地看一看就可以模仿的，而必须由有经验的长辈加以指点、传授，即通过有目的、有意识、有计划的教育过程才能实现。必须指出，人类社会刚刚形成时，教育的内容主要是生产劳动的经验，是制造和使用工具的技能。随着社会的发展，生产劳动的经验日益增多，各种生活习惯、行为规范及原始宗教仪式也日益增加。这些习惯、准则和仪式，是维持和发展原始社会生活不可缺少的因素，因而也就成了教育的一项重要内容，这种社会生活经验的传递，也就成了教育的重要职能之一。于是，传递社会生活经验和传递生产劳动经验，在教育过程中具有同样重要的地位。

教育在原始社会产生，不仅因为人类有教育的需要，还因为在原始社会中人类已经具备进行教育活动的条件（如大脑的发展及语言的产生等），使教育的产生具备条件。

首先，人类的教育是伴随人类社会的产生而一道产生的，推动人类教育起源的直接动因是劳动过程中人们传递生产经验和生活经验的实际社会需要。

传递社会生产与生活经验的教育对当时的人类之所以必要，是因为以下几点。

（1）当时人类祖先已经开始制造劳动工具，尽管工具极为简单粗糙，经验也极为有限，但要把这些经验和制造方法传递给集体成员和后代，需要由年长者对年轻一代进行指点和传授。否则，制造和使用工具的经验和方法不久就会消失，人类又会回到不会制造工具的状态中去。

（2）劳动从一开始就是一个复杂的过程，干什么，怎么干，用什么工具，什么时间，在什么场所等，都要求参与劳动的成员知晓才能进行。为此，掌握必要的有关知识是进行劳动的前提。劳动活动从一开始就产生了实施教育的必要。

（3）劳动从开始时就不是人与人之间互不相干的活动，而是一种社会性的活动，需要互相帮助、共同协作，符合集体的利益和要求，而这些合作和尊重集体利益的社会性要求是通过教育培养出来的。所以，有了劳动，有了人类社会及其社会生活中的各种规则和要求，就有了教育。

（4）劳动从一开始就是一种有意识、有计划、有创造性的活动，它是对环境的一种改造，而不是盲目地发现和适应。这一点正是人与动物的根本区别。人由古猿的无意识状态发展到猿人的有意识状态，提供了进行教育的一项最基本条件。

其次，教育也起源于人的自身发展的需要。儿童从出生到成为一个具有劳动能力的社会成员，至少要经历十几年的时间。在此期间，儿童从成人那里得到的知识、经验、技能、社会规范等，虽从最终目标看是为了将来从事社会的物质生产劳动，在宏观上促进了社会生活的延续和发展，适应了社会方面的需要，但从直接结果看则是发展了儿童的身心，实现了精神成长，在微观上促使人远离动物界，趋于社会化与文明化。基于此，教育的起源就不仅有与其他社会现象的共同之处，即随人类社会的出现而出现，出于人类谋求社会生活的需要，而且有其自身的独有特质，即教育也起源于个体发展的需要，是人的社会需要和人的自身发展需要的辩证统一。

第三节　教育的发展

美国人类学家摩尔根在《古代社会》一书中把人类历史的发展分为蒙昧、野蛮、文明三个时代。文明时代包括奴隶社会、封建社会和资本主义社会三个历史发展阶段。空想社会主义者傅立叶把整个人类社会划分为蒙昧、宗法、野蛮、文明四个发展时期。历史证明，各个不同历史阶段，由于各自的社会生产方式不同，因而其社会面貌，当然也包括教育都各有其不同的特点。

有了人类社会就有了教育，教育从它产生那天起一直到现在，按照以劳动工具为代表的生产力发展水平的标准，将教育的发展过程划分为以下三个阶段：以使用石器为主的原始社会教育，以使用青铜、铁器为主的古代社会教育和以使用大机器为主的现代社会教育三个阶段。

一、原始社会的教育

原始社会是人类社会发展的初级阶段，以使用石器为主，生产力水平低下，教育还没有从社会生活中分化成专门的职业，没有专门的教育机构和专职教师。原始社会不存在阶级，教育是全社会成员共同享有的权利，人人都是教育者，人人都是受教育者。其主要特点如下。

1. 非独立性

没有特定的教育场所和专职的教育人员；教育融合在生产劳动和生活过程之中，没有从社会生产和生活中分离出来。

2. 非阶级性

全社会成员享有均等的教育机会，没有阶级之分，具有自发性、社会性、全民性、广泛性、无等级性、平等性等。

3. 原始性（简单性）

教育内容原始，仅是与生产劳动技能、社会生活习俗有关的直接经验；教育方法原始，仅限于动作示范与观察、口耳相传、手手相授、耳濡目染、观察模仿。

二、古代社会的教育

古代社会的教育包括奴隶社会和封建社会两个历史阶段的教育，这两个社会历史阶段的生产力发展水平和政治经济状况虽各不相同，但相同的剥削阶级社会形态，类似的落后生产工具，即以青铜器和铁器为主的手工操作的劳动方式，自给自足的自然经济形态，使两个社会的教育存在一些共同的特征。

奴隶制生产方式是以奴隶主占有生产资料并占有生产者——奴隶为基础的社会物质资料的谋取方式。以这种生产方式为基础的社会称为奴隶社会，它是人类历史上第一个人剥削人的社会。

在中国，历史发展到公元前221年，秦统一了六国，建立了历史上第一个君主专制的高度中央集权的封建国家。中国的封建文明是东方封建社会的代表，其基本特征是：封建地主阶级分散的小农经济占主导地位；土地归地主所有；高度强化的专制主义君主集权制；皇权至高无上；实现了多民族的大一统；严格的宗法家长制度与皇权紧密结合，使家庭、宗族观念极强；重伦理、重政务。

在西方史上，一般以公元5世纪西罗马帝国灭亡至17世纪中叶英国资产阶级革命为止的1 000余年间为封建社会时期。其中，从5世纪末到14世纪上半叶，为封建社会形成和发展的时期，史称中世纪。14世纪下半叶以后，资本主义开始萌芽，资本主义关系在封建社会内部逐步孕育形成，封建社会趋于解体，这是从封建社会向资本主义社会过渡的时期，在历史上又称为文艺复兴时期。

封建社会的基础是封建土地所有制。在封建主阶级内部，以分封土地为基础，有着严格而分明的主从关系，从而形成鲜明的等级。教会不仅是社会政治、经济的主要统治力量，宗教神学思想在上层建筑和思想领域也居于主导地位。中国和西方古代社会政治、经济、文化上的特征为了解古代教育提供了总体背景。尽管世界各国古代社会起始年代不同，但总的来

看，古代社会教育的性质、特点大体一致。

（一）古代社会教育的特点

1. 有专门的教育机构和执教人员

奴隶社会取代原始社会是生产力发展的必然结果，是社会历史的进步。伴随生产力的发展和社会分工的实现，奴隶社会出现了专门从事知识传授活动的知识分子和专门对儿童进行教育的场所——学校。学校的产生标志着教育在历史发展中步入了一个新的阶段。学校是奴隶社会政治经济交叉作用、脑体分离、文化知识发展的共同产物。因为学校是专门的教育场所，须有固定的场地，专职的教育人员，特定的教育对象，有计划、有组织的教育活动，系统的教学内容，从而使教育从一般的生产和生活过程中分化出来，成为一种独立存在的社会活动形式。

学校教育的产生是人类社会发展到一定历史阶段的产物，也是人类教育发展过程中的重大飞跃。一般认为，在原始社会末期就有了学校的萌芽。但是，作为独立存在的社会实践部门的学校教育，则是在奴隶制社会才出现的。在人类社会发展史中，亚洲的古巴比伦、古埃及、古印度、中国等东方国家，先于西方的古希腊、古罗马产生了学校。

学校教育的产生需要具备以下几个条件。

（1）社会生产力水平的提高，为学校的产生提供了必要的物质基础。由于随着生产力的发展，能为社会提供相当数量的剩余产品，所以社会上有一部分人可以脱离生产劳动而专门从事教与学的活动。

（2）脑力劳动与体力劳动的分离，为学校的产生提供了专门从事教育活动的知识分子。“巫”“史”等就是我国最早脱离生产的知识分子。脑力劳动与体力劳动的分离在相当长的历史时期内，具有推动文化教育发展与社会进步的作用，并且是学校产生的必要条件。

（3）文字的产生和知识的记载与整理达到了一定程度，使人类的间接经验传递成为可能。文字是记载人类总结出来的文化知识经验的唯一工具，所以，只有文字产生以后才有可能建立起专门进行教育、组织教学的主要场所——学校。知识积累到一定程度，也会强化设置专门机构传授文化知识的社会需求。这是学校产生的前提条件。

在文明古国中，中国是最早产生文字的国家之一。在国外，古巴比伦和亚述约在公元前3000年左右产生最古老的象形文字（楔形文字的前身）。古埃及在公元前2000年左右也产生了文字（最初也是象形文字）。古印度也在公元前2000年左右产生了一种图画文字。学校正是在这些最古老的文字产生的地方相继出现。

（4）国家机器的产生，需要专门的教育机构来培养官吏和知识分子。国家的建立，意味着阶级对立比原始社会解体时期更为严重，统治者迫切需要培养自己的继承人和强化对被统治者的思想统治。也就是说，不论是“建国君民”，还是“化民成俗”，都要创建学校。这是学校产生的政治需要。

学校的产生，使教育成为人类社会实践活动中的一个相对独立的专门领域，从而大大提高了教育实施的专门程度，具备了独立的社会职能。据中国古籍记载，中国奴隶社会已有庠、序、校等，后期还发展了政治与教育合一的国学、乡学体系。到封建社会，学校体制趋于完备。如唐代已有相当完备的学校体系，京都的儒学有弘文馆、崇文馆、国子学、太学、四门学，京都的专门学校有律学、书学、算学、医学、天文学以及音乐学校、工艺学校。地方学校有按行政区划分的府、州、县学和由私人办的乡学。在西方，古希腊的斯巴达及雅典产生了文法学校、弦琴学校、体操学校以及青年军训团等教育机构。古埃及在中王朝时期产生了宫廷学校、职官学校、寺庙学校和文士学校。

2. 有鲜明的阶级性与严格的等级性

在阶级社会里，受教育是统治阶级的特权，被统治阶级只能在民间接受家庭教育。即使在统治阶级内部，统治阶级的子弟进入何种学校也有严格的等级规定。

奴隶社会重教育的阶级性，非统治阶级的子弟不能或无权入学接受正规的教育。夏、商、西周“学在官府”，限定只招收王太子、王子、诸侯之子、公卿大夫之嫡子入学，乡学也只收奴隶主贵族子弟学习“六艺”，以培养成国家大大小小的官吏。古希腊斯巴达和雅典的学校专为贵族阶级而设。古埃及的宫廷学校只收王子、王孙和贵族子弟入学。劳动人民只能在劳动过程中，通过长者和师傅的言传身教，接受自然形态的教育。到了封建社会，各国教育在阶级性的基础上又加上了鲜明的等级性和宗教性。等级性表现为统治阶级子弟也要按家庭出身、父兄官职高低进入不同等级的学校。学校的等级与出仕授官、权利分配紧紧联系在一起。宗教性主要指在西方中世纪时期，教育为教会所垄断，世俗教育被扼杀，学校附设在教堂里，教育的目的是培养僧侣及为宗教服务的专门人才。

3. 文字的发展和典籍的出现丰富了教育内容，提高了教育职能

文字、典籍使人类的生产和生活经验不只物化在生产工具和生活工具上，而且开始了知识形态的积累并将知识传给下一代。但教育内容重视社会的典章制度，轻视生产知识传授。如古希腊雅典的统治者崇尚文化学习，斯巴达统治者崇尚军事训练古印度实施宗教统治的婆罗门种姓制度，注重神学学习；古代中国一向把儒家经典奉为学生必读教材，“六艺”和“四书”“五经”分别是奴隶社会和封建社会的教育内容。

4. 教育与生产劳动分离，形成“劳心者治人，劳力者治于人”的对立

教育一经从生产实践中分离出来成为统治阶级的特权，两者便由分离走向对立。读书者把脱离劳动作为学习的基本追求，因而倡导“两耳不闻窗外事，一心只读圣贤书”。劳动者由于生活所迫，失去了进入学校的权利，便与读书无缘。整个古代社会，脑力劳动与体力劳动的分离，不仅是一种统治阶级倡导的思想和舆论，而且是一种社会制度上的规定。

5. 教育方法崇尚书本，奉行棍棒教育

中国古代社会的教育以读书死、死读书为基本教学方法，这是与当时的社会人才选拔形式直接相关的。不能按时完成学业任务或不听从教师训示者则施以体罚，“夏楚二物，收其威也”。

6. 官学和私学并行的教育体制

中国古代官学分中央和地方两个层次。地方官学指由地方官府所办的学校，学校经费源于官费。西周时期的“乡学”即地方官学。由封建王朝直接举办和管理，旨在培养各种高级统治人才的学校系统则是中央官学。中央官学创于汉，盛于唐，衰于清末。与官学并行于民间的教育则为私学。私学起于春秋，孔子是私学的创始者。中国的私学伴随了中国古代社会的整个历史进程。

7. 个别施教或集体个别施教的教学组织形式

古代社会生产的手工业方式决定了教育上的个别施教形式。中国古代孔子的私学和众多

的宫学、私塾，其教学形态大都是个别施教，充其量是集体个别施教。至于西方的宫廷学校、职官学校等也是如此。

（二）奴隶社会教育与封建社会教育的差异和特点

虽然奴隶社会与封建社会由于生产力水平接近，都属于手工操作的小农经济时代，教育特点存在着共性，但是两种教育制度也是有差异的，具体表现如下。

1. 奴隶社会的教育特点

（1）出现了专门从事教育工作的教师，产生了学校教育。学在官府，官师合一，以吏为师。

（2）学校教育成为奴隶主阶级手中的工具，具有鲜明的阶级性。

（3）学校教育从生产劳动和社会生活中分化出来，成为独立的形态。

（4）教育目的是明人伦；教育内容是以礼乐为中心的“六艺”，即礼、乐、射、御、书、数。

（5）学校教育制度尚不健全。

（6）教学组织形式是个别教育。

2. 封建社会的教育特点

（1）学校教育与生产劳动相脱离甚至相对立。

（2）学校教育具有严格的等级性。

（3）学校教育内容偏重人文知识，独尊儒术，以“四书”“五经”为教育内容，以儒学为国学和精神支柱。

（4）教学方法倾向于自学、思辨和死记硬背，棍棒纪律，具有专制性。

（5）教学目的是学而优则仕。

（6）官学与私学并行的教育体制。

（7）个别施教的教学组织形式。

（三）中外教育在各阶段的典型特点

1. 中国古代教育的特点

（1）夏朝：我国历史上最早出现学校教育。世界上最早的学校出现在古埃及，欧洲最早的学校出现在古希腊。

（2）西周以后：学在官府、政教合一的官学体系；建立官学和乡学。

（3）春秋战国时期：官学衰微，私学大兴；孔子是私学的创始人之一；儒、墨两家的私学成为当时的显学。

（4）西汉：汉武帝采纳了董仲舒“罢黜百家，独尊儒术”的建议，实行思想专制主义的文化教育政策和选士制度。设立太学，这是中央官学的开始。董仲舒的三大文教政策是独尊儒术、兴太学、重选拔。

（5）隋唐时期：隋改革教育，逐步推行科举制度，使政治、思想、教育的联系更加制度化。唐六学（国子学、太学、四门学、律学、书学、算学）、二馆（崇文馆、弘文馆）是中央官学的主干。

（6）宋朝：程朱理学成为国学，四书（《大学》《中庸》《孟子》《论语》）、五经（《诗》《书》《礼》《易》《春秋》）是教学的基本教材和科举考试的依据。宋朝书院教育盛行，著名的书院有六个：岳麓书院、白鹿洞书院、应天府书院、茅山书院、石鼓书院、嵩阳书院。

（7）明朝：八股文成为科举考试的固定格式，社会思潮受到极大钳制。

（8）清朝：光绪三十一年（1905），废科举，兴办学堂。

2. 外国古代教育的特点

（1）古印度。古代印度宗教权威至高无上，教育控制在婆罗门教、佛教手中。婆罗门教把人分成婆罗门（祭祀僧侣）、刹帝利（军事贵族）、吠舍（平民）、首陀罗（农奴和奴隶）四个等级，前三个等级享有受教育权利，第四个等级无受教育权。

（2）古埃及。古埃及教育的最大特点是以吏为师，以僧为师。

（3）欧洲奴隶社会。欧洲奴隶社会有两种著名的教育体系：斯巴达教育与雅典教育，这也是古希腊的教育。

①斯巴达教育：教育目的是培养忠于统治阶级的强悍军人和武士，注重体育训练和政治道德灌输；教育内容单一，主要为赛跑、跳跃、角力、掷铁饼、投标枪；教育方法严厉；教育机构以国立为主。

②雅典教育：教育目的是培养有文化修养和多种才能的政治家、商人，注重体育、德育、智育、美育和身心和谐发展；教育内容丰富，教育方法灵活；教育机构以私人为主，主要有文法学校、音乐学校、体操学校三种。

（4）欧洲封建社会。欧洲封建社会（中世纪）出现了两种教育体系——教会教育和骑士教育。

①教会教育：目的是培养教士和僧侣，又称僧侣封建主教育。教育内容是“七艺”，包括“三科”（文法、修辞、辩证法）、“四学”（算术、几何、天文、音乐），而且各科都贯穿神学。

②骑士教育：目的是培养封建骑士，又称“世俗封建主教育”。教育内容是“骑士七技”：骑马、游泳、击剑、打猎、投枪、下棋、吟诗。

（5）文艺复兴时期。资产阶级提倡的新文化和世界观被称为“人文主义”，即以人为中心。代表人物：意大利的维多利诺，尼德兰（荷兰）的埃拉斯莫斯，法国的拉伯雷和蒙田。特点是人本主义、古典主义、世俗性、宗教性和贵族性。

三、现代社会的教育

现代社会的教育可以分为两个阶段：资本主义教育和社会主义教育。以蒸汽机为标志的大机器的出现使人类的生活和生产方式进入了一个崭新的历史时期。大机器生产的发展不仅要求增加劳动者的数量，而且要求劳动者具有一定的文化，这使得教育发展迅猛。我们把现代教育划分为三个阶段。

（一）近代教育

18 世纪 60 年代到 19 世纪中期，世界发展进入近代，新大陆的发现以及第一次工业革命（以蒸汽机的使用为标志）给世界带来了巨大变化，也使教育发生了巨大变化。近代教育特点主要表现为：

（1）国家加强了对教育的重视和干预，公立教育崛起。

（2）初等义务教育的普遍实施。1763 年，德国（当时的普鲁士公国）最早做出普及义

务教育的决定。

(3) 教育的世俗化。从宗教中分离出来。

(4) 教育的法制化。重视教育立法，依法治教。1852 年，美国马萨诸塞州最先颁布《义务教育法》。

(二) 现代教育

第二次工业革命（19 世纪 70 年代—20 世纪初，以电力的广泛使用为标志）给教育带来了新的变化，其特点如下。

1. 新的教学组织形式——班级授课制产生

比起师徒制的个别教育方式，班级授课制是一种大规模的教育形式。大机器工业的发展要求更多有一定文化的劳动者，以往的个别教育形式远远不能满足社会对劳动力的需求，班级授课制的出现正是适应了社会发展的需求。

2. 教育与社会生产的联系日益增强

大工业生产是以科学技术为基础的，了解与掌握一定的科学技术知识成为生产对劳动者的必然要求。它改变了以往教育与社会生产相脱离的状况，使得两者日趋紧密结合。这一方面表现为，在教育内容中大量增加了与生产劳动直接相关的科学技术知识；另一方面，各种职业技术学校或专业迅速增加，使得教育结构发生变化。

3. 义务教育开始出现

社会的发展使学习和掌握基本的文化知识逐渐成为社会全体公民应有的权利。为适应这一需求，英、法、德、美、日等国家相继提出并逐步开始实施义务教育。义务教育的出现，打破了教育为统治阶级独有的特权，是人类教育发展的一次重大进步。

4. 比较完整的学校教育体系形成

生产力的进一步发展为扩大教育规模和提高教育发展速度提供了坚实的物质基础，也对劳动者提出了不同层次的要求。这使得学校教育体系逐步完善起来，学校教育成为多类型、多层次的系统。

(三) 当代教育的特点

第二次世界大战以后，世界进入冷战时期，第三次工业革命（20 世纪四五十年代至今以，信息化革命为标志）开始，科学技术革命改变着世界的面貌。教育在发展中国家被看作是追赶现代化的法宝，在发达国家被看成增强综合国力竞争的基础。一方面，教育在数量上迅速膨胀，特别是高等教育突飞猛进，硕果累累；另一方面，生产力的发展，政治结构的重组，人类对自身的生命价值、人生态度、价值观念、生活方式的重新认识，也极大地影响着教育的改革与发展，使教育观念、教育制度、教育内容、教育形式均发生了深刻的变化，呈现出一些新的特点。

1. 教育终身化

教育终身化是适应科学知识的加速增长和人的持续发展要求而逐渐形成的一种教育思想和教育制度。它的本质在于，现代人的一生应该是终身学习、终身发展的一生。它是对过去将人的一生分为学习阶段和学习结束后阶段的否定。把终身教育等同于职业教育或成人教育是不正确的，终身教育贯穿于整个教育过程和教育形式中。

2. 教育全民化

教育全民化是当今世界范围内兴起的旨在让所有人都能受到基本教育的运动，特别是使所有适龄儿童、青少年都能入学并降低辍学率，使所有青壮年都摆脱文盲的运动。教育全民化运动得到各国尤其是发展中国家的积极响应。

3. 教育民主化

教育民主化是对教育等级化、特权化和专制性的否定。教育民主化是21世纪最大的教育思潮之一，教育的服务性、可选择性、公平性和公正性成为学校改革的基本价值追求。教育民主化包括教育的民主和民主的教育两个方面：前者把教育的外延扩大，受教育是权利也是义务；后者把教育的内涵加深。一方面，教育民主化追求让所有人都受到同样的教育，包括教育起点的机会均等，教育过程中享受教育资源的机会均等，甚至包括教育结果的均等，这就意味着对处于社会不利地位的学生予以特别照顾；另一方面，教育民主化追求教育的自由化，包括教育自主权的扩大，如办学的自主性，根据社会需求设置课程，编写教材的灵活性，价值观念的多样性等。

4. 教育多元化

教育多元化是对教育单一性和统一性的否定，是世界物质生活和精神生活多元化在教育上的反映。具体表现为培养目标的多元化、办学形式的多元化、管理模式的多元化、教学内容的多元化、评价标准的多元化等。

5. 教育技术现代化

教育技术现代化是指现代科学技术（包括工艺、设备、程序、手段等）在教育上的运用，并由此引起教育思想、教育观念的变化。人类社会步入21世纪后，科学技术迅猛发展，知识经济加速到来，国际竞争日趋激烈。世界许多国家特别是一些发达国家都在反思本国教育的弊端，对教育发展提出了新的目标和要求，而且都把教育改革作为增强国力、积蓄未来国际竞争实力的战略措施加以推行。我们必须从实施科教兴国的战略高度，从提高民族素质、增强综合国力的高度来认识和推进教育改革，把我国建成一个人力资源的富国，实现中华民族的伟大复兴。

6. 教育全球化

随着经济全球化格局的形成，教育、文化、知识的发展都发生了深刻的变化，教育全球化已成为一种必然的趋势。

7. 教育信息化

随着国际互联网和电子计算机的出现，信息量激增、传播速度飞快，教育必须跟上时代发展的步伐，进入信息化时代。

本章小结

教育具有广义和狭义之分，狭义的教育专指学校教育。教育的产生与发展是随着人类社会的产生与发展而产生发展的，在不同的社会历史时期，教育具有不同的特点。学校教育制度的建立与发展，也是随着社会的发展而发展的。不同的历史时期和不同的国家具有不同的学校教育制度。本章对教育的属性、起源、功能、发展过程等具体内容进行了系统介绍。

思考练习

一、单项选择题

1. 我国最早的学校教育形态出现在（　　）。

A. 西周　　B. 春秋战国　　C. 夏朝　　D. 殷商

2. “人只有通过适当的教育之后，人才能成为一个人。”夸美纽斯的这句话旨在说明教育是（　　）。

A. 培养人的社会实践活动　　B. 使人得以生存的活动

C. 传递社会经验的活动　　D. 保存人类文明的活动

3. 在古代中国、古埃及和古希腊的学校主要采用的教学组织形式是（　　）。

A. 个别教学　　B. 复式教学　　C. 分组教学　　D. 班级教学

4. 学校教育与生产劳动相脱离始于（　　）。

A. 原始社会　　B. 奴隶社会　　C. 封建社会　　D. 资本主义社会

5. 奴隶社会的“政教合一”体现了教育的（　　）。

A. 民族性　　B. 阶级性　　C. 生产性　　D. 相对独立性

6. 古希腊斯巴达教育的目的是培养（　　）。

A. 演说家　　B. 智者

C. 军人和武士　　D. 全面和谐发展的人

7. 在学校教育制度的发展变革中，义务教育制度产生于（　　）。

A. 原始社会　　B. 奴隶社会　　C. 封建社会　　D. 资本主义社会

二、辨析题

动物界也存在教育。

第三章 教育与社会发展

学习目标

1. 理解教育和生产力的基本关系
2. 理解教育和政治经济制度（政治）的关系。
3. 理解教育与人口的相互关系。
4. 理解教育和科学技术的关系。
5. 掌握教育和文化的关系。

第一节　教育与生产力

人类的教育活动自产生之日起就与物质资料的生产联系在一起。随着社会的发展，教育与生产力的关系越来越密切。总的来说，一定的社会生产力发展水平决定着教育的发展水平，而教育也反过来对生产力的发展起到巨大的促进作用。

一、生产力对教育的决定作用

物质资料的生产是人类社会存在和发展的基础，在物质资料的生产过程中，生产力是最活跃、最革命的因素。生产力的发展迟早会引起生产关系和一切社会关系的变化，推动或制约整个社会的发展，因而也推动或制约教育的发展。具体来说，生产力对教育的发展起着以下几方面的作用。

1. 生产力发展水平决定着教育的规模和发展速度

兴办教育需要一定的人力、财力和物力，办多少学校，学校的规模能容纳多少人受教育，学习多长的时间，必须有一定的物质条件做保证。缺少必要的物质条件，人们连吃、穿都无法满足，就无法从事教育活动。生产力的发展为教育提供了物质条件，并要求教育要有相应的发展，为物质生产提供所需要的人才。资本主义社会的教育比奴隶社会、封建社会的教育发展得快、规模大，其根本原因是采用机器生产，使社会财富有了迅猛的增加，并要求具有一定科学文化知识和技能的人去从事生产。如果教育的发展落后于生产力发展的要求，社会必定要努力发展教育事业；否则，经济发展将因人力资源的短缺而受到影响。反之，如

果教育的发展超出了生产力的承受能力，占用过多的人力、物力和财力，社会将会对教育进行调整，使教育的发展适应生产力发展的水平。这就是生产力的发展对教育发展的推动作用与制约作用。

2. 生产力发展水平制约着人才培养的规格和教育结构

培养什么样的人，既受制于政治经济制度，也受制于生产力发展水平。从工业发展史来看，未接受过教育的人可以从事手工业劳动；蒸汽机时代，要求工人有初等教育的文化水平；电气时代，要求工人有中等教育的文化水平；自动化时代，要求工人具有高中和高等专科以上的文化水平。生产力发展水平对培养人的规格提出了一定的要求，要求受教育者必须具有某种程度的文化水平和生产上所需要的知识和技术。

生产力的发展也必然引起教育结构的变化，设立什么样的学校、开设什么样的专业、各级各类学校之间的比例如何、各种专业之间的比例如何等，都要受到生产力发展水平和产业结构的制约。

3. 生产力发展水平制约着课程的设置和教学内容的改革

学校等教育机构的课程设置和教学内容的更新与生产力发展水平密切相关，并受其制约。在古代社会，生产技术更多的是一种直接经验，主要存在于个别劳动者的手中，大部分还没有发展成与直接劳动相分离的独立的知识形态，故主要表现为一种生产的方法而不是科学理论。这种生产技术主要通过直接经验来摸索，靠师傅带徒弟的方法来传授。因此，以传授间接经验、书本知识为主的学校课程也就很少反映这种生产技术。此外，即使那些已经上升为知识形态的科学技术，也还没有分门别类地形成各自的独立体系，而是囊括于自然哲学之中，很难进入学校课程设置的范围。因此，在古代的学校中，普遍存在着重文轻理的倾向，文科（包括神学）构成课程体系的中心，包括哲学、政治、道德、宗教等人文学科以及语言、文字等工具学科，与生产力直接联系的自然科学和技术方面的课程所占比例甚微，某些自然科学课程的设置也往往是为了使学生形成一定的思想与哲学观念。

到了产业革命以后，情况开始发生变化。随着各门自然科学逐一从自然哲学中分化出来，各自构成独立的科学体系，学校教育的课程设置与教学内容得到迅速拓展。以西欧学校为例，在 14 世纪，自然科学方面仅有算术、几何和天文学；从文艺复兴开始到 16 世纪中期，这方面的课程增加了地理学和力学；17 世纪至 18 世纪，社会生产力和自然科学有了进一步的发展，这时，学校课程中增加了代数学、三角学、植物学、动物学、物理学、化学等学科；近几十年来，随着科学技术和生产力的飞速发展，学校课程结构普遍加强了数学和自然科学所占的比重，教学内容不断更新。实践证明，世界各国许多重大教育改革都以课程改革、教学内容改革为核心，而每次重大的课程改革、教学内容改革，都反映了生产和科技发展的新水平和新要求。

4. 生产力发展水平制约着教学的方法、手段和教学组织形式

学校的教学仪器等是一定的生产工具和科学技术在教育领域的运用，直接由生产力的发展水平所决定。从一定意义来说，教学仪器等又影响着教学方法、手段的运用，从而影响到教学效果。在古代社会，由于生产力水平低下，教学方法一般只采用讲授法、问答法等。随着现代科学技术的发展，教学方法出现了实验法、演示法等。在教学手段方面，随着科技的发展，照相机、幻灯机、收音机、电视机、录音机、手机等在近现代相继进入教学领域。在

当代，计算机、网络等都已成为教学手段。

教学组织形式是与教学手段相联系的，随着科技进步，个别教学、班级教学已发展到远程教学、智慧教学，教育、教学的范围扩大，教学组织形式开始产生巨大变革。

从历史上看，教育与生产力的发展并非完全同步。有两种情况：一种情况是，在一定时期内，由于人们的思想意识落后于较为先进的生产力，教育的思想、内容、手段、方法等也落后于生产力的发展；另一种情况是，在生产力处于较低水平时，由于文化交流、社会转型或传统的影响，教育思想、教育内容甚至教育方法也可能超越生产力发展的水平。但教育相对独立于生产力发展水平，并不是说教育的发展可以脱离生产力发展水平，教育归根结底要受生产力发展水平及政治经济制度的制约。

二、教育对生产力的促进作用

教育通过对生产力的发展发挥着巨大的促进作用，进而影响社会经济的发展，这就是教育的经济功能。教育对生产力的促进作用主要表现在以下几方面。

（一）教育是劳动力再生产的重要手段

1. 教育能把可能的劳动力转化为现实的劳动力

马克思把劳动力或劳动能力理解为人们在劳动中所运用的体力和智力的总和。马克思认为，人是生产力中最根本的因素，这里所说的人，是具有一定的生产知识和劳动技能的人。当人还没有任何生产知识和劳动技能时，他只是一种可能的劳动力，要把这种可能的劳动力转化为现实的劳动力就需要依靠教育。马克思曾经说过：“要改变一般的人的本性，使他获得一定劳动部门的技能和技巧，成为发达的和专门的劳动力，就要有一定的教育或训练。”教育可以使人掌握一定的科学知识、生产经验和劳动技术，即把可能而尚未掌握科学技术的劳动力变为掌握科学技能的现实的劳动力，从而形成新的生产能力，提高劳动生产率，促进社会生产的发展。随着科学技术的发展，脑力劳动在生产中的比重越来越大，劳动生产率的提高主要依靠劳动者科学技术水平的提高和生产工具的改进。因此，教育对促进生产力发展的作用越来越大。

2. 教育能把一般性的劳动者转变为专门性的劳动者

在把一般性的劳动者转变为专门性的劳动者方面，专业教育和职业教育的作用尤为突出。普通教育在劳动者再生产的意义上主要是提高人的普通科学文化水平和一般素质。普通教育培养的劳动者，本质上还是一般意义的劳动者，还是作为劳动后备力量的劳动者，还没有专门的劳动知识和劳动技能。专业教育和职业教育可以在普通教育的基础上把一般性的劳动者进一步转化为某一领域、某一行业、某一工作中的专门性、应用型的劳动者。这种劳动者对于经济活动来说，具有直接和现实的意义。

3. 教育能把较低水平的劳动者提升为较高水平的劳动者

劳动者的素质都有一个从低水平向高水平提升的过程。在现代社会，生产的技术基础不断提高，生产方式和生产工艺不断革新，从而对劳动者的素质不断提出新的要求，要求劳动者必须不断接受教育。从终身教育的理念来看，现代社会的劳动者必须终身受教育，才能适应社会的发展。在现代社会，教育已经成为不断提升劳动者素质和促进劳动者纵向社会流动的手段。

4. 教育能把一种形态的劳动者改造成另一种形态的劳动者

在传统社会自给自足的个体经济活动中，劳动主要凭借个体经验，而经验的自发积累需要长时期的探索和积累，加上行业之间的互相封锁，一个人要从一种劳动转换到另一种劳动中去是一件非常困难的事情。在这种社会条件下，劳动者改行转业既没有必要，也没有可能。现代社会的生产是社会化大生产，是以科学技术为基础的生产，行业的盛衰、工种的消长千变万化，由此会给劳动者带来职业和工作岗位的转变。当今社会，人们改行转业成为习以为常的事情。同时，由于现代生产主要依靠科学技术，只要劳动者基本掌握了生产和工艺的一般原理，具有较高的素质，就能较顺利地改行转业，从一种形态的劳动者转换为另一种形态的劳动者。因此，在现代生产中，劳动者形态的转换既是必需的也是可能的。在现代社会，教育已成为改造劳动者形态和促进劳动者横向社会流动的基本手段。

5. 教育能把单维度的劳动者变为多维度的劳动者

现代经济学对劳动者的理解已经超过纯经济学的范畴，这种劳动者不仅掌握科学技术知识和具有工具性的劳动能力，而且具备一定的文化素质、思想修养、职业道德、心理素质、创新精神和审美情趣等，这种劳动者是多维度的，其发展和需求也是多维度的。多维度的劳动者必定比单维度的劳动者具有更高的境界和层次，具有更丰富的精神世界，也更具有劳动效能，同时也更像一个“人”。当今许多西方学者从现代经济学意义上强调作为“人”的劳动者的素质的全面提高，充分肯定劳动者的文化修养、精神境界和心理素质在经济活动中的作用。一些学者也从近年来的经济发展中注意到市场经济运作中非理性因素的作用。教育对劳动者素质的提高是全面的，现代教育越来越注重对未来劳动者进行多维度的培养。

教育对经济增长的贡献主要是通过再生产劳动者来实现的，一些经济学家早已对此进行了各种定量研究。经济学家斯特鲁米林运用以受教育年限的长短来确定劳动生产率的方法，计算得出：教育程度的提高所产生的价值占国民收入比率的30%。传统的西方经济学把土地、劳动、资本看作生产的三要素。在一定时期内，产量是由劳动、资本和土地三个基本要素的投入量决定的。但是，第二次世界大战以后，西方经济学家从对经济增长的生产要素组合比例的分析中发现，影响经济增长的因素还有人力资本因素。1960年12月，美国经济学家舒尔茨在美国经济学第73届年会所作的“人力资本投资”的演讲被称为人力资本理论创立的起点。舒尔茨认为，人力资本是现代经济增长的重要因素，甚至是首要因素。教育通过增加人力资本的存量，提高个体的生产率，进而为经济的增长做出贡献。这一主张对建立增长模型，计算除物质资本投入与人力资本投入以外的教育对经济的贡献奠定了理论基础。舒尔茨运用余值法测算出，高等教育对20世纪20年代至50年代美国经济增长的贡献率为32.49%。随后，美国经济学家丹尼森运用更为严格的系数法在劳动力类型可替性和教育质量不变的前提下计算得出，同期教育对美国经济增长的贡献率为35%。麦迪森将工资总额与GDP（国内生产总值）之比作为劳动力资本对产出的弹性系数，并分析了影响经济增长的因素。

20世纪80年代末到90年代初，内生经济理论的兴起进一步确定了教育对经济增长的重要作用，将教育作为经济内生增长路径的重要决定因素纳入其分析框架。一方面，由于劳动力资本的积累是经济增长的重要源泉，教育可以直接增加劳动力资本的积累，影响经济增长；另一方面，对教育投入的加大可以提高人力资本的生产率，进而推动经济大幅增长。内生经济增长理论得到众多学者的认可，并被广泛运用到高等教育对经济增长贡献的实证研究中。现在，许多国家经济发展的事实也证明，采用高效能的现代生产工具和提高劳动者的科学技术水平，对提高劳动生产率、获得经济效益起到了巨大的促进作用。教育对促进生产力的发展，增加社会财富起着重要的作用。

（二）教育是科学知识再生产的手段

科学知识在未用于生产之前，只是一种意识形态的或潜在的生产力，要把潜在的生产力转为人能掌握并用于生产的现实生产力必须依靠教育。因为任何人刚生下来时都不会有什么科学知识，如果没有教育，前一辈所积累的科学知识就无法被后一代人所掌握，科学知识也就无从继承和发展。因此，教育是实现科学知识再生产的重要手段，并且通过教育可以高效能地扩大科学知识的再生产，使原来为少数人所掌握的科学知识在较短的时间内为更多的人所掌握，使科学知识得到普及，先进的生产经验得到推广，从而提高劳动生产效率，促进生产力的发展。

（三）教育是发展科学的一个重要手段

教育的主要职能是传递人类已有的科学知识，但教育也担负着发展科学、生产新的学科知识和技术的任务，这在高等学校表现得更为明显。由于高等学校在学科、人才、经费、硬件设施等方面具有一定的资源优势，便于开展综合课题和边缘科学研究，所以高等学校是进行科学研究、发展科学技术的一个重要力量。因此，许多国家非常重视高等学校在科学研究方面的重要作用，把其作为科学研究的重要基地。中等和高等学校一般建有实验室、实验园地、实习与实训基地，教师既能结合教学进行实验和实习，又可开展科学研究，创新科学知识和技术；中等和高等学校还担负着社会咨询工作，帮助研究和解决企业在生产上遇到的问题，起着发展科学技术、促进生产的作用。现在，许多国家的高等教育已出现建立教学、科研、生产联合体的趋势。

由于教育能把可能的劳动力转化为现实的劳动力，是科学知识再生产和发展科学的重要手段，对提高生产效率和增加社会财富起着重要的作用，因此，从这个意义来说，教育是具有生产性的。现在很多国家把教育看作一种生产事业，重视开发人才，大力投资教育，积极发展教育事业，努力提高教育质量。很多国家的经验也充分证明，优先发展教育是促进科技进步、推动经济发展的有力保证。

第二节　教育与政治经济制度

政治经济制度是人类在社会生产关系的基础上形成的一种特殊社会关系。其中，经济制度是社会发展的基础；政治则是上层建筑中占绝对统治权的主要成分，是经济的集中体现。教育作为一种社会活动，总是和一定社会的政治、经济制度发生着密切的联系。一方面，政治、经济制度对教育起着重要的制约和影响作用；另一方面，教育又为一定社会的政治、经济制度服务，影响社会政治、经济制度的诸方面。

一、政治经济制度对教育的制约作用

一定社会的政治经济制度直接制约着教育的性质和发展方向，而教育的性质则包括教育的领导权、受教育权、教育目的等。

（一）政治经济制度制约教育的领导权

在人类社会中，谁掌握了生产资料、掌握了政权，谁就能控制精神产品生产，掌握教育的领导权。统治阶级总是利用他们在政治、经济和思想方面的统治地位，控制着教育领导权，使教育者根据他们的利益要求确定方向，培养自己所需要的人。

首先，统治阶级利用国家权力颁布政策、法令，规定办学的宗旨和方针，并以强制的手段监督执行，从而让教育驶入他们所需要的轨道。同时，各级教育行政机构和学校领导成员，也由国家政府来任免。统治阶级通过政治地位来掌握教育的领导权。

其次，统治阶级还利用经济力量，诸如拨款、捐献教育经费等办法来控制教育的领导权。

最后，统治阶级还以思想上的优势力量来影响和控制教育的领导权。在教育领域，通过教科书的编订和各种读物的发行以及教师思想上的影响，左右教育的方向。

（二）政治经济制度制约受教育权

教育发展的历史告诉我们，在不同的社会里，不同的人享有不同的受教育权。什么人接受什么样的教育，进入不同教育序列的标准怎样确定，基本上是由政治经济制度决定的。

在原始社会，以生产资料原始公有制为基础，没有国家，氏族成员处于平等的地位，因而受教育权也是平等的，所有儿童接受差不多同样的教育。

进入阶级社会，统治阶级和被统治阶级在政治上、经济上处于不平等的地位，反映在受教育的权利上，不可能是平等的。在奴隶社会、封建社会里，只有统治阶级子女才享有学校教育的权利，被统治阶级无缘接受学校教育。

到了资本主义社会，虽然在法律上废除了受教育者在阶级和社会等级地位等方面的限制，受教育权在形式上似乎是平等的，但实际上，由于经济和其他条件的不平等，受教育权仍是不平等的。即使在不收学费的德国、瑞典、英国等，大学生中来自劳动者家庭的仍是少数。

而社会主义社会是在生产资料公有制基础上建立的广大劳动人民当家做主的政权制度，这就决定其教育必然是面向人民大众的、消除等级偏见的。虽然，由于生产力不够发达和三大差别的存在，在受教育权上还不可能实现完全的平等，但是我们正通过各种途径去逐步消灭不平等，为实现教育上的完全平等创造条件。

（三）政治经济制度制约教育目的

在一定社会中培养的人应当具有什么样的政治方向和思想意识倾向，则是由一定的社会政治经济制度决定的，并要体现一定的社会政治经济要求。社会的政治经济制度不同，教育目的也就不同。政治经济制度，特别是政治制度是直接决定教育目的的因素。一定社会的教育目的，是由占统治地位的阶级运用他们所掌握的政权，按照自己的利益，通过制定一系列的教育方针政策或各种教育法规来确定的，并以此对教育实践加以规定和控制，保证教育目的的实现。

在原始社会，没有阶级，没有剥削，教育的目的是培养未来的氏族成员，使他们能从事劳动，能遵守社会生活规范、互相合作，能为保卫氏族的生存而英勇战斗。

进入阶级社会后，统治阶级总是力图使教育按照他们的要求培养和塑造年轻一代，教育总是以巩固和发展统治阶级自身利益为宗旨的。奴隶社会的教育目的，主要是把奴隶主子弟

培养成自觉维护宗法等级制度的统治人才和能征善战、具有暴力镇压奴隶起义和抵御外患本领的军人。封建社会的教育目的，主要是把地主阶级子弟培养成国家政权中的官僚以及实际掌握地方政权的绅士，而对广大的劳动人民则实行愚民政策。

资本主义社会的教育，则根据资产阶级的需要，一方面把资产阶级的子弟培养成能够掌握国家机器和管理生产的人才；另一方面，为了获取更高的利润和稳固政权，也给予劳动人民的子女一定年限的义务教育和职业训练，以把他们培养成适应现代生产所需要的熟练工人。

社会主义学校的教育目的，与历史上任何阶级社会的教育目的不同，是培养全面发展的社会主义事业的建设者和接班人。

由于教育目的不同，不同的社会关系下的教育也有所不同。例如，近代资本主义社会，上层资产阶级的子弟所就读的文科中学里，设置了许多有利于学生心智发展、升学预备和满足资产阶级生活方式所需要的古典学科；而劳动人民子女所就读的实科学校，则主要开设为满足工业生产所需要的实用学科。

（四）社会政治经济制度决定教育内容的取舍

在教育内容上，尤其是那些关于政治、哲学、经济、思想道德等方面的内容，由于涉及培养出的一代人所具有的思想观念和价值取向及为谁服务的问题，更是由社会政治经济制度决定的。这充分说明，一个国家的政治理念、意识形态、伦理道德观，直接受到国家政治经济制度的制约；学校所培养的人才的政治、道德观念同样反映了国家政治经济制度的要求。国家政治经济方面对教育的要求通过制定教育目的、规定政治思想教育的内容以及相应的考试评价手段来实现。

二、教育对政治经济制度的促进作用

政治经济制度制约教育，教育为政治经济制度服务。但教育并不是消极地适应一定社会的政治经济制度，相反，教育也对社会的政治经济制度的发展起巨大的促进作用，使其维持、巩固和加强。教育对政治经济制度的促进作用，主要表现为以下几个方面。

（一）教育能培养一定社会的政治经济制度所需要的人才

人的思想、能力、知识技能和政治倾向不是天生的，必须依赖教育的培养和造就。教育是培养社会政治经济人才的重要手段。自古以来，任何一种政治经济制度，要想得到维持、巩固和发展，都不断需要有新的接班人，而这些人才的培养，主要是通过学校教育来实现的。学校通过一定社会政治经济制度的要求，向年轻一代传递该社会政治经济制度所要求的思想、道德、价值观以及宗教、法律、经济、科学知识等方面的内容；并通过各种教育活动，对他们进行公民训练；还向他们传授历代总结的治国安邦的经验和本领，使他们按照社会所要求的方向成长，并具有一定社会的政治立场和政治能力，成为一定的政治经济制度所要求的接班人。通过教育培养的人才，一部分必然要进入上层建筑领域，组织、管理国家各项事务。进入现代社会，社会生活日益复杂，科学技术高度发展，势必要求国家的政治经济人才具有较高的文化素养和科学文化水平，这就更加依靠专门化的学校教育。从世界范围看，国家各级政治集团核心人物的学历层次和多方面的素养都在不断提高，这意味着教育的影响力亦相对增强。

（二）教育可以增强国民的民主意识，促进社会政治民主

民主是现代政治的核心与实质，是社会进步和文明程度的重要指标，政治民主化是现代政治发展的必然趋势。一个国家的政治民主化程度取决于一个国家的政体，也与这个国家人民的文化程度和受教育水平有着密切的关系。教育是推动政治民主化的重要力量。民主意识的启蒙、深入和提升，民主观念的确立，不可能不依靠教育。普及教育的程度越高，人们的知识越丰富，就越能增强人民的权利意识，使他们认识民主的价值，推崇民主的政策，推动政治的改革与进步。人们在处于普遍缺乏文化和政治素养的情况下，必然缺乏参与政治的意识和能力，民主政治最多也不过是一个良好的愿望。而且，历史已经表明，文化、教育的落后，往往是产生和盛行政治上的偏激、盲从、专制的原因之一。一般来说，一个国家的教育越发达，就越容易实现政治上的民主和进步。

在我国，自从无产阶级掌握政权以后，为了真正实现广大人民当家做主的愿望，十分重视提高人民的政治、文化素质。中华人民共和国成立以来，一直把扫除文盲、发展教育事业、改变劳动人民文化落后的面貌摆在重要的位置。这不仅是发展经济的需要，也是社会主义政治真正实现民主化的需要。当前，在我国社会主义经济飞速发展的同时，学校教育在提升人们的科学文化知识水平、思想道德水平，建设社会主义精神文明方面的作用更是不容忽视的。因此，要不断推进我国民主化的进程，就不可忽视我国教育事业的发展，不断提高全民族的文化水平。

（三）教育可以传播教育思想，形成积极的舆论力量，促进政治制度的发展

政治舆论对社会政治的影响是不可低估的，它是社会稳定和发展的思想力量。积极的社会舆论有利于巩固、维护其政治制度，推进社会的进步和发展。政治舆论关系一个国家的民心向背和社会稳定，是促进社会发展不可缺少的力量。学校通过教育者和受教育者的言论、行动以及教材和刊物等的传播与发行，宣传一定的思想，借以形成一定的舆论，影响群众，为一定的社会政治服务。学校自古以来就是宣传、灌输、传播一定阶级思想体系、道德规范、路线政策的有效阵地。一方面，学校是知识分子和青年人集中的地方，师生对社会政治上的各种主张、思潮必然会产生某种反应；另一方面，学校作为社会政治思想的发源地，能够对国家政权的各种政治决策产生影响。学校是中级或高级专业技术人员集中的地方，他们有愿望、有能力实现社会政治思想的形成和完善。高等院校的教育者还可以通过科学研究等方式为国家重大政治决策提供理论基础和实践参考。因此，当代许多国家把大学看成重要的咨询机构，聘请学有专长的教师作为政府部门的顾问，重视发挥教育对国家政治路线、方针、政策的确定所具有的咨询功能。可以说，学校师生的言行是宣传某种思想、借以影响社会群体、服务于一定政治的现实力量。

总之，一定的社会政治制度直接制约着教育的性质和发展方向，反过来，教育又对一定的政治制度有着巨大的影响。这种影响随着现代化进程的加快，作为促进社会进步的力量，变得越来越重要。当然，尽管教育对社会政治有巨大的促进作用，但却不能决定社会的政治力量。教育的重大作用不能超越一定的政治制度，教育的作用只有在一定的社会政治制度基础上才能发挥。我们不能把教育的作用强调到不适当的程度，试图通过教育的作用来解决政治的根本问题，教育对政治的变革不起决定作用。

第三节 教育与人口

一、人口对教育的影响

人口是指在一定社会历史时期生活在一定地区，具有一定数量、质量和结构的人的总称。人口问题对教育有重要影响，人口数量、质量、结构和地域分布等都对教育的规模、质量、结构和布局具有影响。

（一）人口数量影响教育的规模

人口数量决定着教育需求的大小，也就决定着教育事业可能的规模。人口增长必然要求扩大教育规模。人口增长方式不是匀速的而是波浪式前进的，所以，人口波峰与波谷的反复出现对学制和学校内部结构也会产生巨大的影响。人口数量的增长使教育投资的压力加大，进而可能影响教育的水平与质量。当教育投资同步于人口数量的增长时，教育的供给与需求相对平衡，教育的发展相对平稳；当教育投资滞后于人口数量的增长时，将会导致教育供给小于需求，引起教育资源的竞争，如出现入学率的降低或者生均教育成本的降低，导致教育发展相对滞后。

（二）人口质量影响教育的质量

人口质量包括人口的身体素质、文化修养和道德水平，前者是人口质量的物质要素，后两者构成人口质量的精神要素。人口质量对教育质量的影响表现为直接影响和间接影响两个方面。直接影响表现为人口已有的水平对教育质量的总影响。间接影响是指年长一代的人口质量影响新生一代的人口质量，从而影响以新生一代为对象的学校的教育质量。年长一代通过遗传和对青少年的养育过程来影响受教育者，还通过对学校教育的期望和协调程度来影响学校教育的目标、内容、方法等。另外，随着人均国民收入的提高，个人对高层次教育的需求也会提高，进而引起其对教育的再投资。

（三）人口结构影响教育的结构

人口结构是指各种人口类型在总体人口中的组成部分及其比例关系。人口结构类型非常复杂，主要包括人口的年龄、性别和人种等自然结构，人口的产业、行业、职业、收入和消费类型等经济结构，人口的民族、宗教、语言和婚姻家庭等社会结构，人口的文化教育、身心健康等素质结构；人口的行政区划、城乡等地域结构。

（四）人口地域分布影响学校的布局

人口地域分布是指在一定区域内的人口增长状况和实际人口密度。学校布局基本上会有三种情况。第一种是人口分布合理的地区，学校分布合理。第二种是人口密度过于稀疏的地区，学校布局不够合理。因此，一些发达国家，如澳大利亚出现了“网络学校”，为学生提供在线学习资源。第三种是人口密度过大的地区，需要增办更多的学校。

二、教育对人口数量、质量和结构的影响

教育对人口的数量、质量和结构具有一定的影响，主要表现在以下几个方面。

（一）教育对人口数量的调节功能

研究表明，受教育程度与生育率成反比关系，即育龄妇女的受教育程度越高，生育率越低。受教育程度直接影响人们人口观念的更新，影响人们对控制人口数量意义的认识。

（二）教育对人口质量的改善功能

影响人口质量的因素有很多，既包括来自上一代人的遗传素质，也包括所处的社会环境和生活水平。教育可能对提高人的遗传素质，改善社会环境和人们的生活观念有所作用；但更重要的是，在这些条件基本相同的情况下，教育对提高人口质量发挥着决定性的作用。因为人口质量主要体现在人的科学技术水平、文化修养、思想觉悟、道德水准等精神因素方面，教育作为促进人德智体美全面发展的活动，其直接效果就是提高人口质量。因此，教育是提高人口质量的根本途径。

（三）教育对人口结构的调整功能

教育对人口结构的调整有着直接或间接的影响作用。例如，就人口的年龄结构而言，人口教育水平的提高会影响人们生育观念，进而降低人口的出生率和死亡率，尤其是对一个老龄化的社会，终身教育会促使人们重视老有所为、老有所养、老有所用，从而缓解社会老龄压力；就人口的性别结构而言，人口教育水平的提高会影响人们生育观念，也会淡化性别歧视，有利于人口性别比例的平衡；就人口的文化教育结构、产业结构和职业结构而言，接受教育可使人具有不同的学历层次和知识结构，这不仅可为不同的产业、行业、职业输送不同知识和技能的劳动者，而且可在一定程度上调节各产业、行业、职业的人口结构的平衡。

第四节　教育与科学技术

一、科学技术对教育的影响

科学技术简称科技，这里是指自然科学技术和社会科学技术的总和。科学是人类在长期认识和改造世界的过程中所积累起来的认识事物的知识体系。技术是指人类根据生产实践经验和应用科学原理而发展出来的各种操作方法和技能，以及物化的各种生产手段和物质装备。科学技术对教育发展的影响，主要表现在以下几个方面。

1. 科学技术可以改变教育者的观念

科学技术可以影响教育者的教育观念，促进教育内容和教育手段与方法的更新，提高教育者的教育能力。

2. 科学技术可以影响受教育者的数量和教育质量

一方面，科学的发展日益揭示出教育对象的身心发展规律，从而使教育活动更加符合这种规律，并使受教育者扩展自己的受教育能力；另一方面，科学技术的发展及其在教育中的广泛运用，可使受教育者规模扩大，也可更好地扩大受教育者的视野和增加受教育者的实践经验。

3. 科学技术可以影响教育的内容、方法和手段

在人类社会的教育发展历史中，每一次生产力水平尤其是科技生产力水平的提高，都会

对教育者的观念以及教育的内容、方法和途径带来很大的变化。科学技术可以渗透到教育活动的所有环节中去，为教育资料的更新和发展提供各种必要的思想基础和技术条件。学校类型的增加，学校规模的扩大，教育设施的兴建，教育内容的记载与表达方式，教学用具与器材的制造等都离不开科学技术的作用。

二、教育对科学技术发展的作用

(一) 教育能完成科学知识的再生产

科学知识的生产是直接创造新科学的过程，科学知识的再生产则是将科学生产的主要产品经过合理的加工和编排传授给更多的人，尤其是传授给新一代人，使他们能充分地掌握人类创造的科学成果，为科学知识再生产打下基础。

科学知识的再生产有多种途径，学校教育是科学知识再生产的最主要途径。这是因为，学校教育所进行的科学知识再生产是一种有组织、有计划、高效率的再生产，它是在知识、经验较多的教师指导下，将前人的科学成果通过合理的编制，以有效的组织形式和最合理的方法，在较短的时间内传递给学习者。

教育作为科学知识的再生产，一方面，对科学知识进行继承与积累，把前人创造的科学知识加以总结和系统化，一代一代地传递下去；另一方面，将科学知识扩大再生产，把前人创造的科学知识传授给新的一代，使他们能够站在前人的肩膀上有所发现和创新，创造出新的科学知识。

(二) 教育能推进科学的体制化

科学研究最先只是少数人的智力游戏活动，是为了满足好奇心。17 世纪以后，出现了职业科学家及专门的科学研究机构，这被称为科学体制化。它与教育，尤其是高等教育有着密切的关系，因为最初很多科研机构是建在大学里的。

(三) 教育具有科学研究的功能

教育在传播科学知识的同时，也具有科学研究的功能，这在高校里尤为突出。据悉，在美国，科学家被高校聘用的占全部科学家的 40%，美国大学承担了全国基础研究的 60%、应用研究的 15%；在日本，高校承担基础研究，国立研究机构承担应用研究，民间企业承担开发研究；在我国，高校承担着全国近一半的科研任务。

(四) 教育具有推进科学技术研究的功能

教育向科学提出将科学成果在教育上应用技术化的要求，从而丰富科学技术的活动，扩大科学技术的成果。例如，多媒体技术、计算机软件技术在教育上的广泛运用，对于推进相关科学和技术的研究有直接的作用。

三、信息技术与教育信息技术是人类现代文明和进步的一个重要标志

在信息时代，以多媒体和网络技术为核心的信息技术应用于我们的生活中并改变着我们的生活方式。信息技术也对教育产生了深刻的影响。

(一) 信息技术改变了人们关于知识的观念

信息技术改变了人们关于知识数量的观念。信息技术可以把图书馆微型化，将世界上无数大型图书馆的资料存储到个人计算机中，方便人们使用，使个人之间在知识上的差距显得

不是那么重要了。

信息技术改变着人们关于知识质量的观念。根据情报专家的统计，第二次世界大战以来，知识的陈旧周期不断缩短。进入20世纪90年代，每隔4年就有75%的知识被更新。

（二）信息技术改变着人们关于学习和教育的观念

信息技术使教育过程成为一种选择过程。计算机和网络以及其他多媒体设备成为教育的中介，教师通过信息技术发送信息，学生通过信息技术接收信息。教师对信息的发送，可以是声音、文字、图像，还可以是演示、讨论、模拟仿真等；学生对信息的接收，可以从不同程度、不同速度、不同时间、不同指向进行主动选择，可以进行生—机、生—生、师—生的个别的和群体的相互论辩。这使原有意义上的有固定场地、固定班级、固定活动的学校教育形式成为学生进行社会交往的场所，而知识的学习让位给不受时间和地域限制的信息技术。

（三）信息技术的日益成熟和普及为实现教育的第三次飞跃提供了平台

（1）因为信息技术的智能化，可以根据学习者的情况自动生成相应的教学进度，确定相应的针对个人的评价标准，实现教育的个性化，使因材施教的理想真正成为现实。

（2）信息技术实现了人机互动模式，可根据学习者的目标、选择和努力程度等给予不同的反馈，给予象征性的奖励和惩罚。在传统的教育中，没有学生的积极主动性，教学活动照样可以进行；而在人机系统中，学习者的积极主动性是教学活动正常进行的必要条件，没有学习者的积极反应，教学活动将会终止。

（3）信息技术可促进师生关系的民主化，避免面对面的教学的师生尊卑差异，有利于学生积极人格的养成。信息技术对教育的影响是巨大的，它经历了三次革命性的突破。第一次是电报、电话和无线电的诞生与推广应用；第二次是电视机、计算机和人造卫星的发明与应用。这两次革命使录像机、计算机、视频会议等信息技术革命的成果在教育中被广泛应用。20世纪中叶，人类迎来第三次信息技术革命，即以计算机和网络技术为标志的信息技术时代，其对教育的影响是根本性的，使教育开始迈向网络时代。

网络教育可以从两个方面来理解。一方面，是指网络技术应用于教育中，改变了传统的教育教学手段，教学不再局限于简单的教学用具，而把网络技术、多媒体技术和计算机技术综合运用于教育教学之中。另一方面，是指在网络上构建网络学校，集学校、教学手段、教学内容、教学方法于一体，为学习者提供前所未有的开放的学习环境。这种网络学校是真正意义上的不受时间、空间限制的。在这种教育体制下，工作与学习完全融为一体，每个人可以在任意时间、任意地点通过网络自由地学习，这是真正意义上的自由学习。网络教育可以最大限度地发挥学习者的主动性、积极性，既可以进行个别化教学，也可以进行协同式教学，还可以把两者结合起来，是一种全新的教学模式。这种教学模式完全可以按照个人的需要进行，不论是教学内容、教学时间、教学方式，甚至是指导教师，都可以按照学习者的意愿或需要进行选择。这种教学模式能够为学习者提供图、文、声、像并茂，丰富多彩的交互式人机界面；能为学习者提供符合人类联想思维与联想记忆特点的，按照文本结构组织的大规模知识库与信息库，因而易于激发学习者的兴趣，并为学习者实现探索式、发现式学习创造有利的条件。

因此，我们可以这样认为，传统学校教育是金字塔形的等级制教育，网络教育却是平等的开放式教育；传统学校教育的优劣标准所依据的是他人手中的筛选制度，而网络教育所依据的是学习者的兴趣；传统学校教育是较严格意义上的年龄段教育，而网络教育是跨年龄段教育，或者说是无年龄段教育；传统学校教育存在着时空限制，而网络教育是跨时空的教育。

第五节　教育与文化

一、文化的定义及形态

（一）文化的定义

文化是一个内涵十分丰富而复杂的概念。笼统地说，文化是一种社会现象，是人们长期创造形成的产物；文化同时又是一种历史现象，是社会历史的积淀物。确切地说，文化是指一个国家或民族的历史、地理、风土人情、传统习俗、生活方式、文学艺术、行为规范、思维方式、价值观念等。

1. 广义的文化

广义的文化，指的是人类在社会历史发展过程中所创造的物质和精神财富的总和。它包括物质文化、制度文化和心理文化三个方面。

物质文化是指人类创造的种种物质文明，包括交通工具、服饰、日常用品等，是一种可见的显性文化。制度文化和心理文化分别指生活制度、家庭制度、社会制度，以及思维方式、宗教信仰、审美情趣等，属于不可见的隐性文化。

2. 狭义的文化

狭义的文化是指社会的意识形态以及与之相适应的制度、机构等，包括社会的科学、艺术、宗教、道德、教育、社会风俗习惯以及规章制度。

（二）文化的形态

为深入理解教育与文化的关系，除了认识文化的概念外，还必须理解文化存在的主要形态。文化主要有五种存在形态。

（1）物质形态的文化，指科学、艺术、技术等创造发明物化在物质产品上的文化，如历史文物、各种工艺用品等。

（2）制度形态的文化，指人类为满足或适应某种基本需要而建立的各种典章制度或法则，如满足人们政治需要的政治制度，满足人们物质生活需要的经济制度，满足人们受教育需要的教育制度，以及法律、军事、家庭、婚姻制度等。

（3）观念形态的文化，指人类创造的各种语言文字、数字、抽象符号以及各种科学著作、文艺作品等人类精神沟通的手段，也就是各种文化的记录载体。

（4）活动形态的文化，指各种文化创造和传播的活动，以及文化团体和设施，如各种学术活动、艺术活动、出版机构、学术机构、大众娱乐机构等。

（5）心理形态的文化，指不同民族的心理素质、价值取向、精神风貌、思维和生活方式，以及传统和行为习惯等。

二、文化对教育的作用

文化对教育的作用是多方面的，主要表现在两个层次上：宏观层次和微观层次。

（一）宏观上文化背景和民族文化传统对教育产生深远影响

从一定意义上看，社会中的一切文化活动对其参与者来说（创造文化的主体和接受、欣赏文化的主体）都具有教育的价值，对参与者的身心发展都会产生一定的影响。

1. 社会文化背景对教育产生深远影响

文化作为人类所创造的物质和精神财富的总和，存在于社会的每个时间和空间，因此，教育总是在一定的社会文化背景下进行的，所以，教育必然受文化的影响，这种影响主要表现在两个方面。

（1）社会文化的发展必然提高人们对教育的需求，而满足人们对教育的需求，就必须发展教育事业。究其原因，主要有以下两个。

①文化的发展对享受文化的人的素质提出了新的要求。历史文物是物质形态的文化的主要内容，而历史文物的欣赏需要欣赏者了解其历史，才能明白其价值。

②文化的发展使人们更加深刻地认识到教育的价值。一方面，文化的发展使家长更加深刻地认识到教育的价值。一般来讲，父母的文化程度越高，其对子女接受教育的期望越高。事实上，受教育程度不同，人对生活、工作的意义理解不同；同时，自身的工作、生活所具有的价值也有所不同。另一方面，文化的发展使就业人员更加深刻地认识到教育的价值。随着文化的发展，职业对就业人员的素质要求不断提高，也就对受教育程度有更高的要求。受教育程度与所从事的职业的社会性质具有极大相关性。而且，这种教育的价值既体现为对社会所具有的价值，也体现为对个人所具有的价值。对社会所具有的价值反映出个人受教育的利他性。

（2）文化的发展促使教育与社会之间的联系加强。文化的发展造就了文化的日益丰富。丰富的社会文化与封闭的学校文化的有限性之间必然产生矛盾，这种矛盾必然刺激教育的开放，增强学校文化的多样性和丰富性，拓展教育的形式、层次和类型。教育的开放有两层含义，一层含义是教育对社会的开放，另一层含义是社会对教育的开放。教育对社会的开放，促进教育形式、层次和类型的拓展，为社会中不同阶层、不同年龄、不同职业的人提供了更多的受教育或再教育的机会。社会对教育的开放是指学生接受信息的渠道已经拓展到了全社会。在信息传播手段高度发达的社会里，在校学生除了接受学校教育以外，在校外也接受各种信息。就在校外接收的信息总量来说，并不比学校所给予的信息量少，甚至会远远超过学校教育中的信息量。实际上，学生在校内也不断接受校外信息的影响。校外信息的影响一定会与校内信息的影响联系起来，并结合成一体。二者在对学生发展方面或者相互促进，或者相互抑制。总之，教育的开放充分地反映出教育与社会之间的日益密切的联系。

2. 民族文化传统对教育产生深远影响

每个民族都有自己特点的文化传统，包括民族传统文化观念、道德观念、价值取向、行为习惯、思维和生活方式等。这些民族文化传统往往以潜移默化、耳濡目染的方式对人的发展、对教育产生强烈的影响。

（1）民族文化传统，特别是优秀的民族文化传统，需要一定的活动实现传承。这种活动必须是人与人之间进行的有利于文化传递与习得的活动，因而文化为其传承的实现而最终选中了教育。民族传统必然影响社会、民族对教育内容的选择——选择有利于保持民族性的教育内容而实现民族的延续和发展。这种影响体现在语言文学课程内容、本国历史课程内容及思想品德课程内容的选择等方面。

（2）作为民族文化传统的核心内容，民族价值取向极大地影响着教育目的的确定、对教育地位的认识、对教育手段和方法的选择。因为民族价值取向规定着一个民族对教育判断、选择和评价的标准，所以，民族价值取向规定着该民族对人才培养的标准和规格，即教育目的，也规定着该民族对教育地位的认识。教育目的是教育的出发点和归宿，对实现教育目的所必需的教育手段和方法的选择具有极大的影响，因而，民族价值取向也规定着该民族对教育手段和方法的选择。

（3）民族文化传统对教育制度的确立具有影响作用。教育制度是历史与现实的产物，受民族思维和生活方式的影响。世界上存在着多元民族文化传统，世界教育制度在历史上和现实中也具有丰富的多样性。讲究民主方式的民族，其教育制度往往也注重民主精神；讲究中央集权方式的民族，其教育制度往往也追求统一。

（4）无论民族文化传统对人的发展的影响与学校教育对人的发展的影响在方向上是否一致，民族文化传统对教育都存在着影响。民族文化传统对人的发展的影响与学校教育对人的发展的影响有多种可能的组合：或完全一致、相互补充，或部分一致并相互作用，或完全相反并相互排斥。但无论哪一种组合，民族文化传统都始终对教育具有影响作用，因为学校不是一块绝对的“净土”，也不应该成为一块绝对的“净土”。

（二）微观上社会文化深入学校内部，直接影响学校教育活动内部的文化构成

1. 社会文化影响学校文化

学校文化是指学校全体成员或部分成员习得且共同具有的思想观念和行为方式。学校是一个社会组织，学习文化是社会组织文化的一种形式、一种表现，也具有自身的独特性。事实上，文化不是空洞的事物，总是表现在一定的社会群体中，体现在各个社会组织的行为方式上。学校本身就是文化传统的产物，是经过历史的积淀、选择、凝聚、发展而成的，它负载着深厚的文化，甚至在某些方面是文化精神、要求的集中体现，这一点突出表现在学校所使用的教材上。

学校是通过下列方式将文化积聚在一起的：将文化以各种方式加以集中、积累和系统化，使学校发挥一种类似文化容器的功能；通过专业化的教师将这些文化加以整合传授给学生，将已认同并接纳文化的学生输送给社会，通过学生返还出可供再生的文化。可见，学校作为社会的一个特殊机构，在其生存、发展过程中会受到社会文化的影响，并形成自身独特的文化。

2. 社会文化直接影响课程文化

课程文化是学校文化的基本要素。课程文化有两方面的含义，一是课程体现一定的社会群体的文化，二是课程本身的文化特征。显然，并非所有的文化都能进入学校教育领域，成为学校教育的主要内容。文化具有民族性和国际性，具有阶级性和共同性，具有时代性和历史性，具有理论性和实用性；文化也有精华与糟粕之分，有美与丑之分，有科学与非科学之分。因此，学校教育中的课程是经过谨慎选择、科学整理、精心加工的。课程文化来自社会文化，但不是社会文化的简单复制，而是社会文化的“深加工”产品；课程文化是文化传统的产物，但也是文化的时代性特征的体现。一般来说，课程文化总是体现一定社会或社会群体的主流文化。课程文化将社会主流文化转化为适合学生接受的内容，使学生在课堂学习

以及与教师的日常交流中，能够有意无意、或多或少地习得这些文化。社会文化对课程文化的影响表现在课程的内容方面，也表现在课程的各级结构方面，还表现在课程使用的方法和手段等方面。

3. 社会文化影响教师文化和学生文化

教师文化和学生文化是学校文化的两个重要方面。

（1）教师文化常常与一定的社会阶层相联系，体现着某一特定社会阶层的价值观念和思想规范。教师文化之所以受社会文化的影响，主要原因在于教师是学校组织的主要成员之一，是社会组织成员中关键的一部分群体，一定要代表社会的主流文化。在社会文化中，教师文化发展出自身的特性。教师工作是区别于其他工作的社会工作，教师一定要履行促进人的发展的职责，表现为教师文化特有的思想观念和行为方式。教师文化直接影响学生的发展，紧密关系着教育的质量、效益。事实上，教师的不同文化特征和活动方式给学生带来的影响是不同的，对教育发展的作用也是不同的。

（2）学生文化是学生交往中的基本模式和行为方式。学生是学校中的一个特殊的群体，也具有自身的文化。一方面，学生文化受家庭文化、教师文化和社会文化的影响，与教师文化具有一定程度的相同或相似的特征。另一方面，由于身心发展的特殊需要，学生也会在相互交往过程中形成自己独有的文化特征，构成学校文化中一种相对独特的文化形态。一般来讲，学生文化具有过渡性、非正式性、多样性、互补性等特征。

（3）教师和学生作为文化的活的载体，始终发生着相互作用，促进了社会文化的传承，更加鲜明地反映出社会文化对教师文化和学生文化的影响。

简言之，社会文化对教育发展的制约作用表现为，社会文化影响教育的价值取向、教育目的的表述、教育内容的选择、教育方法的使用及教育制度的确立。

三、教育对文化发展的促进作用（教育的文化功能）

教育能够传递和保存文化（传承文化），能够改造文化（选择、整理、提升文化），能够传播、交流和融合文化，能够更新和创造文化（创新文化）。

（一）教育可以记录并传播文化

文化既是人类社会活动的产物，又是新生一代生存与发展的必要基础和条件。人类社会的延续和发展从某种意义上讲就是文化的延续和发展，而文化的延续和发展要靠教育代代相传。尤其是现代社会，由于文化的丰富多样，文化的传播就更需要教育来进行。人类早期没有文字，文化的传播只能靠口耳相传；有了文字以后，文化的传播更多地依赖文字的记载和传授，学校因此应运而生。人类通过教育，记录并传播了文化，教育需要从大量文化中选取最基本的内容传播给年轻一代。后来，教育的重心逐渐从帮助人们大量接受知识转移到帮助人们从浩瀚文化海洋中获取最基本的要素，选取、使用、储存创造文化的基本手段与基本方法。学会认知与学会学习，已成为当今教育所要解决的基本问题之一。

（二）教育能够改造文化

改造文化是指在原有文化要素的基础上所进行的取舍、调整和再组合。教育对文化的改造主要是通过选择文化和整理文化来实现的。选择文化是对某种或某部分文化的吸取和舍去。教育对文化按照一定社会的要求以及教育自身的需要进行正确、合理的选择。

（三）教育能够传播、交流和融合文化

文化传播是一种民族文化向另一种民族文化传输的过程，文化交流是两个或两个以上民族文化相互传输的过程。文化的传播、交流既是文化自身发展的需要，也是人类社会发展的需要。由于文化的传播与交流，各民族的文化才不断互相学习和发展，从而使整个人类的文化不断发展和繁荣。社会文化的传播、交流有多种途径和手段，如教育、贸易、战争、移民、旅游等，其中教育是最基本、最有效的途径和手段。一方面，学校教育的专门性使文化传播交流的效率更高；另一方面，教育在吸收、传播其他民族的文化中都要进行选择，去劣存优，以取其精华、去其糟粕，使文化的传播交流具有先进性。如今已进入信息化时代，民族文化的交流十分活跃，教育的文化交流、传播作用显得更为重要。

（四）教育能够更新和创造文化

文化是人类创造的结晶，同时人类文化也只有不断创造，才能延续发展。教育对文化的更新与创造有巨大的作用，尤其是在当代社会，不仅要求教育要继承、传递文化，而且要求教育发挥更新与创造文化的作用，促进社会文化的繁荣与发展。教育对文化的更新和创造作用表现在以下几方面。

1. 教育为社会文化的更新与发展培养出大量的具有创新精神和创造能力的人

人是社会文化的产物，同时又是社会文化的创造者。一个民族的文化要发展，就必须培养一大批具有创造才干的人。任何民族的文化都不是个别人创造的，但只有那些既掌握了大量文化知识又具有创新精神和创造能力的人，才可能为文化的发展做出较大的贡献。正因为这样，现代教育把创造型人才的培养当作核心目标，创造性也成为教育的一种价值取向和基本特征。

2. 教育本身也能创造新的文化，发挥其文化创造功能

这表现在两个方面。一方面，新的教育思想、理念、学说是社会总体文化创新的一个有机组成部分。古今中外的许多教育家及教育工作者提出了丰富的教育思想和方法，成为人类文化宝库中光芒耀眼的部分，对人类文化的发展做出了巨大贡献。特别是在 20 世纪 50 年代后，教育在人类文化中的作用显得更加重要，层出不穷的教育思想、教育理念显示出教育在社会文化中灿烂夺目的一面。另一方面，现代学校特别是大学作为一种教育机构，不仅承担着培养人才的职能，也承担着科学研究的职能，由大学所创造发明的新的科学技术成果充实、更新、发展着社会文化。

本章小结

教育是培养人的一种特有的社会现象。教育同社会的发展有必然的联系，它是人类社会的永恒现象，是传递生产经验和社会生活经验的必要手段，是人类社会延续和进步的必要条件。教育是适应人们在生产劳动过程中传递生产经验和社会生活经验的实际需要而产生的。教育和劳动一起成为社会进化的重要机制，使人类的物质文明与精神文明得以积累、获取和传递。教育本身是社会大系统中的一个重要组成部分，它的发展受到社会各种因素的制约，特别是受社会生产力水平、政治经济制度、科学技术以及文化背景、文化传统的影响，也会反作用于这些因素，促进或阻碍它们的发展，就此形成教育的政治功能、经济功能、文化功能和科学技术发展功能。社会现代化程度越高，知识和信息在社会生活中的作用就越大，教育的重要性也越明显。

思考练习

一、单项选择题

1. 社会发展与教育是相互作用的，其关系可概括为（　　）。

A. 培养与推动　　B. 共性与个性　　C. 影响与干预　　D. 制约与促进

2. 学校开展经典诵读活动时，对传统文化要取其精华、去其糟粕，这说明教育对文化具有（　　）。

A. 继承功能　　B. 传递功能　　C. 选择功能　　D. 创造功能

3. 我国在世界各地开办孔子学院，向各国人民介绍中国文化，这说明教育对文化具有（　　）。

A. 传递功能　　B. 创造功能　　C. 更新功能　　D. 传播功能

4. 在影响教育事业发展的诸多因素中，制约教育发展规模和速度的根本因素是（　　）。

A. 人口分布　　B. 生产关系　　C. 政治制度　　D. 生产力水平

5. 决定教育性质的根本因素是（　　）

A. 生产力　　B. 文化　　C. 政治经济制度　　D. 科学技术

6. 教育能够把潜在的劳动力转化为现实的劳动力，这体现了教育的（　　）功能。

A. 经济　　B. 育人　　C. 政治　　D. 文化

7. 马克思认为，复杂劳动等于加倍的简单劳动。这主要说明教育具有（　　）功能。

A. 经济　　B. 政治　　C. 文化　　D. 人口

8. 在当代，教育被人们视为一种投资，一种人力资本。这是因为教育具有（　　）。

A. 政治功能　　B. 经济功能　　C. 文化功能　　D. 人口功能

9. 下列各项中，决定教育领导权和受教育权的主要因素是（　　）。

A. 社会生产力和科技发展水平　　B. 社会人口数量和结果

C. 社会文化传统　　D. 社会政治经济制度

10. 教育可以“简化”文化，吸取其基本内容；教育可以“净化”文化，清除其不良因素。这体现了教育对文化具有（　　）功能。

A. 选择　　B. 发展　　C. 传递　　D. 保护

11. 否定教育自身的发展规律，割裂教育的历史传承，把教育完全作为政治、经济的附庸，这样的观念违背了教育的（　　）特性。

A. 生产性　　B. 永恒性　　C. 相对独立性　　D. 工具性

二、简答题

1. 简述教育的文化功能。

2. 简述文化对教育的制约作用。

三、辨析题

1. 政治经济制度决定着教育的性质，因此教育没有自己的相对独立性。

2. 教育可以改变政治经济制度发展的方向。

第四章 教育与个体的发展

学习目标

1. 了解个体身心发展的有关概念。
2. 掌握影响个体身心发展的因素以及各自所起的作用。
3. 理解和掌握个体身心发展的基本规律及怎样依据这些规律进行教育。
4. 了解教育对人类发展的促进。

第一节 个体身心发展概述

人的发展问题是哲学、生理学、心理学、社会学、人类学、文化学等学科共同关注的课题。对于人的发展，通常有两种理解：一是作为物种的人的发展，是指人类在地球上出现以及进化的过程；二是个体的发展，是指随着时间的推进，个体身心所发生的变化。教育学所研究的人的发展主要是指个体的发展，因为教育面对的是个体的、现实的、具体的人，教育的根本目的在于促进人的发展。

一、个体身心发展的概念

发展是指事物由小到大、由简到繁、由低级到高级、由旧质到新质的连续不断的变化过程。在这一变化过程中，既有量的变化，又有质的变化；既有正向的变化，也有负向的变化。个体身心发展是指个体从出生到生命的终结，其身心诸方面所发生的一切转变为现实特征的过程。因此，个体发展不仅是个体的机体生物成熟的过程，而且是认识发展的过程以及个性和社会性的发展的过程。

个体的身体发展是指个体的生理方面的发展。其包括机体的自然形态和各种组织系统（如骨骼、肌肉、神经、呼吸系统等）及其机能的发展和完善。个体的心理发展是指个体的心理过程和个性心理的发展，包括认知、情感、意志和各种高级社会性的发展。个体的生理和心理发展密切相关。身体的发展，特别是神经系统的发展，提供了心理发展的物质基础，影响、制约着心理的发展；心理的发展也指导和影响着身体的发展。

一般来说，学生的发展是指学生在遗传、环境和学校教育以及主观能动性的相互作用下

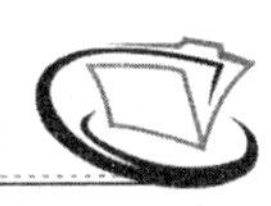

身体和心理两个方面所发生的量和质的变化过程与结果，是诸多内、外因素综合作用的与世隔绝的王子结果。从外部因素来看，它可以分为可控因素和不可控因素、积极因素和消极因素。学校是影响学生发展的主要外部因素。学校是通过可控的、积极的因素以及选择社会环境中的积极因素来影响学生的发展的。从内部因素来看，学生身心发展的社会需要与个体现有发展水平之间的矛盾和由这种矛盾所构成的现实性活动是学生发展的根本动力。由于影响学生发展的内、外因素都是发展变化并相互作用的，不同的个体有不同的发展道路，因而学生的发展呈现出多种可能性。

二、人的身心发展的特殊性

人在社会实践的过程中受到环境的影响，也在改造环境的过程中改造自己。也就是说，人的身心发展是在社会实践中实现的，并具有能动性。

（一）人的身心发展是在社会实践过程中实现的

人是在社会实践中接受客观世界的影响，反映客观现实的；环境对人的影响离不开人的社会实践。因为外部环境的因素只有作为个体的活动对象才能显示出它的意义和作用，才会进入个体的主观意识，与个体的动机、需要、认识、意志等发生交互作用，将客观世界的东西与主观世界的东西联系起来。如果离开了人的实践活动，客观环境条件没有成为人的主观世界的活动对象，那么再好的客观环境条件也不会对人的发展起作用。

（二）人的身心发展具有能动性

人具有认识世界和改造世界的能力，这使人超越了动物界。人还有认识和改造自己的能力。人具有自我意识，发展到一定阶段的人具有规划自己的未来和为未来发展创造条件的能力。自觉的能动性是人类的特点。人们接受环境影响不是消极的、被动的，而是积极的、能动的实践过程。因此，社会环境对人的发展，不仅要通过人的实践也要通过人的主观努力才能实现。例如，一个儿童的家里藏有万卷书籍，但他根本不去阅读这些书籍，这些书籍对于他的发展是起不到任何作用的。由于人们对待环境的主观态度不同，人们就有不同的发展和成就。因为人们总是按照已有的知识、经验、兴趣、爱好以及自己的需要等来对客观环境做出反应的，人们的知识、经验和心理倾向不同，对客观环境的反应也就不同。例如，有的人在良好的环境中却没有成就，甚至走向与环境要求相反的道路；有的人在恶劣的环境中却成为很有作为的人。因此，人的能动性能否较好地发挥，是一个人的发展能否达到较高水平的重要因素。对人的潜在能力的充分信任、对社会实践在人的发展中的作用的高度重视，以及对发展主体自我意识在人的发展中的价值的清醒认识，是使学校教育发挥个体发展功能的前提，也是教师在教育活动中促进学生发展的基本要求。

三、个体身心发展的动因

关于个体身心发展的动因，主要有以下几种观点。

（一）内发论

内发论强调个体身心发展的力量主要来自个体自身的内在需要，个体身心发展的顺序是由个体身心成熟的机制决定的，个体身心发展是自然而然地成熟和完善的过程。孟子可以说是中国古代内发论的代表。他认为，人的本性生来就是善的，“万物皆备于我”，人生来就有所谓的不学而能的“良能”、不虑而知的“良知”。例如，《孟子·尽心上》中说：“人之所不学而能者，其良能也；所不虑而知者，其良知也。孩提之童无不知爱其亲者，及其长也，无不知敬其兄也。亲亲，仁也；敬长，义也；无他，达之天下也。”孟子认为，人性中就有恻隐、羞恶、辞让、是非四端，这是仁、义、礼、智四种基本品性的根源，人只要善于修身养性，向内寻求，这些品性就会得到发展。

现代西方的内发论者，进一步从个人的机体需要和物质因素来说明内发论。例如，精神分析学派创始人弗洛伊德认为，人的性本能是最基本的自然本能，是推动人发展的潜在的、无意识的、最根本的动因。美国当代生物社会学家威尔逊把基因复制看作决定人的一切行为的本质力量。而美国心理学者格塞尔则强调成熟机制对人的发展的决定作用，他认为，人的发展顺序受基因决定，教育要想通过外部训练抢在人成熟的时间点前面使人形成某种能力是低效的，甚至是徒劳的。

（二）外铄论

外铄论认为，人的发展主要依靠外部力量的推动，包括环境的刺激和要求、他人的影响、学校的教育和训练等。

对于人的自身因素，有的人认为是需要进行改造的。例如，我国古代性恶论的代表人物荀子认为，人生性好利、好嫉妒、好声色、好争斗，需要外在因素施以影响。有的人认为，人的心灵犹如一块白板，本身没有内容，可以任人涂抹，外部的力量决定了人的发展状况。英国哲学家洛克的“白板说”是一个典型的代表。外铄论的另一个典型代表人物是美国行为主义心理学的创始人华生，他是环境决定论的代表人物。他在《行为主义》一书中写道：“给我一打健康的婴儿，一个由我自由支配的特殊环境，让我在这个环境里抚育他们，不论他们祖宗的才干、爱好、倾向、能力和种族如何，我保证能把其中任何一个训练成任何一种人物——医生、律师、美术家、商人或乞丐、盗贼。”由于外铄论强调外部力量的作用，因此一般都注重教育的价值，对教育改造人的本性，形成社会所要求的知识、能力、态度等方面的作用持积极、乐观的态度。他们关注的重点是人的学习、学习什么和怎样才能有效地学习。

（三）多因素相互作用论

辩证唯物主义认为，人的发展是个体的内在因素（如先天遗传的素质、机体成熟的机制等）与外部环境（如外在刺激的强度、社会发展的水平、个体的文化背景等）在个体活动中相互作用的结果。人是能动的实践主体，没有个体的积极参与，个体的发展是不能实现的；在主观条件大致相似的情况下，个体主观能动性发挥的程度对人的发展有着决定性的意义。因此，我们把个体积极投入实践的活动看作内因和外因对个体身心发展综合作用的汇合点，也是推动人身心发展的直接、现实的力量。根据这样的观点，在教育活动中，主体与客体之间的关系、师生之间的关系以及提高学生参与各种教育活动的积极性自然会受到特别的重视。

四、个体身心发展的规律

个体的身心发展遵循某些规律，这些规律制约着教育工作。教育者遵循和利用这些规律，可以使教育工作取得较好的效果；反之，则可能事倍功半，甚至伤害学生。个体身心发展一般遵循以下几个规律。

（一）顺序性

个体身心发展具有一定的顺序性，是由低级到高级、由量变到质变的过程。例如，身体发展是从头部、躯干向四肢，从中心部位向全身的边缘发展；行为的发展是先爬再走后跑；记忆的发展是从机械记忆到意义记忆；思维的发展是从具体思维到抽象思维；情感的发展是先有喜、怒、哀、乐等一般情感，而后出现道德感、理智感等高级情感。瑞士心理学家皮亚杰的认识论提出了个体认知发展的一般规律，即按照感知运算水平、前运算水平、具体运算水平、形式运算水平顺序发展的特征。美国心理学家柯尔伯格的研究证明，皮亚杰的发生认识论在个体的道德认知过程中也具有普遍的推广意义，人的道德认知遵循着从前世俗水平到后世俗水平的发展过程。这些对于教育工作有非常重要的意义。

（二）阶段性

个体身心发展有一定的阶段性，反映了量变与质变的统一。个体在不同的年龄阶段表现出身心发展不同的总体特征及主要矛盾，面临着不同的发展任务，这就是身心发展的阶段性。它表现为青少年身心发展的年龄特征，即在发展的不同年龄阶段中身心发展的一般、典型、本质的特征。例如，人在童年期，思维特征是以形象思维为主，情感特征是不稳定且形于外；而在少年期，抽象思维已有较大发展，对情感的体验开始向深与细的方向发展，但很脆弱；在青年初期，以抽象思维为主，情感较丰富、细腻、深刻、稳定，同时道德情感、理智感等在情感生活中占主要地位。当然，不同发展阶段之间是相互关联的，上一阶段的发展影响着下一阶段的发展。因此，人生的每一阶段对于人的发展来说，不仅具有本阶段的意义，而且具有人生全程性的意义。

（三）不平衡性

个体的身心发展是不平衡的，表现在两个方面：一方面，同一方面在不同年龄阶段的发展是不均衡的。例如，个体的身高、体重有两个发展的高峰，第一个高峰出现在出生的第一年，第二个高峰出现在青春期。在这两个高峰期，个体身高、体重的发展较其他年龄阶段更迅速。有人对人的智力发展进行研究，发现人的感知、思维、记忆、想象等都存在不同的关键期。另一方面，不同方面发展的不平衡性。有的方面在较早的年龄阶段就达到较高的发展水平，有的则要到较晚的年龄阶段才能达到成熟的水平。例如，在生理方面，神经系统、淋巴系统成熟在先，生殖系统成熟在后；在心理方面，感知成熟在先，思想成熟在后，情感成熟更后。

人的身心不同方面有不同的发展期，这一现象越来越引起心理学家的重视，心理学家提出了发展关键期或最佳期的概念。所谓发展关键期，是指身体或心理的某一方面机能和能力最适宜于形成的时期。在发展关键期，对个体某一方面的训练可以获得最佳成效，并能充分发挥个体在这一方面的潜力；错过了发展关键期，训练的效果就会降低，甚至永远无法补偿。

（四）互补性

互补性反映了个体身心发展各组成部分相互联系、相互影响、相互补充，共同构成了人的生命整体。个体某一方面的机能受损甚至缺失后，可通过其他方面的超常发展得到部分补偿。例如，失明者通过听觉、触觉、嗅觉等方面的超常发展来补偿。机体各部分存在着互补的可能，使人在自身某方面缺失的情况下依然能与环境协调，从而为继续生存与发展提供条件。人的精神力量、意志、情绪状态可对整个机体起到调节作用，可帮助人战胜疾病和身体残缺，使身心依然得到发展。我们身边有很多这样出色的人物。相反，如果一个人的心理承受能力太差，缺乏自我调节的能力和坚强的意志，那么不是很严重的疾病或磨难也会把他击倒。互补性告诉我们，发展的可能性有的是直接可见的，有的却是隐现的。

（五）个体差异性

由于人的发展的主、客观条件不同，即先天素质、环境、教育和自身的主观能动性不同，因而人的身心发展的过程与结果也有差异。个体差异从群体角度来看，首先，表现为男女性别的差异，它不仅是自然性上的差异，还包括性别带来的生理机能和社会地位、角色、交往群体的差异。其中，有的是发展水平的差异，有的是心理特征表现方面的差异。其次，个体差异不仅表现在同一年龄阶段儿童在不同时期的发展速度和水平有个体差异，而且在相同方面的发展速度和水平也有个体差异。教育者在教育工作中发现和研究个体间的差异特征，做好因材施教工作是非常重要的。

第二节　影响个体身心发展的因素

影响个体身心发展的因素很多，概括起来，主要有遗传、成熟、环境、学校教育和个体主观能动性等。这些因素相互联系，交织在一起，共同作用于个体的身心发展。

一、遗传

（一）遗传的概念

遗传是指人们从上代那里继承下来的生理解剖方面的特点，如机体的构造、形态、肤色、感官特征、神经系统的结构和机能等。这些遗传的生理特点也称遗传素质。这些遗传下来的生理解剖特点中，生理特点指功能特点，如出生后感觉的灵敏度、知觉的广度、注意的持久性、记忆的强度、思维的灵活性等；解剖特点是指结构特点。

（二）遗传的意义

遗传在人的发展中的意义是不可忽视的，具体来说有以下几个方面。

1. 遗传素质是人的发展的生理前提，为人的身心发展提供了可能性

人的发展总是以遗传获得的生理组织和最初的生命能力为前提条件的。没有这个前提条件，人的任何发展都是不可能的。例如，健康的身体是一名优秀运动员的生理前提；正常的智力是一名科学家的基本要求；一个先天失明的人就不能发展视觉，不能成为画家；一个生来就聋哑的人，也就不能发展听觉，成为音乐家；一个无脑畸形儿或染色体畸变者，无论其外在条件如何优越，都无法得到正常人应有的心理发展。个体在智力、情感、意志等方面具有的先天心理特征，也会对个体后天的学习和成功产生很大的影响。

人的遗传素质优于动物的最大特点，在于其潜藏着巨大的发展可能性。恩格斯指出，即使是最低级的野蛮人的手，也能做几百种任何猿手所模仿不了的动作。例如，人初生时，似乎比初生的动物软弱得多。但是，由于初生婴儿具有比初生动物优越千百倍的遗传素质，蕴藏着比动物大千百倍的发展潜力和可能。在后天的环境和社会影响下，人可以掌握丰富的语

言文字和高深的科学文化知识，从而具有发达的思维和高超的能力而成为万物之灵。

人体的器官中，大脑是最宝贵、最重要的器官。人体其他器官的功能远不如许多动物，如人的力气不如牛、象、骆驼大，奔跑的速度不如马、鹿快，嗅觉只有狗的嗅觉的百万分之一，视觉远在老鹰之下、也不如猫……尽管这样，人类仍不失为万物之灵，成为这个地球上不可匹敌的主宰。人的大脑能思维、想象，能认识和改造世界。

可见，如果一个人的大脑不正常，就不会有正常的思维发展和思维活动。最高等的动物，即使长期与人接触并接受人的专门训练，也不可能具有人的心理发展水平，因为它不具有人的遗传素质。

但是，遗传素质只是人的先天素质的构成部分，不是全部。如果离开了后天社会生活和教育，遗传素质所提供的可能性便不能成为现实，如狼孩、熊孩等。

一个人的发展除了遗传提供给他的可能性之外，还要由他所处的社会条件、所受的教育和个人的主观努力来决定。由于社会分工、社会生活条件、所受教育和个人主观努力的不同，导致人们从事不同的职业，在思想意识和道德品质方面也千差万别。另外，在不同的社会生活和教育的影响下，人的遗传素质可以向肯定或否定的方向发展。例如，一个音乐素质好的儿童未必将来就一定会成为音乐家。所以说，遗传素质为人的发展提供的可能性，要在一定的环境、教育和个人的主观努力等的影响下才能转化为现实。

2. 遗传素质的差异性对人的身心发展有一定的影响

个体的遗传素质是有差异的。人们常说："一母生十子，十子各不同。"正常的儿童都具有人类的遗传素质，这是遗传素质的共性；但不同个体之间在遗传素质上是存在着客观差异的。人的遗传素质的差异不仅表现在体态、感觉器官方面，也表现在神经活动的类型上。在医院的婴儿室里，我们可以看到，出生几天后的婴儿就有不同的表现，如有的爱闹，有的较安静；从两岁婴儿的表现，我们可以看到他们对外界事物反应的快慢、情感表现的强弱等方面的差异。即使是同卵双生子，在机体的构造和机能上也有不同的特点，如感觉器官、神经系统等的构造和机能会具有不同的素质。

遗传素质对人发展影响的大小与其本身是否符合常态有关。人的遗传素质大部分处于常态。对遗传素质处于常态的人来说，遗传素质在人的身心发展中不起决定性作用；而对处于常态两端的个体来说，遗传素质便常常具有决定性的作用。

事实证明，智力和遗传是有着一定关系的，在音乐、绘画方面的表现可能更明显。英国科学家曾对27 000对同胞兄弟、姐妹进行调查，结果表明，同卵双生者之间的智商相关系数为0.9，异卵双生者之间为0.82，同胞兄弟之间为0.5。智力的物质基础——脱氧核糖核酸（DNA）是遗传物质，遗传物质决定脑细胞的发生和表达，脑细胞发育的第一个高峰在妊娠10~18周，第二个高峰是出生后头6个月，脑细胞的发育直到2.5~3岁。脑细胞的表达至少与数百种遗传基因有关。但我们必须注意：孩子的聪明与否，除了有好的智商，还要有好的情商。孩子的智力不仅仅取决于父母亲遗传物质的传递、基因控制的表达、遗传信息的诱导，而且取决于各种环境因素的影响。

遗传素质为人的发展的个体差异提供了最初的可能性，对人的发展具有一定的影响，所以我们应高度重视优生、优育问题，要正确地估计人的遗传素质的差异，承认人与人之间先天素质的差别，这是对待遗传学的科学态度。

3. 遗传素质具有可塑性

人的遗传物质的载体是46条染色体，其一半来自父亲，一半来自母亲。那么，就父亲和母亲这两个个体而言，遗传给下一代的机会应该是均等的。只不过在创造后代的过程中，父母赋予子女的遗传基因谁呈显性，谁遗传给子女的可能就多。父母遗传给子女的只是生理方面的东西，心理是不能遗传的。也就是说，作为意识反映的客观物质外壳——大脑是可以遗传的；然而，人类的文化、思维是无法靠遗传传递给后代的，人的智力不是完全由先天决定的。诚然，儿童的先天素质存在差异，但较好的先天素质只是具备了发展智力的条件，这种条件是否使智力顺利地发展还要看其他条件。就像有了一粒好种子，不等于就会长出好苗子、结出好果子一样，还要看它是否落到好的土壤里，是否得到雨露的滋润，是否得到良好的管理。

人在实践活动中，一方面，适应环境，创造环境；另一方面，也时时修正着自己的本性。

例如，一个在遗传素质上神经过程强、平衡而灵活的人，在不良的环境和教育影响下，变成神经过程弱而不灵活的人。

遗传素质在人的身心发展中具有一定的作用，但它仅仅为人的身心发展提供了物质前提、自然基础，只是生理方面的潜在能量。在人的成长过程中，它不起决定作用，不能决定人的发展方向和水平。随着环境、教育和实践活动的作用，人的遗传素质会逐渐发生变化，具有可塑性。

4. 遗传在人的发展中的作用是不能夸大的

遗传素质不能预定或决定人的发展，不能夸大遗传的作用。资产阶级遗传决定论的创始人——英国人类学家高尔顿则把人的发展完全归因于遗传素质，他甚至认为，人的智力，乃至人的道德都是在胚胎中形成的。他认为，一个人的能力是遗传得来的，其由遗传决定的程度如同一切有机体的形态及躯体组织由遗传决定一样。他于1883年首次提出“优生”一词，其原意为“健康的遗传”。他主张通过选择性的婚配来减少不良遗传素质的扩散和劣质个体的出生，从而达到逐步改善和提高人类遗传素质的目的。

美国心理学家、教育家霍尔主张复演说，把儿童在胎儿期和出生后的发展分别看作动物和人进化的复演，把生物的发展规律机械地搬到人的发展上来。例如，他认为，儿童的追逐打闹活动是狩猎本能的复演，少年期打猎、捕鱼、爬山、游泳、划船等活动是祖先野外生活的复演。他说“一两的遗传胜过一吨的教育”，把人的发展过程完全归结为遗传素质的作用，忽视和否认了后天的环境和教育对人的身心发展的作用。我国民间类似的说法是“龙生龙，凤生凤，老鼠的儿子会打洞”。

遗传决定论者把遗传看作决定人发展的唯一因素，认为社会生活条件和教育作用只在于延迟或加速遗传能力的实现，忽视或否定了社会环境、实践活动和教育等的重要作用，这种观点是不可取的。

二、成熟

（一）成熟的概念

美国心理学家格塞尔认为，胎儿的发育大部分是受基因制约的。这种受基因制约的发展

过程的机制就是成熟。成熟还表现在人身体的各种器官的形态、结构及其机能的发展变化与完善上。例如，青少年身高、体重的增加，骨骼构造的变化，心肺和大脑的发育，性的成熟等。又如，儿童发展的几个年龄阶段（乳儿期、婴儿期、幼儿期、童年期、少年期、青年初期），每个阶段的年龄特征都与成熟过程相联系。在教育学中，成熟是指儿童个体生长发育的一种状况，指个体的生理和心理机能达到比较完备的阶段，即由儿童成长发育为成人。其主要的标志是生理方面具有生殖能力，心理方面具有独立自主的自我意识。

（二）成熟的意义

人的某种先天素质是在发展过程中逐步成熟的。人的各种身体器官的构造和机能在刚出生时是很不完备的，个体的器官和整个系统的结构、功能都随着年龄的增长而发展。人的机体的成熟程度制约着身心发展的程度和特点，为一定年龄阶段身心特点的出现提供了可能和限制。人有些早期运动机能的获得是直接建立在成熟的生理基础上的。成熟与教学的效果是契合的，一种技能的发展由成熟支配时，没有必要超前加以训练。在这方面，美国心理学家格塞尔的双生子爬梯实验就说明了这一点。格塞尔选定同卵双生子二人做爬梯实验：对双生子甲从出生后第46周开始训练爬梯，每天练习10分钟，经过6周的训练后，与双生子乙比较，甲用26秒完成爬梯动作，乙则用了45秒。从第52周开始对乙也做爬梯训练，两周后再次测验，乙只用10秒就完成了爬梯动作。显然，训练乙既省时效果又好。这是因为甲在46周时大脑功能、骨骼肌肉的发育还不完善，不能支持其很好地完成爬梯动作，而乙在52周时身体各方面发育的成熟程度可以支持其很好地完成爬梯动作。格塞尔据此提出了个体发展的成熟决定论。这虽然夸大了成熟的作用，但说明了教育中充分重视成熟程度非常必要。教育只有以成熟程度为依据，才能取得良好的教育效果。

成熟的作用在思维、情感、个性等高级心理活动中同样有不可忽视的作用。所以，小学的入学年龄定为6周岁是比较合适的。如果让6个月的婴儿学走路，让4岁的儿童学高等数学，不仅徒劳，而且无益，这是由于他的大脑皮质的生理机制还未成熟到具备学习高等数学的程度。只有身体的发展具备了一定的条件，才可为学习一定的知识和技能提供可能。心理学家和教育学家都认为，早于成熟期的学习或晚于成熟期的学习都无助于发展。

三、环境

（一）环境的概念和分类

1. 环境的概念

环境是指个体生活在其中，影响个体身心发展的一切外部因素。

2. 环境的分类

（1）按性质来划分，环境可分为自然环境和社会环境。自然环境是指环绕着人类并影响人类生存与发展的自然界，主要有大气、土壤、水、岩石、植物、动物、太阳等自然条件。这些自然环境在为人的发展提供了物质生活条件的同时，也对人的生理结构和性格产生一定的影响，如我国北方多山，北方人的身材比较高大，性格显得刚毅、耿直；南方多水，南方人的身材相对娇小，性格显得比较温和。

在人的发展中，社会环境起着更为主导的作用。环境对人的影响主要是通过社会环境实现的。社会环境是指人类在自然环境基础上创造和积累的物质文化、精神文化和社会关系的总和，包括社会生产力的发展水平、社会物质生活条件以及社会的政治经济制度和道德水准。社会生产力的发展水平决定着人的发展程度和范围，社会关系影响着人的发展的方向和性质，社会的精神文化影响着个体的身心发展内容。一个人的身心能否得到发展和发展到什么程度，都与社会环境分不开。社会环境是人身心发展的外部客观条件，对人的发展起着一定的制约作用。

（2）按范围来划分，环境可分为大环境和小环境。大环境是指个体所处的总体自然环境与社会环境，如某一国家、某一地区。小环境则是指与个体直接发生联系的自然环境和社会环境，如一个家庭、一所学校。在同一个国家或地域内，人们的大环境通常相差不大，但小环境千差万别。小环境对个体的影响更为直接，教育者应更多地把注意力集中在小环境上。但是，由于社会的变化不断加快，社会交往手段更加便利和丰富，大环境对人尤其是青少年的影响不容忽视。

（二）环境对个体发展的影响

环境对个体发展的影响具体表现在以下几个方面。

1. 环境为人的发展提供了多种可能，也具有一定限制

环境为人的发展提供了认识与实践的客体、客观条件和机遇等，从而为个体的发展提供了选择的可能，个体可以选择、利用环境中的有利因素为自我的发展服务。例如，我国的改革开放将国有企业推到了竞争的最前沿，国有企业进行了改制，涌现出一大批改革家、企业家等，可谓“时势造英雄”。另外，人生活在不同的小环境中，这些环境所提供的条件并不相同，对个体发展的意义也不相同，因而不同环境中人的发展有很大的区别。但个体对环境的作用也不是消极的，处在同一小环境中的个体，其发展水平也不会完全相同。个体对环境持积极的态度，就会充分利用环境中有利于自己发展的因素，克服消极的阻力，从而扩大发展的空间。因此，教育者不仅要注意为受教育者提供较有利的条件，更要培养受教育者认识、利用环境的意识和能力。

在一定时空条件下，环境为人的发展提供的可能性是有限的，可能会限制甚至阻碍个体的发展。“橘生淮南则为橘，生于淮北则为枳”是说淮河以南气候温和湿润，所栽之橘，味甜汁丰；但移橘北栽后，所结之果，形小味涩，叶徒相似，其实味不同。这是生长环境的不同造成的。自然界如此，社会环境对人的影响亦然。法国作家巴尔扎克在《高老头》中描写了拉斯蒂涅在巴黎求学期间，面对尔虞我诈、残忍丑恶的社会现实，良心逐步被野心所吞噬的经历，证实了社会环境对人的重大影响。其实，我们做每件事，小到修身、齐家，大到治国、平天下，都不能忽视环境因素的干扰。

2. 环境对人作用的大小与环境本身的性质、变化相关，也与个体的发展水平相关

在童年期，自然环境、家庭环境对人发展的影响较大；到了青年期，社会环境尤其是文化因素对人发展的影响相应增强。环境对人发展的影响随着主体自我意识的形成而相对减弱，影响的性质也由限制逐渐转向更有效的利用。环境因素的作用还随着个体的活动能力而变化：活动能力强的个体，能够很好地利用环境因素促进自身的发展；活动能力弱的个体，环境因素的作用相对较小。

人生的最初几年极为重要，人出生时的素质几乎没有多少区别；但降生在什么环境，由谁教养，却直接决定一个人的社会素质。科学家的实验和很多事实表明，人的一生在 8 岁前

是发展关键期，过了这个关键期再进行训练，即使是专家指导也会十分困难；而且很多都永远无法达到本来应该达到的水平。狼孩的例子就很好地说明了人即使有正常的遗传基因，但脱离了人的社会环境，或接触的是不完整的人类社会，错过了发展的关键，也会造成永远无法弥补的缺陷。

3. 环境对人发展的影响有积极、消极之分

社会环境是多种因素的复合体，其中既有积极的因素，也有消极的因素。教育者应正确认识环境的性质、特点与作用方式，将环境因素进行尽可能多的正向组合，使环境影响始终与学校教育保持一致，控制和减少环境因素对青少年学生产生的不利影响，提高环境积极因素的作用强度。青少年学生不仅缺乏正确的道德观念，而且辨别是非的能力比较低，加之好奇心、模仿性强，求知欲旺盛，因而很容易接受环境因素的正、反两个方面的影响。

环境因素不仅具有广泛性、经常性的特点，而且具有自发性、偶然性和片面性的特点。因此，环境对人的影响既是自发的、潜移默化的，又是无目的、无系统、偶然、零碎的；既有与教育相平行的影响，也有与教育相矛盾的影响。但是，人与动物的根本不同在于人有主观能动性，人对环境的作用和影响不是消极、被动地接受，人在接受环境影响的同时，又凭借自己的经验和创造能力积极地改造环境、利用环境。

4. 人不只是消极、被动地接受环境的影响

环境对青少年身心发展的影响虽然是经常的、广泛的，但这种影响在大部分情况下是自发的、分散的和偶然的。它没有既定的目标，不像学校教育那样有目的、有计划、有系统。但是，这些影响具有耳濡目染、潜移默化的性质，具有一定的深刻性，有的甚至终生难忘，我们不能低估环境的作用。

环境对人的发展虽然起着非常重要的作用，但是，它也有自身的局限性。我们不能片面夸大外在因素的作用，忽视人的主观能动性，把人看成环境的消极适应者，认为生长在某种环境中的儿童就只能消极地成为某种样子的人。例如，我国古代墨子说："染于苍则苍，染于黄则黄，所入者变，其色亦变。"荀子说："蓬生麻中，不扶自直；白沙在涅，与之俱黑。"这些说法都夸大了环境的作用，最终导致机械唯物论。实践证明，那种忽视人的主观能动性的环境决定论是错误的。

四、学校教育

学校教育是根据一定社会的要求，有目的、有计划、有组织地影响人的一种社会实践活动。它是由承担教育责任的教师和接受教育的学生共同参与和进行的。学校教育的环境具有极大的人为性，有明确的目的，有指定的教育内容与活动计划，有系统和特殊的教育条件。学校还弥漫着科学、文化和道德规范的气息。这些构成了学校教育的特殊性。从个体角度来看，学校中的个体活动与其他社会活动的区别在于，有教师指导，活动结果还要接受检查。这种特殊性使学校在影响人的发展上具有独特的影响力。

（一）学校教育在个体发展方面的影响力

1. 按社会对个体的基本要求对个体发展的方向进行社会性规范

从广义来说，教育是社会环境的一部分，并且是社会环境中比较特殊的一部分。教育是有目的、有意识地培养人的社会活动，关于教育在人的发展中的重要作用，曾被历史上许多

思想家和教育家所肯定。人的发展离不开教育，教育是影响人发展的最有效手段。教育尤其是学校教育，与遗传因素和自发的环境影响相比，能按照社会对个体的基本要求对个体发展的方向进行社会性规范。当社会对个体在体质、思想道德、知识能力等方面有要求时，学校教育能根据这些要求，针对不同年龄、不同专业人才培养的要求而做出相应调整，并有意识地以教育目的的形式去规范学校的工作，通过各种教育活动引导个体的发展方向，帮助个体对发展的多种可能性进行判断和价值选择，使个体的发展方向与社会发展对人的要求一致。

2. 加速个体的发展

学校教育具有明确的目的性，教育时间相对集中，有专人指导，能够对学生进行专门教育。学校教育作为一种有目的、有计划的以培养人为目的的活动，与环境中的自发影响相比有巨大的优势。它能根据一定社会政治经济制度的要求和生产力发展的需要，按照一定的方向，选择适当的内容，采取有效的方法，利用集中的时间，有计划、有系统地向学生传授各种科学文化知识并进行一定的思想品德教育。学校教育还可以协调和优化各种环境因素对人的自发影响，充分发挥个体遗传上的优势，限制和排除不良环境因素的干扰，充分利用和发挥积极因素的作用，以确保个体发展的方向，保证个体沿着社会规定的轨道进步。此外，学校教育使个体处在一定的学习群体中，也有助于个体的发展。心理学家维果茨基的研究揭示：教育对儿童的发展能起主导作用和促进作用，但需要确定儿童发展的两种水平，一种是已达到的发展水平，表现为儿童能够独立解决任务；另一种是儿童可能达到的发展水平，表现为儿童还不能独立解决任务，但在成人的帮助下或在集体活动中，通过模仿能够解决这些任务。这两种水平之间的距离就是最近发展区。在教育中把握好学生的最近发展区，能加速学生的发展。

3. 对个体发展的影响具有长远的意义

学校教育的内容大部分具有普遍性和基础性，即使是专门学校的教育内容，也是该领域中具有普遍性和基础性的内容，对个体今后的学习具有长远的影响。此外，学校教育提高了人的需求水平、自我意识和自我教育的能力，为人的终身发展奠定了坚实的基础，为个体离开学校后的继续发展创造了条件，具有更长远的意义。

4. 开发个体的特殊才能，发展个体的个性

在开发特殊才能方面，学校教育内容的多面性和同一学生集体中学生间表现出的差异性，有助于个体特殊才能的表现与发现。在个性发展方面，学校教师和领导有教育学和心理学方面的知识素养，有助于他们发现受教育者的个性，并尊重和注意受教育者个性的健康发展。同时，受教育者在群体中的生活也有助于其从其他人的身上吸取闪光点，丰富自己的个性。

（二）学校教育对个体发展发挥特殊功能的条件

我们必须明确，学校教育对个体发展发挥特殊功能是有条件的，主要表现在以下几方面。

1. 教育者自身的主观能动性

自觉的能动性是人类的特点。环境和教育对人的影响作用的大小与人的主观能动性高低有着直接的关系。人的主观能动性是人的一种内在需要和动力，是一种积极的学习动机和渴望。当受教育者具备了积极的学习动机时，环境和教育这些外因才能发挥相应的作用。受教育者的学习积极性越高，教育的作用就越大。只有在教育者和受教育者发生共鸣时才会产生教育过程中的教学相长。

2. 教育条件

教育主导作用发挥的程度，与教育条件有很大的关系。这些条件包括教育的物质条件、教师的素质、学校的管理水平和相关的精神条件。

3. 家庭环境

家庭环境的效应包括适当的家庭经济条件、父母的文化水平和良好的家庭氛围等。只有家庭教育与学校教育保持一致时，教育者才能按教育规律做好教育工作，受教育者才能积极主动参与，教育才能很好地发挥主导作用；否则，学校教育就不能很好地发挥教育的主导作用。因此，作为教育工作者，应主动争取学生家庭的支持与配合，协调一致地开展教育工作，以取得良好的教育效果。

4. 社会发展状况

社会发展状况包括社会生产力发展水平、社会政治经济制度的进步程度、文化传统、科学技术发展状况等。学校教育不能超越其所依存的社会条件，不能高于社会发挥能动作用。

综上所述，教育在人的身心发展中发挥的特殊功能不是无条件的，不能片面夸大教育的作用。此外，教育在人的发展中的重要作用，曾得到历史上许多思想家、教育家充分的肯定。法国启蒙思想家卢梭说："植物的形成由于栽培，人的形成由于教育。"康德说："人只有通过教育才能成为一个人，人是教育的产物。"哲学家、教育家洛克说："我敢说，我们日常所见的人中，他们之所以或好或坏，或有用或无用，十分之九是他们的教育所决定的。人类之所以千差万别，便是由于教育之故。"在洛克看来，儿童是"一张白纸或一块蜡，是可以随心所欲地做成任何式样的"。这些说法虽然肯定了教育对人的发展的作用，但是缺乏科学的分析，没有把教育与环境区分开来，也忽视或否认了遗传和人的主观能动性在人的发展中的作用。伴随着社会的发展，科学技术日益进步，教育对人的发展的主导作用表现得越来越明显。在现代社会生活中，在新的技术革命影响下，有人认为，图书馆、电视和计算机可以取代学校与教师，从而提出了"学校消亡"和"教师取消"的论点，这是一种非常肤浅的认识和错误的说法。现代技术的发展可以引起教学组织形式的变化，电视和计算机等可以作为教学的手段，但不能代替学校和教师；图书馆可以给人很多的信息，但是，没有专职教育人员的指导，受教育者是不能有效地获得系统知识的，特别是对于儿童和少年的学习，图书馆是代替不了学校教育的。

五、个体主观能动性

人不仅是社会历史活动的主体，而且是自身发展的主体。人在自身发展的过程中也会表现出人所特有的能动性。能动性是指人的主观意识和活动对客观世界的积极作用，包括能动地认识客观世界和能动地改造客观世界，并统一于人们的社会实践活动中。可以说，自觉的能动性是人类的特点。这种能动性是促进个体发展从潜在的可能状态转向显现状态的决定性因素。从其过程结构的角度来看，包括活动主体的需要与动机，指向的客体对象，活动的目的、内容、手段与工具，行为的程序、结果及调控机制等基本要素。从其活动水平的角度来看，由生理、心理和社会三种不同层次和内容的互动构成，每一层次的互动都对个体身心发展具有特殊的整体性的影响。

个体主观能动性的第一层次的互动是人作为生命体进行的生理活动。它是人这一有机体与环境中的物质发生交换的过程，为维持人的生命服务，与人的身体发展直接相关，也是其他方面发展的基础。个体主观能动性的第二层次的互动是个体的心理活动。心理活动的内容丰富多彩，它是人对外部世界能动的、带有个体性的反映，也包括人对自己的意识、态度与倾向，其中最基本的是认知活动。个体主观能动性的最高层次的互动是社会活动。对个体来说，其具有满足人的生存、发展和创造需要的意义，是人与环境之间最富有能动性的交换活动，是一种能量的交换。它具有鲜明的目的性、指向性和程序性，体现了人的主动选择。

以上三类不同层次的个体活动及其作用实际上是共时、交融的。人的生理活动、心理活动渗透在一切社会活动中，人的一切社会活动又受到它们的支持和影响。人的主观能动性从综合的意义上把主体与客体、个体与社会、人的内部世界与外部世界联系起来，成为推动人本身发展的决定因素。

个体主观能动性的强弱直接影响学习的效果和质量。现实生活中，常有这种情况：同一个教室里的学生，学习状况千差万别。究其原因，除了遗传素质、家庭教育等因素的影响外，最主要的是学生个体主观能动性的发挥程度。如果学生没有学习的需要和动机，甚至厌恶学习，那么教师的教学就无法对学生构成影响，学生自身也无法得到更好的发展。也就是说，外部环境如果不被个体注意并与个体发生相互作用，就无法影响个体的心理和行为；而一旦被个体注意并相互利用，就会构成个体的生活空间，影响个体的心理和行为，最终影响个体自身的发展。

总之，个体的主观能动性在人的发展中起着巨大的推动作用，是人身心发展的内在动力，是内因。社会要求和教育条件是个体主观能动性产生的根源，教育者与受教育者的关系直接影响受教育者主体性的充分发挥。教育者在教育的过程中，既要注意发挥受教育者自身的主观能动性，也要认识到个体主观能动性的作用不是绝对的、无限制的。如果片面、无限制地夸大主观能动性的作用而忽视环境和教育的作用，就可能削弱教育的力量。这在理论上是错误的，在实践中是有害的。

第三节　教育促进人类的发展

教育使人的价值得到越来越充分的体现，使人个性发展的空间越来越大。

一、教育对人的价值的发现

所谓人的价值，是指人在世界中的地位得到肯定，人的作用得到发挥，人的尊严得到保证。

在人类历史上，人的价值并不是一开始就被发现和认识的。原始社会的人，经常处于外在客观力量的威胁下，因而总觉得自己软弱无力，看不到自己已有的和应有的地位与作用。奴隶社会中，一匹马可以换几个奴隶，作为奴隶毫无地位和尊严可言。封建社会中，作为农奴的人也只能过着被剥削、被压迫的生活，人身没有自由。直到资本主义早期人文主义思潮出现以后，才开始听到关于人的价值的呼唤。但几百年来，人的价值始终没有摆脱资产阶级的桎梏。即使到了20世纪后期，对人的价值的肯定仍然受到种种干扰。随着现代科学技术的发展，人的尊严又受到生产流水线、计算机程序、科学管理程序的威胁。教育可以促使人

类不断提高对自身价值的认识，提高对人与人、人与社会、人与自然关系的认识，并进而充分认识人的生命价值、主体地位及个体的独特尊严。教育不仅要教给人们知识和技能，而且要教会人们驾驭知识的技能，教会人们怀疑知识的技能，使人们清醒地认识到知识是为人所用的，知识不应奴役人。

二、教育对人的潜能的发掘

潜能是人区别于动物的重要标志，是指能够把未成熟的人培养为成熟的人，把平凡的人培养成出色的人的可能性或前提条件。

任何人都具有一定的潜能，甚至是巨大的潜能。现代科学研究表明，人已实现的发展水平与其可能达到的水平有较大的差距。人的发展是一种动态的过程，历史的无限性与人的发展的无限性相统一。人的潜能很少会自动表现出来，人的潜能的充分发掘必须通过教育、学习才能实现。教育者应充分认识学生的潜能存在的事实与价值，尽可能使学生的潜能得到发展是教育者应该努力追求的目标。

三、教育对人的力量的发挥

人的力量是人的身体力量与精神力量的综合。人类在早期与自然的斗争中，主要依靠身体的力量，因此，历史上流传着无数力大无比的英雄的故事。但是，人的根本力量在于精神力量。人类能创造和使用工具以增强自身的生存能力，能认识自己和改造自己，以发展和完善自身。

人的身体力量的发展有多种途径，教育也是其中一个重要方面，但人的精神力量的发展只有通过教育才能实现。教育不仅需要分别培养和发展人的身体力量和精神力量，而且要力图使人的身心得到和谐、充分的发展。

四、教育对人的个性的发展

个性是指个体在社会实践活动中形成的独特性。心理学中，个性也称为人格，是指个体稳定的心理特征，具有整体性与独特性。个性体现为个体的信念、理想等；人格体现为个体的能力、气质、性格等。个性是人的共同性与差别性在每个个体身上的具体统一。

发展个性就是要在人的共同性的基础上，充分把人的差别性表现出来，从而使每个人都具有自主性和独特性，实现生命的个体价值与社会价值。人的社会化过程必然伴随着个性化，个性化的形成与实现依赖于教育的作用。教育通过促进人的主体意识的发展、个体特征的发展以及个体价值的实现等来促进人的个性发展。首先，人的主体意识突出表现为人的创造意识，教育对于人的个性化功能突出地表现在它能为培养个体的创造意识、激发个体的创造性服务。其次，人的个体特征是指人的身心发展的个体差异性。这里侧重指人的心理发展，如个人兴趣、爱好、智能结构、性格、气质等方面的特征。人的遗传素质中寓含着个体差异性，但人的个体差异性的发展和形成则更多地取决于后天的因素，尤其取决于教育的作用。教育虽然按照社会的要求作用于个体，但也包含着对人的个体特征充分发展的需求。教育应是尊重个体差异的教育发展，通过不同的教育内容与不同的教育形式促进个体特征的发展。个体在受教育的过程中会产生兴趣、爱好的分野，又会造成个体在专业领域或技能领域的分野，也会造成职业分野。最后，教育使人意识到生命的存在并努力追求生命的价值和意义，赋予人创造生命价值的信心与力量。发展个性是教育的理想，进行个性教育是教育的本质和真谛。

第四节　中小学生身心发展的特征与教育

小学生和中学生在生理和心理方面具有不同的特点，教育者应根据他们的不同特点有效地促进其发展，从而实现个体发展的特殊任务。

一、小学生身心发展的特征与教育

（一）小学生身体发育的特征

小学生的年龄一般为6~7岁至11~12岁。小学生的身体发育，正处于两个生长发育高峰之间的相对平稳阶段。身高平均每年增长4~5厘米，体重平均每年增加2~3千克，胸围平均每年增宽2~3厘米。男孩身高的生长高峰年龄为12岁，年增长为6.6厘米。女孩子身高的生长高峰年龄为11岁，年增长为5.9厘米。男孩体重增加的高峰年龄为13岁，年增重为5.5千克。女孩体重增加的高峰年龄为11岁，年增重为4.4千克。从发育时间看，女生不仅发育加速期比男生早1~2年，而且身高生长高峰期和体重增加的高峰期，也比男生提早1~2年。

小学生的骨骼骨化尚未形成。骨骼系统的许多软组织、椎、骨盆区和四肢的骨骼还没有骨化。骨骼组织含水分多，含钙盐成分少，骨骼硬度小、韧性大，富于弹性，易弯曲变形。因此，要特别注意孩子坐、立、行、读书、写字的正确姿势的培养训练，尤其要防止驼背。

小学生的肌肉发育呈现两个特点：第一，大肌肉群的发育比小肌肉群早；第二，先是肌肉长度的增加，然后才是肌肉横断面的增大。因此，小学生能完成比较用力和动作幅度较大的运动，如跑、跳、投掷等活动，而他们对小肌肉运动精确性要求比较高的运动则很难做好，特别是手部活动，由于小学生的腕骨尚未完全骨化，不能长时间连续地书写、演奏乐器和做手工劳动。在小学阶段，家长要注意配合学校帮助孩子保持正确的书写姿势，矫正错误的用笔姿势，防止写太小的字。

（二）小学生神经系统的发展

小学生大脑结构的发展，主要表现在两个方面。第一，脑的重量继续增加，并逐步接近成人。人刚出生时，脑重量为300多克；7岁，脑重量约1 300克；10岁，脑重量约1 350克；13岁，脑重量约1 400克，已达到成人脑重量的98%。脑重量增加，是与脑神经细胞增大、脑神经纤维的增长相联系的。第二，额叶显著增大。额叶是与有意运动相联系的，小学儿童额叶的显著增大，保证了小学儿童智力活动迅速发展的可能性。

（三）小学生的认知发展

小学生的感知觉逐渐完善，他们的方位知觉、空间知觉和时间知觉在教育的影响下不断发展，观察事物更加细致有序。

小学生的记忆能力也迅速发展，从以机械识记为主逐渐发展到以意义识记为主，从以具体形象识记为主到词的抽象记忆能力逐渐增长，从不会使用记忆策略到主动运用记忆策略帮

助自己识记。

小学生的言语也有很大发展，能够比较熟练地掌握和运用口头言语，在教育的影响下，逐渐掌握书面语言，学会了写字、阅读和写作。

小学生思维的基本特征是从以具体形象思维为主要形式过渡到以抽象逻辑思维为主要形式。小学低年级儿童形象思维所占的成分较多，而高年级儿童抽象思维的成分较多。

总之，在系统的学校教育影响下，小学生的认知水平得到了很大发展。

（四）小学生的社会性发展

儿童入学以后，社会关系发生了重要变化，与教师和同学在一起的时间越来越长，在与教师和同学的相处中，儿童学习与人相处、与人合作及竞争的一些基本技能、技巧。师生关系及同伴关系对儿童的学校适应有重要影响。这种关系的质量既影响到儿童对学习的兴趣，对班级、学校的归属感，也影响到学生情绪、情感的发展。小学阶段也是个体自我概念逐渐形成的一个重要时期，儿童学业成败、社会技能、来自教师及同伴的社会支持对其自信或自卑的个性品质形成有很大的影响。

小学生的道德认识能力也逐渐发展起来，从只注意行为的后果，逐步过渡到比较全面地考虑动机和结果。由于认知能力的发展特别是观点采择能力的发展，儿童越来越能从他人角度看问题，道德情感体验日益深刻。

二、初中生身心发展的特征与教育

初中生的年龄特征，是指中学的 11 岁、12 岁至 14 岁、15 岁的处于少年期的学生的身心发展的典型表现。这些典型表现对教育起着客观上的制约作用，要求教育与它相适应。

（一）初中生的生理发展

初中生的生理发展表现在身高体重上的变化很大，他们在这个年龄阶段正处于青春期，即人生长发育的第二个高峰期。根据我国的有关资料统计，这个时期，男女平均高度年增长为 6 厘米，体重平均年增长为 4 千克。一般来说，女生的生长发育加速期比男生早 1～2 年，女生身高的生长高峰期又比体重的生长高峰期要早 1 年。由于女生发育比男生早，而男生发育增长量却比女生大，因而男女身高和体重的发展出现两次交叉，即：女生从 10 岁、11 岁开始进入青春发育期，身体各部分增长迅速加快，许多身体增长的形态指标超过男生，形成男女学生生长曲线的第一次交叉；男生从 13 岁开始进入青春发育期，身体生长速度加快，身体增长的许多形态指标超过女生，形成男女学生生长曲线的第二次交叉。由于四肢的增长比躯干快，所以初中生的体型发展常常是不协调的。

初中生身高迅速增长，血管也跟着增长，但心脏的发育却跟不上。这样，常导致心脏活动机能障碍，引起头晕、心脏搏动过速、易疲劳等现象。这些现象在通常情况下是正常的生理现象，随着青春期的过去，会自然消失。

初中生的骨骼在迅速生长，但骨骼的钙化程度尚未达到成人的水平，骨骼容易变形、弯曲和损伤；同样，初中生体重猛增，可是肌肉的拉力强度仍然较弱，显得比较娇嫩。因此，初中生骨骼、肌肉的负荷能力还比较差。

初中生神经系统的变化也很大。脑的重量增加虽然有限，但脑的神经纤维在增长，脑的功能日趋复杂化。这说明初中生的大脑神经系统的发展，达到了可以承担比小学生更复杂的智力活动任务的程度。但是，初中生的大脑神经系统对机体活动的调节功能，赶不上身体的增长，动作往往显得不够协调，给人以“笨手笨脚”之感。同时，初中生由于性激素的分泌，影响脑垂体的功能，使原来较为平衡的神经兴奋过程与抑制过程有了一定的改变，即兴奋过程相对强于抑制过程，兴奋与抑制的转化也较快。另外，初中生的情感反应不稳定，缺少自我克制，出现某种神经质现象，等等。

第二性征的出现和性成熟是少年期身体发展的显著特点。所谓第二性征的变化是指体态上出现的新特征，如初中男生变声、甲状软骨增大、出现胡须；初中女生变声、乳腺发育、皮下脂肪增多等。据世界各国研究，男女儿童性成熟有提前的趋势。

（二）从初中生生理特点出发，教育要注意的几个方面

1. 学校应该为学生家长提供指导，保证学生生长发育所必需的营养

初中生正处于生长发育的高峰期，能量代谢非常活跃。如果一个成人处于绝对安静状态（早上空腹卧床），平均每千克体重每小时消耗1千卡热量，那么12岁的男孩同样条件下每千克体重每小时需要消耗1.8千卡的热量。少年的活动量平均高于成人，根据生理学家的估计，少年每天消耗于运动的热量约600千卡，骨骼和肌肉组织每昼夜所需热量为60～100千卡。将这些能量消耗加在一起，那么初中生一昼夜的能量消耗为2 400～2 500千卡。如果初中生要参加体育、舞蹈等活动，那么每昼夜所需的热量消耗将在3 000千卡以上。

热量和其他营养成分，一般来自蛋白质、脂肪和碳水化合物。根据食物卫生学的要求，除了各种适量的维生素之外，蛋白质、脂肪和碳水化合物的比例最好为1∶1∶4。此外，还应该让学生从食物中摄取足够的矿物盐，特别是为骨骼发育所必需的钙和磷。因此，食物的选择、搭配要恰当，使之充分满足少年对各种营养素的需要量，防止偏食。

2. 学校的课桌椅设计和配备要与初中生的身高相适应，教师要教育、督促学生养成良好的坐、立姿势

初中生的骨骼容易变曲变形，如果课桌椅高度不合标准，很可能导致驼背。由于初中生的肌肉容易疲劳，喜欢东倚西靠，即使课桌椅的高度与他们的身高相适应，还常常会坐得歪七倒八，久而久之，仍有可能形成不良体态。因此，教师必须随时提醒和督促，让他们保持正确的坐、立姿势。

学校课桌椅应根据国家有关标准设置，尽量保证学生能够使用适合身材的课桌椅。

3. 防止学生课业负担过重，适当开展适宜于他们身体生长发育的体育活动和室外活动

初中生的大脑神经细胞机能结构尽管有了相当的发展，可以承担比小学生更为繁重的智力活动，但是他们的大脑神经细胞仍然相对比较娇嫩脆弱，很容易疲劳。如果课业负担过重，就有可能造成疲劳过度、失眠或神经衰弱，影响整个身体的发育成长。

初中生的骨骼、肌肉尽管增长较快，但易疲劳，负荷能力较差。因此，初级中学的体育活动都不应该使学生的骨骼、肌肉负荷过重。适当的体育活动和室外活动，不仅有利于增强骨骼肌肉的力量和耐力，而且有利于锻炼心、肺器官，使这些器官增强机能和活力，还有利于提高大脑神经的综合分析能力和灵活反应的能力。

（三）初中生的心理发展

1. 感知和思维的特点

就感知来说，初中生精细性不够而灵敏性较高。有关研究材料表明，初中生的视觉感受

性比低年级小学生增高60%以上，具有较高的颜色辨别能力。初中生听觉感受性较高，对音阶具有良好的辨别能力。初中生的动觉感受性也是比较高的。

初中生思维发展的主要特点是：第一，抽象逻辑思维日益占主导地位，但思维中具体形象成分仍然起着重要作用。所以，初中生的抽象逻辑思维，一般说来是“经验型”的，而不是“理论型”的。所谓经验型，指的是初中生在进行抽象逻辑思维时，需要具体形象，从“经验型”逐步上升为“理论型”。初中生在概念的发展上能日益掌握更多的抽象概念和概念体系，因而能日益理解事物发展的复杂性和内在规律，在判断推理方面，自觉地做出恰当的判断，进行合乎逻辑的推理的能力在不断发展。第二，思维的独立性和批判性已有所发展。但是由于缺乏经验，这种思维的独立性和批判性常带有主观性和片面性。

2. 注意和记忆的特点

初中生在注意的内容、广度和分配等方面，相较于小学生有了很大的发展。小学生容易被新异刺激所吸引，无意注意占优势。初中生已从无意注意占优势变为有意注意占优势，他们的注意比小学生稳定、持久，具有较大的目的性和选择性。因此，他们能够逐步学会较长时间集中注意于需要完成的工作和学习，如听课、做作业、做实验等。初中生注意的范围比小学生增大。实验表明，小学生在速视器上平均能注意2~3个客体，而初中生则在速视器上平均能注意4~8个客体。初中生注意的分配能力也比小学生强得多。例如，初中生能逐步做到边听课边记笔记，小学生就难以做到。

初中生的记忆比起小学生来，记忆的有意性加强了，意义识记的能力发展了，记忆品质有了提高。初中生经过一定时间的培养后，能够提出识记的任务，有意识地把该记住的内容加以记忆。初中生意义识记的发展，表现为他们在教师的培养下，已能对识记的材料进行逻辑加工，通过理解语言和词汇来掌握材料的主要内容。

随着意义识记的发展，初中生良好的记忆品质便发展起来。记忆的目的性，记忆的长时性，记忆与联想的结合，记忆与重现的结合，在理解的基础上的记忆能力等方面有了明显的提高。在同样长的时间内，初中生记住的学习材料的数量比小学一、二年级学生记住的学习材料的数量几乎可以多三倍。

3. 情感和意志的特点

初中生的情感特点：一是情感丰富而外露，易偏激，不太稳定，情绪振奋时洋洋自得，情绪低落时沮丧消极；二是情感的个人体验日益深刻，自我控制能力有了发展；三是情感的社会内容日益增加，对英雄模范人物能激起强烈的爱，对国家民族的兴衰能激起内心强烈的关注。

在意志方面，初中生意志活动的主动性和自觉性有了提高，自我控制能力也有一定程度的发展，但他们好胜心强，行为还带有一定的盲目性。有时容易冲动，不能始终控制自己。有时做事缺少毅力。有的学生还易受暗示，缺少主见。有的学生在失败和挫折面前容易产生自暴自弃的思想。

4. 自我意识的发展

所谓自我意识，是指个体对自己的认识和态度。从初中开始，少年日益自觉认识和评价自己的个性品质、自己的内心体验或内部世界，从而更能独立地支配和调节自己的活动和行为。这是少年自我意识发展的新阶段和新特点。这时，少年对人的内心世界、内心品质产生了兴趣，开始要求了解别人和自己的个性特点，了解自己的体验和评价自己。他们更能自觉评价别人的和自己的个性品质。但和青年比较，少年评价别人和自己的品质的能力还不高，而且是不稳定的。

5. 成人感的产生

初中生随着身高、体重的增加，特别是随着第二性征的出现，能意识到自己已经长成一个成人，觉得自己应该和成人具有平等的地位。这种成人感的产生，使他对父母、老师的态度变得非常敏感，总希望父母和老师不要再把他当小孩子看。对于父母和老师喋喋不休的指教、过分的关心、过多的指点，内心非常反感。这种成人感的产生，使他们的自尊心和要求独立的倾向大大发展起来，开始形成个人权利的概念，不许大人对他们进行干涉，内心的秘密往往不肯告诉大人，等等。

6. 归属需要的发展

随着年龄的增长，以及思维的独立性和批判性的发展，初中生逐步有了对周围世界的评价能力，并形成了自己的评价标准。而随着成人感的产生，他们开始有了自己的秘密和将这些秘密向同龄人倾吐的需要。他们兴趣爱好的广泛发展和活动能力、交往能力的提高，使人际交往活动频繁起来。这一切，推动着初中生开始寻找合得来的友伴。他们以彼此的评价标准相似、兴趣爱好相同、彼此知心等为标准，结成友伴。这样，一个一个的友伴群就出现了。初中生往往为自己能被某个友伴群接纳而感到高兴、光荣和自豪。为了维持友伴群的友谊，会形成不成文的行为规范，如不准“出卖”友伴群内部的“秘密”等。这些都是初中生归属需要发展的表现。

（四）从初中生的心理特点出发，教育要注意的几个方面

1. 坚持全面发展的观点，把音、体、美等课程的教学落到实处

初中生和其他年龄阶段的学生相比，具有特别高的听觉感受性和视觉感受性，具有比较高的音阶辨别能力和颜色辨别能力，因此，初中教育应该按照教学计划和教学大纲的规定把音乐、美术这两门课开好，发展初中生对音乐、绘画等的审美感受、鉴赏创造能力。

根据初中生动觉感受性很强的特点，悉心培养他们的手脚动作技巧。虽然初中生有动作不协调的表现，但由于动觉感受性强，他们所处的时期仍然是形成和掌握各种复杂动作技巧的最佳年龄。大量实践表明，正是在这个时期，能够练就演奏乐器的娴熟技艺，掌握专项体育练习最复杂的动作，学会优美的舞蹈技巧和各种各样的劳动技能。初中教育应该跳出单纯的升学教育的思想桎梏，发展学生多方面的才能。

2. 努力发展学生的抽象逻辑思维能力和实际动手能力

根据初中生的抽象逻辑思维仍以经验型为主这一特点，教师在教学中必须加强直观形象性，运用实物、模型、图片及教师的语言等直观手段，让学生在形成鲜明表象的基础上进行抽象概括。在学生进行抽象概括的时候，应帮助学生学会在思维中抽取事物的本质特征，舍弃事物的非本质特征，还应帮助学生摆脱日常概念影响，防止把非本质特征概括到概念中去。

在初中教育中应帮助学生加强逻辑记忆和理解记忆的训练，并以此来发展思维能力。同时，还应帮助学生发展的动手能力，包括完成书面作业的动手能力，以及实验操作、制作和采集动植物标本等的动手能力。发展动手能力和发展思维能力是一致的。因为动手的过程，

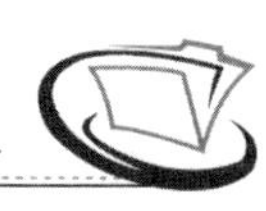

必定伴随着大脑从具体到抽象又从抽象到具体的紧张的思维过程。

3. 教师既要尊重学生，又要对学生积极引导和严格管理

初中生的成人感开始产生，但事实上他们仍处于既像成人又像小孩、半成熟半幼稚、半独立半依赖的发展阶段。这时，教师在教育上对于琐碎的小事要少唠叨，但对于严肃的问题必须讲透道理，严加管束。要讲究方式方法，不能老是训斥，而要以师生平等的口气进行疏导。对于初中生由归属需要而发展起来的团伙意识，要及时发现、及时引导，使他们以正确的友谊观来处理和对待友伴关系。更重要的是，要通过组织丰富多彩的班级集体活动，让每个学生都在班级中取得自己的角色位置，把他们的归属心理尽可能地吸引到归属于班级上来。对于那些与社会上的不良分子搞团伙的学生，要争取学生家长和社会力量的支持，采取措施，割断他们与社会不良分子的联系，同时要给予更多的温暖和教育引导。

4. 建立良好的师生关系，进一步培养学生的良好情感和坚强意志

初中生对国家、民族的前途命运有了初步的了解，因此，应抓紧发展他们的民族自豪感和爱国主义情感等。良好的情感有助于学生自觉确定目的，根据目的去支配、调节自己的行动，并不断地克服困难，从而发展学生的坚强意志。

（五）初中生的青春期教育

男女孩子进入性成熟期，不仅生理上有一系列的变化，心理上也会发生一系列的变化。他们由于对自己的生理变化不理解，往往在内心产生惊慌感和恐惧感，有的女孩还可能为自己突如其来的月经初潮变得惊慌失措。这种心理会随着对性知识的了解而迅速消失。随着性成熟而出现的最主要心理是性意识的产生和萌动。正因如此，初中男女学生之间的交往蒙上了性意识的影子，他们彼此之间开始出现拘谨、腼腆，害怕接触的情况，后来逐渐出现表面回避而内心憧憬的现象，再后来则表现为男女同学之间的感情接近，有的甚至会早恋。

面对这些情况，教师应该采取适当的方法进行青春期卫生和性知识教育。一般说来，应该抓好以下几项工作。

1. 进行性道德和性法制教育

初中男女学生的身心发展往往是性生理成熟走在性道德成熟前面。因此，要抓紧抓好性道德和性法制教育，使他们能够用道德、理智感和法制观念调节和控制自己的性意识，以便顺利度过人生发展的这一关键时期。

性道德应该是哪几条，目前还没有统一的认识。上海市开展的青春期教育试点对性道德的归纳是可以作为参考依据的。性道德可以归纳为：男女平等，尊重女性；互相理解、尊重和帮助；男女交往的礼仪和规范；发展友谊，尊重人格；珍惜感情，自我保护，防范不正当行为；珍惜年华。显然，这些性道德教育的内容，是根据青少年特点提出来的。

关于性法制，除了《中华人民共和国民法典》（婚姻编）对婚姻问题做出有关规定外，《中华人民共和国刑法》对于强奸罪，规定以暴力、胁迫或者其他手段强奸妇女的，处三年以上十年以下有期徒刑；奸淫不满十四周岁的幼女的，以强奸论，从重处罚。

在性道德和性法制的教育中，要适当引用一些性失误和性犯罪的案例进行告诫，让青少年学生从严重后果中理解其危害性，在思想深处引起警觉。

2. 要重视激发学生的上进心

引导学生树立远大理想、高尚的情操和坚强的意志来克制和调节自己的性欲望，集中精

力学习，将满腔热情投身于各种有益活动，开展男女同学之间的正常交往；还要引导他们以正确的态度来欣赏文艺作品和电影、电视剧。

本章小结

人的发展包括人的身体和心理两方面的发展，二者是相辅相成的：影响人身心发展的因素有遗传、成熟、环境、学校教育和个体的主观能动性。学校教育在人的发展中起主导作用，教育要想真正发挥主导作用就必须遵循人的身心发展的规律。

思考练习

一、单项选择题

1. “龙生龙，凤生凤，老鼠的孩子会打洞”反映的是（　　）。

A. 遗传决定论　　B. 相互作用理论　　C. 教育万能论　　D. 环境决定论

2. “近朱者赤，近墨者黑。”这句话反映了（　　）对人发展的影响。

A. 环境　　B. 教育　　C. 遗传　　D. 成熟

3. 如果让6个月的婴儿学走路，不但徒劳而且无益；同理，让4岁的儿童学高等数学，也难以成功。这说明（　　）。

A. 遗传素质的成熟程度制约着人的发展过程及其阶段

B. 遗传素质的差异性对人的发展有一定的影响

C. 遗传素质具有可塑性

D. 遗传素质决定着人的发展的最终结果

4. 人类的教育活动与动物的“教育”活动存在本质区别，这主要表现为人类的教育具有（　　）。

A. 延续性　　B. 模仿性　　C. 社会性　　D. 永恒性

5. 在影响人的身心发展的诸因素中，教育（尤其是学校教育）在人的身心发展中起（　　）。

A. 决定作用　　B. 动力作用　　C. 主导作用　　D. 基础作用

6. 在外部条件大致相同的课堂教学中，每个学生学习的需要和动机不同，对教学的态度和行为也各式各样。这反映了（　　）对学生身心发展的影响。

A. 遗传素质　　B. 家庭背景　　C. 社会环境　　D. 个体主观能动性

7. “出淤泥而不染”说明人对环境的影响具有（　　）。

A. 依赖性　　B. 改造性　　C. 可塑性　　D. 主观能动性

二、简答题

1. 简述影响个体发展的主要因素。

2. 为什么学校教育对人的发展起主导作用？

3. 人的身心发展有哪些规律？教育如何遵循这些规律？

4. 简述遗传素质在人的发展中的作用。

第五章 教育目的与素质教育

学习目标

1. 掌握教育目的的含义、功能、理论类型。
2. 了解选择、确立教育目的的基本依据。
3. 重点掌握我国现阶段的教育目的的特征、内容及精神实质。
4. 理解德育、智育、体育、美育、劳动技术教育的概念。
5. 理解素质教育的相关理论并能运用这些理论去分析和解决教育实践中的具体问题。

教育目的既是教育功能的确定性指向，也是教育制度、课程、教学等理论得以展开的基本依据。教育要实现怎样的功能和培养什么样的人，需要通过相应的教育目的来确定。认识和思考教育目的，是理性对待教育和实现教育理性化运行所必需的。

第一节　教育目的概述

一、教育目的的含义

“目的”一词在我们的生活和交往中常常使用，是指生活或活动主体意欲达到的最终归宿。

“目的”一词通常显现出以下特征。

（1）蕴含明确的意识性，即生活或活动主体在意识上对意欲达到的最终归宿的明确觉知。

（2）蕴含主体的意欲性，即生活或活动目的是出自生活或活动主体内在的意愿，为主体自身所欲求。也就是说，它是发自本心的一种欲求达到的意愿。由此可见，目的蕴含着主体的自觉性。

（3）蕴含实现的可能性，即主体生活或活动的目的一般不是凭空产生和确立的，常常带有实现的客观依据和主观依据。没有这些相应的依据，人们往往不会确立相应的生活或活动目的。这种基于主、客观依据的生活或活动目的一般带有实现的可能性。

（4）蕴含实现的预期性，即基于主、客观依据的生活或活动的目的，往往会使人在可能的条件下对其实现进行行动上的规划和安排，包括对主、客观因素的把握和实现时间的考虑，进而使目的的实现带有可预期性。

目的性是人类生活或活动的特性，也是发展的内在根源或源泉。人类从野蛮走向文明，从愚昧走向科学，从农耕社会进入工业时代再进入信息时代，人类的物质文明、精神文明、制度文明等无不包含目的性作用的结果。

人类社会的各种活动无不带有目的性，教育活动亦然。从其产生来看，教育是基于人类及其生产和社会生活经验、知识得以延续的需要而进行的一种有目的、有意识地培养人的活动；从其运行过程来看，一切教育内容的确定、教育方法的选择和教育培养目标的制定等，无一不是依据教育目的来进行的。可见，教育目的体现了人类活动的特性，人类社会对人的培养都是依据所确定的教育目的来进行的。

教育目的是指教育意欲达到的归宿或所预期实现的结果。它是教育活动的出发点和归宿，反映了教育主体对教育活动在努力方向、社会倾向以及人的培养规格、标准等方面的要求和指向。从所含内容的主要指向来看，教育目的有狭义和广义之分。

狭义的教育目的是指一定社会（国家或地区）为所属各级各类教育（或者说是整个教育事业）的人才培养所确立的总体要求，是整体教育意欲达到的根本所在。因此，教育目的对所有学校具有指导意义。不管学生有多大的个别差异，如体质强弱不同、成绩高低不齐、兴趣爱好不一等，学校都必须努力使他们的发展符合国家提出的总要求。

广义的教育目的是指人们对受教育者的期望，即人们希望受教育者通过教育在身心诸方面发生什么样的变化，或者产生怎样的结果。国家和社会的教育机构、学生的家长和亲友、学校的教师等，都对新一代寄予这样或那样的期望，这些期望都可以理解为广义的教育目的。

教育目的与教育方针既有联系又有不同。从两者的联系来看，它们在对教育社会性质的规定上具有内在的一致性，都含有“为谁（哪个阶级、哪个社会）培养人”的规定性，都是各级各类教育在其性质和方向上不得违背的根本指导原则。从两者的区别来看，一方面，教育方针所含的内容比教育目的更广。教育目的一般只包含“为谁培养人”“培养什么样的人”的问题；而教育方针除此之外，还含有“怎样培养人”的问题和教育事业发展的基本原则。另一方面，教育目的在培养的质量、规格方面要求较为明确，而教育方针则在“办什么样的教育”“怎样办教育”方面显得更为突出。

二、教育目的的基本特点

同人类社会生活和活动目的一样，教育目的也带有意识性、意欲性、可能性和预期性的特点。除此之外，教育目的还有以下两个较为明显的特点。

（一）教育目的对教育活动具有质的规定性

教育目的对教育活动具有质的规定性是指教育目的对教育活动的社会倾向和人的培养具有质的规定性，主要表现在以下两点。

1. 教育目的对教育活动的社会倾向具有质的规定性

一般而言，一个国家的教育目的总体上都内在地含有对教育“为谁培养人”“为谁（哪个阶级、哪个社会）服务”的基本规定。这种质的规定性在于明确教育进行人才培养的社会性质和根本方向，以便培养出与一定社会要求相一致的人。如果偏离了社会要求或违背了

社会性质，社会必然要通过各种方式对其教育进行批评、整顿、改造，严重的甚至予以取消。

2. 教育目的对教育对象的发展具有质的规定性

这主要体现在两方面：一方面，规定了教育对象培养的社会倾向，即要使教育对象成为哪个阶级、哪个社会的人，为哪个阶级、哪个社会服务；另一方面，规定了培养对象应有的基本素质，即要使教育对象在哪些方面得到发展、应养成哪些方面的素质等。

由此可见，教育目的作为培养人的总体要求，总是内在决定着教育活动的社会性质和教育对象发展的素质。这种对教育活动所具有的质的规定性，使教育目的自身对各种教育活动的要求具有很强的原则性，成为社会在总体上把握教育活动及人才培养性质和方向的根本所在。坚持了所确定的教育目的，把握了它所具有的质的规定性，就能够从根本上保证教育对人的培养与社会发展要求相一致。

（二）教育目的具有社会性和时代性

教育是培养人的社会活动，无不受社会及时代的制约，这就使教育目的在历史的发展中常常带有不同社会及时代的特点。

三、教育目的的层次结构

教育目的是各级各类教育机构培养人的总的质量标准和总的规格要求，是各级各类学校工作遵循的总方针，但它不能代替各级各类学校对所培养的人的特殊要求，各级各类学校还有各自的具体工作方针，这便决定了教育目的的层次性。教育目的的层次包括国家的教育目的、各级各类学校的培养目标、教师的教学目标，以下简要介绍后两者。

（一）各级各类学校的培养目标

1. 各级各类学校培养目标的确立

根据各级各类学校的任务确定的对所培养的人的特殊要求，我们习惯上称为培养目标。它是由特定的社会领域和特定的社会层次的需要决定的，也因受教育者所处的学校级别而变化。为了满足各行各业、各个社会层次的人才需求和不同年龄层次受教育者的学习需求而建立了各级各类学校，各级各类学校要完成各自的任务，培养社会需要的合格人才，就要制订各自的培养目标。

2. 教育目的与培养目标之间的关系

教育目的与培养目标是普遍与特殊的关系。教育目的是针对所有受教育者提出的，而培养目标是针对特定的教育对象提出的。各级各类学校的教育对象有各自不同的特点，制订培养目标时需要考虑各学校学生的特点。

（二）教师的教学目标

1. 教学目标的概念

教学目标是教育者在教育教学过程中，在完成某一阶段（如一节课、一个单元或一个学期等）的工作时，希望受教育者达到的要求或产生的变化结果。学校培养人的工作是长期、复杂而细致的，学校实现教育目的和培养目标不是一蹴而就的，对学生的培养要靠日积月累。这就要求学校、教师将教育目的、培养目标具体化，明确在某一阶段内、教某一门学科或组织一些活动时希望学生在认知、情感、行为和身体诸方面所要达到的具体目标。

2. 教学目标与教育目的、培养目标的关系

教学目标与教育目的、培养目标的关系是具体与抽象的关系，它们虽彼此相关，但相互不能取代。教育目的反映的是对人才培养规格总的、普遍的、一般性的要求，具有较强的抽象性、理想性、终极性的特点；相对而言，培养目标显得较为具体，且具有一定的针对性和实现的可行性；教师的教学目标则最为基础，最能在实践层面上加以操作与实施。

四、教育目的的基本类型

在人类社会的发展中，教育目的不仅因社会发展各历史时期的不同而在性质和内容上有所不同，而且在类型上也有所不同。从其作用的特点来看，有价值性和功用性之分；从其要求所含的特点来看，有终极性和发展性之分；从被实际所重视的程度来看，有正式决策和非正式决策之分；从其体现的范围来看，有内在和外在之分。

（一）价值性教育目的和功用性教育目的

价值性教育目的是指教育在人的价值倾向性发展上意欲达到的目的，内含对人的价值观、生活观、道义观、审美观、社会观、世界观等方面发展的指向和要求，反映教育在建构和引领人的精神世界、人文情感、人格品行、审美意识、生活态度、社会倾向等方面所要达到的结果。这类教育目的的根本就是要解决培养具有怎样的社会情感和个人情操的人的问题。

功用性教育目的是指教育在发展人从事或作用于各种事物的活动性能方面所预期的结果，内含对人的功用性发展的指向和要求，在教育实践中以能力、技能及技巧等方面的具体要求呈现出来。功用性教育目的的根本就是要解决人在各种活动中的实际能力和作用效能的开发与提升问题，发展和增强人在各种活动中的有用性和功效性。

（二）终极性教育目的和发展性教育目的

终极性教育目的也称理想的教育目的，是指具有终极结果的教育目的，表示各种教育及其活动在人的培养上最终要实现的结果，它蕴含着人的发展要求具有“完人”的性质。

发展性教育目的也称现实的教育目的，是指具有连续性的教育目的，表示教育及其活动在发展的不同阶段所要实现的各种结果，要求对人培养的不同阶段具有衔接性。每一种目的都不带有终极性，在从某一阶段向另一阶段的发展过渡中，具有承前启后的作用，既表示某一阶段的目标，又表示对先前阶段目标的续接性和对以后阶段目标的奠基性，不可或缺。

终极性教育目的和发展性教育目的各有不同的特点。前者具有发展的终结性，对各种教育阶段及教育活动的影响是宏观的，具有总的指导原则和方向指针的意义；后者具有发展的持续性，对各种教育阶段及教育活动的影响是具体的，对各种教育现实问题解决的结果具有直接评价和认定的意义。就两者的关系来看，前者是发展性目的的根本性依据，是发展性目的确立不可忽视的一个基本指导思想；后者是前者实现的必经之路和必不可少的具体策略，是前者的具体体现。在实际教育工作中，依据终极性教育目的来确立各种相互承接的发展性目的是十分重要的，这样才能有效增强其实现的效果，否则将可能导致各种教育及教育活动发展偏离预期目的，体现不出人才培养的总体要求和方向；但是，也不能把这一问题绝对化，例如，在中小学教育中，如果不分教育阶段和年龄阶段，而将终极性教育目的作为该阶

段教育的直接目的，将会欲速则不达，无助于它的实现。

（三）正式决策的教育目的和非正式决策的教育目的

正式决策的教育目的是指被社会一定权力机构确定，并要求所属各级各类教育机构都必须遵循的教育目的。它一般是由国家或地区作为主体提出的，其决策的过程要经过一定的组织程序，常常体现在国家或地区重要的教育文件或有关的法令之中。它表现的层次多种多样，有的是国家或地区所属各级各类教育的总体目的，有的是特指的教育目的。它的实现过程具有权力机构的支持和行政上的要求。正是在权力机制的运作下，它才成为所属各级各类教育必须遵循的基本依据和努力方向。它内含国家或地区的意志和政治、经济、文化生产等方面发展的需要，与国家或地区自身的利益和发展密切联系，综合反映国家各方面发展对人才培养的要求，是国家或地区在总体上把握所属各级各类教育培养人才的根本所在，成为国家或地区检查、评价所属各级各类教育培养人才的根本依据，在国家或地区教育体系的建构中处于重要的地位。

非正式决策的教育目的是指蕴含在教育思想、教育理论中的教育目的，它不是被社会一定权力机构正式确立而存在的，而是借助于一定的理论主张和社会根基而存在的。其主要有两类，一类是以思想理论为根基而存在的，其大多是一些政治家、思想家、教育家基于自己的社会见解或教育见解而提出的，通常体现在他们的理论或思想中。这类教育目的虽不是被社会一定权力机构正式决策的，但因其深邃的思想阐述、多视角的深刻分析和严密的逻辑论证而产生一定的影响。另一类则是基于一定社会单纯的功利观念而存在的，其虽没有明确的阐述，但常常借助于一定的社会功利心理和观念而起作用，如片面或单纯升学的教育目的等。严格来说，这类教育目的不是教育目的，但因其凭借广泛的社会功利心理或观念，对正式教育目的的实现带来极大的干扰，左右着实际教育的方向，而成为有的学校实际追求的教育目的。这是国家或地区在实现所确定的教育目的时应格外注意和防止的。

正式决策的教育目的和非正式决策的教育目的虽然处于不同的地位，但两者因不同的社会需要常有互为依据的情况。有的非正式教育目的成为国家或地区正式决策的教育目的的重要来源或重要依据，如马克思主义关于人的全面发展理论与我国的教育目的；有的正式决策的教育目的成为非正式决策教育目的的提出的重要依据或来源，如日本学者提出的21世纪教育目的，就是基于日本1947年公布的《教育基本法》中的教育目的。这两种教育目的的相互影响有时是一致的，有时又不一致，有时还带有矛盾性，如我国正式决策的全面发展的教育目的与实践中出现的单纯或片面追求升学的教育目的。在实际工作中，要注意这两种教育目的相互影响的积极性与消极性。

（四）内在教育目的和外在教育目的

在教育发展史上，把教育目的分为内在目的和外在目的的是美国教育家杜威。他在关于教育目的的论述中，把教育活动中的目的、当前的具体目的视为内在的教育目的；把一般性的和最终的教育目的视为外在的教育目的。换句话说，内在教育目的是指具体教育过程或某门课程建设要实现的直接目的，是对具体教育活动预期结果的直接指向，内含对学习者的情、意、品行、知识认知、行为技能等方面发展变化预期的结果，通过某门课程及其教学目标或某一单元、某一节课的教学目标体现出的可预期的具体结果。外在教育目的是指教育目的的领域位次较高的教育目的，它体现一个国家或地区的教育在人的培养上所预期达到的总的目标和结果，是一个国家或地区对所属各级各类教育人才培养的普遍要求。其表述特点比较宏观、抽象，不像内在教育目的那样微观、具体。因此，外在教育目的不如内在教育目的那样贴近具体的实际教育活动，对实际、具体的教育活动来说，它只是一种方向、指针。

五、教育目的的功能

目的是一种引导和推动人们在实践中改造世界、改造社会的精神行动力。目的为实践指明方向，使实践带有自觉性；实践使目的具有客观现实性。目的与实践的关系表现为，一个具体的目的是人们实践活动的起点，并体现于实践活动的全过程和归宿中。因此，教育目的是一切教育活动的出发点，教育目的的实现则是教育活动的归宿，它贯穿于教育活动的全过程，对教育活动具有指导意义。假如教育目的强调培养军人或武士，教育体系就有军国主义倾向；假如教育目的强调个性自由发展，其教育体系则有灵活多样和自由活泼的倾向。

教育目的对整个教育工作的指导意义是通过发挥以下功能实现的。

（一）对教育活动的定向功能

任何社会的教育活动，都是通过教育目的才得以定向的。教育目的及其所具有的层次性，不仅内含对整体教育活动努力方向的指向性和结果要求，而且含有对具体教育活动的具体规定性。它指示给教育的不仅有“为谁培养人”“培养什么样的人”这样未来的方向，而且包括现实教育实际问题解决的具体路径。这具体体现在以下几个方面。

1. 对教育的社会性质的定向作用

教育目的对教育“为谁培养人”具有明确的规定。

2. 对人培养的定向作用

教育遵循教育目的，不仅能改变人的盲目发展性，还能对人不符合教育目的要求的发展给予正确引导，使人的发展与预期的方向一致，符合教育目的的规定，产生社会所需要的新品质。

3. 对课程选择及其建设的定向作用

教育目的对选择什么样的内容、何种水平的教育内容等具有决定性作用。

4. 对教师教学方向的定向作用

教育目的除了对培养学生能力和技能方面的教学进行定向外，还有对培养思想品德方面的价值定向作用，使教师知道自己应该教什么。

正因为教育目的的定向功能，教育活动才有所依循，避免其社会性质和发展方向上的失误。事实上，任何社会为满足自身的发展需要，总要首先确定相应的教育目的，引导教育发展的方向，以便从根本上确保教育的社会性质和人才培养的社会倾向性。

（二）对教育活动的调控功能

教育目的是社会根据自身或人的发展需要对教育活动进行调控的一种重要手段，以达到其自身发展的目的。教育目的对教育活动的调控主要借助以下几种方式来进行。

1. 通过确定价值的方式进行调控

教育的产生和发展既是社会的需要，也受社会的制约，社会在利用教育来满足自身或人的发展的需要时，无不赋予它特有的价值取向。因此，教育目的带有一定价值观实现的要求，并成为衡量教育价值意义的内在根据，进而调控实际的教育活动，使其不违背价值取向。

2. 通过标准的方式进行调控

教育目的总是含有“培养什么样的人”的标准要求。这些标准对实际教育活动的影响是多方面的，是教育活动“培养什么样的人”的基本依循，使教育者根据这样的标准调控对教育内容或教学方式的选择等。

3. 通过目标的方式来进行调控

一种教育目的的实现会使它自身衍生出系列的短期、中期或长期目标，这些目标铺开了教育目的实现的操作路线，得以具体调控教育的各种活动，具体调控的内容包括以下两点。

（1）对教育工作者教育观念、教育行为的调控。教育观念含有对学生培养的价值倾向（一般从工作态度和行为中体现出来），教育行为不仅体现了教育者的敬业状态和责任感，而且涉及教学内容、教学方法的选择等，这些都直接或间接地依循教育目的进行调控。

（2）对受教育者的调控。一方面，体现为对教育者的外部调控。由于教育目的本身含有对教育者成长的期望和要求，因而教育者对受教育者不符合教育目的的行为总是予以引导或纠正，把受教育者的发展纳入预定的方向。另一方面，体现为受教育者的自我控制。当受教育者意识到教育目的对自身未来成长的意义和要求时，往往能增强在教育活动中不断完善自己的努力程度，把合乎教育目的的发展作为努力的方向，主动发展和规划自己。

（三）对教育活动的评价功能

教育目的不仅是教育活动应遵循的根本指导原则，而且是检查评价教育活动的重要依据。因为一种能够实现的教育目的总是含有多层次的系列目标，可为教育活动提供宏观的和微观的衡量标准。教育目的对教育活动的评价功能体现在以下两个方面。

1. 对价值变异情况的判断和评价

社会中个人、群体、社会各层次之间存在的利益、需要、目的等方面的矛盾与冲突，常常导致教育上的冲突，使教育活动总是面临多种多样的教育价值观和教育目的的影响和干扰。这种影响和干扰虽不能一下子取代被社会正式确定的教育目的，但有时容易在实践上导致教育活动的方向模糊不清，甚至使其被赋予了另外一种价值取向。如果不坚持用所确立的教育价值观进行衡量、评价，就不能意识到教育活动价值的变异，也难以使教育活动得到有效的纠正。

2. 对教育效果的评价

教育目的中的层次目标，一般是根据具体教育问题提出的。它不仅是可以被具体教育活动操作和实现的目标，而且是评价具体教育活动效果达成程度的直接依据。运用这些目标来评价具体的教育活动过程，可判断出教育过程的得失、质量的高低、目标达成的程度等。

总之，教育是一个多因素参与的社会活动，复杂多样的社会因素总是对教育及其过程产生这样或那样的影响。要确保教育目的的实现，就应注意依据教育目的来分析、评价教育过程发展的状况和结果，适时进行恰当的判断。只有注意发挥教育目的对教育活动的评价功能，才能更好地从根本上把握教育活动。

教育目的的上述功能是相互联系、综合体现的，每一种功能的作用都不是单一表现出来的。定向功能是伴随评价功能和调控功能而发挥的；没有评价和调控功能，定向功能难以发挥更大的作用；而调控功能的发挥要以定向功能和评价功能为依据；评价功能的发挥也离不开对定向功能的依赖。

第二节　教育目的的选择与确立

教育目的的选择，即对人的培养目的或目标所进行的选取或抉择。教育目的的确立，即以一定的组织形式对教育目的进行的确认，是对教育目的或目标选择结果的肯定。一般而言，教育目的的选择与确立是结合在一起进行的，通常包括三个层次的选择：一是宏观层次的选择，即对所属各级各类教育进行的具有总体性、全局性的目的决策，它是由决策主体根据自身的利益和发展需要来进行的，决策后的教育目的表明对所属各级各类教育培养人的总体要求，也称普遍要求；二是中观层次的选择，也称教育目的的再选择，是依据宏观教育目的的要求和各级各类教育的特点、使命来进行的，是对各级各类教育所要达到的目标进行抉择，表明各级各类教育培养人的要求；三是微观层次的选择，也称教育目的的具体选择，如课程目标、课程教学目标、单元教学目标等，它们的选择与确立一般是结合学生的实际发展水平、学科特点及培养人的总体要求进行的。

一、教育目的选择与确立的基本依据

一般来说，各层次教育目的的选择与确立是由不同的决策主体来进行的，有的主要依据社会政治、经济、文化和生活方式的现实状况、发展需要以及人的发展需要来确定，有的主要依据具体的教育内容和学生身心发展的程度和水平来确定，有的主要依据学科或专业发展的特点等来确定。下面主要就宏观教育目的的选择和确立的依据进行阐述。

教育产生于社会需要，与一定社会的现实及其发展有密切的联系。教育要更好地服务于社会，就必须依据社会现实及其发展的需要、社会生产和科学技术发展的需要来选择与确立教育目的。

1. 根据社会关系现实及其发展的需要来选择与确立教育目的

社会关系是建立在物质资料生产基础上的各种关系的总和，是社会生产关系、政治关系、经济关系、法律关系、道德关系、利益关系等各种关系的总称。一个社会的社会关系是否和谐、有序，关系社会的稳定。因此，任何社会都十分重视社会关系问题，并建立相应的政治机构、组织制度和经济制度等对社会关系予以调控和管理。在社会发展中，社会生产方式的变革总要带来社会关系结构及其制度的变革，而适应社会发展变革的新的社会关系结构及其制度的建立又无不对教育培养人提出相应的要求。这一点在当今社会显得尤为突出。例如，美国学者英格尔斯在谈到人的现代化问题时就曾明确指出，无论哪个国家，只有它的人民从心理、态度和行为上都能与各种形式的经济发展同步前进、相互配合，这个国家的现代化才能真正实现。可见，培养现代人是现代社会对教育提出的根本要求；否则，将无益于现代化制度的确立。

2. 根据社会生产和科学技术发展的需要来选择与确立教育目的

人不仅是社会的成员或阶级的成员，也是社会物质财富和精神财富的创造者。因此，培养什么样的人，不仅要反映社会关系和政治经济的要求，还受到社会生产力和科学技术发展水平及发展需要的制约。特别是现代社会，生产力的发展及产业结构的变化、科学技术的作用日益显著，已经成为制定教育目的不可忽视的直接因素。当今，知识经济和信息化已经成

为社会的重要特征，社会生产与管理越来越走向科学化、知识化、信息化和智能化，对劳动者的质量、规格提出了前所未有的要求，世界上的很多国家根据这种要求来重新选择、确立教育目的，以培养能够适应社会发展的人才。

3. 依据人的身心发展特点和需要来确定教育目的

教育目的含有对人的素质发展的要求，这种要求不仅要依据社会现实及其发展的需要来确定，还要依据人的身心发展特点和需要来确定。

人的身心发展特点是确定各级各类教育目的不可忽视的重要依据。

如果不考虑人的身心发展特点，就会导致实际教育活动脱离学生的身心发展水平或特点，难以有效地促进学生的发展。因为在不同年龄阶段，人的身心发展特点和水平有所不同。在把教育目的转化为各级各类教育的培养目标时，就必须以此为依据，这样才能使实际教育活动对学生的要求符合其身心发展的特点和水平，具有针对性，而不至于过低或过高、过易或过难。心理学的研究早已揭示，人的身心发展具有阶段性和顺序性、稳定性和可变性、不平衡性和差异性等特点，这是各级各类教育选择与确立教育目的时应把握的基本前提。依据这些特点才能将各级各类教育目的从低到高整合为一个循序渐进、相互联系、相互衔接的有机序列，为不同教育阶段开展实际教育活动提供合适的指导，这样的目标不仅具有可行性，而且能对学生的身心发展起到强有力的推动作用。

人的发展需要是选择与确立教育目的时不可忽视的重要因素之一。

人的发展具有多方面的需要，包括物质的和精神的、现实的和未来的、生存的和发展的等。这些需要与人在发展过程中对社会发展变化要求的意识密切相关。人对社会发展变化要求的认识，会使人把社会要求转化为自我发展的需要，使人围绕社会要求来设计、建构自我发展。人的这种需要的满足常常包括对教育的要求，这是选择与确立教育目的时必须考虑的。如果不考虑人的发展需要，教育对人的发展需要就难以满足。事实上，任何社会的教育目的对人所应具备的素质的要求、所预期形成的素质结构不仅体现着社会的规定性，而且总是不同程度地体现出对人的生理、心理等方面理想化发展的追求。人是社会的主体，正视人的主体性需求、满足人的主体性需要的教育目的，往往更有利于人的价值提升和内在力量的增强，才能对培养人的实际教育赋予根本的活动宗旨或活动追求。

二、教育目的选择与确立中的基本价值取向

选择和确立教育目的，不能不涉及教育目的的价值取向问题。因为对教育目的的选择与确立，人们总是从各自的利益和需要出发，在选择和取舍中体现不同的价值追求。

教育目的的价值取向是指对教育目的的价值性进行选择时所具有的倾向性，是教育理论中最为复杂和最为重要的领域。说它是教育理论中最为复杂的领域，是因为教育目的的功能是多方面的，而且总是与社会各方面、人的各种问题联系在一起。由于人们所处的社会地位、经济地位不同，因而有不同的社会感受和生活感受，有不同的文化背景、实践经验、认识水平、政治倾向、社会理想，有不同的利益和价值观念。说它是教育理论中最为重要的领域，是因为价值是教育目的的核心，价值取向在很大程度上规范着教育活动的目的，引导着教育活动目的选择的方向。如果选择与确立教育目的时其价值性问题不确定，那么教育目的也就难以真正确立；反之，如果价值性问题明确了，那么教育目的的选择和确立也就有了基本的方向和原则。

（一）教育目的选择与确立中的基本价值取向所涉及的基本问题

教育目的选择与确立中的基本价值取向所涉及的基本问题，包括人本位的价值取向和社会本位的价值取向。

1. 人本位的价值取向

人本位的价值取向把人作为教育目的的根本所在。其重视人的价值、个性发展及其需要，把人的个性发展及需要的满足视为教育的价值所在；认为教育目的的根本在于使人的本性、本能得到自然发展，使其需要得到满足；主张应根据人的本性发展和自身完善的这种“天然的需要”来选择与确立教育目的。人本位的价值取向主要反映在自然主义和人文主义的教育思想之中，其主要代表人物是法国教育家卢梭、瑞士教育家裴斯泰洛齐、德国思想家康德、美国心理学家马斯洛、法国哲学家萨特等。

人本位的价值取向虽然把人作为选择教育目的的根本依据，把人的价值看得高于社会价值，但在历史发展的过程中，其表现也不尽相同：一是在不同的历史发展时期，各种人本位的价值取向背景和针对性有所不同；二是在对待人与社会的关系上，人本位的价值取向虽然都认为人的价值高于社会价值，但在其态度上，有独立与非独立之分、激进与非激进之别。人本位的价值取向把人视为教育目的的根本，它在历史发展中的每一次变化都具有不同程度的变革性，其或面对社会，或面对教育自身。人本位的价值取向在人类历史的进程中不乏进步意义，它在文艺复兴以后的历史条件下，高扬人的个性自由和解放的旗帜，对打破宗教神学对人的束缚、促进人的解放、使教育回归人性发挥了重大的作用，同时，在人的个性自由和解放、提升人的价值和地位等方面也具有深远的历史意义。直到今天，这种主张也有一定的合理之处。但是，人本位的价值取向离开社会来思考人的发展，在提出教育目的时，无视人发展的社会要求和社会需要，甚至把满足人的需要和满足社会的需要对立起来，把教育的个人目的和社会目的看成不可调和的，这种倾向易在现实中导致个性自由和个人主义的绝对化。因此，人本位的价值取向在社会发展中带有明显的片面性。

2. 社会本位的价值取向

社会本位的价值取向把满足社会需要视为教育的根本价值。这种观点认为，社会是人们赖以生存和发展的基础，教育是培养人的社会活动，教育培养的效果只能以其社会功能的好坏来衡量。因此，其主张教育目的不应从人本身出发，而应从社会需要出发，根据社会需要来确定。这种观点古已有之，但其理论的鼎盛时期是19世纪末到20世纪初，其主要代表人物有德国教育家纳托普和凯兴斯泰纳、法国哲学家孔德和社会学家涂尔干等。其出发点也有所不同：有的是基于人的社会化、适应社会要求来主张社会本位的价值取向，有的是基于社会（国家或民族）稳定或延续的重要性来主张社会本位的价值取向。

社会本位的价值取向重视教育的社会价值，强调教育目的从社会出发，满足社会的需要，具有一定的合理性。事实上，人的存在和发展是无法脱离社会的。离开社会，人就无法获得其发展的社会条件。人获得发展的社会条件客观上需要每个人遵守并维护社会要求。从这一意义来说，社会本位的价值取向具有不可否认的意义。但是，它过分强调人对社会的依赖，把教育的社会目的绝对化、唯一化，甚至认为“个人不可能成为教育的目的”。这种极端的主张完全割裂了人与社会的关系，极易导致教育对人的培养只见社会不见人，单纯地把人当作社会工具，而不是把人作为社会主体来培养，造成对人本性发展的严重束缚和压抑。

3. 价值取向中人与社会关系的基本确认

人与社会的关系问题是选择与确立教育目的时不可回避的问题。教育目的人本位和社会本位两种价值取向理论无疑会给我们一些启示，但不能以这两种理论主张来简单代替教育目的的选择。这主要是因为：第一，这两种主张虽都有一定的合理性，但都不是一个超历史的抽象公式，它们各自的合理性须联系具体的历史条件来进行分析。如果将其当时针对一定问题而提出的主张不加区别地普遍化，以为是可以适合一切时代、一切社会的，则不免僵化和偏颇，无益于解决当代教育目的的选择问题，甚至会对当代教育目的的选择产生误导。第二，这两种主张对我们理解人和社会在教育目的中的重要性、不可忽视性是有帮助的，但两者都忽视了人与社会的相互联系，都不能使人与社会的关系在教育目的中得以恰当体现。这在客观上极易导致教育实践和教育功能的片面性，限制教育多方面功能的发挥。事实上，人与社会是密切联系、不可分割的两个方面。一方面，社会是由人构成的。从这一点来说，社会是人的社会（良好的、理想的社会是一个真正为了人的社会）。这一点就连社会本位论中的一些人也不得不承认，他们的社会本位论中有的也没有离开“为了人”的思考。另一方面，人是因社会才得以生存和发展的，人总是离不开一定的社会。从这一点来说，人是社会的人。这一点就连人本位论中的一些人也不得不承认，他们的人本位论中有的也没有离开对“社会的人”的思考。

在现实教育目的的选择与确立中，对人与社会关系的认识和解决仅限于价值关系性的论证是不够的，还有以什么样的方法来思考、论证的问题。从这一方面来看，在思维上注意以下两方面就显得十分必要：一是对教育目的中人与社会关系的思考应给予动态、发展的把握，而不是静止、僵化地看待这一问题。因为社会及社会中的教育活动本身就是不断发展变化的，僵化、静止的思维或思想本来就不利于社会及教育的发展。二是应注意在相应的层次来思考和讨论问题。因为同一问题如果不是在同一层次上进行讨论与思考，往往无助于问题的解决。层次混淆的讨论必然导致讨论的混淆。人本位的价值取向和社会本位的价值取向虽各有一定的道理，但都有其方法上的僵化性和绝对性。

其实，一个社会教育目的的选择，不只是价值选择与确立的问题，还有价值实现的问题；不只涉及整个社会教育事业的目的问题，还涉及具体教育实践的目的问题。因此，我们应以动态、层次对等的方式来认识和看待教育目的选择中的人与社会关系问题。首先，就一个社会的整体教育目的而言，在其价值取向上要把满足人的需要和满足社会的需要结合起来，把重视人的价值和重视社会的价值结合起来，把人与社会发展的互依性、互动性、互利性作为社会整体教育目的的根本价值取向，这既有利于避免教育对人的压抑，也有利于避免教育对人的培养脱离社会现实及其发展的需要。其次，就教育目的价值取向的实现过程也就是教育的实际运行过程而言，要把满足社会的需要与满足人的需要结合起来，不能僵化地理解为两者在实践中是“平分秋色”的，应予以动态的把握，使两种价值在不同程度上、以不同的方式统一于教育目的或教育过程。这就是说，在实现两种价值结合的过程中，不应僵化地以个人或社会的价值为基点，而应互为基点。最后，就教育目的价值实现的实践着眼点而言，要落在人的发展上。因为无论教育是满足社会的需要还是满足人的需要，都要通过人的发展来实现，没有人的发展一切都是空话。可见，人的发展是教育的直接目的，是教育的社会价值和人的价值实现的着眼点。事实上，在社会中，一个人应该怎样发展，在很大程度上是根据社会发展变化的实际确定的；不仅个人如此，教育也如此，只不过对发展的选择有所不同罢了。

（二）确立教育目的价值取向时应注意的问题

一个社会的整体教育应把满足社会的需要和人的需要作为基本的价值取向。在这个总的前提下，有必要认识和把握好一些基本问题。

1. 确立社会价值取向时应注意的问题

历史表明，社会价值取向的片面性或狭隘性不仅会直接影响教育多方面功能的发挥，而且会助长社会发展失衡。从现代社会的发展来看，教育目的的社会价值取向虽多种多样，但都比较注重取向的全面性与综合性。当代教育目的社会价值取向的确立应注意把握以下几个问题。

（1）以可持续发展理念为指导的问题。可持续发展的理念最早源于人对自然资源和生态环境发展及其保护的认识。20 世纪 70 年代以后，随着各种全球性问题的凸显，可持续发展成为世界性话题。1987 年，联合国世界环境与发展委员会将可持续发展定义为既满足当代人的需要，又不对后代满足其自身需要的能力构成危害的发展。可持续发展理念是对以往社会发展道路的反思和对传统发展理论的扬弃和深化。它不是单指生态和资源的持续，也不是仅指经济发展或社会发展，而是指以人为中心的经济—社会—自然复合系统的发展，即人类在不突破资源和环境承载能力的条件下，促进经济和社会的全面发展，提高生活质量，保障当代和后代人的不断发展。其目标是达到人与自然、社会的和谐，满足今后整个人类的基本需要和全面发展。

可持续发展理念是对传统发展理论的超越和创新，它向世界展示了一种新的发展意义和价值观念，成为当今世界各国发展的重要选择和必然趋势。它强调人与自然、社会的和谐，其核心是人的发展，而教育作为培养人的社会活动，对此必然负有重要的使命。因此，选择与确立教育目的必须依据和体现可持续发展的思想和要求，要把人—社会—自然的和谐发展作为教育目的选择与确立的根本价值取向，避免教育目的价值取向的单向度、片面化。一方面，当代社会可持续发展战略的实施已不再单纯以经济或政治等为评价社会发展的标准，而代之以全面发展、协调发展和可持续发展。联合国教育、科学及文化组织（以下简称联合国教科文组织）指出："发展不纯粹是一个经济现象。从最终意义上说，发展不仅仅包括人民生活的物质和经济方面，还包括其他更广的方面。"还指出："发展是集科技、经济、社会、政治和文化，即社会生活的一切方面的因素于一体的完整现象。"西班牙的马约尔博士认为："发展应该被看成复杂的、多元化的、经济的、社会的、科学的、文化的……它必须具有一种综合的特点，即包括社会生活的多种表现形式，并符合植根于各国人民的历史财富的、道德的和文化的目的。"另一方面，社会是一个多元的复杂系统，其中各要素是相互影响、相互制约的，这种相互作用的结构机制从根本上决定了现代化建设必须注重社会诸要素的协调发展，即社会的经济、政治、文化等要素的协调发展。如果在教育目的的选择上追求单一、片面的价值取向，就将会因为对人片面性的培养而导致社会各方面发展的失衡。因此，当代社会教育目的的选择与确立只有赋予社会全面发展、协调发展和可持续发展的理念，根据这样的理念来培养人，才能使社会的全面发展、协调发展和可持续发展获得强有力的坚实基础。

（2）适应性与超越性问题。教育是人类社会实现继承和发展的一种重要手段。社会的继承与发展决定了服务于它的教育无不带有适应性与超越性。适应性是指教育对现实社会当

前需要的符合性，是教育基于对现实社会当前的肯定关系，在体现现实社会当前的要求、满足现实社会当前的需要方面所具有的适合、顺应状态，也可以理解为教育对现实社会当前的要求或需要的满足的配合性或支持性。超越性是指教育对现实社会当前发展的超出性，是教育基于现实社会当前的发展趋势或可能，在体现现实社会未来的发展要求、满足现实社会未来的需要方面所具有的努力状态。它既是教育对现实社会当前发展的未来指向，也是教育对现实社会当前发展的否定。当然，这种否定并不都是相同的：有的是对水平或程度的否定，即在认可现实社会某种存在合理的前提下，对其已有水平或程度的否认，是实现程度或水平上的更高发展；也有的是对存在性的否定，即否认现实社会某种存在或多种存在的合理性，是革除旧有的存在，创建一种新的存在。

教育要适应现实社会的当前要求和需要，因为这是社会继承所必需的。但是，只注重适应性的教育，容易导致教育的短视，降低对未来发展的适应意识和应对能力，必然缺乏对未来发展挑战的充分准备，也难以赋予现实向未来发展的有力导向和巨大的内在发展潜能。同样，教育还要讲究超越性，因为没有超越就不会有发展。但是，单纯地注重超越性的教育，也容易导致教育热衷于虚幻的未来而忽视未来发展的现实基础，甚至带来现实与未来发展的错位，使未来的发展缺乏坚实的基础。总之，适应现实，要有走向未来的指向；超越现实，要有良好的现实基础。忽视或割裂适应与超越之间所具有的联系性，在客观上不利于使社会发展保持良好的连续性。

教育目的的社会价值取向要坚持适应性与超越性的统一。首先，不能局限于在理论上抽象思考两者统一的合理性，还要探索两者的统一在实践上的可行性。不能把这种统一变成僵化的理论，而要努力使其成为鲜活的实践。其次，在实践上要避免主次分明的绝对化思维。就教育的适应性而言，可能某一时期对现实的某一方面的适应是极为有利的，并且会对社会其他方面产生积极的影响，而在另一时期这种适应则可能是没有必要的；就教育的超越性而言，可能某一时期对现实的某一方面是极为必要的，而在另一时期这种超越则可能是不必要的。就现实社会的同一方面而言，教育对其适应或超越具有不固定的先后之分；就现实社会的不同方面而言，教育对其适应或超越可能具有同时性。实践中出现的这种状况并不否认适应性与超越性的统一；相反，这恰是实践中对适应性与超越性关系的灵活运用。最后，在实践中，要从现实及未来发展的方向来把握教育的连续性，体现适应性和超越性的统一。一方面，要注意在适应中超越，即使教育对现实的适应面向未来，具有面向未来的发展性；另一方面，要注意在超越中适应，即在超越现实的同时去适应新的现实要求。把教育目的的社会价值取向的适应性与超越性统一落实到对人的培养上，应注意在适应现实的教育活动中透视未来发展的必然走向，还应注意引导对象为树立和实现远大的理想而进行不懈的努力。

（3）功利性与人文性问题。物质生活发展与精神生活发展是人类社会发展进步的基本需要。社会发展进步的这种内在需要决定了服务于它的教育既有功利价值又有人文价值，即具有功利性和人文性。在这里，教育的功利性是指教育活动所产生的社会物质生产、经济发展和物质利益满足方面的功用性和效益，体现为教育在社会中的功利价值。教育的人文性是指教育活动对社会的精神生活、文化发展、价值精神建构方面所产生的作用和效果，体现为教育在社会中的人文价值。如何看待两者和处理两者的关系，是选择与确立教育目的不可回避的重要问题。因为教育作为培养人的社会活动，必然要反映和满足社会的要求，这种要求不仅是社会物质和经济发展方面的，而且是社会精神文化方面的。从社会的这种内在要求来

看，教育目的的选择与确立要坚持功利性与人文性的有机结合。

随着社会的发展，特别是近代以来，人们对经济效益的渴望，使功利性成为现代化追求的首要目标，而人文精神则渐渐受到忽视和冷落，社会对功利价值与人文价值追求的失衡越来越突出，教育由此也越来越被赋予了经济发展的目的和物质利益追求的目的，生存与发展的功利性、实用性的教育成了培养人的根本所在。这种教育目的的价值取向使教育成了对经济利益和物质财富进行创新性追求和创新性掠夺的手段，其人文价值严重弱化。不可否认，近代以来，教育的这种取向及其发展已经自觉或不自觉地助长了社会功利价值与人文价值的严重失衡。因此，在当代社会重视人文精神、呼唤人文精神的情况下，教育目的的价值取向必须克服功利性的单一取向，必须使之赋予明确的人文价值追求。

重视教育的人文性，对于矫正以往教育目的价值取向的单纯功利性是十分必要的。在矫正的同时，要注意把握好以下问题。首先，在重视人文精神和教育的人文性时，要避免把它与功利性对立起来。现实中，重利轻义的现象是片面的，但因此而重义轻利，甚至以义抑利也是不可取的。如果把人文精神或教育的人文性与功利性对立起来考虑，就容易导致以义抑利的禁欲主义。其次，重视教育的人文性就是要弘扬人文精神，但不能把中国传统的人文精神望文生义地等同于今天所要提倡的人文精神，也不能把它与西方倡导的人文精神等同起来，当然也不能断然割裂与它们之间的联系。我们今天所倡导的人文精神，要抛弃精神至上、个人至上、人类中心以及对功利存在的禁欲主义等观念，要按照时代的发展去建构对人类功利取向、物质追求和经济发展具有良好价值导向的人文精神，促进社会在物质与精神、人与环境、人与社会等方面的协调发展，促进社会的精神文明与人际和谐，提升人的精神境界。最后，确立人文精神与功利追求是人生意义和社会发展不可或缺的观念。人及人类社会的生存与发展是在追求功利并不断超越功利的矛盾过程中实现的。人及人类社会的生存不仅仅是自然生命的存在，还有精神生命的存在。两者的内在联系及相互作用表现出人对自然生命的重视和对它的超越，这种超越能使人及人类社会在肯定功利追求的前提下，在功利追求的基础上，不被单纯的功利追求所束缚。它不是抛弃功利的纯精神生活，而是引导人们在追求功利的同时，赋予功利追求重要的人文价值导向，提升人及人类社会的精神境界。人及人类社会的生存和不断发展正是在两者的互动中实现的。

（4）民族性与世界性问题。我国当代的改革开放把中华民族置于世界发展的潮流之中，使我国的发展不只是一个适应全球化、走向现代化的过程，也是一个开拓进取的民族化过程。这一发展趋势使民族性和世界性成为教育目的价值取向不可回避的一个重要方面。民族性涉及对自己民族的文化传统、生活方式价值观念的传递、保持及维护问题，其根本在于不使自己的民族失去独立和自主，从而得以凝聚和发展。世界性涉及对世界交往与合作的各种文化、规则的认同或接受，进而使自身具有与世界各国进行交往与合作的基础。一般来说，当一个民族处于封闭状态、与世界各国不发生任何联系时，是无所谓世界性的；只有当它向世界开放、与其他民族进行各种交往与合作时，才会遇到世界性这一问题。

一个狭隘、封闭的民族，其教育目的的价值取向往往带有封闭性、保守性。对自己的民族文化、习俗、价值观和生活方式的优越感和崇高感，常常使其对本民族以外的民族文化、习俗、价值观和生活方式等具有抗拒性或排斥性。实施这样的教育，虽然会使受教育者非常忠诚于自己的民族，但同时会更加强化本民族的封闭和保守。在当代，这种单一的、狭隘的、封闭的民族性只能导致自身发展的落后和被动。因为当代世界已经进入全球化的时代，

世界各国和各民族紧密地联系在一起，所有国家和民族在信息、交往和利益等方面体现出普遍的相关性，与世界各国的交往与合作已成为每个国家或民族自身发展的重要基础和前提。因此，一个民族的当代发展必须有世界性意识，只有把握一些必要的世界性的准则，才能适应全球化的要求。

注重体现世界性是当代教育目的价值取向的应有之意，但并不意味着民族性的价值取向不重要或不需要了。这种把世界性仅仅视为完全一体化或同质化过程的认识是极其片面的。因为单纯地追求世界性价值将会逐渐导致民族特点的消解，使本民族失去存在的根，所以，教育目的的价值取向要立足于民族、面向世界，在民族开放中发展、创新，使民族更好地走向世界并影响世界。

坚持民族性和世界性相结合的价值取向，在实践上，需要很好地理解和把握民族性和世界性。一是对民族性的理解和把握要避免僵化和封闭。坚持民族性的价值取向，不是以自己的传统特点去抵制全球化趋势，单纯地要求维护民族的自身利益。要重视民族自身的长处与不足，赋予民族具有发展活力的新品质，即开放性和容纳性，这是民族生命活力的根本所在。二是在理解和把握世界性价值取向时，要避免盲目性。不能把民族的世界性过程理解为全盘世界化或全盘西化，也不是盲目地跟随世界发展或盲目照搬他国模式。一个走向世界的民族，应该对世界有一种取其精华、去其糟粕的借鉴精神和合理选择的能力，一个民族在自身世界性过程中，必须体现借鉴性和选择性。

2. 确立人的价值取向时应注意的问题

教育作为培养人的社会活动，其目的既含有社会价值取向，也含有人的价值取向。历史上任何社会的教育目的都是如此，只不过不同时期、不同社会对其重视的程度和取向的侧重点有所不同罢了。选择与确立教育目的时，在人的价值取向上应注意解决好以下问题。

（1）人的社会化与个性化问题。社会化和个性化是人自身发展的两个不同方面。人的社会化一般是指个体在出生后的发展中习得社会文化规范、价值观念和行为习惯等，并借以适应社会和参与社会的过程。这一过程的结果是把一个具有生物特性的人赋予各种社会关系和社会行为方式，使之成为具有社会特性的人。因此，人的社会化反映人的一种群的聚合性和共处性，是社会凝聚个体的重要形式，也是个体自身发展的重要内容之一。人的个性化一般指个体在社会适应、社会参与过程中所表现出来的比较稳定的独特性。综观现代对个性化的探讨，体现出的意蕴有三：一是指个体有别于他人的独特性；二是指个体在社会和社会关系中的不可替代性，也可以说是人在遵守、服从社会各种规范以及参与社会各种活动中的不可替代性；三是指与人身心的束缚性、奴役性、盲从性相对应的独立自主性。独立自主性被视为个性的根本所在。因为一个人如果没有独立自主性，习惯于盲从，习惯于被束缚和被奴役，就意味着个性在其精神上被消解，已经枯萎或丧失。由此可以认为，独立自主性是个性精神气质所在。人的个性化发展意味着个人自主能力、独立能力、创造能力与自控能力的提高，蕴含着人自身发展的潜能和自立自主的能力。正因如此，人的个性化具有重要的个体意义和社会意义。

中外历史上，对人的社会价值和个性价值存在着不同的认识。人的社会化因其所具有的个体对社会规范的遵从性，常常导致有人将其看成对人个性化的束缚和压抑，从而轻视甚至否定社会化的意义；人的个性化因其所具有的个体的独立自主性，常常导致有人将其看作妨碍社会凝聚和一致性的根源，甚至把它当作社会一致性的对立面。这些看法对以往的教育目的价值取向不无影响。当今社会不仅重视社会的凝聚力和一致性，而且注重增强社会发展的内在活力与源泉，这就使人的个性化发展成为教育目的价值取向不可忽视的重要方面。

不过，当今社会的教育目的价值取向虽然对个性价值给予了高度的重视，但也不能矫枉过正，必须从有机结合的理念上加以把握。这主要是因为，人的社会化和个性化是人自身发展的两个相互对应的不同方面，是人健康发展的重要标志。人的发展与完善，就在于其社会化和个性化的和谐与统一。没有人的社会化及其发展，个体将难以适应社会、参与社会和自主创造社会，从而使不同的个体在社会中失去共有的基础和赖以相互交往的基本规范；而没有人的个性化及其发展，个体的观念和行为就会千人一面，其自身的才智及潜能就难以充分、自由地发挥。不只如此，对个性的束缚和压抑，不仅会造成个体自主、自立和创造性的萎缩，而且会在活动源泉上影响社会文化的进步，使社会发展的内在生机和活力匮乏。失去社会化的个性化极易导致个体的过分自由，失去个性化的社会化极易导致社会创造活力的抑制。因此，单纯强调或重视社会化价值或人的个性化价值都是不可取的。人的社会化应是个性化了的社会化，人的个性化应是社会化了的个性化。

（2）人的理性与非理性问题。关于什么是理性和非理性，在哲学上有着本体论、认识论、人性论、技术论等不同观点。我们此处所说的理性和非理性，仅就人的个体性表现而言，统指人在认识和行为上的不同特点。人的理性是指人在认识和行为方面表现出来的理性遵循（如对事物发展变化的逻辑性遵循，对科学的概念、价值准则的遵循等）以及运用理性（如逻辑、科学概念和价值准则等）来揭示或把握客观对象（自然、社会、人及其相互关系）的普遍性本质和规律、看待或处理问题的特点等。人的理性在认识和行为上具有对感性和直觉直接性的超越性，体现为人类超越自我的生物本能，超越自身的有限存在，而追求世界与人生的真理和永恒的能力是人类灵性的精华。人的非理性是指人在认识和行为方面表现出来的非理性遵循（对产生于感觉、情绪、欲望之上的直觉、直接体验或灵感、顿悟的遵循），以及运用非理性来把握与说明客观对象或事物、看待或处理问题的特点等。人的非理性在认识和行为上具有对感性和直觉的依赖性，体现着人类生命的情感、意志、自然本能、欲望等，表现为追求肉体感官或精神感官的满足以及自我充分实现的特性，是人类行动的原始动力。

理性是人类战胜蒙昧、摆脱蒙昧、走向文明的巨大力量。因此，在20世纪以前，理性被作为人的本质存在而备受推崇，成为教育目的的主要价值取向，在课程设计及内容构建、教学理念和教学方式等方面无不体现对人的理性能力、理性品质培养的重视。20世纪以来，非理性主义把理性崇拜导致的理性僵化教条与日益突出的人的异化和种种社会危机联系起来，将其看成现代社会发展中人的缺失和异化及种种社会危机的根源，并给予激烈的批判，进而把人的非理性视为人的本质存在，宣扬非理性及其对人的意义。在非理性主义的影响下，以往教育目的以理性为主的价值取向受到质疑。

因此，当代教育目的的选择与确立，在价值取向上要避免陷入理性和非理性两者对立的误区。两者虽然各不相同，但不是截然对立的。实质上，纯粹的理性和非理性是不存在的。首先，就理性而言，它的产生、发展及作用的发挥不是孤立的，而总是与人的情感、欲望等有着割不断的联系；就非理性而言，它的表现过程也不是单纯的情感、意志活动，而是直接或间接地受原有文化素养（思维方式或文化观念、价值标准）的影响，在灵感、直觉的表

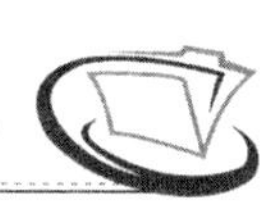

现中，人们也能觉察到其对已有经验积累和文化积淀的依赖性。其次，要充分认识理性与非理性的长处与局限性，避免盲目地推崇理性至上或非理性至上。理性至上而贬低非理性，极易造成对人的冲动的压抑，导致人行为的僵化、教条，使人的行为缺少内在的激情与活力，无益于人的主体性的发展；非理性至上而贬低理性，易造成人的自我放纵，使自我任由本能冲动的支配，这无益于个体自身的文明发展和社会的进步。

（3）科技素质与人文素质问题。科技素质是指与人认识、作用于自然，与物质生产、生活密切相关的科学技术方面的素养、品质及能力发展的水平，通常体现为科学文化知识、技能掌握及运用的能力以及与此相关的思维品质、探索创新的意识、崇尚科学的精神等。人文素质是指与人认识、解决人类生存意义和价值问题，以及从事社会价值建构活动密切相关的人类文化、价值方面的素养、品质及能力发展水平，通常体现为在对人类生存意义和价值关切中所形成的价值理性、道德情操、精神境界及能力等。从历史的发展来看，近代以前的教育基本上是以人文素质培养为主要价值取向的；而近代以来的教育，科技素质在教育目的的价值取向上日显突出，随着科学主义与人文主义哲学观的对峙以及科学技术在满足社会功利追求中的巨大作用，科学技术与人文科学的分离也日益加剧，使近现代教育目的的科技素质与人文素质价值取向失衡。人文教育中缺少对科技素质的培养，科学技术教育中缺少对人文素质的培养，这不仅造成了当代社会人的素质的明显缺失，而且无益于帮助社会解决人文精神失落的问题。

首先，要认清和摆脱科学主义和人文主义哲学观的片面性。近代科学的兴起，导致了科学主义甚至唯科学主义的倾向，从而引起真理与德行的分离、价值与事实的背离、伦理与实际生活的断裂。正因科学主义的片面性及其后果，所以遭到了人文主义的激烈批判。但这种批判把当今社会的一切罪责都归于科学，其实也是片面的，不利于科学的发展。事实证明，过分强调科学理性、科学技术至上，必然导致对人文精神的轻视；过分强调人文价值，也会带来对科学技术的压抑。其次，要充分认识和理解科学精神与人文精神的统一性。科学精神与人文精神是反映和构成整个世界图景的两个相互关联的不同方面。科学精神是人类在对世界特别是对自然界的探究中形成的，包括：相信理性，追求知识，注重可操作程序；实事求是，怀疑一切既定权威；热爱真理，憎恶一切虚假行为；遵循公正、创新等准则等。科学精神重在求真务实，探究万物之理。人文精神是人类对自己生存意义和价值的关心，包括对人的价值的至高信仰，对人类处境的无限关切，对开放、民主、自由等准则的不懈追求，并凝结为人的价值理性、道德情操、理想人格和精神境界。从对两者的分析中我们可以看到，两者不是对立的，科学精神中含有明显的人文价值。认识和把握科学精神和人文精神的统一性，有助于避免科技素质和人文素质价值取向的失衡。最后，要充分认识科技素质与人文素质协调发展的时代性要求。当今社会日新月异，但各种矛盾和危机也日益突出。为解决这些问题，人类在种种教训中选择与确立了可持续发展的观念，开始强调社会的全面发展、全面进步，社会的协调发展、可持续发展。这种观念内在地含有科学精神与人文精神的有机融合，要求人们以科技素质和人文素质的协调发展与之相适应。

第三节　我国的教育目的

一、我国教育目的的理论基础

马克思主义关于人的全面发展学说是确定我国教育目的的理论基础，正确认识和理解这一学说，对制订教育目的有重要的指导意义。

马克思主义关于人的全面发展的学说是建立在历史唯物主义和剩余价值学说的理论基础上的，它把人的全面发展既看成现代化大生产的客观要求，又看成对共产主义新人的理想蓝图的描绘。马克思主义关于人的全面发展学说的基本理论，有以下几个要点。

1. 相对性

人的全面发展与人的片面发展是相对而言的，全面发展的人是精神和身体、个体性和社会性得到普遍、充分、自由发展的。

2. 取决于社会条件

人朝什么方向发展、怎样发展、发展到什么程度取决于社会条件。人的发展从根本上来说，取决于其所处的社会物质生活条件。人们在社会生产和生活中所处的地位不同，其所获得的发展机会也不相同。

3. 受社会分工制约

从历史发展的进程来看，人的发展受到社会分工的制约。马克思和恩格斯通过对社会发展史的考察，指出第一次社会大分工，即城市和农村的分离、脑力劳动和体力劳动的分离造成了人的片面发展，表现为“使农村人口陷于数千年的愚昧状况，使城市居民受到各自的专门手艺的奴役。它破坏了农村居民精神发展的基础和城市居民体力发展的基础”。除了这种社会生产分工的原因之外，由于阶级的对立，在生产资料的占有和财富的分配方面，统治阶级占绝对优势，人的片面发展更加严重，即劳动者缺乏发展的物质基础。所以，旧的社会生产分工和不合理的生产关系是人的片面发展的原因。人的片面发展的基本特征是脑力劳动和体力劳动的分离与对立。人的片面发展在资本主义手工工厂中发展到了极端的地步。

4. 工业生产提供可能性

工业生产的高度发展必将对人类提出全面发展的要求，并提供了人的全面发展的可能性。机器大工业生产提供了人的全面发展的基础和可能。资本主义机器大工业的出现与发展，为人的全面发展开辟了道路。首先，机器大工业生产对人的全面发展提出了客观需要。因为机器大工业生产的技术基础是现代科学技术。科学技术的不断发展使社会生产分工不断发生革命性变革，不断把大批工人和大量资本从一个生产部门投向另一个生产部门。大工业的本性决定了劳动的变换和工人的全面流动性。这就要求工人应懂得机器操作的一般原理，掌握一定的科学技术知识，把体力劳动和脑力劳动尽可能地结合起来，还要有比较广泛的适应性。其次，机器大工业生产为人的全面发展提供了可能和条件。因为机器大工业生产创造了极高的劳动生产率和社会财富，缩短了劳动时间，使工人有物质条件、时间和精力去进行学习，发展自己。

5. 在共产主义社会实现

马克思预言，人类的全面发展只有在共产主义社会才能得以实现。虽然机器大工业生产提供了人的全面发展的可能性，但这种可能性在资本主义社会并不能充分实现。因为在生产资料私有制条件下，资本家的目的是尽可能多地攫取剩余价值，这就使工人用于发展自己的时间、精力和物质条件都受到很大的制约和限制。此外，由于两极分化，还有不少人生活在贫困线以下，没有条件去接受良好的教育和发展自己。所以，只有消灭了剥削，实现生产资料公有制，为全体劳动者提供必要的物质和精神条件，才能真正获得全面发展。社会主义制度是实现人的全面发展的社会条件。

6. 教育与生产劳动相结合

教育与生产劳动相结合是实现人的全面发展的唯一方法。关于通过什么途径和方法才能实现人的全面发展，马克思指出，这种方法就是将教育与生产劳动相结合。马克思认为，教育与生产劳动相结合不仅是提高社会生产的一种方法，而且是造就全面发展的人的唯一方法。

马克思主义关于人的全面发展的学说确立了科学的人的发展观，指明了人的发展的必然规律，并为我们制订教育目的提供了理论依据。我们只有正确地理解马克思主义关于人的全面发展的学说，并结合当前社会政治、经济、文化发展的实际情况，才能制订出科学的教育目的。

二、我国教育目的的发展

1. 古代的教育目的

以儒学精神为主体的儒家文化在中国漫长的封建社会逐渐形成并居于主导地位，在某种意义上，可以把儒家的文化传统看作儒家教育的传统。因此，我们要考察中国古代的教育目的，必须从历代儒家文化关于人的发展论述中去寻觅。我国古代社会持续的时间较长，朝代很多，随着朝代更替，教育目的的演化显得十分复杂。因此，我们在这里不一一考察每一时期的教育目的及其演化，只概略看看我国儒家文化从人性的共同观出发所论述的我国古代传统教育，特别是封建教育的教育目的。不管在哪个时期，儒家教育都是以人性论为基础，以促进社会的存续和发展为终极目的的。因此，我国古代各个历史时期的教育有其基本特征——“君子教育”（也是人文教育）。这要受教育者“修己、立己、成己”，以养成个人的“德性、智能、学识”并外化，即由“修己”而通向“治人”，使教育的功能伸展到国家和政治领域；由“立己”而通向“立人”，使教育的功能发挥教化的作用；由“成己”而通向“成物”，使教育的功能扩大到事业和功绩的层面。也就是说，我国传统儒家教育的目的侧重于社会本位的价值取向——培养封建统治者的理想接班人，专注于人文主义的文化取向——以儒家经典培养受教育者，使其具有“内圣外王”的理想人格，即“依于仁”“立于礼”“居仁由义，大人之事备矣”的精神与人格。如，《大学》中所说的“格物、致知、诚意、正心”归结到“修身”——“自天子以至于庶人，壹是皆以修身为本”，修身即“内圣”。其逻辑顺序既是教育目的分类的递进之序，又认定了教育目的的实现的条件。这种教育目的并非只是追求个人的完善（修身而独善其身），而是崇尚国家一体化，以天下为己任，最终实现平定天下的理想，“齐家、治国、平天下”便是这种“外王”的社会本位的体现。

2. 中华人民共和国成立后的教育目的

中华人民共和国成立以来，教育事业开始了历史性转变，被赋予鲜明的社会主义性质和要求。反映社会主义性质和需要的教育目的对于人才培养和教育事业的发展起着引领和指导的作用。

1957 年，我国在生产资料所有制的社会主义改造基本完成以后，开始了以发展社会生产力和经济为重点的大规模建设。根据这一时期政治、经济、文化等方面发展的新要求，毛泽东提出："我们的教育方针，应该使受教育者在德育、智育、体育几方面都得到发展，成为有社会主义觉悟的有文化的劳动者。"这在当时对我国教育事业的发展和人才的培养起到了非常重要的指导作用，对以后确定教育目的有很大影响。

1978 年，我国的教育目的在第五届全国人民代表大会通过的《中华人民共和国宪法》（简称《宪法》）中被表述为"教育必须为无产阶级政治服务，同生产劳动相结合，使受教育者在德育、智育、体育几方面都得到发展，成为有社会主义觉悟的有文化的劳动者"。

1982 年，第五届全国人民代表大会第五次会议通过了修订的《中华人民共和国宪法》，其中规定："国家培养青年、少年、儿童在品德、智力、体质等方面全面发展。"

1985 年，《中共中央关于教育体制改革的决定》指出："教育必须为社会主义建设服务，社会主义建设必须依靠教育。社会主义现代化建设的宏伟任务，要求我们不但必须放手使用和努力提高现有的人才，而且必须极大地提高全党对教育工作的认识，面向现代化、面向世界、面向未来，为九十年代以至下世纪初叶我国经济和社会发展，大规模地准备能够坚持社会主义方向的各级各类合格人才。"还指出："所有这些人才，都应该有理想、有道德、有文化、有纪律，热爱社会主义祖国和社会主义事业，具有为国家富强和人民富裕而艰苦奋斗的献身精神，都应该不断追求新知，具有实事求是、独立思考、勇于创造的科学精神。"人们经常把这一表述简称为"四有、两爱、两精神。"

1986 年，《中华人民共和国义务教育法》（简称《义务教育法》）规定："义务教育必须贯彻国家的教育方针，努力提高教育质量，使儿童、少年在品德、智力、体质等方面全面发展，为提高全民族的素质，培养有理想、有道德、有文化、有纪律的社会主义建设人才奠定基础。"在这里，首次把提高全民族素质纳入教育目的。

1991 年，《中华人民共和国国民经济和社会发展十年规划和第八个五年计划纲要》中指出："继续贯彻教育必须为社会主义现代化服务，必须同生产劳动相结合，培养德、智、体全面发展的建设者和接班人的方针。"

1993 年，中共中央、国务院印发的《中国教育改革和发展纲要》中指出："教育改革和发展的根本目的是提高民族素质，多出人才，出好人才。各级各类学校要认真贯彻'教育必须为社会主义现代化建设服务，必须与生产劳动相结合，培养德、智、体全面发展的建设者和接班人'的方针，努力使教育质量在 90 年代上一个新台阶。"

1995 年，第八届全国人民代表大会第三次会议通过了《中华人民共和国教育法》（简称《教育法》），其中规定："教育必须为社会主义现代化建设服务，必须与生产劳动相结合，培养德、智、体等方面全面发展的社会主义事业的建设者和接班人。"

1999 年 6 月，《中共中央国务院关于深化教育改革，全面推进素质教育的决定》中提出："实施素质教育，就是全面贯彻党的教育方针，以提高国民素质为根本宗旨，以培养学

生的创新精神和实践能力为重点，造就‘有理想、有道德、有文化、有纪律’的、德智体美等全面发展的社会主义事业建设者和接班人。”这是我国在社会主义初级阶段对人才培养的总的规定与要求。

2001 年，《国务院关于基础教育改革与发展的决定》中明确提出：“坚持教育必须为社会主义现代化建设服务，为人民服务，必须与生产劳动和社会实践相结合，培养德智体美等全面发展的社会主义事业建设者和接班人。”

2006 年，第十届全国人民代表大会常务委员会第二十二次会议修订通过的《中华人民共和国义务教育法》中规定：“义务教育必须贯彻国家的教育方针，实施素质教育，提高教育质量，使适龄儿童、少年在品德、智力、体质等方面全面发展，为培养有理想、有道德、有文化、有纪律的社会主义建设者和接班人奠定基础。”

2010 年，《国家中长期教育改革和发展规划纲要（2010—2020 年）》中强调：“促进德育、智育、体育、美育有机融合，提高学生综合素质，使学生成为德智体美全面发展的社会主义建设者和接班人。”

3. 现阶段我国教育目的的精神实质

我国的教育目的虽然几经变化，但其精神实质是很明显的，主要体现在以下几点。

（1）社会主义是我国教育性质的根本所在。教育作为培养人的社会活动，既源于社会需要，也要受社会的制约。因此，教育无不带有各个时代社会的特点和要求，无不体现一定的社会性质。现阶段，我国的教育目的是为社会主义巩固和发展服务的。维护社会主义利益、为社会主义服务一直是我国教育目的的根本所在。正是我国教育目的所具有的对教育的社会主义性质的规定性，才从根本上保证了我国教育发展的社会主义方向，指引着教育为社会主义事业的全面发展培养各方面的人才。

（2）我国的教育目的中蕴含着人才培养的素质要求。一是明确了人才应有的基本素质，即德、智、体、美等方面。德是指个人对待生活和工作，对待与社会、集体、他人和自然的关系时所应具有的价值观念、行为品质、道德追求、人格修养、人生信念等，是对人生观、世界观、道德观、政治观及行为品质的总称。智是指人在生活、事业中，在认识自然、社会并作用于自然、社会的过程中所具有的学识、才能、智慧等。体是指人在各种活动中所应具有的身体活动机能、能量、体质和体力等。美具体指的是审美和创造美的能力。德、智、体、美这几方面相互联系、相互作用，是人的生存和发展以及现代化建设中不可缺少的基本素质。二是明确了使受教育者各方面得到全面发展，即在注重基本素质（德、智、体、美）形成发展的同时，也要注重促进其他素质的形成和发展，而不应局限在德、智、体、美四方面。这是促进人的个性丰富发展所必需的，有利于个人在物质生活领域和精神生活领域展现创造性才能，更好地实现自己的理想和价值，使人的发展充满内在活力。

（3）我国的教育目的不仅包含对人的全面发展的要求，而且包含对整个民族素质全面提高的要求。提高全民族的素质是我国当今社会发展赋予教育的根本宗旨，也是我国当代教育的重要使命。一方面，由于科学技术的发展对综合国力、社会经济结构和人民生活有巨大影响，科学技术成为经济发展、社会进步的关键。我们要加速科技进步并用科技进步来推动经济、社会发展，就要提高整个民族的素质和能力。另一方面，实现社会的现代化不仅是经济的巨大发展，也意味着包括思想、道德、文化、观念等在内的社会的全面进步；否则，这个社会的发展不仅是片面的，而且经济本身也将受到各种因素的严重制约，变得步履艰难。

而要促进包括思想、道德、文化、观念在内的社会的全面进步，就需要整个民族素质的全面提高。因此，提高全民族素质，促进经济建设和社会发展，是我国教育目的所蕴含的一个重要方面。

（4）为经济建设和社会的全面发展培养各级各类人才是我国教育的基本使命。一个国家的经济建设和社会的全面发展，需要各级各类人才与之相适应。培养能够坚持社会主义方向的各级各类人才是我国改革开放以来教育目的所体现的基本要求。这里所说的人才不是狭义的，而是广义的。从实际来看，各级各类人才都是劳动者；就每个岗位来说，每一岗位的劳动者也都是这一岗位所需要的人才。我国教育目的所体现的培养各级各类人才的要求，与培养社会主义事业的建设者和接班人的要求是一致的。因为从社会主义制度的延续来看，各级各类人才都是社会主义事业的接班人；从社会主义政治经济、文化科技、生产生活等方面的发展需要来看，各级各类人才都是社会主义事业的建设者。

总之，我国教育目的所要求培养的人才都是服务于社会主义事业的劳动者、建设者和接班人。

三、我国教育目的的实现

当今世界，科学技术突飞猛进，国际竞争日趋激烈。教育在综合国力的竞争中处于基础地位，一个国家国力的强弱越来越取决于劳动者的素质，取决于各类人才的质量和数量。为此，教育要以提高国民素质为根本宗旨，全面推进素质教育，为实施科教兴国战略奠定坚实的人才和知识基础，为中华民族的全面振兴培养一代新人。

全面提高学生素质是素质教育的根本目的。它可以分为做人与成才两个层次。前者是后者的基础，偏重于共同要求；后者是前者的发展，偏重于区别对待。素质教育有三大任务，即提高身体素质、培养心理素质、形成社会素质。这三大任务是相互作用、共同提高的。

（一）素质教育是面向全体学生的教育

人是社会的载体，而各种不同知识层次的人共同推动了社会的进步。有高度的社会责任感、勤奋工作、勇于创新、能为社会做出一定贡献的都是人才。而在应试教育下，首先，多数学校教师、家长眼中盯着的只是能考上重点中学、重点大学的学生，人们常将掌握高科技的科学家、掌握政治权力的政治家、社会上有名气的艺术家、腰缠万贯的企业家作为人才标准和学校教育的培养目标。其次，有很多学校教师、家长只重视个别学生的个别方面，不是依照全体学生在德、智、体、美诸方面有较大提高来评价教育和教学，而是以考试为指挥棒，考什么就教什么，简单地依考分、升学率来评价学校和奖励教师，使学校重知不重能、重理不重文、重智不重德、重才不重人的现象愈演愈烈，导致那些受歧视的学生因本应有的才能未得到培养而被压抑，这不仅影响到全面提高教育教学质量，而且带来校园里的一些不和谐因素。

素质教育就是要改变以往教育只重视升学有望的学生的做法，坚持面向全体学生，依法保障义务教育阶段的儿童和青少年学习与发展的基本权利，努力开发每个学生的潜能，使所有学生都得到平等、健康的发展。

1. 普遍提高教育质量

素质教育要求普遍提高教育质量，逐步缩小重点学校与非重点学校、城市学校与农村学校、经济发达地区学校与经济落后地区学校的差别，使不同地区、不同学校的儿童都享受平

等的教育。

2. 全体适龄儿童都入学

素质教育要求全体适龄儿童都入学接受现代学校教育，防止因各种原因造成的学生流失，更反对以学生智力、成绩、行为不良为借口强迫学生退学，以促进整个民族素质的提高。

3. 普遍提高学生素质

素质教育要求普遍提高学生素质，为每个学生都成为合格、现代的公民奠定基础；反对为提高升学率而只抓少数尖子学生的教育，放弃或放松对大多数学生的培养。素质教育要求根据不同儿童的发展特点和水平因材施教，使每个儿童都学到知识，体验成功的喜悦，得到应有的发展。总之，素质教育是使每个学生都在自己原有的基础上得到发展的教育，是使每个学生的潜能都在他自己天赋允许的范围内得到充分发展的教育。也就是说，素质教育既是面向全体学生的教育，也是全面发展与因材施教相统一的教育。

（二）素质教育是全面发展的教育

素质教育强调培养学生在德、智、体、美、劳等方面全面发展。学校教育不仅要抓好智育，更要重视德育，还要加强体育、美育、劳动技术教育和社会实践，使诸方面教育相互渗透、协调发展，促进学生的全面发展和健康成长。

1. 德育

德育是指教育者组织适合学生品德成长的价值环境，培养学生正确的人生观、世界观、价值观，使学生具有良好的道德品质和正确的政治观念，形成正确的思想方法的教育。

学校在德育方面的要求如下。

（1）帮助学生初步了解马克思主义的基本观点和中国特色的社会主义理论。

（2）培养学生热爱党，热爱人民，热爱祖国，热爱劳动，热爱科学。

（3）使学生建立民主和法制意识，养成实事求是、追求真理、独立思考、勇于开拓的思维方法和科学精神。

（4）使学生形成社会主义的现代文明意识和道德观念。

（5）使学生养成适应改革开放形势的开放心态和应变能力。

2. 智育

智育是指教育者创设一定的情境，以提升学生的智慧水平为目标的教育，即传授给学生系统的科学文化知识、技能，发展他们的智力和与学习有关的非认知因素的教育。

学校在智育方面的要求如下。

（1）帮助学生在小学教育的基础上进一步系统地学习科学文化基础知识，掌握相应的技能和技巧。

（2）发展学生的思维能力、想象能力和创造能力，养成良好的学习习惯和自学能力。

（3）培养学生良好的学习兴趣、情感、意志和积极的心理品质。

3. 体育

体育是指教育者以发展学生的体能为目标，传授学生健康的知识、技能，发展学生的体力，增强学生的自我保健意识和体质，培养学生参加体育活动的需要和习惯，增强学生意志力的教育。

学校在体育方面的要求如下。

（1）使学生掌握基本的运动知识和技能，养成坚持锻炼身体的良好习惯。

（2）培养学生的竞争意识、精神和坚强毅力。

（3）培养学生良好的卫生习惯，了解科学营养知识。

4. 美育

美育是指以培养学生感受美、鉴赏美、创造美的能力，从而促进学生追求人生的情趣与理想境界为目标的教育，即对学生进行健康的审美观、高尚的情操和文明素养的教育。美育不等于艺术教育，也不仅仅是美学的学习，它的内容要比艺术教育和美学学习宽泛得多。

学校在美育方面的要求如下。

（1）提高学生感受美的能力，对自然、社会中存在的现实美及对艺术作品的艺术美的感受能力。提高学生感受美的能力，从根本上说，是提高人的整体性的精神素养。

（2）培养学生鉴赏美的能力，即具有区分美的程度和种类的能力，懂得各种类型的美的特性和形态的丰富性，领悟美所表达的意蕴和意境，从而达到“物我同一”的审美境界，并使人格和性情得到陶冶。

（3）形成学生创造美的能力，即能把自己独特的美感用各种不同的形式表达出来的能力。创造美的能力既包括艺术美的创造，也包括生活美的创造。形成学生创造美的能力是美育最高层次的任务。

5. 劳动技术教育

劳动技术教育是指教育者引导学生掌握劳动技术知识和技能，形成劳动观点和习惯的教育。

学校在劳动技术教育方面的要求如下。

（1）通过科学技术知识的教学和劳动实践，使学生了解物质生产的基本技术知识，掌握一定的职业技术知识和技能，培养动手能力，养成良好的劳动态度、劳动习惯和艰苦奋斗的精神。

（2）结合劳动技术教育，传授给学生一定的商品经济知识，使学生初步懂得商品的生产、经营和管理，了解当地的资源状况和经济发展规划，以及国家的经济政策、法律法规，具有一定的搜集和利用商品信息的能力。

（三）素质教育是促进学生个性发展的教育

当今世界所需要的是一种全面发展的具有独立个性的创新型人才，其应具有丰富的知识、灵活的应变能力，乐于合作和勇于创新的能力。随着社会发展的加速，人类面临的新问题和新矛盾越来越多，需要培养更多的具有认识人类社会发展规律的能力，能面对社会的发展方向做出正确判断，具有健全人格和丰富个性的人。在此基础上，我们的教育应当面向全体学生因材施教，让每个学生的潜能都有获得充分发展的机会。

事实上，人与人之间在基本素质大体相同的基础上，由于先天禀赋、环境影响、接受教育的内化过程等方面存在诸多差异，存在多样的个性。因此，教育在重视学生的全面发展的基础上，还应当促进学生的个性发展。这两者是相互依存、互为表里的关系。

以往的教育一般只注重对学生的共同要求，过分强调统一性而忽视差别性，以统一性代

替个别性，对所有学生按统一的模式进行教育，结果扼杀了学生的个别性。

针对教育的这种弊端，素质教育强调把学生的全面发展与个性发展结合起来，既充分重视学生的共性发展，对学生基本方面的发展有统一的要求，在此基础上，又重视学生个性的多样性，对不同的学生有不同的发展要求、不同的教育模式、不同的评价方案，从而把学生的差别性显示出来并加以发展，使每个学生都成为具有高度自主性、独立性与创造性的人。

(四) 素质教育是以培养创新精神为重点的教育

创新能力是一个民族进步的灵魂，是国家兴旺发达的不竭动力。一个没有创新能力的民族难以屹立于世界前列。作为国力竞争的基础工程，教育必须培养具有创新精神和能力的新一代人才，这是素质教育的时代特征。

1. 创新能力是一种智力特征，也是一种人格特征

创新能力离不开智力活动，离不开大量具体的知识。创新能力是一种智力特征，表现为对知识的摄取、改组和运用，对新思想、新技术的发明；创新能力也是一种人格特征，表现为追求创新的意识，具有发现问题、积极探求的心理倾向，有善于把握机会的敏锐性和积极改变自己、改变环境的应变能力。

2. 创新精神与创新能力相辅相成

创新精神与创新能力相辅相成，面对多样、多变的世界，任何一个人、一种职业、一个社会都缺少不了创新精神和创新能力。对教育来说，培养创新精神和创新能力不是一般性的要求，而应成为教育活动的根本追求，成为素质教育的核心。应试教育不仅加重学生的学习负担，牺牲多数学生的发展，还会忽视、扼杀学生的创新精神和创新能力。因此，能不能培养学生的创新精神和创新能力，是应试教育和素质教育的本质区别。

3. 重视创新能力的培养是现代教育与传统教育的根本区别所在

传统教育以教学内容的稳定性和单一性为基本出发点，以知识记忆和再现为基本学习目标，强调掌握知识的数量和准确性，强调对过去知识的记忆。因此，传统教育把掌握知识本身作为教学目的，把教学过程理解为知识积累的过程。在这样的教学过程中，创新能力的培养没有也不可能得到重视。现代社会，知识更新的速度加快，改变了以知识学习、积累为目的的教育活动，知识的学习成为手段，成为认识科学本质、训练思维能力、掌握学习方法的手段。在教学过程中，强调的是发现知识的过程，而不是简单地获得知识，强调的是具有创造性解决问题的方法和形成探究的精神。在这样的教学过程中，学生的应变能力、创新能力在解决问题的过程中得到了培养和发展。

本章小结

我国教育的目的是把受教育者培养成为有理想、有道德、有文化、有纪律，德、智、体全面发展的社会主义事业的建设者和接班人。在普通教育阶段实施素质教育是非常重要的，实施素质教育可以促进青少年的全面发展；要用正确、科学的方法实施素质教育，使学生素质得到真正的提高和发展。

思考练习

一、单项选择题

1. 制订我国教育目的的指导思想和理论基础是（　　）。

A. 社会本位价值取向　　B. 个人本位价值取向
C. 马克思主义关于人的全面发展的学说　　D. 文化本位价值取向

2. 马克思主义教育观认为，造就全面发展的人的唯一方法是（　　）。

A. 教育与生产劳动相结合　　B. 加强现代人文教育
C. 开展素质教育　　D. 加强现代科学教育

3. 中国现代历史上第一次以法律形式确定教育目的的文件是（　　）。

A. 1958 年《关于教育工作的指示》　　B.《关于正确处理人民内部矛盾的问题》
C. 1982 年《中华人民共和国宪法》　　D. 1995 年《中华人民共和国教育法》

4.（　　）既是教育活动的出发点和依据，也是教育活动的归宿。

A. 教学目标　　B. 教育计划　　C. 教育目标　　D. 教育目的

5. 素质教育思想提出要以培养学生的（　　）为重点。

A. 探索能力　　B. 创新能力
C. 实践能力　　D. 创新精神和实践能力

6. 全面发展教育的组成部分是（　　）。

A. 教育、智育、体育、美育和劳动技术教育
B. 思想政治教育、智育、体育、美育和劳动技术教育
C. 德育、智育、体育、美育和劳动技术教育
D. 道德教育、智育、体育、美育和劳动技术教育

7. 教育者在教育教学过程中，在完成某一阶段（如一节课、一个单元或一个学期等）工作时，希望受教育者达到的要求或产生的变化结果是（　　）。

A. 教育目的　　B. 教学目标　　C. 培养目标　　D. 培养目的

8.（　　）教育目的具有发展的终结性，对各种教育阶段及教育活动的影响是宏观的，具有总的指导原则和方向指针的意义。

A. 发展性　　B. 终极性　　C. 价值性　　D. 功用性

9. 我国全面发展教育中起保证方向和保持动力作用的是（　　）。

A. 德育　　B. 智育　　C. 美育　　D. 劳动技术教育

二、简答题

1. 简述现阶段我国教育目的的精神实质。
2. 简述教育目的的功能。
3. 素质教育的内涵是什么？如何全面理解素质教育？
4. 简述我国教育目的的理论基础。

三、辨析题

教育目的、培养目标、课程目标和教学目标构成学校教育目的的层次结构。

第六章 教育制度

学习目标

1. 了解教育制度与学校教育制度的含义。
2. 了解制约教育制度确定的社会因素。
3. 了解我国 1951 年和 1958 年学制改革的基本精神及意义。
4. 了解我国现代学校教育制度改革的基本精神。

第一节 学校教育制度的概述

一、学校教育制度的含义

教育制度具有广义和狭义之分。广义的教育制度（国民教育制度）是一个国家为实现其国民教育目的，从组织系统上建立起来的一切教育设施和有关规章制度的总和，包括生活惯例习俗、教育教学制度、学校管理制度、学校教育制度、教育行政体制、教育政策法规、教育价值理念七个方面。

狭义的教育制度，即学校教育制度，简称学制，指各级各类学校系统。它规定各级各类学校的性质、任务、入学条件、学习年限及其相互之间的关系。

二、学校教育制度建立的依据

学校教育制度的制定不是随意的，它受以下几方面因素的影响和制约。

（一）学制受一定社会的政治经济制度的制约

一定性质的教育，是由一定社会的政治经济制度所决定的。从历史上看，学校教育制度是被一定社会的政治经济制度所制约的。在阶级社会里，学制有鲜明的阶级性，这主要表现在学校为谁开、为哪个阶级服务、培养什么样的人等问题上。换言之，办学宗旨、目标、方针，以及对入学儿童的政治条件的规定，都必须依据一定的政治经济的利益需要。例如，奴隶社会的“学在官府”，封建社会的“等级学校”，资本主义社会的“双重教育目的”，都说明学制为一定社会的政治经济制度所制约。

（二）学制受社会生产力发展水平的制约

在生产力发展水平很低，以手工劳动为主的奴隶社会，不可能出现技术学校。封建社会虽然也有培养专门人才的算学、医学等专业学校，但是，不可能出现如电力、航空等现代专业技术的学校。到了资本主义社会，由于机器的采用、大工业的出现，自然科学得到空前发展，不仅要求培养出各种专门人才，而且要求训练出熟练工人，于是各种职业技术学校也应运而生。近年来，电子计算机、生物工程、光导纤维、激光、海洋开发等新技术的发展和广泛应用，给社会生产力带来了巨大影响，世界各国都注意研究教育与生产、科技发展的关系，不断改革学校教育制度，培养高质量的人才，来迎接新技术革命的挑战。

（三）学制受人的身心发展规律的制约

在学制上，确定入学年龄、修业年限、各级各类学校的分段，都要考虑儿童和青少年的身心发展特点，切合他们的智力和体力发展水平。例如，人们认识到了关键期的存在，早期教育就得到了强调；认识到年龄特征的存在，年龄特征就成为学制上考虑学校分段的因素之一；出于个别差异上的考虑，就有设立特殊学校的必要。

此外，学制的建立还要考虑本国、本民族的文化和历史的特点，考虑国家原有教育的发展水平和整体结构中各级各类学校内在联系的合理性，考虑人口发展状况以及历史发展和参照国外学制的经验。

三、现代学制的类型

现代学制主要有三种类型：一是双轨学制，二是单轨学制，三是分支型学制。

（一）双轨学制

双轨学制以英国的双轨型为代表，此外，法国、德国等欧洲国家的学制也属于这种学制。英国的双轨制起始于洛克的绅士教育和国民教育，这是古代等级特权在学制发展中的遗留痕迹。

双轨制的一轨是自上而下的学术教育，为特权阶层子女提供。其结构是大学（后来也包括其他高等学校）—中学（包括中学预备班）；另一轨是自下而上的职业教育，为劳动人民的子弟提供，其结构是小学（后来是小学和初中）与其后的职业学校（先是与小学相连的初等职业教育，后发展为和初中相连的中等职业教育）。

双轨制是两个平行的系列。这两轨既不相通也不相接。

（二）单轨学制

美国的现代学制最初也是双轨制，但美国历史与欧洲资本主义国家的历史发展不同，因此，学术性的一轨没有充分发展，群众性的新学校迅速发展起来，从而开创了从小学直至大学、形式上的六三三制，这种学制是任何儿童都可以入学的单轨制。

（三）分支型学制

分支型学制也称中间型学制或“Y”形学制，这种学制既有上下级学校间的相互衔接，又有职业技术学校横向的相互联系，形成了立体式的学制。分支型学制以中国为代表。

四、现代教育制度在形式上的发展

（1）前制度化教育。以实体学校的产生为标志。

（2）制度化教育。以各级各类学校系统的出现为标志。

（3）非制度化教育。不是对制度化教育的全盘否定，而是指出它的弊端，认为“教育不应局限于学校的围墙之内”，构建学习化社会的理想是非制度化教育的重要体现。一般认为，库姆斯等人的“非正规教育”概念、伊里奇的“非学校化”主张体现了非制度化教育的核心思想。

第二节 我国学校教育体制发展概况

我国的学制，产生于商周，发展于秦汉，完善于隋唐两宋。

一、清末之前的教育体制

在清末以前，我国古代学校教育体制的基本特征如下。

（1）学校教育缺乏系统连贯性，主要是蒙学和大学两种教育形式。

（2）入学有等级限制，学校教育不具有普及性。

（3）学校教育以古代文科类内容为主，自然科学类内容不占主要位置。

二、清末至中华人民共和国成立时的教育体制

我国现代学校教度建立于清朝末期。1840 年鸦片战争失败后，清朝政府在西方资本主义的影响下，为了维护其统治，采取了一些改良措施。在教育方面，“废科举，兴学堂”，以“中学为体，西学为用”为指导思想，并于 1902 年制定了我国第一个现代学制，即“壬寅学制”。1903 年又颁布了一个现代学制，即“癸卯学制”。1911 年，辛亥革命推翻了封建王朝，建立了资产阶级的共和国，教育上实行了一系列的改革，在 1912 年公布了“壬子学制”，1913 年又陆续公布了“壬子癸丑学制”，到 1922 年又颁布了“壬戌学制”，即所谓的“六三三制”。这些学制虽几经修改，但其基本内容是一样的，都是模仿美国和日本的学制而形成的。在民国时期，1928 年前后曾提出“整理中华民国学校系统”等方案，对学制虽然也略进行了某些修改，但实际推行的基本上仍是“壬戌学制”。这种情况一直持续到中华人民共和国成立。

（1）1902 年的“壬寅学制”，又名《钦定学堂章程》，承袭日本学制。这是我国颁布的第一个现代学制，但是没有实施。

（2）1903 年的“癸卯学制”，又名《奏定学堂章程》，承袭日本学制，这是我国第一个以法权形式颁布并实行的现代学制。其指导思想是“中学为体，西学为用”，规定男女不同校，教育目的是忠君、尊孔、尚公、尚武、尚实，是第一个半殖民地半封建性质的学制。“壬寅学制”未及实施即为“癸卯学制”所替代，故《癸卯学制》为我国现代学制之始。

（3）1912—1913 年的“壬子癸丑学制”，是在蔡元培任教育总长时主持编制的学制，其也是承袭了日本学制，第一次规定男女同校，废除读经，体现了教育机会均等。该学制明显反映资产阶级在学制方面的要求，是我国教育史上第一个具有资本主义性质的学制。

（4）1922 年的“壬戌学制”，又称“新学制”或“六三三学制”，由学术界人士和民间人士制定，也是我国学制史上第一次以身心发展规律划分学校教育阶段。“壬戌学制”具有

很强的弹性、前瞻性和先进性，是我国历来学制中最为科学的学制之一，以美国学制为蓝本，一直沿用到中华人民共和国成立初期。

中华人民共和国成立初期的学校教育制度存在着两个系统：一是解放区学制，二是接收下来经初步改造的旧学制。因此，中华人民共和国成立后国家就开始进行学制的调整、改革与完善。

三、中华人民共和国成立后的教育体制

（一）1951 年的学制改革

1951 年 10 月 1 日，《政务院关于改革学制的决定》公布，该决定规定学制的具体内容如下。

（1）幼儿教育：幼儿园收 3 ~ 7 岁幼儿，使他们的身心在进入小学前得到健全的发育。

（2）初等教育：小学给儿童实施全面的基础教育，工农速成初等学校、业余初等学校和识字学校对青年和成人实施相当于小学程度的教育。

（3）中等教育：中学、工农速成中学和业余中学给学生以全面的普通的文化知识教育；中等专业学校按照国家建设需要，实施各类的中等专业教育。

（4）高等教育：大学、专门学院和专科学校，在全面的普通的文化知识教育的基础上给学生以高级的专门教育。

（5）各级政治学校和政治训练班，给青年知识分子和旧知识分子以革命的政治教育。此外，各级人民政府根据政治学习和业务学习的需要，应设立各级各类补习学校和函授学校，并应设立聋哑学校等特种学校。

新学制是在吸收老解放区的办学经验及旧学制中某些合理因素的基础上制定的，带有一定的过渡性。

新学制体现的基本精神是教育面向工农、教育为生产建设服务，反映了中华人民共和国成立初期政治、经济的发展特点，在当时起到了积极作用。

（二）1958 年的学制调整

1958 年 9 月 19 日，中共中央、国务院发布了《关于教育工作的指示》，指出："现行的学制是需要积极地和妥善地加以改革的。"其改革的要点包括以下几项。

（1）提出了党的教育方针和教育目的，即"党的教育工作方针，是教育为无产阶级政治服务，教育与生产劳动相结合"。

（2）制定了发展教育事业的"三个结合""六个并举"的原则。即采取统一性与多样性相结合、普及与提高相结合、全面规划与地方分权相结合的原则；实行国家办学与厂矿、企业、农业合作社办学并举，普通教育与职业（技术）教育并举，成人教育与儿童教育并举，全日制学校与半工半读、业余学校并举，学校教育与自学（包括函授学校、广播学校）并举，免费的教育与不免费的教育并举。这就是"两条腿走路"、多种形式办学的方针的体现。

（3）建立发展三类学校，即全日制学校、半工半读学校和业余学校。

四、改革开放后的教育体制

1978 年以后，经过拨乱反正，学校教育制度得以重建。

（一）1985 年颁布的《关于教育体制改革的决定》

1985 年 5 月 27 日，中共中央发布了《中共中央关于教育体制改革的决定》（以下简称《决定》），其中有关学制的内容如下。

（1）实行九年义务教育。《决定》将全国划分为三类地区，分步实施九年制义务教育，并明确了义务教育实施中社会、家庭和学生各自的责任和义务，明确了义务教育的重点和难点在农村。1986 年 4 月颁布的《中华人民共和国义务教育法》规定，凡年满六周岁的儿童，不分性别、民族、种族，应当入学接受规定年限的义务教育。

（2）调整中等教育结构，大力发展职业技术教育。提出应在小学、初中、高中后进行三级分流，以中等职业技术教育为重点，逐步建立从初级到高级行业配套、结构合理，又能与普通教育相互沟通的职业技术教育体系，从而扭转中等教育结构不合理的状况。

（3）改革高等教育招生与分配制度，扩大高等学校办学自主权。

（4）基础教育权属于地方，学校逐步实行校长负责制，并逐步建立和健全校务委员会和教职工代表大会制度。

（二）1993 年颁布的《中国教育改革和发展纲要》

1993 年，《中国教育改革和发展纲要》（以下简称《纲要》）颁布，其中关于学制改革的要点如下。

（1）关于基础教育。《纲要》指出，我们要以在 20 世纪末基本实现普及九年义务教育为基础，大力加强基础教育，这是提高全民族素质的奠基工程。特别是广大农村，劳动者文化程度较低，抓好基础教育是关系到我国农村现代化乃至整个国家现代化的根本性问题。中小学要由“应试教育”模式转向全面提高国民素质的轨道，面向全体学生，全面提高学生的思想道德品质、文化素养和科学知识、劳动技术和身心健康素质，促进学生的全面发展。

（2）关于职业技术教育。《纲要》指出，在我国要大力发展职业技术教育。从社会发展需要看，有相当多的人在基础教育后就要分流进入中等职业学校，高中阶段职业技术学校学生数的比例应进一步提高。普通高中也应开设一些职业技术教育课程，也要重视高等职业教育。因此，必须充分调动各部门、企事业单位和社会各界的积极性，形成全社会兴办多形式、多层次职业技术教育的局面，职业技术教育要主动适应当地建设和社会主义市场经济的需要，办出特色。要提倡学校与企事业单位联合办学，走产教结合的路子，增强学校自身发展的能力。

（3）关于成人教育。成人教育主要有两种：一种是学历教育，主要是为一部分没有学历、本人深造意愿强、有培养前途的在职青年提供获得学历、补充知识的机会；另一种是已经取得一定学历的在职人员，为适应从业需要或科技、文化的发展进行知识更新。《纲要》指出，应本着学用结合、按需施教和注重实效的原则，积极发展成人教育。同时建立和完善岗位培训制度、继续教育制度及相应的资格考核和证书制度。

（4）关于高等教育。《纲要》指出，20 世纪 90 年代高等教育要积极探索发展的新路子，使规模有较大发展，结构更加合理，质量和效益明显提高。高等教育应大力加强和发展地区性的专科教育，特别注意发展面向广大农村、乡镇企业和第三产业的专科教育，扩大研究生的培养数量。为迎接世界新技术革命的挑战，要集中中央和地方等各方面的力量办好一批重点大学和一批重点学科、专业，力争在 21 世纪初，有一些高等学校和学科、专业在教育质量、科学研究和管理方面，达到世界较高水平。

（三）1995 年颁布的《中华人民共和国教育法》

1995 年 3 月 18 日，第八届全国人民代表大会第三次会议审议通过了《中华人民共和国教育法》，这是中华人民共和国成立以来的第一部教育大法，以法律的形式巩固了学制改革的成果，并在第二章专门规定了我国的教育基本制度。

（1）国家实行学前教育、初等教育、中等教育、高等教育的学校教育制度。这是关于我国学校教育制度和划分学校层次的根本规定。

（2）国家实行九年制义务教育制度。各级人民政府采取各种措施保障适龄儿童、少年就学。适龄儿童、少年的父母或者其他监护人以及有关社会组织和个人有义务使适龄儿童少年接受并完成规定年限的义务教育。

（3）国家实行职业教育制度和成人教育制度。

（4）国家实行国家教育考试制度。国家教育考试是指由国家批准的实施教育考试的机构根据一定的考试目的，对受教育者的知识水平和能力按照一定的标准所进行的测定，国家教育考试主要包括入学考试、水平考试、文凭方面的考试等。

（5）国家实行学业证书制度。学业证书是指经国家批准设立或认可的学校及其他教育机构，对在该校或其他教育机构正式注册并完成了规定学业的受教育者所颁发的证书，主要包括各种毕业证书、结业证书、肄业证书等。学业证书制度对于维护教育活动正常有序的运行、保证教育质量，都有着不可替代的作用。

（6）国家实行学位制度。学位制度对于促进我国科学技术专门人才的成长，促进各学科学术水平的提高，有着重要的推动作用。目前我国设立学士、硕士、博士三级学位。

（四）1999 年的《面向 21 世纪教育振兴行动计划》

1999 年 1 月 13 日，国务院批准了《面向 21 世纪教育振兴行动计划》（以下简称《计划》）。《计划》在贯彻落实《中华人民共和国教育法》和《中国教育改革和发展纲要》的基础上，提出了跨世纪的教育改革和发展的蓝图，指明了我国教育发展的方向。

《计划》的主要目标是：到 2000 年，全国基本普及九年义务教育，基本扫除青壮年文盲，大力推进素质教育；完善职业教育培训和继续教育制度，城乡新增劳动力和在职人员能够普遍接受各种层次和形式的教育与培训；积极稳步发展高等教育，高等教育入学率达到 11% 左右；瞄准国家创新体系的目标，培养造就一批高水平的具有创新能力的人才；加强科学研究并使高校高新技术产业为培育经济发展新的增长点作贡献；深化改革，建立起教育新体制的基本框架，主动适应经济社会发展。到 2010 年，在全面实现“两基”目标的基础上，城市和经济发达地区有步骤地普及高中阶段教育，全国人口受教育年限达到发展中国家先进水平；高等教育规模有较大扩展，入学率接近 15%，若干所高校和一批重点学科进入或接近世界一流水平；基本建立起终身学习体系，为国家知识创新体系以及现代化建设提供充足的人才支持和知识贡献。

（五）2010 年的《国家中长期教育改革和发展规划纲要（2010—2020）》

2010 年 5 月，教育部发布《国家中长期教育改革和发展规划纲要（2010—2020）》。其中有关学制改革的内容如下。

（1）工作方针：优先发展，育人为本，改革创新，促进公平，提高质量。

（2）战略目标：到 2020 年，基本实现教育现代化，基本形成学习型社会，进入人力资源强国行列。

（3）战略主题：以人为本，全面实施素质教育。

（4）战略主题的核心：解决好培养什么人、怎样培养人问题。

（5）目标：培养德智体美全面发展的社会主义建设者和接班人。

（6）战略主题的重点：面向全体学生、促进学生全面发展，着力提高学生的社会责任感、创新精神和实践能力。

（7）推进思路：坚持德育为先，能力为重，全面发展。

第三节　当前我国学校的主要类型

一、学校的主要类型（四级）

（一）幼儿教育

幼儿教育机构是幼儿园，招收3～6岁幼儿，任务是使幼儿在德、智、体等方面得到发展，为接受小学教育做好准备。

（二）初等教育

初等教育机构是全日制小学。教育年限有五年制和六年制两种，任务是给学生以德、智、体全面发展的基础教育，为接受中等教育打好基础。此外，还有相当于小学程度的成人业余教育机构，如各种成人文化补习班、识字班，以及特殊儿童教育机构。

（三）中等教育

中等教育机构是全日制普通中学，分初中、高中两个阶段，共六年，任务是为国家培养劳动后备力量和为高一级学校培养合格新生。

中等教育专业学校、职业中学、农业中学、技工学校等，一般相当于高中程度，任务是为国家各部门培养熟练劳动者和初中级技术人员。此外，还设置具有相当于中等教育程度的成人教育机构，包括成人业余文化补习学校、电视中专、半工半读的职工中专和各种短期的职业培训班等。

（四）高等教育

高等教育机构有全日制高等学校，分专科学校（2～3年）和大学，大学包括综合性大学、专门大学和专门学院（4～5年），研究生院硕士研究生（2～3年），博士研究生（2～3年）。全日制高等学校的任务是为国家培养高级专门人才、研究人员和学者。

成人高等学校形式与类型较多，主要有电视大学、业余大学、职工大学、函授大学、自修大学（辅导学生参加成人高等自学考试），一般为专科，年限3～4年，招收在职人员和部分待业青年，为国家培养中级和高级专门人才。

二、学校的主要系统（五类）

（一）普通教育（基础教育）的学校系统

普通教育的学校系统由幼儿教育、小学教育、初中、高中组成，对学生实施基础教育。

学制主要有“六三三制”“五四三制”和“九三制”三种。

（二）专门职业教育的学校系统

专门职业教育的学校系统由各种中等专业学校和职业中学、各种全日制高等学校和成人高等学校组成，实施专业教育或职业教育。

（三）成人教育的学校系统

成人教育的学校系统由各种成人初等学校（文化补习学校、识字班）、中等学校（电视中专、函授中专、职工中专）、成人高等学校（电视大学、职工大学、业余大学、函授大学、自修大学）组成，向成人实施普通文化科学知识的补偿教育和中等、高等专门教育。此外，还有为各种目的而设立的成人学校或短训班，如家长学校、老人学校、书法学校、气功与武术短训班等，以满足人们的各种需要。

（四）高等教育的学校系统

高等教育是在完成中等教育的基础上进行的专业教育和职业教育，是培养高级专门人才和职业人员的主要社会活动。高等教育是教育系统中互相关联的各个重要组成部分之一。高等教育的学校系统通常包括以高层次的学习与培养、教学、研究和社会服务为其主要任务和活动的各类教育机构。20 世纪后半叶是高等教育发展史上不寻常的扩展和质变阶段，社会对高级专门人才需求的迅速增长以及个人对接受高等教育就学机会的迫切需要，使高等教育以前所未有的速度发展，从精英教育走向大众化教育。

（五）特殊教育的学校系统

我国现行学校教育制度的类型是从单轨学制发展而来的分支型学制。

义务教育与基础教育（普通教育）的关系既有相同点又有不同点。

相同点：两者都是教育的起点，都是以培养学生读写算能力为核心的德智体美劳等全面发展的教育。

不同点：基础教育包括学前教育、初等教育、中等教育（初中和高中），而义务教育只包括初等教育和初级中等教育，所以基础教育包含义务教育。

第四节　当代学制发展的趋势

历史发展到当今，科学技术成为推动社会发展的重要因素，教育发展程度反映了一个国家的综合实力，显示出一些新的发展趋势。

一、教育社会化与社会教育化

（一）教育社会化

教育社会化即教育对象的全面化。现代教育体系的发展，不仅在时间上将扩展到整个人生，而且在空间上将扩展到全社会，使每个社会成员都有受教育的机会。

（二）社会教育化

社会教育化不仅表现在正规学校向社会开放，更主要的是整个社会都将担负教育的职能。随着现代教育体系的发展，不仅整个社会将举办各级各类的学校，而且各级政府部门、群众团体、文化机构、工厂农村基层组织、城市街道等从中央到地方的各级机构和基层单位，以及博物馆、电视台、广播电台、新闻出版部门、电影院、图书馆等公众服务机构，都应该在行使各自分工职能的同时，自觉考虑并发挥教育的作用，使社会成为一所学校，实现社会教育一体化。

二、重视早期智力开发和学前教育

儿童的早期教育问题历史上虽早有研究，但真正成为人们广泛关注的热点还是近二三十年的事。第二次世界大战以后，国际上长期和平稳定的社会环境促进了生理学、心理学对智力发展问题的研究。美国心理学家布鲁姆多年来对 1 000 多名被试儿童进行跟踪实验研究，提出了关于人的智力发展的假说，认为如果 17 岁青少年的智力发展水平为 100 的话，那么儿童长到 4 岁时，智力水平就能发展到 50%，到 8 岁时发展到 80%，剩下的 20% 是在 8 ~ 17 岁时获得的。人口的增长加剧了社会职业的竞争，家长望子成龙的心理使早期教育日益深入人心。国际科技竞争的加剧，也使许多有识之士积极倡导人才的早期培养，对脑资源的开发给予格外的关注，实行英才教育。

随着生活水平的普遍提高，家庭对儿童的早期发展也特别重视，这也推动了幼儿教育事业的发展。各国在建立与完善现代教育体制的过程中，普遍把幼儿教育纳入教育系统，实行因材施教。

三、初等教育入学年龄提前，义务教育年限延长

在当代学制改革中，许多国家规定儿童入学年龄有所提前。绝大多数国家规定儿童入学年龄为 5 ~ 7 岁。

义务教育制度是伴随着大工业生产的发展逐渐实行的。进入当代社会以后，各发达国家不但普遍实施了义务教育普及，而且其年限在不断延长。据联合国教科文组织 1990 年的报告，世界各国的义务教育年限情况是：英国 11 年，意大利 8 年，法国 10 年，美国 11 年，日本 9 年，巴西 8 年，中国 9 年，印度 8 年，伊朗、土耳其、越南、孟加拉国 5 年。义务教育年限状况是一国教育发展程度的标志之一。

四、寻求中等教育与职业技术教育的最佳结合

中等教育结构改革的核心问题是处理普通教育与职业技术教育的关系。两者相结合，加强职业技术教育成为当代中等教育结构改革的趋势。在现代经济发展中，大批新兴产业均属技术密集型产业，其劳动力要经过严格职业培训。因而，培养熟练工人与初级技术人才成为中等教育阶段重要任务之一。第二次世界大战后，为适应经济发展的要求，各国在学制改革中提高了职业技术教育的地位，使普通中学与职业技术学校相沟通，即“职业教育普通化，普通教育职业化”，教育向综合统一的方向发展，乃是基本趋势。

五、高等教育层次多级，类型多样，走向大众化

在新技术革命浪潮推动下，高等教育获得空前的发展，打破了传统高等教育的结构和体制，大多数国家形成了高等学校的三级体制。

初级层次是学习时间为 2～3 年的初级学院，美国称为社区学院，日本称为短期大学，这类学校学制短、教育投资少、发展快、职业性强，受到产业各部门的欢迎，它在高等教育发展中占较大比重。

中级层次是学习时间为 4～5 年的综合大学及文、理、工、商、医等各种学院，是高等学校的基本部分，保持学术上严格要求，培养科技与学术的高级专门人才。

高级层次大学的研究生院，设置硕士、博士学位课程，分别攻读 3 年或 2 年即授予学位，培养科学研究的高级人才。近年来，一些著名大学设立高级研究生院，为已经获得博士学位的人继续开设研究课程，称为“博士后教育”，是高级层次教育的进一步发展，表明高等教育形成多级层次。

高等学校随着数量的迅速增加，类型日益多样化。除了有许多全日在校学习的普通高等学校，还有许多不固定在校学习的广播大学、电视大学、函授大学、夜大等。这种开放式的大学在发展高等教育中发挥着越来越大的作用。

毛入学率低于 15% 为精英教育，毛入学率在 15%～50% 为大众化教育，毛入学率在 50% 以上为普及教育。我国 2004 年高等教育毛入学率达到 19%，进入大众化阶段。

六、以终身教育思想为指导，实现教育制度一体化，发展继续教育

首先提出终身教育理论的是法国的保罗·朗格朗。他认为，教育应是个人一生中连续不断地学习的过程。今后的教育应当是能够在每一人需要的时候以最好的方式提供必要的知识和技能。教育不仅是授予学生走向生活所需要的知识，而且要发展学生的自学能力，以便将来走向社会能够独立获取知识。1965 年，联合国教科文组织国际成人教育促进委员会讨论终身教育提案，决定把终身教育作为全部教育工作的指导思想。1972 年，联合国教科文组织出版《学会生存》一书，使终身教育思想广泛传播。许多国家调整教育结构、改革学制，以终身教育思想为指导。

在终身教育思想推动下，继续教育被日益重视，成为学制体系中的重要组成部分。

七、当代学制发展的任务

（1）积极发展学前教育，重点发展农村学前教育。

（2）巩固提高九年义务教育水平，重点推进均衡发展。

（3）普及高中阶段教育。

（4）把职业教育放在更加突出的位置。

（5）全面提高高等教育质量。

（6）发展继续教育，努力建设学习型社会。

（7）关心和支持特殊教育，完善特殊教育体系，健全特殊教育保障机制。

本章小结

教育制度是指一个国家或地区各级各类教育机构与组织的体现及其各项规定的总称，包括两个基本方面：体系和规则。教育制度具有广义和狭义之分，不同历史时期和不同国家有着不同的学校教育体制。

思考练习

一、单项选择题

1. 广义的教育制度即（　　）。

A. 国民教育制度　B. 学校教育制度　C. 学制　D. 义务教育制度

2. 学校教育制度简称（　　）。

A. 国民教育制度　B. 教育制度　C. 学制　D. 义务教育制度

3. 现代学制中，双轨学制以（　　）为代表。

A. 欧洲国家　B. 美国　C. 苏联　D. 中国

4. 现代学制中，单轨学制最早产生于（　　）。

A. 欧洲国家　B. 美国　C. 苏联　D. 中国

5. 现代学制中，分支型学制以（　　）为代表。

A. 欧洲国家　B. 美国　C. 苏联　D. 中国

6. 我国第一个以法令形式在全国颁布并推行的现代学制是1903年公布的（　　）。

A. 癸卯学制　B. 壬寅学制　C. 壬戌学制　D. 六三三制

7. 癸卯学制以（　　）的学制为蓝本，并保留了封建科举制的残余。

A. 美国　B. 日本　C. 欧洲　D. 俄国

8. 对我国教育事业发展有重大影响的第二个学制是壬戌学制，它以（　　）学制蓝本，虽然几经修改，但变动不大，一直沿用到中华人民共和国成立初期。

A. 美国　B. 日本　C. 欧洲　D. 俄国

9.（　　）奠定了我国新学制的基础。

A. 癸卯学制　B. 壬戌学制

C. 1951年学制　D. 1958年的学制改革

10. 在我国，进行6岁入学的试验起于（　　）。

A. 癸卯学制　B. 壬戌学制

C. 1951年学制　D. 1958年的学制改革

11. 我国在（　　）中要求有步骤地实行九年制义务教育。

A.《关于教育工作的指示》

B.《中共中央关于教育体制改革的决定》

C.《中国教育改革和发展纲要》

D.《中共中央国务院关于深化教育改革，全面推进素质教育的决定》

12. 我国规定“学校逐步实行校长负责制”的教育法规性文件是（　　）。

A.《关于教育工作的指示》

B.《中共中央关于教育体制改革的决定》

C.《中国教育改革和发展纲要》

D.《中共中央国务院关于深化教育改革，全面推进素质教育的决定》

13. 有步骤地实行九年制义务教育是（　　）的核心内容。

A.《关于教育工作的指示》

B.《中共中央关于教育体制改革的决定》

C.《中国教育改革和发展纲要》

D.《中共中央国务院关于深化教育改革，全面推进素质教育的决定》

14. 确定了我国基础教育、职业教育、成人教育、高等教育四种类型的教育结构的文件是（　　）。

A.《国务院关于基础教育改革与发展的决定》

B.《中共中央关于教育体制改革的决定》

C.《中国教育改革和发展纲要》

D.《中共中央国务院关于深化教育改革，全面推进素质教育的决定》

二、简答题

1. 什么是学制？
2. 制约教育制度确立的社会因素有哪些？
3. 现代学校教育制度发展的趋势是什么？

第七章 教师与学生

学习目标

1. 了解教师职业的产生和发展及其社会地位及作用。
2. 理解教师的职业素养，并能结合实际理解教师职业素养对教育工作的重要意义。
3. 掌握学生的本质特点、权利和义务。
4. 重点掌握良好的师生关系的特点和构建策略。

第一节 教师

一、教师的社会地位和作用

（一）教师职业的产生与发展

教育是与人类共始终的社会实践活动，但在原始社会还没有专门的学校教育和教师职业。人类进入奴隶社会后，出现了文字和学校，脑力劳动和体力劳动的分工也有了发展。在奴隶社会初期，掌管文化的主要是国家官吏和巫师，他们从事专门的文化整理、研究和教学，也在政府担任一定的官职。在封建社会，随着学校结构的复杂和规模的扩大，教师职业开始向专门化方向发展。

在资本主义社会，随着近代科技和工业的发展以及科学技术在生产中的广泛应用，不但需要培养有文化懂技术的劳动者，而且需要培养大批有创新能力的科学技术专家。这时不但初等义务教育得到普及，而且中等和高等教育都有了迅速发展。随着教育结构更趋向复杂、教育规模更趋向扩大，专门培养教师的初等师范、中等师范和高等师范教育应运而生，教师职业趋向专门化和专业化。

随着知识经济的到来，高技术产业将成为经济部门的主导产业，传统产业也将高技术化。科技创新是发展高技术产业的基础，培养高质量的有创新能力的科学技术专家，就成为知识经济发展的关键。这就必须大力发展教育和提高教师素质。人类将进入学习化社会，成人教育、继续教育将不断发展，这就必将造成教师职业的进一步扩大，促使教师质量的进一步提高。

（二）教师的社会地位

教师被称为“人类灵魂的工程师”，夸美纽斯也说过“教师是太阳底下最光辉的职业”。古往今来，不少思想家、科学家从事过教师职业。他们一方面从事文化研究和传播，一方面培养人才，为人类社会的发展做出了贡献。古往今来，不少思想家、教育家也对教师工作给予了很高评价，主张给教师以崇高的社会地位，倡导社会尊重教师。中外历史上处于上升或进步阶段的统治阶级或有作为的政治家，一般都很尊重教师。

徐特立（1877—1968）是我国近代杰出的无产阶级教育家，曾创办湖南省长沙师范学校、省立第一女子师范学校、长沙女子师范学校等，并担任校长。曾担任湖南省农民协会教育科长、农民运动讲习所主任。从 1930 年起，徐特立一直是我党教育部门的主要领导人，他十分重视师范教育和教师工作，主张“经师和人师合一”“教师要做园丁，不要做樵夫”。他还经常以自己的经历鼓励师范生献身教育事业。作为一代师表，他毕生从事教育工作，桃李满天下。

教师是教育活动的组织者和领导者，教师的学识、能力及法律赋予教师的权利和职责，决定了教师在教学活动中的主导作用。而要发挥教师的主导作用，就必须正确认识教师的职业属性。

教师职业的社会地位是通过教师职业在整个社会中所发挥的作用和所占有的地位资源来体现的，主要包括政治地位、经济地位、法律地位和专业地位。

1. 政治地位

教师职业的政治地位表现为教师政治身份的获得、教师自治组织的建立和政治参与度、政治影响力等。随着社会的发展、教育地位的提升，教师政治地位的提高成为提高教师职业社会地位的前提。

2. 经济地位

教师职业的经济地位指将教师职业与其他职业相比，其劳动报酬的差异状况及其经济生活状态。经济地位是教师社会地位的最直接体现。

3. 法律地位

教师职业的法律地位指法律赋予教师职业的权利、责任。

4. 专业地位

教师职业的专业地位是教师职业社会地位的内在标准，它主要通过其从业标准体现，有没有从业标准和有什么样的从业标准是教师职业专业地位高低的指示器。

（三）教师的社会作用

1. 通过教育活动选择、传播、提升和创造人类文化

人与动物的区别，就在于人有自觉能动性。人的自觉能动性主要表现为人能认识世界和改造世界。人类认识世界和改造世界是相互作用的，新文化的创造与原有文化的继承也是相互作用的。人类正是在认识世界和改造世界、新文化与原有文化的相互作用中，推动整个人类文化和社会不断进步的。因而新一代人在进入社会生活之前，应掌握人类创造的已有文化。

年轻一代掌握人类文化是一个人类文化传承的过程，学校是进行人类文化代际交接和传

承的场所，教师则是进行人类文化代际交接和传承的执行者。在这里，教师是人类文化的传播者、传递者、交接者，学生是人类文化的接受者、接替者、继承者。学校教育传播文化是有目的、有计划、有组织地进行的，它与其他大众媒体和文化出版事业不同。教师要把社会对新一代的要求和期待变为自己对每一个学生的具体期待，要针对学生实际，对知识进行说明、解释和论证，以保证学生理解和掌握。学校和教师进行人类文化的代际传承，具有自觉性、科学合理性和专门性。

教师传递人类文化不是起一个传声筒的作用，他不但要对知识进行说明、解释、论证，而且要对人类文化进行选择、提升和创造。所谓选择就是选择真正科学的知识，选择人类优秀文化，选择符合真善美精神的文化知识，选择适合于学生接受的文化知识等。所谓提升和创造就是指教师对教科书知识的说明、解释和论证，要结合自己的体验，去阐发和弘扬人类优秀文化传统，引导和鼓舞学生追求真善美。

教师对教科书上的知识的说明、解释和论证，还要与人类科学文化的最新发展相结合，并进行自己的创造，阐发最新的内涵和意义，提升新的境界。

2. 通过向受教育者传授文化知识以培养人

与传授文化知识相比，培养人才是教师职业的更为本质的社会职能。这里所说的培养人才，是指培养和发展人的素质。这里所说的素质是指人的后天素质，它是以人的先天自然素质为基础，以对人类文化的掌握为中介，在社会实践中形成和表现出来的人的稳定的身心品质或特性。在这里，文化知识的掌握是人的素质形成的条件，但文化知识的掌握又不简单地是人的素质，二者既有相关性，又有差异性。从文化知识的掌握到素质的形成，还需要对知识的运用和实践的锻炼。人的素质包括国民基础素质和各种专业或职业素质。国民基础素质主要包括思想道德素质、智能素质、身体和心理素质、劳动与生活技能素质等。专业或职业素质是指在各种专业或职业活动中所需要和表现的素质。

在知识经济时代，科学创新成为发展高新技术和高技术产业的基础，培养科技创新人才是提高综合国力和国际竞争力的关键。科技创新人才具有复杂的素质结构，培养这种复杂结构的高素质人才是一个长期艰苦的过程，它需要发挥教师主动、积极的能动作用。具有发展高技术使命的科技创新人才必须具有的高度责任感、使命感和献身精神，这需要教师的积极影响。培养高技术时代的科技创新人才主要是要培养其选择、运用和创造新知识的能力，它需要教师的精心设计。在国内国际激烈竞争的现代社会，科技创新人才还要注意心理平衡的锻炼，敢于面对挑战，迎接挑战，这也需要教师的指导和培养。

3. 通过传递文化和培养人全面推动人类社会发展

世界上的一切物质财富和精神财富都是人类自己创造的，人类的一切活动都是发明和应用文化的活动，人类创造的一切都是人类知识的物化或客观化。因此，教师通过传授文化知识和培养人才，就可以全面推动人类社会的发展。例如，教师在教育活动中培养的有知识懂技术的劳动者，能利用自己的知识、技术制造物质产品；教师通过教育培养的科学技术专家，可以利用自己的创造活动发现新的科学原理或发明新技术，从而创造新产品，或通过改进工艺提高产品质量。

教师不仅以自己教育教学活动提升和创造文化，而且还通过传播文化培养科学文化研究人才，推动科学文化事业的发展。

（四）教师职业的价值

1. 教师劳动的价值

教师的劳动不仅能满足社会发展的需要，而且能满足教师个人生存、发展和自我实现的需要，因此，教师劳动的价值是由社会价值和个人价值构成的，教师劳动的价值是社会价值与个人价值的统一。

（1）社会价值。教师劳动的社会价值是指教师在教育教学过程中耗费劳动而产生的满足社会需要的意义和作用。社会价值是教师劳动价值的主要属性，也是体现教师社会地位和个人价值的主要标志。

（2）个人价值。教师劳动除了满足社会需要，具有社会价值外，还在许多方面满足教师的个人需要，因而也具有个人价值。教师劳动的个人价值是作为客体的教师劳动对于教师主体需要的肯定或否定的某种状态，是满足教师自身物质和精神需要的程度。

2. 教师职业的内在价值

为了使教师这一职业真正成为令人羡慕和富有内在尊严的职业，我们有必要认真思考教师职业的内在价值。教师能够从自己的职业生活中获得什么？其实，教师绝不是“为他人作嫁衣”的牺牲者，教师职业会给教师带来幸福的体验、精神的充实和自我的实现。教师职业的内在价值主要体现为：

（1）教师职业激发和丰富教师的创造潜能。

（2）教师职业促进了教师的自我成长。

（3）教师职业带给教师无穷的快乐。

二、教师的职业性质

（一）教师是专业人员，职业是一种专门职业

1994 年实施的《中华人民共和国教师法》规定：“教师是履行教育教学职责的专业人员，承担教书育人，培养社会主义事业建设者和接班人，提高民族素质的使命。”这是我国第一次以法律的形式确定教师的专业地位。

教师是专业人员，职业是一种专门职业，如同医生、律师一样，是从事专门职业活动的，必须具备专门的资格，符合特定的要求。这些要求是：教师要达到规定的学历；教师要具备相应的知识；教师要符合与其职业相称的其他有关规定，如语言表达能力、身体状况等。

1966 年 10 月，联合国教科文组织发表的《关于教师地位的建议》也明确指出：“教育工作应被视为专门职业，这种职业是一种要求教师具备经过严格并持续不断地研究才能获得专业知识及专门技能的公共业务。”世界上大多数国家采用了这一建议。在国际劳工组织制定的《国际标准职业分类》中，教师被列入了“专家、技术人员和有关专业工作者”的类别中。1986 年，国家统计局和国家标准局发布的《国家标准职业分类与代码》中，教师被列入了“专业技术人员”这一类别。

专门职业具有三个基本特征。

（1）需要专门技术和特殊智力，在职前必须接受专门的教育。

（2）提供专门的社会服务，具有较高职业道德和社会责任感。

(3) 拥有专业自主权或控制权。

根据学术标准衡量，教师职业属于专门职业，教师是从事教育教学工作的专业人员。

(二) 教师是教育者，教师的职业是促进个体社会化的职业

教师是教育者，有别于其他人员。这就是说，只有直接承担教育教学工作的人员才是教师。在学校里的其他人员，如行政管理人员、后勤服务人员、教学辅助人员等，由于不直接从事教育教学工作，未直接履行教育教学职责，就不能定为教师，而分属教育职员或其他专业技术系列。但要指出的是，在学校及其他教育机构中承担其他职责的同时，也承担教育教学职责，并达到教师职责基本要求的人员，也可以确定为教师。

教师的使命和根本任务是教书育人，培养社会主义建设者和接班人，提高民族素质。这是就教师工作的目的而言的，教师的一切工作都要服从于这个目的。

三、教师的职业特点

教师职业的最大特点是职业角色的多样化。所以教师的职业特点就是教师职业角色。

教师职业的属性除表现在性质和特点与其他职业不同外，还表现在职业角色的不同。所谓职业角色是个人在一定的社会规范和职业中履行一定社会职责的行为模式，每个人在社会中同时扮演许多角色。教师所扮演的角色与其他角色相比更加丰富，主要扮演八种角色。

(一) 教师的角色

1. 传道者角色

教师承担着国家和社会赋予的传递社会传统道德、价值观念的使命，其教育教学活动不是随意的。“道之所存，师之所存也”。虽然在现代社会，道德观和价值观具有多元性，但教师的道德观和价值观总是代表着居于社会主导地位的道德观与价值观，并用这种观念引导学生。

2. 授业解惑者角色

唐代文学家韩愈说过：“师者，所以传道授业解惑也。”教师是社会各行各业建设人才的培养者。为了培养社会所需要的人才，一方面，教师不断地学习和整理人类长期积累的知识经验，使之系统化，并在此基础上不断钻研和创造，丰富人类的知识宝库；另一方面，不断研究了解学生，探讨和设计适合他们的教育方法，以最高的效率把知识传授给学生，解决学生学习中的困惑，启发他们的心智，让学生形成自己的知识结构和技巧。

3. 示范者角色

教师的言行是学生学习模仿的对象。学生具有向师性、可塑性、模仿性的特点，教师的言行、为人处世的态度等会对学生起到潜移默化、耳濡目染的作用。夸美纽斯曾说过，教师的职务是用自己的榜样教育学生。从某种意义上说，教师的职务就是以自己的榜样来教育学生。所以，从古至今总是把教师的德行放在首位。

4. 教育教学活动的设计者、组织者和管理者角色

(1) 教师是教育教学活动的设计者。好的教学设计可以使教学有序进行，给教学提供好的环境，使学生养成循序渐进的习惯，全面地完成教学任务。要精心地进行教学设计，就要求教师全面把握教学的任务、教材的特点、学生的特点等要素。

（2）教师是教育教学活动的组织者。教师在教学资源分配（包括时间分配、内容安排、学生分组）和教学活动展开等方面是具体的组织者和实施者。通过科学分配活动时间，采取合理的活动方式，启发学生的思维，协调学生的关系，激发集体学习的动力。

（3）教师是教育教学活动的管理者。教师需要肩负起教育教学管理的职责，包括确定目标、建立班集体、制定和贯彻规章制度、维持班级纪律、组织班级活动、协调人际关系等，并对教育教学活动进行控制、检查和评价。

不同的教师进行教学管理的方式不同，这取决于教师的能力素质结构、权威结构、兴趣结构、性格气质结构、年龄结构等因素，显示了教师的不同个性，决定着教学管理活动的水平和质量。

5. 研究者角色

教师即研究者，意味着教师在教学过程中要以研究者的心态置身于教学情境之中，以研究者的眼光审视和分析教学理论与教学实践中的各种问题，对自身的行为进行反思，对出现的问题进行探究，对积累的经验进行总结，以形成规律性的认识。教师的研究，不仅是对科学知识的研究，更要有对教育对象（即学生）的研究，对教师和学生交往的研究等，这都需要教师终身学习，更新自己的知识结构，以便使教育教学建立在更宽广的知识背景之上，适应学生的个性发展、自己的专业发展和教育教学改革的需要。教师还被认为是智者的化身，作为教师，必须拥有渊博的知识。

教师的工作对象是充满活力的、千差万别的个体，传授的内容又是与时俱进的自然科学、人文科学知识，这就决定了教师要以一种发展变化的态度对待自己的工作对象、教学内容，要不断学习，不断反思，不断创新。

6. 父母与朋友角色

低年级的学生倾向于把教师看作父母的化身；高年级的学生则往往愿意把教师当作朋友，也期望老师把他们当作朋友看待，希望在学习、生活、人生等方面得到老师的指导，希望老师能与他们一起分享欢乐与幸福，分担痛苦与忧伤。

7. 心理调节者角色（心理保健者角色、心理健康维护者角色）

随着对心理健康的重视和儿童心理卫生工作的展开，人们对教师产生了儿童心理卫生顾问、心理咨询者等角色期待。教师应积极适应时代、社会的要求，提高自身的心理健康水平，掌握基本的心理卫生常识，在日常的教育教学活动中渗透心理健康教育。教师要做好学生的心理健康教育工作，担当学生的心理调节者角色。

8. 学生心灵的培育者角色

教师不但要教学生学习知识，而且要教学生学会学习；善于激发学生的学习热情，培养学生自主学习的能力和习惯，调整学生的不良情绪和心态；经常提醒学生仔细、认真、勤奋、刻苦，培养良好的学习心理品质；善于发现学生的学习差距，要关注学习成绩不佳的学生；善于促使学生相互帮助，形成良好的学习风气。

（二）新课改背景下的教师观

1. 新课改背景下的教师角色转换

（1）教师由知识的传授者转变为学生学习的引导者和学生发展的促进者。现代社会的

发展要求人们“学会学习、学会合作、学会生存、学会做人”，具备终身学习的能力和意愿，以适应社会的急速发展和变化。因此，人们对教师的期待和要求也发生了本质性的变化。

首先，教师再也不能将传授知识作为主要职责和目的，而应该把激发学生的学习动机，指导学生的学习方法，组织管理和指导学生的学习过程，培养学生自主学习、合作学习的能力作为自己工作的主要目标。在教学过程中，教师要注重培养学生的发现和探究能力，以及实践动手能力，激发学生的创造潜能，引导学生学会学习、学会合作、学会做事、学会做人。

其次，现代社会的发展要求教师不仅仅向学生传播知识和社会规范，更要关注学生人格的健康成长与个性发展，真正成为学生发展的促进者。这种社会要求和社会期待把教师从道德偶像和道德说教者的传统角色中解放出来，要求教师以一个平等的、有成长经验的人的角色来对待成长中的青少年一代。教师要通过自己的公正无私、宽容与尊重、睿智与深刻、爱心与关怀赢得学生的尊敬和爱戴，通过自己的人格力量对学生产生深刻的影响，并通过自己的关爱、扶助、引导和行为示范去实现道德教育的目标，从而成为学生人生的引路人。

（2）由课程的接受者转化为课程的开发者和建设者。在传统的教学中，教学与课程是彼此分离的。教师被排斥于课程之外，教师的任务只是教学，课程游离于教学之外。教师的任务只是所谓的“教学”，是按照专家编好的教科书、教学参考资料去教规定好的内容，甚至是按照考试部门编写的考试要求和考试标准去组织教学内容，按照教研部门编制的练习册去安排学生的各种练习内容和练习活动。新课程倡导民主、开放、科学的课程理念，同时确立了国家、地方、学校三级课程管理政策，这就要求课程与教学相互整合，教师必须在课程改革中发挥主体作用。教师不仅是新课的课程实施者和执行者，更应成为新课程的开发者和建设者。为此，教师要形成强烈的课程意识和参与意识，改变以往学科本位的观念和消极被动执行的做法；教师要了解和掌握各个层次的课程知识，包括国家层次、地方层次、学校层次、课堂层次和学生层次，以及这些层次之间的关系；教师要提高和增强课程建设能力，使国家课程和地方课程在学校与课堂实施中不断增值、不断丰富、不断完善；教师要锻炼并形成课程开发的能力，新课程越来越需要教师具有开发本土化、校本化课程的能力；教师要增强课程评价的能力，学会对各种教材进行评鉴，对新课程实施的状况进行分析，对学生学习的过程和结果进行评定。

（3）由教学的实践者转化为教育教学的研究者。在中小学教师的职业生涯中，传统的教学活动和研究活动是彼此分离的。教师的任务只是教学，研究被认为是专家们的“专利”。这种教学与研究的脱节，对教师和教学的发展是极其不利的。

教师即研究者，意味着教师在教学过程中要以研究者的心态置身于教学情境之中，以研究者的眼光审视和分析教学理论与教学实践中的各种问题，对自身的行为进行反思，对出现的问题进行探究，对积累的经验进行总结，最终形成规律性的认识。

研究性教学的特点表现为以下几点。

①研究性教学是开放性的，非标准答案的。

②研究性教学常常需要综合运用知识。

③研究性教学常常与生活密切联系，鼓励协作性学习。

（4）由单一的管理者转化为全面的引导者。真正地实施素质教育，教师就需要将自己的角色定位在引导者上，因为学生素质的形成，是一个主体的建构过程，不是在整齐划一的批量加工中完成的。教师要尊重学生的差异性、多样性和创造性。

教师作为引导者，应该做到以下几点。

①要牢记自己的职责，教育学生坚信自己有潜力。

②要慎重地评价学生，对学生不能抱有先入为主的成见；在课堂教学中，教师要尽量给每位学生参与讨论的机会；要尽量公开、公正、公平地评价学生的学习过程和结果。

（5）教师要从学校教师转变为社区型的开放教师。随着社会的发展，学校越来越广泛地同社区发生各种各样的内在联系。学校教育与社区生活正在走向终身教育要求的一体化，学校教育社区化，社区生活教育化。新课程特别强调学校与社区的互动，重视挖掘社区的教育资源。在这种情况下，教师的角色也要求变革。教师不仅仅是学校的一员，还是社区的一员，是整个社区教育、科学、文化事业的共建者。因此，教师角色是开放的，是“社区型”教师。

2. 新课改背景下教师教学行为的变化

（1）在对待师生关系上，新课程强调尊重、赞赏。“为了每一位学生的发展”是新课程的核心理念。为了实现这一理念，教师必须尊重每一位学生做人的尊严和价值，尤其要尊重以下六种学生：智力发育迟缓的学生，学业成绩不良的学生，被孤立和拒绝的学生，有过错的学生，有严重缺点的学生以及和自己意见不一致的学生。

尊重学生意味着不伤害学生的自尊心。教师应努力做到：不体罚学生，不辱骂学生，不大声训斥学生，不冷落学生，不羞辱、嘲笑学生，不随意当众批评学生。

教师不仅要尊重每一位学生，还要学会发现学生的闪光点，学会赞赏每一位学生，赞赏学生的独特性、兴趣、爱好、专长，赞赏学生所取得的哪怕极其微小的成绩，赞赏学生所付出的努力和所表现出的善意，赞赏学生对教科书的质疑和对自身的超越。

（2）在对待教学关系上，新课程强调帮助、引导。教如何促进学？这就要求教师“教”的职责在于帮助学生检视和反思自我，明了自己想要学习什么和获得什么，确立能够达成的目标；帮助学生寻找、搜集和利用学习资源；帮助学生设计恰当的学习活动并形成有效的学习方式；帮助学生发现所学东西的个人意义和社会价值；帮助学生营造和维持学习过程中积极的心理氛围；帮助学生对学习过程和结果进行评价，并促进评价的内化。

教的本质在于引导。引导的特点是含而不露、开而不达、引而不发；引导的内容不仅包括方法和思维，同时也包括如何实现价值和如何做人。在这里，引导表现为教师对学生的启迪与激励。

（3）在对待自我上，新课程强调反思。教学反思被认为是“教师专业发展和自我成长的核心因素”。新课程非常强调教师的教学反思。依据教学进程，教学反思分为教学前、教学中、教学后三个阶段。教学反思有助于教师形成和培养自我反思的意识和自我监控的能力。

（4）在对待其他教育关系上，新课程强调合作。在教育教学过程中，教师除了要面对学生外，还要与周围其他教师发生联系，要与学生家长进行沟通与配合。新课程的综合化趋势特别需要教师之间的合作，不同年级、不同学科的教师要相互配合，齐心协力地培养学生。教师必须处理好与家长的关系，加强和家长的联系与合作，共同促进学生的健康成长。

四、教师的劳动特点

教师的劳动属于精神生产，劳动对象又是人，劳动的成果主要体现在青少年的健康成长上，这就使得教师的劳动与其他劳动相比有质的差别。这种差别决定了教师劳动有以下几个方面的独特性。

（一）复杂性和繁重性

这一特点的内涵是指教师的劳动不是简单的重复，而是复杂的塑造人的灵魂的工作；不是轻松的活动，而是繁重的脑力劳动。

第一，教师的劳动对象的复杂性。教师的劳动对象是具有主观能动性的人。在教育过程中，学生不是消极被动地接受教师的加工和塑造，而是以独立的个体人格参与教育过程，并且直接影响着教师的劳动效果。所以，教师必须树立发展多样性的教育观念，研究每个学生发展的个别差异，以便因材施教，而不能像工人生产那样，按照统一的图纸、模具、操作规程加工产品。

第二，教育任务的多元性。就总体任务而言，教师既要促进学生全面发展，形成良好的个性，又要使学生的特殊才能得到充分发挥。就某方面的任务而言，教师的工作也是多元的，如在智育上，教师既要传授知识，又要发展学生的能力。这就要求教师树立全面的教育质量观，面向全体学生，以提高学生的综合素质为目的进行教育和教学。

第三，影响学生发展的社会因素的多样性。学生在接受学校教育的同时，还要受到来自家庭、社会等其他方面的影响。其中有些影响是积极的，有些则是消极的。这就要求教师协调各方面的教育影响，统一各方面的教育力量，形成合力，增强教育效果。

第四，教师劳动过程的复杂性。教师的工作既是一种复杂的脑力劳动，也是一种复杂的体力劳动，需要具备丰富的专业知识与一系列的专业技能和技巧。

第五，教师的劳动性质的复杂性。教师的劳动属于专业行为，是一种高级复杂的心智劳动。劳动过程中既要考虑教育对象，又要考虑教育内容，还要考虑教学方法、手段及教学效果。

第六，教师劳动手段的复杂性。教师要有效地促进学生全面发展，必须保持教育影响的一致性，优化组合各种影响，使之发挥最佳合力。把这些复杂的影响有效地组织到教育过程中，这本身就是一项复杂的工作。

（二）创造性和灵活性

这一特点的内涵是指教师的工作尽管有一些基本原则和要求，但针对每个学生的教育来说，没有现成的操作规程。教育必须根据学生的具体情况，灵活地运用教育原则，创造性地设计教育方法。这一特点体现在以下几个方面。

第一，对不同学生要区别对待，因材施教。每个学生都是一个特殊的实体，教师要具体研究，区别对待，“一把钥匙开一把锁”。

第二，对各种教学方法要灵活地选择和组合。所谓“教学有法而无定法”，学生掌握知识是一个复杂的心理活动过程，而传授知识又没有固定的模式可以遵循，这就要求教师针对学生和教材的特点，灵活地、创造性地设计和组织教学活动。

第三，灵活运用教育机智，及时恰当地处理教育情境中的偶发事件。教育机智是教师在教育教学过程中的一种特殊定向能力，是指教师能根据学生新的特别是意外的情况，迅速而正确地做出判断，随机应变地采取及时、恰当而有效的教育措施解决问题的能力。教育机智是教师良好的综合素质和修养的外在表现，是教师娴熟运用综合教育手段的能力。教育机智可以概括为因势利导、随机应变、掌握分寸、对症下药。理解教育机智的内涵，需要分析它强调的三个关键词：复杂性、情境性和实践性。

在教育教学过程中，尤其是在中小学，学生因年龄小，自制力和分析预见行为后果的能力很差，随时可能发生预料不到的事。这就要求教师果断、机智、灵活地予以解决，化消极因素为积极因素，并利用机会教育学生。

（三）劳动手段的主体性和示范性

1. 主体性

主体性指教师自身可以成为活生生的教育因素和具有影响力的榜样。这一特点的内涵是指教师的劳动除了运用教育手段作用于教育对象外，还要给学生做出示范，以自己的主体形象影响和感化学生。在某种意义上，以主体示范感化学生的方法，不仅是一种教育手段，更重要的是对其他教育手段还有放大或缩小的作用。如果教师具备了社会所期望的高尚职业道德情操，深受学生尊重，就会增强其他教育手段的影响；如果教师不注意自身的修养，在学生中没有威信，就会削弱所采取的其他教育手段的力量。对于教师来说，首先，教育教学过程是教师直接用自身的知识、智慧、品德影响学生的过程。其次，教师劳动工具的主体化也是教师劳动的主体性表现。教师所使用的教具、教材，也必须为教师自己所掌握，成为教师自己的东西，才能向学生传授。

2. 示范性

示范性是指教师的言行举止，如人品、才能、治学态度等都会成为学生学习的对象。教师劳动的示范性特点是由学生的可塑性、模仿性、向师性心理特征决定的；同时，教师劳动的主体性也要求教师的劳动具有示范性特点。德国著名教育家第斯多惠指出：“教师本人是学校里最重要的师表，是最直观的、最有教益的模范，是学生最活生生的榜样。”任何一个教师，不管他是否意识到这一点，不管他是自觉还是不自觉，都在对学生进行示范。因此，教师必须以身作则、为人师表。

（四）劳动过程的长期性和效果显现的间接性

1. 长期性

长期性指人才培养的周期比较长，教育的影响具有迟效性。教师劳动的成效并不是一时就可以检验出来的，而是需要教师付出长期的大量的劳动才能看到结果、得到验证，教师的某些影响对学生终身都会发生作用。这一特点的内涵是指教师的劳动不可能在短期内获得效果，必须坚持不懈，反复施教，促进学生一步一步地成长。因此，教师的劳动具有长期性。

首先，教师的劳动成果是人才，而人才培养的周期比较长。把一个人培养成为能够独立生活，能够服务社会，能够为人类做出贡献的合格人才，不是一朝一夕之功。“十年树木，百年树人”就是对这个道理的最佳阐释。

其次，教师对学生所施加的影响，往往要经过很长的时间才能见效。中小学教育处于打基础的阶段，教师的教育影响通常要反映在学生对高一级学校学习的适应中，甚至反映在走上工作岗位后的成就上。

这是因为：

第一，人的成长是自然发育和社会化的统一过程，既要受生理器官成熟程度的制约，又要受心理素质成熟程度的影响。无论是哪方面的成熟，都需要较长的时间积累过程。

第二，学生掌握文化科学知识，形成一定的道德观念，智力和能力发展到一定的水平，都需要长期地反复培养。

第三，教师的劳动最终体现在学生未来的发展上。虽然教师的劳动在就读的学生身上也能显现出部分效果，但从最终意义上讲，则集中体现在学生未来发展的成就上。

2. 间接性

间接性指教师的劳动不直接创造物质财富，而是以学生为中介实现教师劳动的价值。教师的劳动并没有直接服务于社会，或不直接生产人类的需要的物质产品和精神产品。教师劳动的结晶是学生，是学生的品德、学识和才能，待学生走上社会，由他们来为社会创造财富。

（五）劳动方式的个体性和劳动成果的集体性

这一特点的内涵是指教师的劳动过程呈现为个体的性质，而劳动的结果又呈现出集体的性质。从劳动过程看，教师的备课、上课、课外辅导以及对学生的集体培养都是以个体的方式进行的。这种个体形式几乎使每个教师养成了自己独特的教育艺术和风格。从劳动结果看，教师劳动的效果体现在学生身上，而学生的进步并不是某一个教师单独工作的结果，而是教师集体努力的成就。另外，在每个教师个体活动的背后，又有许多教育工作者的劳动服务。如前人总结的经验可以吸取和借鉴，同事与同行在教学计划、教学大纲、教科书、实验、资料等方面做了大量的基础工作等。所以说，学生的全面和谐发展是教师个人努力与集体合作的结晶。

（六）教师劳动在时空上具有连续性和广延性

1. 连续性

教师劳动在时间上具有连续性，这个特点显示教师劳动是没有严格的交接班时间界限，这是由教师劳动对象的相对稳定性决定的。教师要不断了解学生的过去与现状，预测学生的发展与未来，检验教育教学效果，获取教育教学反馈信息，准备新一轮的教育教学活动。

2. 广延性

教师劳动在空间上具有广延性，这个特点显示教师没有严格界定的劳动场所，课堂内外、校内外都有可能成为教师劳动的空间，这是由影响学生发展因素的多样性决定的。学生的成长不仅受学校的影响，还受社会和家庭的影响。教师不能只在课内、校内发挥影响力，还要走出校门，协调学校、社会和家庭的教育影响，以便形成教育合力。

五、教师职业发展历史

教师的职业发展经历了四个阶段。

（一）非职业化阶段

较为明确的教师职业出现在学校出现以后。原始社会末期，出现了学校教育的萌芽，那时候长者为师、能者为师或智者为师。奴隶社会初期，“学在官府”“以吏为师”“官师合一”，这种官吏兼职教师就属于非职业化阶段。

（二）职业化阶段

独立的教师职业是伴随着私学的出现而产生的。我国奴隶社会发展到春秋时期，官学衰微，私学兴起，这种私学的教师在一定程度上改变了官学教师身上过重的官吏色彩，使教师回归到专职教育工作者角色上来。从这个意义上可以说，春秋战国时期这些靠脑力劳动的“士”堪称中国第一代教师群。私学教师逐渐成为一种职业。

（三）专门化阶段

教师的专门化阶段是以专门培养教师的教育机构的出现为标志的。世界上最早的师范教育机构诞生在法国。1681 年，法国基督教神父拉萨尔在兰斯创立了世界上第一所师资训练学校，标志着独立的师范教育的开始。我国最早的师范教育产生于清末。1897 年，盛宣怀在上海创办“南洋公学”，分设上院、中院、师范院和外院，其中的师范院就是中国最早的师范教育机构。师范教育的产生使教师的培养走上专门化的道路。

（四）专业化阶段

这一阶段，学校对教师的需求从“量”的急需向“质”的提高方面转化。于是独立设置的师范院校产生并逐渐并入文理学院，教师的培养改由综合大学的教育学院或师范学院承担，这被称为“教师教育大学化”。教师职业开始走向专业化道路。

1966 年，国际劳工组织和联合国教科文组织在巴黎会议上通过的《关于教师地位的建议书》中，提出了教师工作应被视为一种专业。1986 年，我国颁布并实施《中华人民共和国义务教育法》，规定我国要建立教师资格考试制度，这实际上已经开始把教师当作专业技术人员。1993 年，我国颁布《中华人民共和国教师法》，从法律上确定了教师的专业地位。1995 年，国务院颁布《教师资格条例》，进一步明确了教师应该具备的专业素质。

六、教师的职业素养

教师的职业素质是教师做好教育工作的前提。教育不仅具有生产力等经济功能和价值，而且这种价值和功能要与人的精神世界的丰富、道德品质的提高、人与自然的和谐、人文精神的培养相协调。针对这一客观事实，教师的职能应该进行相应的改变：由封闭式的教学改为指导学生“开放式学习”，教师应树立“以学生的发展为本”的教育观念，建立完全平等的新型师生关系。从教师所承担的任务和劳动特点来看，作为一名合格的人民教师必须具备以下素养。

（一）教师的政治思想素养

政治思想素养是衡量一个合格人民教师的重要标志，它决定着教师职业活动的方向。教师是人类灵魂的工程师，肩负培养年轻一代的重任，教师自身的政治素质直接影响到学生的政治认识和态度。因此，教师必须具有坚定正确的政治方向。

第一，拥护党的领导，坚决走社会主义道路。

第二，热爱社会主义祖国，投身社会主义现代化建设。

第三，实事求是，坚持真理，勇于创新。

第四，不断更新观念，树立现代价值观。

教师的政治思想素养制约着教师的道德修养，是教师职业道德素质形成的基础。

（二）教师的教育思想素养

教师的教育思想的核心是教育观，教育观就是对教育的基本看法。教师要加强教育思想素养，就要求教师不断更新教育观念。良好的教育思想素养包括以下几个方面。

1. 正确的教育价值观

教育是一种有目的地培养人的活动，教育的本质价值就在于促进人的发展。教师应该具备正确的教育价值观，明确教育的真正意义，树立育人为本的教育价值观，端正教育思想，明确教育目的。

2. 科学的育人观

教师应更新人才观念，树立全体学生全面发展的人才观念；正确认识人的全面发展的需要，准确理解和把握学生的个性特征；懂得教育要适应人的身心发展规律的基本原理，掌握教育的基本规律和有效的教育方式方法。

3. 正确的学生观

教师应能够正确认识和处理学生在教育过程中的地位和作用，注重发挥学生在教育过程中的主体作用；准确把握学生身心发展的基本规律和需要；客观地看待和评价学生，促进学生个性全面发展；在对待学生群体时，做到客观公正，发扬教育民主，注重学生之间的个性差异。

4. 现代的教学观

教师应更新教学观念，具有现代教学观。不把教学看成纯粹的知识传递活动，而应把教学看成师生互动的交往活动；正确处理教学与发展的关系、教师与学生的关系、知识与能力的关系、智力因素与非智力因素的关系；更新教学模式，注重启发式教学，反对机械灌输，赋予课堂教学生命活力。

5. 科学的教学质量关

教师应科学、全面、客观地评价教学质量，以全面发展的人才质量观为教学质量评价的基本标准；克服片面追求升学率的倾向，不以分数论教学质量，注重知识与能力并重，注重培养学生的基本素质和个性特长。

（三）教师的职业道德素养

教师劳动主体性和示范性的特点客观要求教师具有良好的职业道德素养，其具体体现在五个态度方面。

1. 对待教育事业的态度

要忠于教育事业，爱岗敬业，忠于和热爱教育事业。爱岗敬业，是教师职业道德的基本要求。爱岗敬业是前提，教师只有热爱自己的本职工作，才能积极投入教育事业，而要在教育活动中追求完善和提高，还必须敬业。敬业是爱岗情感的表达，表现为在工作中认真负责、精益求精。

忠于教育事业，是教师爱岗敬业的本质要求。

首先，要热爱教育事业。对教育事业的热爱，主要来自教师对教育事业在社会发展中的地位与作用的认同。只有把教育同国家兴亡、民族振兴和现代化建设的成功联系起来，才能对教育事业有深刻的认识。认识得越深，爱得越深；而爱得越深，则干劲就越大。

其次，要献身于教育事业。忠于教育事业，就要有无私奉献的精神。教师劳动的成果主要体现在学生的成功中，教师自身则是默默无闻的，没有奉献精神是干不好教育工作的。因此，教师要不辞辛苦、辛勤耕耘，时时刻刻把教育事业的利益放在首位，要识大体、顾大局，不为权利、地位、名利、金钱和物质利益所动摇，把全部的心血用在培养学生上。

2. 对待学生的态度

热爱学生，诲人不倦。热爱学生，是人民教师的美德，是教师对学生进行教育的感情基础，也是获得良好教育效果的前提。教师对学生的热爱，可以拉近师生关系，营造良好的教育气氛，增强教育的效力，也有利于培养学生良好的个性。教师热爱学生，不仅可以充分发挥教师自己的教育才能，甚至还可以弥补教师教育才能的某些不足。

教师热爱学生也是教师职业道德的核心。

教师为什么要爱学生呢？教师热爱学生在教育过程中有着非常重要的作用，其原因在于：第一，师爱是教师接纳学生、认可学生的心理基础，是教育好学生的前提；第二，师爱是激励教师做好教育工作的精神动力；第三，师爱是打开学生心扉的钥匙；第四，师爱有助于培养学生友爱待人、趋向合群等良好社会情感和开朗乐观的个性。

热爱学生这一师德规范的基本要求包括五个方面。

（1）关心了解学生。只有在全面了解学生的基础上，才能更好地关心学生。

（2）尊重信任学生。尊重学生就要尊重学生的人格和个性。教师对学生的教育，应以正面教育为主，不能采取讽刺挖苦的做法来伤害学生的自尊心，造成师生情感对立，导致教育失败。尊重学生，就要信任学生。信任也是一种教育力量，它可以增强学生的自信心，鼓励学生克服困难，积极上进。教师应充分相信，学生的心灵是为接受一切美好的东西敞开的，即使是差生，也有其自身的“闪光点”，教师要善于捕捉，并使之发扬光大，而不应漠然视之。

（3）公平对待每位学生。教师对学生应一视同仁，平等对待，不能掺杂任何偏见。教师应努力做到使每个学生都感到自己付出的努力能得到公正的评价，使学生轻松愉快地融合在班集体中。教师应该知道“好”“差”是相对的，每个学生都好比是一粒种子，都有发芽、开花、结果的可能性，只是有的发育得早，有的发育得晚，有的枝上挂果，有的根上结实；有的可能成为栋梁之材，有的可以做药用之材，而有的只是以自己的芳香和姿色美化着人们的生活，各有各的特点，各有各的用途。因此，教师需要从不同角度，以不同的方法去开发学生。

（4）严格要求学生。俗话说，“严师出高徒”，教师光有一颗热爱学生的心还不够，还要在思想上、学业上严格要求他们。教育上的严格与态度上的严格是不能等同的，在学生面前整天阴沉着脸，动辄训斥，让学生畏惧自己，绝不是严格要求。严格要求应该是合理的、善意的、可理解的和可实现的。另外，严格要求一定要“严而有格”，不能借爱的名义打骂学生，否则就是“超格”了。

（5）要宽容理解学生。要理解学生在一定情境下的行为，给他们反思和纠正不良行为的机会。

3. 对待自己的态度

以身立教，为人师表，是教师职业道德的最高表现。教师在教育学生过程中，要以自己的模范品行来教育和影响学生，即“为人师表”。这是教师职业道德的一个重要规范，也是

教师形成威信的必要条件，是教师做好教育工作的重要保证。一个教师的思想品德、行为举止，对于可塑性、模仿性很强的青少年学生起着直接的影响和熏陶作用。

我国历史上许多著名的教育家，都主张教师必须严格要求自己，为人师表。春秋时期的教育家孔子说："其身正，不令而行；其身不正，虽令不从。"唐代教育家韩愈提出，教师应"以身立教"。在近代，教育家陶行知提倡"教师应以身作则""以教人者教己"。

为人师表，首先表现在教师的行为方面：教师应从自身做起，身教重于言教。要做到身教，最基本的要求是，凡是要求学生去做的，教师一定要身体力行，做到言行一致，发挥表率作用，处处严于律己，做学生的表率，即语言文明、仪表大方、礼貌待人、举止得体。

其次，应表现在教师思想方面：教师应爱国爱党，具有高度的民族自尊心、自信心和高尚的道德品质，言行一致，表里如一。

再次，应表现在教师义务方面：教师要遵纪守法，自觉贯彻国家的教育方针，执行学校的教学计划，认真完成教学任务。

最后，表现在自觉态度方面：要高度自觉，自我监控。教师以高标准严格要求自己，才能使自己在学生面前成为活生生的教材，成为学生做人的榜样。

4. 对待工作的态度

兢兢业业，严谨治学。教师治学的态度是一个职业道德问题。在我国教育史上，自古以来人们就把钻研学问、不断求知看作教师必备的职业道德修养。孔子认为，教师对待学习，要"学而不厌"；荀子则认为，做一个好教师必须具有"博学"精神。教育家陶行知倡导，教师每天问一下自己："我的学问有没有进步？"教育家徐特立把"经师"，即钻研知识，认真向学生传授知识，看作"教师的人格"之一。

严谨治学是教师职业的重要要求。要求教师树立优良学风，刻苦钻研业务，不断学习新知识，探索教育教学规律，改进教育教学方法，提高教育、教学和科研水平。一般说来，教师已经掌握了许多知识，但是，随着时代的进步、科技的发展，新知识的不断涌现，教育事业要求教师树立终身学习的观念，永远做好学者。

5. 对待同事的态度

团结协作，合作育人。为了做好教育工作，教师不仅要正确处理与学生之间的关系，还要正确处理与教师集体及家长之间的关系，这是教育过程本身的需要，也是教师个体发展不可缺少的条件。因为人的培养靠单个教师是不行的，人的成长要受到多方面因素的影响。人才的全面成长，是多方面教育者集体劳动的结晶。这就要求教师必须与各方面协同合作，以便形成教育合力，共同完成培养人的工作。为此，要求教师做到以下几点。

（1）相互支持、相互配合。在校内，教师要与班主任、各科教师、学校领导和其他教职员工协调一致，相互配合；在校外，要与家长、社会有关方面人士建立联系，取得他们的支持与帮助，以便目标一致地开展工作。

（2）严于律己，宽以待人。在与各方联系交往的过程中，教师要从大局出发，严格要求自己，尊重他人。

（3）弘扬正气，摒弃陋习。教师之间要形成互帮互学、进取向上、互通信息、共同进步的风气，要克服文人相轻、业务封锁的陋习。

（4）树立集体主义观念。用集体主义精神来调节个人与集体、个人与他人之间的关系，把关心集体、关心同志视为自己应尽的义务。自觉维护集体的利益，个人服从集体，反对个

人主义倾向。

（5）教师之间互相尊重，团结协作，密切配合。要严于律己，宽以待人；要维护其他教师的威信，尊重他人的劳动；要虚心学习，取人之长，补己之短。

（6）要处理好与家长的关系。

（四）教师的业务素养

教师是一种专业性较强的职业，合格的教师应具有不同于其他职业的业务素养。教师的业务素养主要包括知识素养和能力素养两大方面。

1. 知识素养

知识素养是从事教育工作的前提条件。教师要完成教书育人的根本任务，必须具有广博的知识和完整的知识结构。从结构上看，教师的知识素养应包括以下几个方面。

（1）宽厚精深的学科专业知识——这是本体性知识。掌握某方面的专业知识，是教师和其他脑力劳动者所共同具有的特点。不同的是，教师的专业知识主要用于转化为学生的主观认识，而不主要用于对客观现实的改造。

教师以知识育人，必须做到“学有专长，术有专攻”，精通某一学科，并掌握相关专业的某些知识，有较丰富、较全面的专业知识储备。专业知识达到精深的程度，意味着教师不仅掌握专业的知识量，为讲授某一学科打下基础，而且还了解学科的基本结构、知识体系、同相关知识的内在联系，掌握专业的最新研究成果和发展的基本趋势，同时自己对这一专业也有所研究和创新。参加继续教育学习或一些培训班的学习，提高自己的专业理论水平，通过报纸、杂志、信息技术等收集有关的教育教学资料，充实自己的实践知识。这样才能更好地把自己的专业知识转化为学生的知识和认识，并能引导他们深入理解，解决一些实际问题。具体来说，教师的学科专业知识应该包括以下几个方面。

①掌握该学科的基本知识和基本技能。该学科的基本知识和基本技能是教学中要求学生必须掌握的内容，教师自己必须掌握。

②掌握该学科的知识结构体系及相关知识。掌握该学科的知识结构体系及相关知识能保证教师从一个更高更深的层面把握自己所教的学科内容。它不仅使教师居高临下，明确所教学科的基本结构、来龙去脉、所处地位、重点、难点和关键点，也使教师对所教内容不仅知其然，而且知其所以然。

③掌握学科发展的历史及趋势。既了解学科历史，又了解该学科最新的研究成果和研究发展动向。当今时代知识更新迅速，科技发展速度加快，为了保证自己的教学内容不陈旧、不过时，能够适应知识更新的需要，教师必须始终站在该学科的前沿。

④掌握学科的思维方式和方法论。比如，科学中的观察、调查、实验，数学中的转化、抽象思维、符号化，物理中的空间思维，哲学中的矛盾方法、发展眼光等。

（2）扎实广博的文化基础知识——这是辅助性知识。一方面，这是科学知识日益融合和渗透的要求；另一方面，这是青少年多方面发展的要求。

基于此，教师自身应具备宽厚的基础知识和现代信息素质，形成多层次、多元化的知识结构。有开阔的视野，善于分析综合信息；有创新的数学模式、创新的教学方法、灵活的教学内容。知识整体的积累与发展，反映在知识的各个领域，包括在相互联系中发展，形成一个有机的知识总体。在这个知识总体中，那些基础性的知识，具有很强的稳定性，是掌握知识整体和发展的关键。中小学要求学生掌握的是文化科学基础知识，而不是知识的全部。教

师也必须具备这些文化科学基础知识，而且要广博，要注意到知识的广泛性和综合性，同时在知识量上必须大于学生。所谓给学生“一杯水”，教师必须具备“一桶水”，而且这“一桶水”在质量上要高于学生，能满足学生学习的各种要求以及解决他们提出的各种问题。这就对教师提出了更高的要求，要求教师博学多才、知识丰富。

（3）全新丰富的教育理论知识——这是条件性知识。教师的教育科学知识主要包括学生身心发展知识、教与学的知识、学生成绩评价的知识三个方面。人们通过数千年的教育实践，积累了丰富的教育教学实践经验。在总结这些经验的基础上，人们揭示了教育教学的规律，提出了教育教学的原则和方法体系，形成了系统的教育理论。教师要加强教育工作的科学性和有效性，就必须掌握这些理论。其中，教育学、心理学及各科教材教法是教师首先要掌握的最基本的教育科学知识。此外，教师还要掌握教育管理方面的知识。

随着社会的发展，学生也会更加复杂，这就要求教师必须不断学习心理学和教育学，能够以新的教育理论来支撑自己的教学工作。它有助于教师了解和掌握教育规律，依据规律做好教育工作，提高工作的自觉性，减少盲目性和随意性。教育科学知识是教师必备的知识，它是教师合格的重要标志和条件。没有接受过师范教育的教师，国家规定必须补充学习教育科学知识，取得合格证书后，才可以从事教师工作。在教育科学理论的指导下，教师能洞察教育全局，了解学生的特点与内心世界，提高教育与教学能力，有效地完成教育与教学任务。

（4）丰富的教育实践知识。教师的教育实践知识主要来源于教育实践经验的累积，在对待和处理教育问题时体现出的个人特质和教育智慧。教育实践知识可以是自己的，也可以是他人的，“他山之石，可以攻玉”。可能来源于课堂教育教学情境之中，还可能来源于课堂内外的师生互动行为，带有明显的情境性、个体性，是教师对复杂的和不断变化的教育情境的一种判断和处理。教育实践知识受个人经历、意识、风格及行为方式的影响，最后形成具有自己特色的教育风格、教育艺术、教育理念等。对于实践知识，有的是有明确意识的，是经过深思的；有的是无意识的或潜意识的，是一种非反思的缄默知识。

2. 能力素养

能力素养是教师做好教育工作的必备条件，教师的能力素养主要表现在以下几个方面。

（1）教学能力。教学能力包括以下内容。

①处理教材能力。根据教育目的和学生的实际情况，正确地处理教材，准确把握基本理论、基本结构，抓住重点、难点，分清脉络，理清思路，然后设计出优化的教学方案，保证课堂教学的质量。

②把握教学过程的能力。教师要善于了解学生学习的准备情况，关注学生的认知结构，激发学生的学习动机，采用适当的教学方法，调动学生的学习兴趣，把握好教学过程，以便更好、更有效地促进学生的学习。

③应用信息技术的能力。教师要转变传统的教育观念，能够运用以计算机及网络为核心的信息技术来促进教学，熟练制作和应用教学课件，达到信息技术和各科课程的整合，优化教学结构，培养学生获取信息、终身学习、创新和实践等能力，提高教学质量。

④外语能力。教师基本掌握一种外语，对于阅读资料、进行“双语教学”具有很大帮助。

（2）教育和组织管理学生的能力。主要包括以下内容。

①了解学生的能力。教师要了解学生的思想、学习、身体、情绪等状况，了解班集体和少先队的整体状况。

②组织班集体的能力。具有进行日常管理、个别教育，确定班级目标，形成健康班风，培养优秀班集体的能力。

③组织活动的能力。组织学生开展多种形式的集体活动，如主题班会、中队会、文体活动、调查访问等，既可以发挥学生的才能，又可以发展学生的兴趣，并使学生在集体中受到教育。

④交往与协调能力。具有建立与教师、家长和社会的联系，协调各方面教育力量的能力。

（3）语言表达能力。语言是教师进行教育和教学的重要手段。讲授知识、开导学生都离不开语言。教师的语言表达能力，直接关系教师主导作用的发挥，也影响到学生语言和思维的发展。正确掌握并熟练、规范地运用语言，是执教的基本条件；而高超的语言艺术是提高教学质量、取得教学成功的重要一环。对教师语言表达能力的要求有以下几点。

①准确、简练，具有科学性。教师的发音要规范，用语恰当，表述确切，通俗易懂。

②流畅、明快，具有逻辑性。教师的语言要条理清楚，脉络分明，推理严密。

③活泼、生动，具有启发性。教师要善于将抽象的概念形象化、深奥的道理具体化、枯燥的内容生动化。

④语言手势、板书有机结合，或辅之以其他非语言手段，深化语言的内涵，充分显示出教学的艺术性。

⑤语速、语调要适中，不宜太快也不宜太慢；不能一直高亢，也不能一直低沉。

⑥要讲普通话。

（4）自我调控能力。自我调控能力要求教师不管遇到什么情况，都能正确处理，善于控制自己的情绪，圆满完成教育教学任务。教师的工作是复杂的。学生在成长过程中，会经常出现意想不到的问题，有的问题甚至严重地伤害了教师的尊严。在这种情况下，教师必须冷静，及时调整自己的情绪，发挥教育机智，耐心地坚持正面教育，因势利导，化解矛盾。事实证明，这不仅无损于教师的威信，反而增强了教师的威信，使教师掌握了主动权。教师的自控能力，最终是为了实现教育任务。自我调控能力是教师政治素质、道德修养、业务能力的集中表现。要求教师在这方面加强修养，克服急躁情绪，一切从教育目的出发，做好本职工作。

（5）教育科研能力。具备教育科研能力，是现代教育对教师提出的新要求。站在教育第一线的广大教师应该成为教育科学研究的积极参加者，而且他们也最有条件进行教育科学研究。为此，教师应具有现代人的素质，要勇于开拓、敢于创新，在自己的教学领域不断地进行改革、研究。

当前我国教育正从应试教育向素质教育转变。素质教育是符合教育规律的更高层次、更高质量的教育。素质教育实际上对教师的教育能力提出了更高的要求，要求教师能有目的、有计划地结合本职工作开展教育科研活动，成为科研型教师。

（6）教学反思能力。教学反思能力指，教师自觉地将自己的教学实践作为认识对象进行深入思考和总结，从而优化教学活动，形成自己新的教学思想，并改进教学实践。教学反思包括教学前反思、教学中反思和教学后反思。

（五）教师的身心素养

1. 身体素养

（1）教师要身体健康，没有传染性疾病。

（2）要有充沛的体力和耐受性。

（3）要有洪亮的声音和良好的视力。

（4）要有适当的身高。

2. 心理素养

（1）要有良好的认知能力。知识的急剧增长，要求教师必须与时俱进，不断汲取新知识，这需要教师要有良好的认知能力。

（2）要有愉快的情感。情感作为一种内心体验，是人感受客观需要的心理活动。对教师来说，情感是塑造青少年灵魂的强大精神力量，丰富的情感具有强烈的感染力，使广大学生在潜移默化中、在期待和激励下，自觉热情地学习。

教师情感的表达应具有时间上的连贯性和空间变换上的一致性。有丰富多样的表现形式，既要有轻快的心境、昂扬的精神、幽默的态度、豁达开朗的心胸，也要有控制自己情感的意志，能把消极情感消除在课堂之外，创设良好的教学情境和气氛。

（3）要有顽强的意志。意志品质是成功完成任何事情的心理基础和保证。教师面对着复杂的学生、繁重的教育教学任务，必须有顽强的意志才能胜任。

（4）要有完善的人格。教师的健康人格是在培养人、教育人的过程中表现出来的成熟、积极的心理素质。健康的人格来自积极肯定的自我，只有接受自己才能接受他人，只有热爱自己才能热爱工作，并能在工作中始终充满动力，充满成功的希望。教师工作同其他工作一样需要勇气和自信。一个具有健康人格的教师热爱生活，热爱教育事业，乐于助人，努力实现自己的理想，对每一个学生都倾注热情和希望。要有良好的自我认知、协调一致的价值取向和融洽的师生关系。

（5）要有良好的人际关系。良好的人际关系是教师完善人格的一个重要标志，也是教师心理健康的重要内容。从对象上看，教师的人际交往包括与学生保持良好的人际关系，与同事和学校领导建立良好的人际关系；从形式上看，教师的人际关系包括认知的、情感的和行为的三个方面。

认知方面，表现为互相认识和理解的程度，它是人与人之间关系的基础。

情感方面，表现为彼此之间融洽的各种状态，如喜爱或不喜爱、好感或厌恶、妒忌或同情，这是人与人之间相互联系的纽带。

行为方面，表现为在各种共同活动中是否协调一致，这是人与人之间相互交往的结果。

七、教师的专业发展

（一）教师专业发展的概念

教师的专业发展又称教师的专业成长，主要是指教师在整个专业生涯中，依托专业组织、专门的培养制度和管理制度，经过持续的专业教育，习得专业技能，形成专业理想、专业道德、专业能力，从而实现专业自主的过程，即教师专业素质的发展。它包括道德、知识、教学实践、管理等方面的发展。教师的专业发展是现代教育对教师的基本要求，包括群体的专业发展和个体的专业发展。

（二）教师专业发展的内容

1. 专业理想的建立

教师的专业理想是教师对成为一名成熟的教育专业工作者的向往与追求，它为教师提供了奋斗目标，是推动教师发展的巨大动力。具有专业理想的教师对教学工作会产生强烈的认同感和投入感，会对教学工作抱有强烈的期待。教师专业理想是教师个体专业发展的精神内涵，也是推动教师专业发展的巨大动力。

2. 专业自我的形成

专业自我包括自我意象、自我尊重、工作动机、工作满意感、任务知觉和未来前景。对教学工作来说，教师的专业自我是教师个体对自我从事教学工作的感受、接纳和肯定的心理倾向，这种倾向将显著地影响教师的教学成效。

3. 专业知识的提升

教师作为一个专业人员，必须具备从事专业工作所需的基本知识。因此，教师的专业知识是教师专业发展中的一个重要内容，教师的专业知识（合理的知识结构）主要包括本体性知识、条件性知识、实践性知识和一般文化知识。其中，本体性知识，即特定学科及相关知识，是教学活动的基础；条件性知识，即认识教育对象、开展教育活动和研究所需的教育科学知识和技能，如教育原理、心理学、教学论、学习论、班级管理、现代教育技术等；实践性知识，即课堂情境知识，体现教师个人的教学技巧、教育智慧和教学风格，如导入、强化、发问、课堂管理、沟通与表达、结课等技巧。

4. 专业能力的提高

教师的专业能力是教师综合素质最突出的外在表现，也是评价教师专业性的核心因素。这种专业能力可分为教学技巧和教学能力两个方面。教师常用的教学技巧主要有导入技巧、提问技巧、强化技巧、变化刺激技巧、沟通技巧、教学手段运用的技巧及结束的技巧等。教师的教学能力主要包括设计教育教学活动的能力、教学实施的能力、教学组织管理能力、语言表达能力、学生评价能力、课程开发与设计能力、自我反思与教育教学研究能力等。

5. 教师的专业人格

教师的专业人格是教师在教育教学工作中必须具有的道德品质方面的自我修养。诚实正直、善良宽容、公正严格是教师专业人格的重要内容。诚实正直是做人的根本，善良宽容是对学生的爱，公正严格是出于教师的责任。学高为师，身正为范，才能赢得学生的信任和尊重，使学生心悦诚服，在潜移默化中影响学生的成长。

6. 专业态度和专业动机的完善

教师专业态度和专业动机是教师专业活动的动力基础，教师在这两个方面的发展主要表现为教师的专业理想、对职业的态度、工作积极性以及职业满意度等。从我国当前的情况来看，很多人从事教师职业都是考虑到教师的社会地位以及教师的工作特点（假期长）等方面。但是，以此为动机从事教师专业不利于激励自身更加投入地工作，也不利于产生较高层次的职业满意度。

（三）教师专业发展的阶段

刚刚踏上教学工作岗位的教师，虽然经过了在职的专业训练并取得了合格的教师资格证书，但这并不意味着他就是一个成熟的教育教学专业人员，他还要随着教学工作经历的延续、经验的积累、知识的更新及不断的反思才能逐渐达到专业的成熟。在教师的专业发展过程中，存在着不同的发展阶段，面对着不同的发展问题，这些问题的不断解决推动着教师专业的不断发展。20 世纪 60 年代末期，富勒和她的得克萨斯大学同事对教师专业发展的阶段进行了研究，提出了教师成长过程“关注”的五个阶段模式，即“非关注”阶段、“虚拟关注”阶段、“生存关注”阶段、“任务关注”阶段、“自我更新关注”阶段。

1. “非关注”阶段

这是进入正式教师教育之前的阶段。这一阶段的经验对教师今后的专业发展的影响不可忽视。在这一阶段所形成的“前科学”教育教学知识、观念甚至会一直迁延到教师的正式执教阶段。

2. “虚拟关注”阶段

该阶段一般是职前接受教师教育阶段（包括实习期）。该阶段专业发展主体的身份是学生，至多只是“准教师”，这使得他们所接触的中小学实践和教师生活带有某种虚拟性，他们会在虚拟的教学环境中获得某些经验，对教育理论及教师技能进行学习和训练，产生对自我专业发展反思的萌芽，从而为正式进入任职阶段打下良好的基础。

3. “生存关注”阶段

这一阶段是教师专业发展的一个关键阶段，其突出特点是“骤变与适应”。该阶段的教师不仅面临着由教育专业的学生向正式教师角色的转换，也存在所学理论知识和具体教学实践的“磨合期”，其间需要教师在教学实践过程中对理论、实践及其关系进行反思，克服对于教学实践的不适应。新任教师一般会面临作为一个老师是否胜任及能否生存下来的问题，主要关注学生是否满意、领导是否认可、同事是否接纳等方面。

4. “任务关注”阶段

这一阶段教师主要关心在目前教育情境下如何正常完成教学任务，以及如何掌握相应的教学技能技巧。这是教师专业结构诸方面稳定、持续发展的时期。在度过了初任期之后，决定留任的教师逐渐步入“任务关注”阶段。这是教师专业结构诸方面稳定、持续发展的时期。随着基本“生存”知识、技能的掌握，教师自信心日益增强，由关注自我的生存转到更多地关注教学，由关注“我能行吗”转到关注“我怎样才能行”上来。教师在这一阶段开始尝试通过变更教学方式和方法对学生产生影响；开始注重发展自己的专业知识和一般教学知识；专业态度较为稳定，从心理上接纳了教学工作，决心为此做出自己的贡献。这一阶段也称关注教学情境阶段。

5. “自我更新关注”阶段

处于该阶段的教师，其专业发展的动力转移到专业发展自身，而不再受外部评价或职业升迁的牵制，直接以专业发展为指向。同时，教师已经可以自觉依照教师发展的一般路线和自己目前的发展条件，有意识地进行自我规划，以谋求最大限度的自我发展。在这个阶段，教师认识到学生是学习的主人，开始鼓励学生去发现、建构意义；教师知识结构发展的重点转移到学科教学法知识以及应用；开始拓展个人实践知识，开始对自身的专业发展进行反思。

（四）教师职业专业化的条件（教师的专业素养）

《中华人民共和国教师法》规定："国家实行教师资格制度。中国公民凡遵守宪法和法律，热爱教育事业，具有良好的思想品德，具有本法所规定的学历或者经国家教师资格考试合格，有教育教学能力，经认定合格的，可以取得教师资格。"但一名教师是否真正具备从事教师的职业条件，能否正确履行教师角色，根本上还在于教师的专业素养。

1. 教师的学科专业素养

教师的学科专业素养是教师胜任教学工作的基础性要求，有别于其他专业人员学习同样学科的要求，教师的学科专业素养主要包括以下四个方面。

（1）精通所教学科的基础性知识与技能。

（2）了解所教学科相关的知识。

（3）了解学科的发展脉络。

（4）了解学科领域的思维方式和方法论。

2. 教师的教育专业素养

教师的职责是教书育人，因此，教师不仅要有所教学科的专业素养，还要有教育专业素养。教师的教育专业素养包括以下几个方面。

（1）具有先进的教育理念。教育理念是指教师在对教育工作本质理解的基础上形成的关于教育的观念和理性信念。教育理念即教育教学观念，它是教师教学行为的灵魂和支点，是教师教学行为的指南。叶澜认为，根据教育发展的需要，教师应具有以下现代教育理念。

①新的教育观。符合时代特征的教育观要求教师对教育功能有全面的认识，要求教师全面理解素质教育。教师应该认识到教育不再仅仅是传授知识和技能，而是要充分开发学生的潜能，发展学生的健康个性，让学生生动活泼地全面发展。

②新的学生观。符合时代特征的学生观要求教师全面理解学生的发展，理解学生的全面发展与个性发展、全体发展与个体发展、现实发展与未来发展的关系。只有树立了新的学生观，教师才会以新的眼光看待学生、尊重和信任学生，承认学生的差异性，充分发挥每位学生的潜能。

③新的教育活动观。教育活动是学校教育的实践方式，是师生学校活动的核心。新的教育活动观强调教育活动的双边共时性、灵活结构性、动态生成性和综合渗透性。教师作为教育活动的策划者和指导者，必须明白：教育活动是一个复杂的过程，具有多方面的特点。因此，教师要创造性地开展教育活动，引导学生积极主动地学习，培养学生自我教育的意识和能力。

（2）具有良好的教育能力。教育能力是指教师完成一定的教育教学活动的本领，具体表现为完成一定的教育教学活动的方式、方法和效率。教师的教育能力是教师职业的特殊要求，具体包括以下几点。

①加工教学内容、选择教学方法的能力。

②语言表达能力。教师所使用的语言有口头语言、书面语言两种。第一，教师的口头语言应该规范、简洁、明快、生动、准确、合乎逻辑。第二，教师的语言要富有感情，具有说

服力和感染力。第三，教师的语言要富有个性，能够体现一名教师的独特风采。第四，教师不仅要善于独白，更重要的是要掌握对话艺术，在对话中鼓励学生发表意见，能完整、准确地表达思想，养成活泼开朗的性格。同时，教师的书面语言也必须做到简明、规范、美观、大方。另外，教师的体态语言要丰富、生动、自然、大方。

③组织管理能力。教师工作实际上是教师对学生集体进行的，因此，教师要组织和培养好学生集体，有效地维持班级正常教学秩序和纪律，善于组织学生参加各种集体活动。

④交往能力。在教育这样一个以人为主的系统中，教师必须与学生进行对话和交流，使学生积极主动地投入到教育活动中去。师生之间不仅要实现知识的传递，而且要实现情感的交流、精神的沟通、人格的互动，师生正是要在这种交往中实现教学相长。教师不仅要与学生交往，而且要与其他教师、学生家长、社会各界人士交往合作，协调各方面的关系，实现有效教育。

（3）一定的研究能力。研究能力是综合、灵活地运用已有的知识进行创造性活动的能力，是对未知事物探索性、发现性的心智、情感主动投入的过程。作为中小学教师，不同于专业的研究人员，其研究能力的培养，着重于学科研究能力和教育研究能力两个方面。

3. 教师的人格特征

教师的人格特征是指教师的个性、情绪、健康以及处理人际关系的品质等。教师的人格特征对学生发展起着推动作用，是素质教育的基础，主要包括积极乐观的情绪、豁达开朗的心胸、坚韧不拔的毅力、广泛的兴趣。

4. 教师的职业道德素质

具备专业性的职业都承担着重要的社会责任，教师职业也不例外。教师职业专业化要求教师具有较高的职业道德素质，主要包括以下几点。

（1）忠诚于人民的教育事业。这是教师对待教育事业必须具备的行为准则，是教师做好工作的基本前提。

（2）热爱学生。这是教师忠诚于人民教育事业的具体体现。

（3）团结协作精神。

（4）良好的师德修养。

（五）教师专业发展的主要途径和措施

1. 教师专业发展的主要途径

（1）师范教育。这是师范生进行专业准备与学习，初步形成教师职业所需要的知识与能力的关键时期，是教师专业发展的起始和奠基阶段。

（2）入职培训。为了让新教师尽快进入角色，新教师的任职学校应当采取及时有效的支持性措施，帮助新入职教师实现角色转换。

（3）在职培训。为了适应教育改革和发展的需要，学校应为在职教师提供继续教育。主要采取“理论学习、尝试实践、反省探究”三结合的方式，培养教师研究教育现象、教育问题的意识和能力。

（4）自我教育。这是教师个体专业化发展最直接、最普遍的途径。教师自我教育的方式主要有自我反思、主动收集教改信息、研究教育教学中的各种关键事件、自学现代教育教学理论、积极感受教学的成功与失败等。教师的专业自我教育是专业理想确立、专业情感积淀、专业技能提升、专业风格形成的关键。

此外，跨校合作（比如教师专业发展学校）、专家指导（比如讲座、报告）、政府教育部门和教研机构组织的各类专业培训和交流活动等，也是教师专业发展的途径。

教师专业化的实现不是一朝一夕的事情，需要社会和个人的共同努力。

2. 教师专业发展的措施

（1）加强师德修养，不断完善人格特征。教师不仅是知识的传递者，还是道德的引导者，思想的启迪者，心灵世界的开拓者，情感、意志、信念的塑造者，因此，教师必须具有良好的职业道德、高尚的师德情操和完善的人格。儿童、青少年学生正处于长身体、学知识、立德志的重要时期，他们的模仿性强、可塑性大。教师是他们直接交往的对象，教师的一言一行对学生思想品德的形成都起着潜移默化的教育作用。

教师高尚的道德思想观念对学生有着积极导向的作用，能帮助学生提高道德认识；教师积极的道德情感富于感染力，可以引起学生情绪和情感上的共鸣，从而形成丰富的道德情感和健康情绪；教师坚强的道德意志，对学生有巨大的激励作用，能增强学生克服困难的信心与力量，鼓舞学生形成坚定的意志和顽强的毅力；教师高尚的道德行为，对学生有直接的示范作用，指导学生选择正确的道德行为，培养学生良好的道德行为习惯。

教师是学生道德的启蒙者和塑造者，大量教育实践证明，教师的职业道德本身就是一种巨大的教育力量。因此，作为教师要认真学习“教师职业道德”规范，提高自身的职业道德水平，这不仅是实际工作的需要，也是教师专业发展的内在需要。

（2）善于学习，努力掌握先进的专业知识。一名优秀的教师，需要形成先进的教师专业知识。教师知识除了学科知识和教学知识以外，还应学习课程知识、教学环境知识、自身知识和有关当代科学与人文方面的基本知识等，这些构成了教师完整的知识结构。那么在教师的知识结构中，到底哪一方面知识最有核心地位，最能体现教师专业性质呢？应该是学科教学知识。因此一名优秀的教师，必须具有最新的学科教学知识。学科知识和学科教学知识是不同的两个层面，所谓学科知识，是由纸笔测验的成绩得来的，测出的只是教师对某些事实的记忆；而学科教学知识则由准备教案与评价、确认学生的个别差异、理解教学管理与教育政策等内容组成。学科教学知识是一种可教性的学科知识，它包含在各学科中，具体表现为如何以最佳方式呈现特定的主题，如模拟、图解、举例、解释和示范；还表现为教师对学生学习该主题前的情况和困难的了解，以及帮助纠正学生的错误策略等。

斯坦福大学教授舒尔曼于1987年在他人研究的基础上提出了教师知识的一个分析框架。他把教师知识分为七类知识：学科知识、一般教学法知识、课程知识、学科教学知识、学习者及其特点知识、教育背景知识、教育目标、目的和价值及其哲学和历史背景的知识。他明确指出，学科教学知识就是教师面对特定问题进行有效呈现和解释的知识，是知识的核心。

综上所述，形成一个优秀的教师团队，除了团队成员具有扎实的学科知识外，还要培育学科教学知识，而学科教学知识正是现代教师所缺乏的。因此，它也是优秀教师团队形成的一个重要条件。

（3）勤于反思，做一个“学者型”教师。著名教育学家肖川认为，教育的探索从自我反思开始。教师的自我反思是指教师在教育教学实践中，对自我行为表现进行定位剖析和修正，进而不断提高自身教育教学效能和素养的过程。自我反思包括审视和内省。审视的对象是教育的外部环境、外部文化、教育主体，内省的对象是自身的教育行为、教育观念、教育

视界。

美国心理学家波斯纳提出了教师成长发展的公式：成长＝经验+反思。反思是教师专业化发展的决定性因素，也是教师专业发展最普遍、最直接的途径，它不受时间、空间的限制，只要你是一个对教育教学充满热情的有心人，反思时时刻刻都可以在自己的脑海中发生、在与同事的交流中发生。每一个教师都可以在反思中发现，在发现中改进，在反思中提高。我们相信，每一个教师经过审视与内省，将会实现“自我超越”。

一个善于对自己的行为或观念经常反思质疑的教师，才能得到较快的专业发展。在学习教育理论及他人经验后，要写心得、体会，反思自己的教学实践；课后，要写教学后记，反思课堂教学得失；考试结束后，要写考后反思，思考成功与不足等。以研究者的眼光，对自己的教育教学实践和身边发生的教育教学现象进行审视、反思、分析、探究（反思的记录就是很好的科研札记），这样可以将教师日常的教学工作和教学研究融为一体。教导处要求教师把每一堂课的教学后记写在教案后面，并在教案中增置“教学反思”栏目。教学反思的内容包括以下几点。

①反思教学目标。

②反思教学得失，即反思成功的体会经验、反思遗憾教训、反思如何改进遗憾。

③反思自己的教育教学行为是否对学生有伤害。

④反思教育教学是否让不同的学生在学习上得到了不同的发展。

⑤反思是否侵犯了学生的权利。

⑥反思教学观念。

⑦反思自己的专业知识。

⑧反思教学伦理。

⑨反思教学背景。

⑩反思课堂组织是否合理等。

教师不仅要反思自己的言语、行动，而且要反思自己的经验和思想。面对各种新的教育思想、资源、手段和方法，教师不能简单地拿来就用，而是要进行科学的分析，结合学校和班级的实际情况及自身优势，改进自己的教育教学。

可以说，反思旗帜鲜明地指引着教师在课堂教学中的行为与理念，是一种教师自我造就、自我发展的极好方法。一个教师的专业发展如何，跟一个教师是否重视反思和研究有很大关系。在一线工作的教师，经历的实践大致相同，专业成长快的教师就是多了一份反思，多了一份研究。因此，反思和研究应该成为教师的一种工作方式。

（4）勤于研究，参与教学研究。一个教师从踏上工作岗位以后，要使自己的专业得到发展，就要确定一个发展目标。可分为两个方面：一是职称方面，从试用期到二级教师到一级教师到高级教师、特级教师，要给自己制订一个计划，分阶段建立目标；二是学术称号方面，教学新秀、教学能手、学科带头人、名教师，这些学术称号不是轻易就可以获得的，每一个称号代表着一定的专业化水平，教师给自己制订一个奋斗计划，分阶段实现。当有目标以后，教师就会自我奋斗、自我造就，最后实现自我发展。

（5）勇于实践，摸着石头过河。首先要有实践的意识和勇气，及时捕捉机会，将自己新颖的想法转化为行动；其次要讲究时间的用法，用于突出假设、验证假设，摸着石头过河。

(6) 重视教师交往和合作能力的培养。教师之间有竞争也有合作。日常教学之余，教师之间可以相互交换意见，彼此分享经验。相同学科的教师可以在一起讨论教学方法，相互合作设计课程。不同学科的教师也可以相互学习和借鉴，或在相关学科知识方面提供专业帮助。

(7) 教师要成为课程的开发者。在以往的教学中，教师往往只是课程和教材的忠实执行者，教师的独立思想和创造性发挥受到很大限制，甚至有时成为误人误己的“愚忠”。新课改要求教师根据具体情况创造性地进行教学工作，充分发挥自己的才能和奇思妙想，创造出富有个性的课程，由课程的“守成者”变成开发者。

总之，要实现教师的专业化和群体专业化，需要教师树立坚定的职业信念，提高自主反思意识和进行教育研究的能力，并通过参加各种培训，不断丰富自身的专业知识。同时，国家和政府应该为教师群体专业化创设一定的外部环境保障。

(8) 国家和政府要重视教师教育。国家和政府也要重视教师教育，对教师专业化起促进与保障作用，为教师专业化保驾护航。

①加强教师教育。建立一体化和开放式的教师教育体系。一体化，首先指职前培养、入职教育、职后提高一体化，其次指中小幼教师教育一体化，最后指教学研究与教学实践一体化。要改革教师教育课程。包括调整课程结构，增加教育理论课程和选修课程的比例；强化实践性课程；整合课程内容。

②制定法律法规。我国于 1993 年颁布了《中华人民共和国教师法》，首次以法律形式规定国家实行教师资格制度。1995 年国家颁布了《教师资格条例》。

③提供经济保障。

(六) 教师专业发展的要求

1. 树立正确的专业发展意识

专业发展意识是教师专业发展的内在动力。专业发展意识意味着人不仅能把握自己与外部世界的联系，而且具有把自身的发展当作自己认识的对象和自觉实践的对象，并能构建自己的内部世界。只有达到这一水平，人才能在完全意义上成为自己发展的主体。

2. 拓展专业知识

专业知识是一个合格教师的必备条件，它关系学生能够从教师那里学到什么以及如何学的问题。教师一般都承担某一学科或某一专业知识领域的教学工作，掌握这一学科或专业领域较全面和坚实的知识，是对一名教师的基本要求。

但是，由于时代的飞速发展，教师的“一碗水”“一桶水”水平显然不能胜任今天的教学工作。首先，教师必须优化自己的知识结构，具备当代科学与人文的基本知识，拓展自己的知识基础，丰富自己的精神生活；同时也要保持教学的时代性，为评价学生提供更为广阔的视界。其次，教师在教育理论方面要丰富自己的知识素养，掌握学生及其必备的知识，了解学生的身心发展状况，知晓学生语言能力的发展规律。最后，教师还应该具有与教师的职业生活相关的课程、教材与教学设计等方面的知识，这些知识可以直接运用于课堂生活，为具体的教育情境提供有效的策略指导。

3. 提高专业能力

教师的专业能力指教师运用所学知识进行课堂教学与反思的能力，包括教学能力和教学反思能力。提高专业能力应做到提高教学能力，提高教学研究水平。

第二节　学生

一、学生的特点

（一）学生的传统特点

1. 学生是教育的对象（客体）

（1）学生是教育的对象的依据。从教师方面看，教师是教育过程的组织者、领导者；学生是教师教育实践活动的作用对象，是被教育者、被组织者和被领导者。

从学生自身特点看，学生具有可塑性、依赖性和向师性。

①学生具有可塑性。学生处于长知识、长身体的时期，也是他们品德、人格形成的时期，各方面尚未成熟、尚未定型，极易受外部环境因素的影响，具有“染于苍则苍，染于黄则黄”的特点。

②学生具有依赖性。学生多属未成年人，还不具备完全独立生活的能力。在家里，他们要依赖父母；入学后，他们将对父母的依赖心理转为对教师的依赖心理。

③学生具有向师性。学生入学后，会自然地亲近、信赖、尊敬甚至崇拜教师，把教师当作获取知识的智囊、解决问题的顾问、行为举止的楷模。

（2）学生是教育对象的表现。学生是教育的对象，具体体现在两个方面：学生的主要任务是学习，具有愿意接受教育的心理倾向；学生服从教师的指导，接受教师的帮助，期待从教师那里汲取营养，促进自身的身心发展。

2. 学生是自我教育和发展的主体

（1）学生是自我教育和发展主体的依据。学生是具有主观能动性的人。学生是有意识、有情感、有个性的社会人，是具有主观能动性的人，不会盲目、机械、被动地接受作用于他们的影响。学生在接受教育的过程中，也具有一定素质，可以进行自我教育。因此，学生是自我教育、自我发展的主体。

（2）学生主观能动性的表现。学生的主观能动性主要表现在以下几个方面。

①独立性。每个学生都是一个自组织系统，一个独立的物质实体。承认学生的独立性是发挥学生主体性的前提条件，承认独立性也就承认了学生发展过程的多途性、发展方式的多样性和发展结果的差异性。

②选择性。选择性是指学生在教育过程中可以在多种目标、多种活动中进行抉择。学生对教学的影响不是无条件地接受，不是盲目地模仿，而是根据主体的条件（愿望、态度、能力等）来进行选择。不过，选择效果如何，还依赖于学生的主体能力和环境提供的支持度。

③调控性。调控性是指学生可以对自己的学习活动进行有目的的调整和控制，如学习困难时，激励自己；取得成绩时，告诫自己；学习目标不恰当时，及时调整修正；对学习过程进行自我监控等。

④创造性。创造性是指学生在教育活动中可以超越教师的认识，超越时代的认识与实践

局限，科学地提出不同的观点、看法，并创造具有成效的学习方法。创造性是主体性的最高表现形式。

⑤自我意识性。自我意识性是指学生作为主体对自己的状态及在教育中的地位、作用、情感、态度、行为等有自我认知。主体认识自己越全面、越客观，主体性就可能越强；反之，自我认知的水平低，自我调控能力就差，自我创造和自我实现的可能性就小。

3. 学生是发展中的人

学生不是成人，他们正处于身心发展最迅速的时期，生理和心理两方面都不太成熟，具有很大的发展可能性与可塑性。学生是发展中的人，包括四层含义。

（1）学生具有和成人不同的身心发展特点。

（2）学生具有发展的巨大潜在可能性。

（3）学生具有发展的需要。

（4）学生具有获得成人教育关怀的需要。

（二）现代学生的特点

明确认识学生的本质特征，树立理想学生观，不仅是教育理论的重要问题，也是教育实践的重要问题。教师只有准确把握理想学生观的内涵，并有效运用于教育实践，才能明确教育的价值取向。随着信息社会的到来，这个时代所需的理想学生观也必然带有这个时代的特点。因此，我们要遵循时代的要求，从社会和人的发展需要出发，建构现代学生观的理论体系。对此，我们可以将现代学生的基本特点表述为主体性学生观、发展性学生观、完整性学生观、个性化学生观。

1. 学生是主体性的人

现代教育中的主体性思想，实际上是现代哲学主体性思想的衍生，主体性学生观就是如此。主体性学生观是目前我国教育理论研究的热点之一，也是教育实践中正在倡导、推广的核心学生观，有人称之为“现代科学学生观”。主体性学生观区别于传统学生观——学生是教育的对象（客体），而教育对学生主体性的关注实质上是教育进步的标志。我国的教育长期受传统教育思想的影响，学生客体地位根深蒂固，以致在指导思想、内容、方法乃至组织形式上都存在着妨碍学生主体性发展的流弊。因此，尊重学生主体地位和主体人格，培养和发展学生的主体性，是全面实施素质教育必须遵循的一条根本规律，也是现代科学学生观要确立的基本观点。

在我国进行新课程改革的今天，发挥学生主体性的问题日益重要。实际上，每个学生都有自己的课堂，学生应参与课程开发。传统的课程观从问题的出发点到问题的最终解决，都没有考虑学生的因素，学生是置身于课程开发之外的。而在当前，课程观背后隐藏的哲学理念是“以人为本”，即以学生为本，目的指向是学生个性的自由和解放。这样，学生成为课程的有机构成部分，成为课程的创造者及课程的主体，他们也就融入了课程开发的过程之中。当然，学生一般无法直接参与那些与其生活相隔离的课程开发，只是以自己的全部生活经验和学习活动参与对课程的体验与重构，从而寻找并建构自己的课程。

2. 学生是发展性的人

传统教育的缺陷在于，只看到学生现有的静态发展，看不到学生潜在的动态发展。而现代教育认为，每个学生作为一个指向未来的无限变化体，都具有无限的发展潜能，尤其是中

小学阶段的学生，更具发展的可能性，可塑性也更强。因此，我们的教育应该是以促进学生全面发展为着眼点，创造各种有利条件，把学生存在的多种潜能变成现实。教师绝对不能依据学生的一时表现来断言学生没有发展的可能，而应该坚信每一个学生都具有巨大的可供挖掘和开发的资源和潜能，应该看到学生的未完成性，并给学生创造发展的良好环境和机会。

3. 学生是完整性的人

素质教育的课堂教学需要的是完整的人的教育，其真正功能在于让学生在获取知识的同时，还应该有人格的完善、灵感的启迪、情感的交融，从而让学生得到生命多层次的满足和体验。然而，传统教育把教育目的定位于为个人的谋生做准备，并没有把学生当作人来培养，而只是当作工具来看待。表现在教育内容上，传统教育只注重逻辑化和系统化科学知识的传授，而忽略了非理性层面在人的发展中的地位。教育必须回归生活世界，寻求走向“完人”理想的道路，最大限度地追求灵与肉、感性与理性的高度发展与和谐统一，从而使学生获得作为人的全部规定性。“完人”虽可能永远只是理想，但这种必要的追求却不应终止，这显示出教育的永无止境性。“完人”是一种没有句号的历史进程，一种乐观的有待展开的教育境界。

4. 学生是个性化的人

长期以来，我们的教育实践过分强调共性要求和统一发展，忽视了对学生个性的培养，这是同人的发展和我国的教育方针相背离的。现今的教育常常试图以“标准化”的方法把学生培养成同一模式的产品，使他们成为千人一面、千篇一律的“标准件”。针对这种情况，树立个性化的学生观是十分必要的。教师应尊重每一个学生的差异性，拒绝运用同一标准来评价学生，力图使每个学生都成为充满个性魅力的生命体。在教学实践活动中，要注重个性化教育和个性化教学，照顾学生的个性差异，为每个学生的发展提供有利条件，让学生充分发挥其独特的个性优势，以形成独立的个性。

学生是教育活动的对象和主体，教育的最终效果集中体现在学生身上，学生在教育活动中的主动状态又直接影响到教育效果。但从教育实践看，学生的主动状态能否发挥出来，又与教师对学生的看法和采取的一系列教育方法有关。

（三）当代学生的新特征

所谓当代的学生，是指在 20 世纪 90 年代以后出生的在校学生。与 20 世纪 60 年代、70 年代出生的学生相比，这一代学生有很大的不同，我们必须对这一代的学生有一个正确的认识。当代学生的时代特征，可以从以下几方面认识。

1. 主体意识增强

改革开放以来，中国人的思想获得了很大的解放，可以说，中国在整体上要比改革开放前开放得多，自由得多。在这样的时代背景下，生长在新时代的学生的主体性有了很大的增强，所谓主体性主要包括自主性、能动性、创造性。

当代的学生敢于发表自己的见解不再满足于只听别人的答案，而试图通过自己的独立思考去找寻答案，这是学习化社会中非常可贵的一种心理品质。

2. 信息获取方式多样

当代学生已不再单一地从教师和课堂上获取信息了。教师的知识权威地位已经动摇，书本也不是知识的唯一来源。媒体的发展，使学生可以从电视、广播、光碟、报刊、图书中获得知识和信息，互联网更是使学生坐在家中就可以知道天下事。因此，在美国，当代学生被称为“网上一代”，他们是伴随着数字和互联网成长的一代。

两代人之间，隔着互联网产生了很多的矛盾，一些师长视网络为大敌，仿佛那是一个神秘而莫测的世界。其实，网络世界是无法抵挡的，不应该控制学生接触网络。教师也必须进入网络世界，使学校的学习生活也能与网络世界联通，因为只有这样才能和学生的生活世界连接。

3. 受多元文化冲击较大

改革开放和信息化、全球化的时代特点，决定了当代学生受到的是多元文化的影响和冲击。尽管学校进行的是正统的主流文化教育，但是已经不可能让学生只受一种文化的影响了。特别是新的事物，无论好的还是坏的，对学生都极具吸引力和影响力。当然，他们也困惑、迷茫，时常处于矛盾和冲突之中，这时他们需要在价值上得到及时的引导。单一的价值观已经无法让学生信服，只有通过引导、澄清，让学生学会价值判断才最现实。

现在，家长、教师和学生之间的冲突更多的就是这种价值观的冲突，学生不能接受权威和强迫式的教育，他们需要在尊重、理解的前提下进行的引导和讨论。

4. 受同辈群体影响较大

同辈群体是指由地位相同的人组成的一种非正式初级群体。同辈群体的成员一般在家庭背景、年龄、特点、爱好等方面比较接近，时常聚在一起，彼此间有很大的影响。他们有自己的语言和沟通方式。他们在同辈群体中学习与人交往的方式，尽情地表现自己的个性和特点，施展自己的才华。有很多家长发现，他们的孩子在家里和外面的表现完全不同，学生把自己在同辈群体中的地位和得到的评价看得非常重要。在同辈群体中个体的地位和得到的评价对学生来说极其重要，这也是他们形成新的价值观和人生观的基础。他们在与同伴的交往中学会了合作与宽容、规则与纪律、竞争与忍让等，也体验到了同情、关心、喜爱等情感因素。

二、以人为本的学生观

（一）以人为本的内涵

所谓“以人为本”，其基本含义是：它是一种对人的主体作用与地位的肯定，强调人在社会历史发展中的主体作用与目的地位；它是一种价值取向，强调尊重人、解放人、依靠人和为了人；它是一种思维方式，就是在分析和解决一切问题时，既要坚持历史的尺度，也要坚持人的尺度，在教育教学活动中做到以学生的全面发展为本。

我们需要围绕这个基本含义，进一步从哲学层面深入挖掘以人为本的具体内涵。以人为本是一个关系概念。人主要处在四层基本关系中：人与自然的关系、人与社会的关系、人与人的关系、人与组织的关系。我们可以从以下四个层面的关系来具体解读以人为本的完整内涵。

（1）在人和自然的关系上，以人为本就是不断提高人的生活质量，增强可持续发展能力，即保持人类赖以生存的生态环境，使之具有良好的循环能力。

（2）在人和社会的关系上，以人为本就是既要让社会成果惠及全体人民，不断促进人的全面发展，又要积极为劳动者提供充分发挥其聪明才智的社会环境。

（3）在人和人的关系上，就是强调公正，不断实现人们之间的和谐发展，既要尊重贫困群体的基本需求、合法权益和独立人格，也要尊重精英群体的能力和贡献，为精英群体进一步创业提供良好的人际环境。

（4）在人和组织的关系上，就是各级组织既要注重解放人和开发人，为人的发展提供平等的机会与舞台、政策与规则、管理与服务，又要努力做到使人们各得其所。

（二）以人为本的学生观

1. 学生是发展中的人，要用发展的观点看待学生

人们经常用僵化的眼光来看待学生，而现代科学研究的成果与教育的价值追求，要求人们用发展的眼光来认识和看待学生。

（1）学生的身心发展是有规律的。学生的身心发展具有顺序性、阶段性、不平衡性、互补性、个别差异性等规律，这是经过现代科学和教育实践证实的。认识并遵循这些规律，是做好教育工作的前提。学生身心发展的规律，从客观上要求教师要依据学生的身心发展的规律和特点来开展教育活动。

（2）学生具有巨大的发展潜能。实际工作中，许多人往往从学生的现实表现推断学生有没有能力，有没有潜力。不少人坚持僵化的潜能观，认为学生的智力水平是先天决定的，教育对此无能为力。其实，学生具有巨大的发展潜能，智力水平可以明显提高，这已为科学研究，如裂脑研究、左右脑研究等所证实。

（3）学生是处于发展过程中的人。处于发展中的人，意味着学生还是不成熟的人，是一个正在成长的人。在教育实践中，人们往往忽视学生正在成长的特点而要求学生十全十美，求全责备。其实，作为发展中的人，学生的不完美是正常的，而十全十美并不符合实际。没有缺陷，就没有发展的动力和方向。把学生作为发展中的人来对待，就要理解学生身上存在的不足，就要允许学生犯错误。当然，更重要的是，要帮助学生解决问题，改正错误，从而不断促进学生的进步和发展。

（4）学生的发展是全面的发展。传统教育重视智力教育，把系统知识的传授放在学校教育工作的中心位置，造成了学生的片面发展，导致走出校门的学生缺乏社会适应能力。现代学生观则强调，当今社会，单纯的智育或者智育占绝对主导地位的教育，已经无法满足社会的需要。教师在教育教学实践中，不仅要重视知识与技能的传授，更要看到过程与方法、情感态度与价值观的重要性，把学生培养成全面发展的人。

2. 学生是独特的人

把学生看成是独特的人，包含以下三个基本含义。

（1）学生是完整的人。学生并不是单纯的抽象的学习者，而是有着丰富个性的完整的人。学习过程并不是单纯的知识接受或技能训练，而是伴随着交往、创造、追求、选择、努力、喜怒哀乐等的综合过程，是学生整个内心世界的全面参与。如果不从人的整体性上来理解和对待学生，那么，教育措施就容易脱离学生的实际，教育活动也难以取得预期的效果。

（2）每个学生都有自身的独特性。每个人由于遗传素质、社会环境、家庭条件和生活经历不同，从而形成了个人独特的心理世界，在兴趣、爱好、动机、气质、性格、智能和特长等方面各不相同。独特性是个性的本质特征，珍视学生的独特性和培养具有独特个性的人，应成为教师对待学生的基本态度。独特性也意味着差异性，差异不仅是教育的基础，也

是学生发展的前提，应视之为一种财富而珍惜开发，使每个学生在原有的基础上都得到完全、自由的发展。

（3）学生与成人之间存在着巨大的差异。学生和成人之间是存在很大差别的，学生的观察、思考、选择和体验，都和成人有明显的不同，“应当把成人看作成人，把孩子看作孩子”。现在的学生视野开阔，思想开放，讲究情趣，对外界事物反应迅速而敏感，追求新意和时髦，再用上一代的观念和行为准则来约束他们，很难取得预期的效果。只有摒弃传统的“小大人”观念，承认并正视现代学生的群体特征，认真研究现代学生的特点，采取积极引导措施，才能有效地和学生沟通，得到他们的认同和配合，从而达到教育和影响他们的目的。

3. 学生是具有独立意义的人

把学生看成具有独立意义的人，包含以下三个基本含义。

（1）每个学生都是独立于教师的头脑之外，不以教师的意志为转移的客观存在。学生既不是教师的四肢，可以由教师随意支配；也不是泥土或石膏，可以由教师任意捏塑。因此，绝不是教师想让学生怎么样，学生就怎么样。教师要想使学生接受自己的教导，首先要把学生当作不以自己的意志为转移的客观存在，当作具有独立性的人来看待，使自己的教育和教学适应学生的情况、条件、要求和思想认识的发展规律。教师不但不能把自己的意志强加给学生，而且连自己的知识也是不能强加给学生的。因为这样并没有尊重学生的主观能动性，只会挫伤学生的主动性、积极性，扼杀他们的学习兴趣，堵塞他们的思想，引起他们自觉或不自觉的抵制或抗拒。

（2）学生是学习的主体。每个学生都有自己的感官、头脑、性格、知识和思想，正如每个人都只能用自己的器官吸收物质营养一样，学生也只能用自己的器官吸收精神营养。教师不可能代替学生读书，不可能代替学生感知、观察与分析，更不可能代替学生掌握规律。因而，学生是学习的主体。教师主导对学生客体的教育与改造，只是学生发展的外部条件和外因，学生的主体活动才是学生获得发展的内在机制和内因，这表现为以下几点。

第一，学生是具有一定主体性的人。学生作为各种学习活动的发起者、行动者、作用者，首先要有一定的主体性，这是他作为主体的基本条件。

第二，学生是学习活动的主体。学生是学习活动的主体，学习活动是学生的主体活动。

第三，教学过程在于建构学生主体地位。学生虽然具有一定的主体性，但就其程度而言比较低，就其范围而言比较狭窄。在教学中，学生主体相对于教师主体来说，诸多方面的力量显得十分微弱。因此，教师要发挥好主导作用，努力建构学生的主体地位。

（3）学生是责权主体。从法律角度看，在现代社会，学生在社会系统中享受各项基本权利，有些甚至是特定的。但同时，学生也要承担一定的责任和义务。把学生作为责权主体来对待，是现代教育区别于古代教育的重要特征，是教育民主的重要标志。

在教育实践中，一方面，我们要承认学生的权利主体地位，学校和教师要保护学生的合法权利；另一方面，学校负有对学生进行教育和管理的责任，必然要对学生的权利有所制约。如何既尊重和保护学生的权利，同时又能对学生实施有效的管理，担负起学校教育人、塑造人的责任，是教育管理上的重要问题。这一矛盾的实质是学生权利的自由与限制的问题。

三、认识学生的权利和义务是处理好师生关系的前提

（一）国际法中确立的学生地位

1989年11月20日，联合国大会通过了《儿童权利公约》，其核心精神是：维护青少年儿童的社会权利主体地位；强调儿童作为社会的未来和人类的希望，有着独立的社会地位和需要社会予以保障的权利。体现这一精神的基本原则是：

（1）儿童权宜最佳原则；

（2）尊重儿童尊严原则；

（3）尊重儿童观点与意见原则；

（4）无歧视原则。

我国对中小学生地位的界定是：在国家法律认可的各级各类学校里接受教育的未成年的社会公民。

（二）我国法律赋予学生的权利

我国《宪法》《教育法》《义务教育法》和《未成年人保护法》以及其他相关的政府行政法规，都规定了学生的相关权利，概括起来有以下几个方面。

1. 生存的权利

现行《宪法》第四十九条规定："父母有抚养与教育未成年子女的义务。"《未成年人保护法》第十七条规定："未成年人的父母或者其他监护人不得实施下列行为：（一）虐待、遗弃、非法送养未成年人或者对未成年人实施家庭暴力；（二）放任、教唆或者利用未成年人实施违法犯罪行为；（三）放任、唆使未成年人参与邪教、迷信活动或者接受恐怖主义、分裂主义、极端主义等侵害；（四）放任、唆使未成年人吸烟（含电子烟，下同）、饮酒、赌博、流浪乞讨或者欺凌他人；（五）放任或者迫使应当接受义务教育的未成年人失学、辍学；（六）放任未成年人沉迷网络，接触危害或者可能影响其身心健康的图书、报刊、电影、广播电视节目、音像制品、电子出版物和网络信息等；（七）放任未成年人进入营业性娱乐场所、酒吧、互联网上网服务营业场所等不适宜未成年人活动的场所；（八）允许或者迫使未成年人从事国家规定以外的劳动；（九）允许、迫使未成年人结婚或者为未成年人订立婚约；（十）违法处分、侵吞未成年人的财产或者利用未成年人牟取不正当利益；（十一）其他侵犯未成年人身心健康、财产权益或者不依法履行未成年人保护义务的行为。"

2. 受教育的权利

《宪法》第四十六条规定："国家培养青年、少年、儿童在品德、智力、体质等方面全面发展。"

现行《义务教育法》第四条规定："凡具有中华人民共和国国籍的适龄儿童、少年，不分性别、民族、种族、家庭财产状况、宗教信仰等，依法享有平等接受义务教育的权利，并履行接受义务教育的义务。"第十一条规定："凡年满六周岁的儿童，其父母或者其他法定监护人应当送其入学接受并完成义务教育；条件不具备的地区的儿童，可以推迟到七周岁。"

《未成年人保护法》第十六条规定："未成年人的父母或者其他监护人应当尊重未成年人接受教育的权利，保障适龄未成年人依法接受并完成义务教育。"第二十八条规定："学

校应当保障未成年学生受教育的权利，不得违反国家规定开除、变相开除未成年学生。”

3. 获得物质保障的权利

为了使学生顺利完成学业，国家有关法律法规对需要救济和奖励的学生获取物质保障的权利都做出了规定，据此国家建立了奖学金、贷学金和助学金制度。《普通高等学校本、专科学生实行奖学金制度的办法》规定：“普通高等学校和中等专业学校学生有获得奖学金的权利。奖学金分三类，学生可根据条件申请不同类型、不同等级的奖学金：德智体方面全面发展、品学兼优的学生可获得优秀学生奖学金；考入师范、农林、体育、民族、航海等专业的学生均有权享受专业奖学金；立志毕业到边疆地区、经济贫困地区和自愿从事煤炭、矿业、石油、地质、水利等艰苦行业的学生，可按有关规定申请定向奖学金。”《普通高等学校本、专科学生实行贷款制度的办法》规定：“经济确有困难、学习努力、遵守国家法律和学校纪律的学生，均有权提出贷款申请，以解决在校期间的生活费用。”《义务教育法实施细则》规定，“贫困学生包括初级中等学校、特殊教育学校的经济困难的学生，少数民族聚居地区、经济困难地区、边远地区的小学及其他寄宿小学的家庭经济困难的学生”，他们有权按照省级人民政府制定的实行助学金制度的具体办法申请助学金。

4. 获得公正评价的权利

这项权利包括获得公正考评和学业证书两个方面。

首先，学生有权利获得公正考评。教育及其管理部门要严格执行国家的教育方针政策和法规，对每个学生的学业成绩和品行一视同仁地做出公正考评。学业成绩考评是教育机构对学生在某一阶段的学习情况、知识结构能力水平的概况性鉴定，包括课程考试成绩记录、平时学习情况和总评。品行考评是对学生的思想品德和行为表现进行的鉴定，包括政治觉悟、道德品质、劳动态度等的考评。

其次，学生有获得相应学业证书的权利。学业证书是对学生某一阶段学业成绩、学术水平和品行道德终结性评定，对学生的升学、就业和今后的发展具有重要的作用。学生在思想品德方面合格的情况下，学完或提前学完教育教学计划规定的全部课程，经考核及格或修满学分，均有获得相应学业证书的权利，如毕业证、结业证、肄业证、学位证和其他学业证书。

5. 获得尊重的权利

《未成年人保护法》第二十七条规定：“学校、幼儿园的教职员工应当尊重未成年人人格尊严，不得对未成年人实行体罚、变相体罚或者其他侮辱人格尊严的行为。”第 30 条规定：“任何组织和个人不得披露未成年人的个人隐私。”第六十三条规定：“对未成年人的信件，任何组织或者个人不得隐匿、毁弃非法删除未成年人的信件、日记、电子邮件或者其他网络通讯内容。”

6. 获取安全的权利

《未成年人保护法》第三十六条规定：“学校、幼儿园不得在危及未成年人人身安全、身心健康的校舍和其他设施、场所中进行教育教学活动。”第五十条规定：“禁止制作、复制、出版、发布、传播含有宣扬淫秽、色情、暴力、邪教、迷信、赌博、引诱自杀、恐怖主义、分裂主义、极端主义等危害未成年人身心健康内容的图书、报刊、电影、广播电视节目、舞台艺术作品、音像制品、电子出版物和网络信息等。”第五十九条规定：“学校、幼儿园周边不得设置烟、酒、彩票销售网点。禁止向未成年人销售烟、酒、彩票或者兑付彩票奖金。烟、酒和彩票经营者应当在显著位置设置不向未成年人销售烟、酒或者彩票的标志；对难以判明是否是未成年人的，应当要求其出示身份证件。任何人不得在学校、幼儿园和其他未成年人集中活动的公共场所吸烟、饮酒。”

7. 申请法律救济的权利

这是公民的申诉权和诉讼权在学生身上的具体体现。根据我国法律规定，学生对学校、教师侵害其人身权、财产权等合法权利有提起申诉的权利。

除了诉讼权外，学生还有申诉权。学生对学校、教师侵犯其权利而不在诉讼范围内的，有权向司法和行政部门提起申诉。

（三）我国法律要求学生承担的义务

学生的义务是指学生依据教育法及其他相关法律、法规，在参加教育活动中必须履行的义务。依据学生就读学校的类别和年龄的不同，学生的具体义务也不同，我国《教育法》第三十条对各级各类学校及其他教育机构的学生的基本义务做了规定，学生的基本义务概括而言，包括五个方面。

1. 遵守法律、法规的义务

学生是国家公民的一员，和其他公民一样，遵守法律、法规是一项基本要求。《宪法》第三十三条规定：“任何公民享有宪法和法律规定的权利，同时必须履行宪法和法律规定的义务。”对学生来说遵守法律和法规的义务，还要强调遵守教育法律和法规的义务。我国已颁布和施行了《教育法》《学位条例》《义务教育法》《教师法》《职业教育法》《高等教育法》等有关教育的法律，以及《扫除文盲工作条例》《高等教育自学考试暂行条例》《全国中小学勤工俭学暂行工作条例》《学校体育工作条例》《学校卫生工作条例》《残疾人教育条例》等教育行政法规。此外，国务院教育行政部门单独或与其他部委联合制定、施行了若干有关教育的规章，地方立法机关也依法制定了大量有关教育的规章。这些法律、法规和规章都涉及学生的权利和义务。学生作为最广泛的法律关系主体，必须同教育者一起知法、守法。

2. 遵守学生行为规范的义务

学生行为规范主要指国家教育行政部门制定、颁发的关于学生行为准则的统一规定，包括《小学生日常行为规范》《中学生日常行为规范》《高等学校学生行为准则》《小学生守则》《中学生守则》《高等学校学生守则》等。这些规章集中体现了国家对不同教育阶段学生在政治、思想、品德等方面的基本要求，各级各类学校的学生应当遵守相应的行为规范，养成良好的思想品德和行为习惯。

3. 遵守学校管理制度的义务

学校管理制度是国家教育管理制度的重要组成部分，是确保学校教育教学活动正常有序进行的基本措施，也是国家为实现教育权而赋予学校制定的必要纪律，是国家法律、法规的具体化。遵守学校的管理制度与遵守国家法律、法规在本质上是一致的。各级各类学校管理制度不同，但一般主要有四方面的内容。

（1）思想政治教育管理制度。

（2）教学管理制度。

（3）学籍管理制度，包括入学注册和成绩考核、登记，对升级、留级、转学、复学、休学、退学的处理，以及考勤、奖惩、毕业资格审查等管理规定。

（4）体育管理、卫生管理、图书仪器管理、校园及宿舍管理等方面的制度。

4. 努力完成学业的义务

学习科学文化知识，完成规定的学业，使自己成为全面发展的社会主义建设者和接班人，是学生的首要任务，也是学生区别于其他公民的一项主要义务。对义务教育阶段的学生来说，这种义务是具有强制性的。对于非义务教育阶段的学生来说，这是在享用受教育权利的同时应承担的义务。履行完成学业的义务是学生享有获得学业证书的权利的前提。

5. 尊重师长的义务

尊重师长是我国的传统美德，是现代社会文明的标志，也是学生的基本义务。因为在教育活动中，教师是文化知识的传播者，承担着教书育人、培养社会主义事业建设者和接班人的使命，理应受到学生和全社会的尊重。对学生而言，也要自觉养成尊重师长的道德品质，服从师长的管教，协调与师长的关系，维护学校正常的教学秩序。

（四）男女学生在法律中的平等地位

受社会、历史、宗教、传统观念、性别差异等因素的影响，与男生相比，女生的权利容易受到损害，成为社会中相对脆弱的群体。尤其是在受教育方面，女子不易得到与男子同等的机会，作为公民的平等受教育权往往难以实现。为此，我国法律做出了许多保护性的规定。《宪法》第三十三条规定：“中华人民共和国公民在法律面前一律平等。”《妇女权益保障法》《教育法》《义务教育法》等法律规定，国家保障女子享有同男子平等的文化教育权。凡年满6周岁（或7周岁）的儿童，不分性别都有权接受义务教育，而“政府、社会学校应针对适龄女性儿童少年就学存在的实际困难，采取有效措施，保障适龄女性儿童少年受完当地规定年限的义务教育”“学校应当根据女性儿童少年的特点，在教育、管理、设施等方面采取措施，保障女性青少年身心健康发展”。

《中华人民共和国妇女权益保障法》规定：“各单位在录用职工时，除不适合妇女的工种或者岗位外，不得以性别为由拒绝录用妇女或者提高对妇女的录用标准”“学校和有关部门应当执行国家有关规定，保障妇女在入学、升学、毕业分配、授予学位、派出留学等方面享有与男子平等的权利”。另外，该法还要求“各级人民政府和有关部门应当采取措施，根据城镇和农村妇女的需要，组织妇女接受职业教育和实用技术培训”。这些规定是实现男女平等受教育权的法律依据和保障，需要执法部门、社会组织和全体公民遵守履行。

四、学生发展的一般任务

不同年龄阶段的学生有不同的发展任务。教育原理主要探讨中小学教育的基本原理，所以这里主要讨论小学和中学阶段学生的发展任务。

（一）小学阶段学生的发展任务

小学招收的主要是6岁、7~12岁、13岁的学生，这个年龄阶段称为童年期，又称学龄初期，其发展任务是：

（1）发展基本的阅读、书写和计算技能；

（2）发展形象思维，即借助具体的事物进行推理的能力；

（3）发展有意注意的能力；
（4）发展社会性的情感；
（5）发展意志的主动性和独立性；
（6）建立对自己的完整态度；
（7）学习与同辈相处的方式；
（8）学习分辨是非，发展良知和品德；
（9）发展对社会、集体的态度；
（10）培养创造意识。

（二）初级中学阶段学生的发展任务

这一阶段学生处于 11 岁、12 ~ 14 岁、15 岁的年龄区域，称为学龄中期，其发展任务是：

（1）发展有意记忆的能力；
（2）发展借助表象进行逻辑思维的能力；
（3）发展创造性能力及探索精神；
（4）培养一定的兴趣和爱好；
（5）培养情绪的独立性品质；
（6）学习处理与同辈的关系，建立与同辈的友谊；
（7）初步形成自己的理想和价值体系；
（8）发展自我教育的能力；
（9）学会逐步适应自己生理变化带来的压力；

（三）高级中学阶段学生的发展任务

这一阶段的学生处于 14 岁、15 ~ 17 岁、18 岁的年龄区域，属于青春期，其发展任务是：

（1）发展辩证思维能力；
（2）为职业生活做准备；
（3）学习选择人生道路；
（4）正确认识自己和社会，形成积极向上的人生观和世界观；
（5）获得一定的社会角色定向；
（6）学会正确对待友谊和爱情；
（7）提高自我调节生活与心理状态的能力；
（8）培养创造性学习的能力。

五、新课程倡导的学习方式

（一）自主学习

1. 自主学习的概念

自主学习是关注学习者的主体性和能动性，学生自主而不受他人支配的学习方式。

2. 自主学习的特点

（1）自主学习是一种主动学习，是相对于被动学习、他主学习而言的。主动性是自主学习的基本品质，表现为“我要学”。

（2）自主学习是一种独立学习，是自主学习的核心，表现为“我能学”。

（3）自主学习是一种元认知监控的学习，突出表现在对学习的自我计划、自我调整、自我指导和自我强化上。

（二）探究学习

1. 探究学习的概念

探究学习也称发现学习，是一种以问题为依托的学习，是学生通过主动探究来解决问题的过程。探究学习是相对于接受学习而言的。

2. 探究学习的类型

探究学习分为接受式探究和发现式探究两种类型。

3. 探究学习的特点

探究学习具有问题性、过程性、开放性三大特点。

4. 探究学习的过程

探究学习可分为问题阶段、计划阶段、研究阶段、解释阶段与反思阶段。

值得注意的是，提倡探究学习并不是完全抛弃接受学习。

（三）合作学习

1. 合作学习的概念

合作学习是指学生以小组为单位进行学习的方式，合作学习是相对于个体学习而言的。

2. 合作学习的特点

合作学习的特点具有互助性、互补性、自主性和互动性。

3. 合作学习的意义

（1）合作学习能激发创造性，有助于培养学生的合作意识、提高学生的合作技能。

（2）合作学习有利于学生之间的交流沟通，有利于培养团队精神，凝聚人心，增进认识与理解。

（3）合作学习能够促使学生不断反省，不断提高。

第三节　师生关系

一、师生关系的历史概况

（一）中国古代的师生关系

孔子和其弟子堪称良好师生关系的典范。孔子热爱学生，循循善诱，诲人不倦；学生对他既尊重敬仰，又和他亲密无间。韩愈在《师说》中提出：“闻道有先后，术业有专攻。”“弟子不必不如师，师不必贤于弟子。”但古代师生关系也受到等级制度的影响，强调师道尊严，教师的权威地位得以确立。所以，中国古代教育史上也存在这样的情况：学生对教师必须绝对服从，只能听而不问，信而不疑。如中国最早的学生守则《弟子职》，就对学生如何尊师进行了严格规定。

（二）西方近代的师生关系

法国思想家、教育家卢梭等人提出了“民主”“平等”“个性自由”“个性解放”等口号。这对反对教育压制儿童天性和无视儿童人格的封建师生关系来说具有进步意义。但卢梭又把它引向极端，认为“凡造物主手中的东西都是好的，一到社会就变坏了”。他在其教育名著《爱弥儿》中，主张把儿童放到大自然中去培养，出现否认教育和教师的倾向。此后，德国著名教育家赫尔巴特提出“学生对教师必须保持一种被动状态”的“教师中心论”，美国著名教育家杜威主张“教育要把儿童当作太阳”的“儿童中心论”。这两个学说长期争论，对西方师生关系的理论和实践有很大影响。

（三）师生关系的内涵

师生关系是指教师和学生在教育教学活动中结成的相互关系，包括彼此所处的地位、作用和相互对待的态度。师生关系是教育活动过程中人与人关系中最基本、最重要的关系。良好的师生关系是教育教学活动取得成功的必要保证。

二、我国社会主义学校师生关系的基本要求

我国学校中的师生关系，是建立在社会主义制度基础上的，是我国社会民主平等、团结互助的新型人际关系的反映。

（一）社会关系：民主平等

我国是以公有制为基础的社会主义国家。我国的教师和学生，虽然在学校教育的组织系统中扮演着不同的社会角色，教师是教育者，学生是受教育者，但是他们都是为了建设社会主义国家这个共同的目标而完成各自的教学和学习任务，在政治和人格上是平等的。教师借助于传授知识而培养受教育者，但教师和学生在真理面前是平等的。对我国中小学师生关系类型的分析研究表明，对立型、依赖型、自由放任型的师生关系下的教育教学效果，远不如民主平等型师生关系下的教育教学效果好。社会主义学校师生的民主平等关系，要求教师对学生负有教育管理的职责，学生要听从教师的教导。但也要求教师要认真接受学生提出的合理意见和要求。

民主平等不仅是现代社会民主化趋势的需要，也是教学生活人文性的直接要求和现代人格的具体体现。它要求教师理解学生，发挥非权力性影响，并一视同仁地与所有学生交往，善于倾听不同的意见；同时也要求学生正确表达自己的思想和行为，学会合作和共同学习。

（二）人际关系：尊师爱生

学生对教师尊敬信赖，教师对学生关心热爱，这是社会主义新型师生关系的重要特征。学生是国家的未来、民族的希望，关心爱护学生是期望他们承担起建设社会主义的重任。学生对教师的尊敬和信赖随学生年龄和学识的增长而变化，小学生以教师对自己的态度为依据，中学生对教师的尊敬和信赖主要依据教师的学识和人格。爱生是尊师的基础，尊师是爱生的结果。教师是教育者，教师在建立尊师爱生新型师生关系中起主导作用。

现代教育中的“尊师爱生”不是封建等级关系、政治连带关系、伦理依附关系，而是师生交往与沟通的情感基础、道德基础，其目的主要是相互配合与合作，顺利开展教育

活动。

尊师就是尊重教师，尊重教师的劳动和教师的人格与尊严，对教师要有礼貌，了解和认识教师工作的意义，理解教师的意愿和心情，主动支持和协助教师工作，虚心接受教师的指导；爱生就是爱护学生，爱护学生是教师热爱教育事业的重要体现，是教师对学生进行教育的感情基础，是教师的基本道德要求，也是培养学生热爱他人、热爱集体的道德情感基础。

尊师与爱生是相互促进的两个方面，教师通过对学生的尊重和关爱换取学生发自内心的尊敬和信赖，而这种尊敬和信赖又可促使教师更加努力地工作，为学生营造良好的心理气氛和学习条件。爱生是尊师的重要前提，尊师是爱生的必然结果。

（三）心理关系：心理相容

广义的心理相容是指群体成员在心理与行为上的彼此协调一致与谅解。它是群体人际关系的重要心理成分，是群体团结的心理特征。从师生之间的人际关系角度看，师生心理相容是指教师和学生集体、和学生个人之间，在心理上彼此协调一致，并相互接纳。心理相容以群体共同活动为中介，以成员彼此对共同活动的动机与价值观的一致为前提。教师与学生之间虽然文化水平不同，但教师和学生的社会目标和根本利益是一致的，在教师教导下，学生集体与个人和教师的动机与价值观念也能达到某种一致。在社会主义学校里，师生之间的心理相容，是以教师教育活动为中介，使师生彼此相互了解，观点、信念、价值观达成一致的结果。师生之间动机与价值观达成一致，教师的行动就会引起学生集体和个人的相应行动，并得到学生集体和个人的肯定。心理相容造成的师生之间融洽的气氛，对维系正常的师生关系起着重要的情感作用，对维持学校秩序、保证教育教学任务的完成起着重要作用。

狭义的心理相容指的是教师与学生之间在心理上协调一致，在教学实施过程中表现为师生关系密切、情感融洽、平等合作。在教学过程中，师生的心理情感总是伴随着认识、态度、情绪、言行等的相互体验而形成亲密或排斥的心理状态。不同的情绪反应对学生课堂参与的积极性和学习效率有重大影响。在日常的教学过程中可以看到，学生对所学各门课程是有不同感情的，它影响着学生注意力和时间的分配，导致学生各门课程学习的不平衡，这都可以从师生心理关系、情感等因素上找到原因。

教学中会出现师生心理障碍，要消除这种心理障碍，增强师生之间的心理相容性，提高教学效果，应着重在三个方面努力。

（1）多接触学生，研究学生，了解学生的心理状态。

（2）遵循教育规律，多采取讨论式、启发式等教学方法。

（3）为人师表，以人格力量感化学生。

（四）教育关系：教学相长

教育教学是师生双边活动的过程。在师生共同参与的教育活动中，双方存在着相互促进、彼此推动的关系。因为知识学问的掌握不能单靠教师的传递，还要靠学生自己的领悟、体验。教师的作用只是做学生掌握知识的领路人、提高觉悟的启迪者，教师不应该也不可能代替学生来进行学习与思考。教师必须根据学生的反馈信息，调整教育计划与措施，这就促进了教师的提升。

我国最早的教育专著《学记》说：“虽有佳肴，弗食不知其旨也；虽有至道，弗学不知其善也。是故学然后知不足，教然后知困。知不足，然后能自反也；知困，然后能自强也。故曰：教学相长。”知识学问是广阔无垠的，一个教师对某个知识本质可能把握得较好，但

学生自己的领悟和体验也可能更适合他们自己，甚至能更好地理解知识。韩愈说“弟子不必不如师，师不必贤于弟子”“道之所存，师之所存也”，都说明教师尽管闻道在先，但并非尽知天下事。因此，教师就更加需要了解自己的学生，从学生中汲取教学智慧。

教学相长包括三层含义：第一，教师的教可以促进学生的学；第二，教师可以向学生学习；第三，学生可以超越教师。

三、师生关系的具体表现

师生关系主要指师生之间在教育过程中所发生的直接交往和联系，包括为完成教育任务而形成的工作关系，为交往而形成的人际关系，以组织结构形式表现的组织关系，以情感认识等为表现形式的心理关系。师生之间的现实关系是不断变化和丰富多样的，可以从不同的层面进行划分，主要表现为社会关系、伦理关系、心理关系、工作关系和教育关系。

（一）平等的社会关系

平等的社会关系是人与人的各种社会关系在教育教学中的反映，主要表现为师生之间存在的代际关系、政治关系、文化的授受关系、道德关系及法律关系。

（二）尊重与被尊重的伦理关系（人际关系）

师生之间的伦理关系是指在教育教学活动中，教师与学生构成一个特殊的道德共同体，各自承担一定的伦理责任，履行一定的伦理义务。这种关系是师生关系体系中最高层次的关系形式，对其他关系形式具有约束和规范作用。

（三）爱与被爱的心理关系

师生心理关系的实质是师生个体之间的情感是否融洽、个性是否冲突、人际关系是否和谐，具体体现在：师生之间的认知关系是师生心理关系的基础；情感关系是师生心理关系的另一个重要方面。

（四）服务与被服务的工作关系

教师的教服务于学生的学，所以教师要树立服务学生的意识。

（五）指导与被指导的教育关系

师生之间的教育关系是指教师与学生在教育教学活动中为完成一定的教育任务，以“教”和“学”为中介，以促进学生的整体发展和自主发展为目标而建立的一种工作关系。师生的教育关系是基本关系，其他师生关系皆服务于这一关系。具体表现如下。

（1）从教学过程主体作用来说，教师和学生是教育和被教育的关系。

（2）从教育作为一种组织来说，教师和学生共同生活在学校、班级、教室等社群中，构成组织与被组织的关系。

（3）从教育活动的展开来说，教师和学生是一种平等的交往关系和对话关系。

四、师生关系的内容

（一）师生在教育内容的教学上结成授受关系

（1）从教师与学生的社会角色规定的意义上看，教师是传授者，学生是授受者。

（2）学生在教学中主体性的实现，既是教育的目的，也是教育成功的条件。

(3) 对学生指导、引导的目的是促进学生的自主发展。

(二) 师生在人格上是平等的关系

学生作为一个独立的社会个体，在人格上与教师是平等的。教师和学生是一种朋友式的友好帮助关系。

(三) 师生在社会道德上是互相促进的关系

教师对成长中的儿童和青少年有着潜移默化的影响，一位教育工作者的真正威信在于他的人格力量，会对学生产生终身影响。

学生不仅对教师的知识水平、教学水平做出反应，对教师的道德水平、精神风貌更会做出反应，并用各种形式表达他们的评价和态度。

五、师生关系的基本类型

(一) 专制型师生关系

在此类师生关系中，教师教学责任心强，但不讲求方式方法，不注意听取学生的意愿和与学生的协作；学生对教师只能唯命是从，不能发挥自身的独立性和创造性，学习是被动的；师生交往一般缺乏情感因素，难以形成互尊互爱的良好人际关系，甚至会因教师的专断粗暴、简单随意而引起学生的反感、憎恶甚至对抗，造成师生关系的紧张。

(二) 放任型师生关系

在此类师生关系中，教师缺乏责任心和爱心，对学生的学习和发展任其自然；学生对教师的教学能力产生怀疑、失望甚至议论、轻视教师的人格。师生关系冷漠，班级秩序失控，教学效果较差。

(三) 民主型师生关系

在此类师生关系中，教师能力强、威信高，善于同学生交流，不断调整教学进程和方法；学生学习的积极性高，兴趣广泛、能独立思考，和教师配合默契。民主型师生关系来源于教师的民主意识、平等观念以及较高的业务素质和强大的人格力量，是最理想的师生关系类型。

六、师生关系的作用

(1) 良好的师生关系是教育教学活动顺利进行的保障。

(2) 良好的师生关系是构建和谐校园的基础。

(3) 良好的师生关系是实现教学相长的催化剂。

(4) 良好的师生关系能够满足学生的多种需要。

(5) 良好的师生关系有助于提高教师的威信，有助于师生心理健康发展。

七、怎样建立良好的师生关系

要建立良好师生关系，必须做到以下几点。

(一) 树立正确的师生观，把教师主导作用和学生的主体能动性结合起来

在我国学校的组织体系中，教师是教育者、领导者，又是服务者；学生是受教育者、被

领导者，又是学习的主人。因此，教师要高度尊重学生的人格，尊重学生的自主性、主动性和积极性，要热爱学生，全心全意为学生服务。虽然学生是学习的主人，但他们是不成熟的，学生离不开教师的扶持和引导。因此，学生必须尊重教师、信赖教师、依靠教师。

从教育和教学促进学生的身心发展而言，教师的“教”是外因，学生的“学”是内因，教师在整个教育教学过程中起主导作用，学生要发挥自我学习、自我发展的能动作用。教师的主导作用发挥得如何，主要是看是否发挥了学生的自主性、能动性、创造性。学生主体作用发挥得如何，则是衡量教师主导作用发挥得如何的标准。强调学生是学习的主体，并不否认或贬低教师在教育教学实践中的主导作用。恰恰相反，学生主体作用的发挥，必须建立在发挥教师主导作用的基础上。

（二）加强教师与学生的交往，是建立良好师生关系的基础

没有深入到学生中间经常与学生交往，就无从产生亲密无间的师生情感和师生关系。师生交往的过程就是了解学生对各种事物感受的过程，教师对之表示理解并加以引导，就可以增进师生之间的感情联系。师生交往的过程就是相互满足需要的过程，师生在交往中需要得到满足就必然增进师生的感情联系，逐步形成亲密无间的感情和关系。

师生之间一般要经历接触、亲近、共鸣、信赖四个步骤，才能建立起较为亲密的关系。师生初次接触师生之间难免有生疏之感，学生难免有敬畏心理。经过多次接触，学生感到教师平易近人，而产生愿意同老师亲近的感情。有了亲近的感情，在学习与生活中，教师诚挚的关怀、耐心引导被学生理解，或在共同活动中激发学生的浓厚兴趣，从而产生情感上的共鸣；把学生引上学习与进步的成功之路，学生必然信赖老师。

在师生交往的初期，往往会出现不和谐因素，如因为不了解而不敢交往或因误解而造成冲突等，这就要求教师掌握沟通与交往的主动性，经常与学生保持接触、交流；同时，教师还要掌握与学生交往的策略和技巧，如寻找共同的兴趣或话题、一起参加活动、邀请学生到家做客、保持通信联系等。

（三）在平等的基础上树立教师威信，为教育教学工作的顺利开展创造条件

教师是教育者，树立教师威信，对形成正常的师生关系，建立正常的学校秩序，提高教育教学效果，都是十分必要的。但是，真正的教师威信不能单靠行政手段来建立，那样只能增加学生的反抗心理，要树立真正的教师威信首先需要依靠教师素质和教育教学水平的提高。教师的道德素养、知识素养和能力素养是学生尊重教师的重要条件，也是教师提高教育影响力的保证。教师以其高尚的品德、渊博的知识、高超的教育教学艺术来为学生提供高效而优质的服务，必然会赢得学生的尊重和爱戴，树立起教师威信。

树立教师威信还需要具有教师职业所要求的特殊性格，即具有童心、公正感和自制力。教师要树立自己的威信，首先要有童心，即在教师心灵中保有儿童的心灵和生活世界。只有这样，才能了解儿童，才能从生活到思想和儿童打成一片，从而获得教育儿童的条件。教师要树立自己的威信，其次要坚持公正。教师公正就是要求教师对不同相貌、性别、智力、个性，对不同家庭社会背景、不同籍贯、不同亲疏关系的学生，要一视同仁。公正是学生信赖教师的基础。教师对待学生公正、平等、无私，不仅给学生道德心灵上以极其有益的影响，激励他们追求真善美，而且更有益于提高教育工作的效果。教师要树立自己的威信，还要具有自制力。自制力就是要求教师懂得，教师是教育者，学生是受教育者，无论学生犯了多么明显的错误，有多么无理，无论学生如何“顶撞”或“冒犯”，作为一名人民教师，始终不能忘记自己的身份，不能也没有权利对学生发脾气，以致出失去理智的行为。

（四）了解、研究学生，热爱、尊重学生，公平、公正对待学生

教师要和学生有共同语言，使教育影响深入学生的内心世界，就必须了解和研究学生。了解和研究学生主要包括三个方面：了解和研究学生个人，如学生个体的思想意识、道德品质、兴趣、需要、知识水平、个性特点、身体状况等；了解和研究学生的群体关系，如班集体的特点及其形成原因；了解和研究学生的学习和生活环境，如学习态度和方法。

热爱学生包括热爱所有学生，对学生充满爱心，经常走到学生之中，忌挖苦、讽刺学生，粗暴对待学生。尊重学生特别要尊重学生的人格，保护学生的自尊心，维护学生的合法权益，避免师生对立。

教师处理问题必须公正无私，使学生心悦诚服。

（五）发扬教育民主

教师要以平等的态度对待学生，而不能以“权威”自居。教育教学中，要尊重学生的看法，鼓励学生质疑，发表不同意见，以讨论、协商的方式解决争端。要营造一个民主的氛围，保护学生的积极性，保证学生具有安全感。

（六）正确处理师生矛盾

教育教学过程中，师生之间发生矛盾是难免的，教师要善于控制自己的情绪，冷静全面地分析矛盾，正视自身的问题，敢于自我批评，对学生的错误进行耐心的说服教育或必要的等待、解释等。要能与学生心理互换，设身处地为学生着想，理解学生、帮助学生、满足学生的正当要求，启发学生自省改过。

（七）增强法制意识，保护学生的合法权利

教师要增强法制意识，明确师生的权利与义务，切实依法保护学生的合法权利。

（八）加强师德建设，纯化师生关系

师生关系是一种教育关系，即一种具有道德纯洁性的特殊社会关系。教师应加强自身修养，提高抵御不良社会风气的积极性和能力。同时，也要更新管理观念，树立以人为本的管理思想，为师生关系的纯化创造有利的教育环境。

八、师生关系存在的主要问题

（一）在学校教学活动中存在的师生关系方面的问题

（1）师生之间的权利义务关系比较混乱，学生权利经常得不到应有的保护。

（2）在学校教育中，教师为学生筹划一切，包办代替。

不论是侵犯学生权利还是包办代替，都不是恰当的师生关系。怎样解决这些问题呢？

第一，树立教育民主思想；第二，提高法制意识，保护学生的合法权利；第三，加强师德建设，纯化师生关系。

（二）师生情感关系目前存在的主要问题

从整体上说，师生情感关系的状况仍难以令人满意，师生之间情感冷漠、缺乏沟通的现象比比皆是。师生之间缺乏积极的情感联系，不仅使一直为人们所珍视的师生情谊黯然失色，也使教学活动失去了宝贵的动力源泉。优化师生情感关系，重建温馨感人的师生情谊，

是改变师生关系的现实要求。

怎样解决这些问题呢？

新型的良好师生情感关系应该是建立在师生全面交往基础上的情感关系。它是一种真正的人与人的心灵沟通，是师生互相关爱的结果；它是师生创造性得以充分发挥的催化剂，是促进教师与学生的性情和灵魂提升的沃土；它是一种和谐、真诚和温馨的心理氛围，是真善美的统一体。为此，需要教师真情全身心地投入，需要在完善教学活动和完善个性两个方面共同努力：第一，教师要真情对待学生，关心爱护学生，展现教学过程的魅力，品味教学成功的喜悦；第二，教师要完善个性，展现个人魅力。

本章小结

教师职业是一种专门化的职业，有着自身的劳动特点，这些特点要求教师必须具有良好的职业素养，这是教师做好本职工作的前提。学生既是教育的客体又是学习的主体，在教育过程中有着自身的特点。良好的师生关系是教育教学活动取得成功的必要保证，因此，教师要积极、努力地建立良好的师生关系，以保证教育教学活动取得更大成功。

思考练习

一、单项选择题

1. 尽管工作压力大，事务繁杂，但何老师始终保持积极的工作态度，用微笑面对每一个学生，这体现了何老师（　　）。

A. 身体素质良好　　B. 职业心理健康

C. 教学水平高超　　D. 学科知识丰富

2. 某校组织同一学科教师观摩教学，课后针对教学过程展开研讨，提出完善的教学建议。这种做法体现了教师专业发展途径（　　）

A. 进修培训　　B. 同伴互助　　C. 师德结对　　D. 自我研修

3. 教师要经常恰当地处理教学中产生的问题，这体现了教师劳动的（　　）特点。

A. 示范性　　B. 目的性　　C. 主体性　　D. 创造性

4. 优秀运动员的成功，往往要追溯到启蒙教练的培养。这说明教师劳动具有（　　）。

A. 创造性　　B. 长期性　　C. 示范性　　D. 复杂性

5. 法国文学家加缪获得诺贝尔文学奖后，第一时间给他的小学老师写了一封信表示感谢。这反映了教师劳动具有（　　）。

A. 复杂性　　B. 延续性　　C. 创造性　　D. 示范性

6. 罗森塔尔效应强调（　　）对学生发展具有重要影响。

A. 教师的知识　　B. 教师的能力　　C. 教师的人格　　D. 教师的期望

7. 教师作为一门独立的职业最早出现于（　　）。

A. 奴隶社会　　B. 封建社会　　C. 文艺复兴时期　　D. 近代社会

二、简答题

1. 怎样理解教师职业的性质与特点?
2. 教师应具备怎样的职业素养?
3. 怎样理解学生在教育过程中的地位、作用及特点?
4. 什么是师生关系?其具体表现是什么?如何建立良好的师生关系?

第八章 课程和课程改革

学习目标

1. 了解课程的含义。
2. 了解课程的类型以及制约课程的因素。
3. 了解课程的目标、内容、实施、评价。
4. 了解我国第八次课改的相关内容。

课程是学校教育的基础，课程改革是教育改革的核心，是提高教育质量的根本保证。通过课程的学习，形成民主、科学和开放的课程观，是教师走上工作岗位前应有的基本准备。教材是课程内容的表现形式之一。教材不应该也越来越不可能成为唯一的课程资源，更不能等同于课程本身。我们只能说，教材是一种重要的课程资源，对于学校和教师来说，课程的实施应该是如何更好地用教材，而不是简单地教教材。

第一节 课程概述

一、课程含义

（一）课程的渊源

在我国，“课程”一词始见于唐宋期间。唐朝孔颖达在《五经正义》里为《诗经·小雅·巧言》“奕奕寝庙，君子作之”作注：“维护课程，必君子监之，乃得依法制。”这里的课程用来解释“寝庙”，即秩序。宋朝朱熹在《朱子全书·论学》中多次提到过课程，如“宽着期限，紧着课程”“小立课程，大作工夫”，这里的课程是指功课及其进程，与现代课程的含义基本相同。

在西方，“课程”一词最早出现在英国教育家斯宾塞于1859年发表的文章《什么知识最有价值》里。斯宾塞把课程解释为教学内容的系统组织，其原意是“赛马的跑道”。美国学者博比特1918年出版的《课程》一书，是教育史上第一本课程理论专著，标志着课程作为专门研究领域的诞生。

（二）课程的内涵

古今中外的各类教育著作，对课程有着不同的界定。

1. 课程即教学科目

把课程等同于所教的科目，在历史上由来已久，如我国古代的“六艺”与欧洲中世纪的“七艺”。

2. 课程即有计划的教学活动

这一定义把教学的范围、序列和进程，甚至把教学方法与教学设计，都组合在一起，是对课程的一个比较全面的定义。

3. 课程即预期的学习结果

一些学者认为，课程不应该指向活动，而应该直接关注预期的学习结果或目标，即要把重点从手段指向目的。要求教学活动事先制订一套有结构、有序列的学习目标，所有的学习活动都是为达到这些目标服务。在西方课程理论中相当盛行课程行为目标，泰勒和布鲁姆的理论就是典型。

4. 课程即学习经验

把课程定义为学习经验，是试图把握学生实际学到什么。经验是学生在对所从事的学习活动的思考中形成的。课程是指学生体验到的意义，而不是要学生再现的事实或要学生演示的行为。这种课程定义的核心，是把课程的重点从教材转向个人。

5. 课程即社会文化的再生产

在一些人看来，任何社会文化中的课程，实际上都是（而且也应该是）这种社会文化的反映。学校教育的职责是再生产对下一代有用的知识、技能。这种定义所依据的基本假设是：个体是社会的产物，教育就是要使个体社会化。课程要反映各种社会需要，以便使学生能够适应社会。可见，这种课程定义的实质在于使学生顺应现存的社会结构，从而把课程的重点从教材、学生转向社会。

6. 课程即社会改造

一些激进的教育家认为，课程不是要使学生适应或顺从社会文化，而是要帮助学生摆脱现存社会制度的束缚。他们认为，课程的重点应该放在当代社会的问题、社会的主要弊端、学生关心的社会现象等方面，要让学生通过社会参与的方式养成社会规划和社会行动的能力。学校的课程应该帮助学生摆脱对外部强加给他们的世界观的盲目依从，使学生具有批判的意识。

我国对课程的界定有广义和狭义之分：广义的课程是指为了实现学校培养目标而规定的所有学科的总和及进程安排；狭义的课程特指某一门学科。

我们所研究的课程是广义的，是各级各类学校为实现培养目标而规定的学习科目及其进程的总和。

二、制约课程发展的主要因素

学校课程受多种因素的影响，其中社会、学生、知识是影响课程的主要因素。

（一）社会条件对课程的制约

社会条件对课程的制约是一定社会的经济、政治、文化、意识形态等因素综合作用的结果。在社会诸因素中，经济（生产力）是学校课程不断演变的最终动力，它制约着课程开发的门类。生产力的发展不断要求劳动者提高文化水平、技术水平，这必然引起课程门类的不断变化。

政治经济制度对学校课程的性质起决定作用，课程内容中的社会科学部分主要是由政治经济制度决定的，它制约着课程开发的广度和深度。人类的文化与课程的关系也十分密切，从一定意义上说，学校课程是由人类传递和传播文化知识的需要而产生的，它制约着课程内容的变化。此外，占统治地位的阶级意识制约着课程的管理水平和发展方向。

社会条件对课程的需要与要求主要通过制定和颁布有关课程的教育法和教育方针、政策，制定、实施管理课程的章程，建立国家对学校课程的领导机构来实现。当学校课程按一定社会的需要设计出来，付诸实施后，它就会这个社会服务，对社会产生巨大影响。

（二）学生的身心发展条件对课程的制约

学生身心发展的条件对一定学校课程的总体设计、分科标准的制定、各类教材的编制有着重要的制约作用，特别是它制约着课程的开发方向。其制约作用主要表现为以下几方面。

首先，对课程设计目标的制约。对学生的各个方面发展的课程设计总体目标的规定要体现学生身心发展的统一性，并使其辩证地统一起来，同时还要体现学生身心发展的阶段性与顺序性。

其次，对课程设置的制约。由于学生身心的发展是统一的，因而中小学的课程设置必须满足学生身心发展的全面需要。此外，学生的身心发展具有个体差异性，心理特征各不相同，必然要求课程开设一定比例的选修科目来满足学生的不同需要。

最后，对教材编制的制约。教材的编制除了要考虑知识本身的逻辑顺序，循序渐进外，学生身心发展的顺序也制约着各科教材内容的逻辑顺序。

三、课程的意义和作用

（1）课程是学校培养人才的具体表现。

（2）课程是教师“教”和学生“学”的基本依据，是联系师生的纽带。

（3）课程是学生吸取知识的主要来源。

（4）合理的课程设置对学生的全面发展起着决定性作用。

（5）课程是教学方法的选择、教学组织形式的确定、教学手段应用的依据。

（6）课程是评估教学质量的主要依据和标准。

四、课程类型

课程类型是指课程的组织方式。根据不同的课程理论，课程的组织方式各有不同。在世界教育发展史上，具有代表性的课程分类主要有学科课程与活动课程，分科课程与综合课程等。

（一）学科课程与活动课程

从课程内容的固有属性来划分，课程可分为学科课程与活动课程。

1. 学科课程

学科课程是指从各学科领域中按照知识的社会价值精选出的部分内容，再按照知识的逻辑结构由易到难组成学科。在教育史上，绝大部分教育家主张学校教育以学科为本。它的主导价值是传承人类千百年积累下来的知识经验。

(1) 学科课程的主要优点。

①按照学科组织起来的课程，有利于教师发挥主导作用，使学生获得系统的科学文化知识。

②通过学习按逻辑组织起来的课程，能最大限度地发展学生的智力。

③以传授知识为基础，易于组织教学，也易于进行教学评价，便于提高教学质量。

(2) 学科课程的不足之处。

①由于注重逻辑系统，因此，在开展教学时容易重记忆、轻理解。

②在教学方法上，容易偏重知识的传授，忽视学生兴趣和能力的培养。

③学科分隔不利于联系学生的生活实际和社会实践。

学科课程理论的代表人物是赫尔巴特和斯宾塞。学科课程是最古老、使用范围最广泛的课程类型，我国古代的“六艺”和古希腊的“七艺”都是学科课程。

2. 活动课程

活动课程亦称经验课程、生活课程或儿童中心课程，是指围绕学生的需要和兴趣，以活动为组织方式的课程形态，即以学生的主体性活动的经验为中心组织的课程。它让学生获得对客观世界的直接经验和真切体验。活动课程理论的代表人物是杜威。

(1) 活动课程的主要优点。

①有利于满足学生的兴趣、需要，关注学生的学习心理过程。

②有利于加强教育与社会以及学生生活的联系。

③有利于培养学生动手实践能力以及提高解决问题的能力。

④注重学生参与学习过程，既要动手又要动脑，让学生亲身体验现实生活，获得直接经验，有利于培养学生的动手操作能力。

⑤人人参与活动，有利于培养学生的交往和组织能力、创新和合作精神，增强学生的社会适应性。

⑥由于重视学生的兴趣、需要，重视学生的心理结构，因而有利于培养学生的主体性，发展学生的个性。

(2) 活动课程的不足之处。

①夸大了学生个人的经验。

②忽视知识本身的逻辑顺序，学生获得的知识不系统、不完整，不利于高效率地传授文化知识。

(二) 分科课程和综合课程

从课程的组织方式来划分，课程可分为分科课程和综合课程。

1. 分科课程

分科课程是对一门学科课程进行划分，如物理这门学科可以分为电学、力学等，可以让学生获得逻辑严密、条理清晰的文化知识。

2. 综合课程

综合课程就是综合两个或两个以上的学科领域构成的课程，它有意识地运用两种或两种

以上学科的知识观和方法论去考察和探究一个中心主题或课题。

“相关课程”“广域课程”“融合课程”“核心课程”都是综合课程的形式，其主导价值是通过知识整合来让学生获得解决问题的视野和方法。

综合课程也可分为学科本位综合课程（综合学科课程）、社会本位综合课程、儿童本位综合课程。

我国学校 1 ~6 年级主要是综合课程，7 ~9 年级采用综合和分科并举的方式，10 ~12 年级主要是分科课程。

(1) 综合课程的优点。

①体现了文化或学科知识间相互作用、彼此关联的发展需求，有利于学生把来自学术与非学术领域的知识、技能整合起来，解决现实中的各种问题。

②综合课程能够为学习者提供许多潜在的机会，从而增强学习者的学习愿望和兴趣。

(2) 综合课程的不足之处。

①综合课程往往把许多知识信息机械地拼合起来，知识琐碎，不易掌握。如果教师缺乏相关学科领域的知识，就不能把这些知识成功地整合起来。

②综合课程的评估方式是跨学科的，而当前主要是分科评估方式，因此，综合课程的评估有一定的难度。

(3) 综合课程的主要特点。

①综合相关学科，重建学生认知结构，培养学生的认知能力。

②压缩了课时，减轻了学生负担。

③在组织教学过程中利弊参半。一方面，比较注重按学生心理发展阶段编制教学内容，联系学生生活实际来教学，容易唤起学生学习兴趣和参与意识；另一方面，综合课程知识面广，教学难度大，教师不易把握。

(三) 必修课程和选修课程

从学生学习要求的角度来划分，课程分为必修课程和选修课程。

必修课程指国家、地方或学校规定学生必须学习的课程，主导价值是照顾学生共性，根本特征是强制性。

选修课程是指学生根据自己的兴趣、学术取向和职业需要而自由选择的课程，主导价值是照顾学生的个性。

(四) 国家课程、地方课程与校本（学校）课程

从课程设计、开放、管理主体或管理层次来看，课程分为国家课程、地方课程与校本（学校）课程

1. 国家课程

(1) 定义：指由中央教育行政机构编制、审定和统一管理的课程，是一级课程。

(2) 主导价值：通过课程体现国家的教育意志，确保公民达到基本素质要求。

(3) 特点：权威性、多样性、强制性。

(4) 优点：确保了所有学生学习的权利，明确规定学生在接受学校教育期间应达到的标准，提高了学生在接受学校教育期间的连续性和连贯性，为公众更好地了解学校教育提供了依据。

2. 地方课程

（1）定义：指地方各级教育主管部门（主要是省级教育主管部门）根据国家课程政策，以标准为基础，在一定的教育思想和课程观念的指导下，根据地方政治、经济、文化的发展及其对人才的特殊要求，充分利用地方课程资源而开发、设计、实施的课程，属于二级课程。

（2）主导价值：通过课程满足地方社会经济发展的现实需要。

（3）特点：强调地方特色和地方文化的融合，目的是满足地方发展的要求，具有区域性、本土性、针对性、灵活性的特点。

（4）优点：有利于促进国家课程的有效实施，弥补国家课程的空缺，加强教育与地方的联系，调动地方参与课程改革和课程实施的积极性。

3. 校本课程

（1）含义：也称学校课程，是学校在确保国家课程和地方课程有效实施的前提下，针对学生的兴趣与需要，结合学校的传统和优势以及办学理念，充分利用学校和社区的课程资源，自主开发或选用的课程，是基础教育课程体系中不可或缺的一部分。

（2）主导价值：通过课程展示学校的办学宗旨和特色。

（3）特点：强调从学校、学生自身的实际出发，具有灵活性、多样性、自主性、动态性和个性化等特点。

（4）优点：有利于照顾学生的个体差异，满足学生多样化的需要，有利于促进教师专业能力的持续发展，有利于确保学校办学水平的提升和国家课程的有效实施。

（5）校本课程开发的理念："学生为本"的课程理念，"决策分享"的民主理念，校本课程开发的主体是教师而不是专家，"全员参与"的合作精神，校本课程开发是教师专业发展的有效途径。

（6）校本课程开发的基础：善于利用现场课程资源。

（7）校本课程的价值追求：个性化。

（8）校本课程开发的性质：国家课程的补充。

（9）校本课程开发的运作：同一目标的追求。

（10）校本课程的开发程序：建立组织、分析现状、制定目标、编制课程、实施课程、评价与修订课程。

（五）基础型课程、拓展型课程、研究型课程

根据课程的任务，课程可分为基础型课程、拓展型课程、研究型课程。

1. 基础型课程

基础型课程注重学生基础学力的培养，即培养学生作为一个公民所必需的以"三基"（读、写、算）为中心的基础教育，是中小学课程的主要组成部分。

2. 拓展型课程

拓展型课程注重拓展学生的知识与能力，开阔学生的知识视野，发展学生各种能力，实现迁移到其他方面的学习。

3. 研究型课程

研究型课程注重培养学生的探究态度和能力。这类课程可以提供一定的目标、一定的结

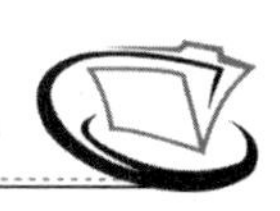

论，而获得结论的过程和方法则是由学生自己组织、自己探索、自己研究的，引导学生形成研究能力与创新精神。

（六）显性课程和隐性课程

从课程的表现形式或影响学生的方式（性质）来划分，课程可分为显性课程和隐性课程。

1. 显性课程

显性课程亦称公开课程、官方课程、正规课程，是指在学校情境中以直接、明显的方式呈现的课程。显性课程的主要特征是计划性，这是区分显性课程和隐性课程的主要标志。

2. 隐性课程

隐性课程亦称潜在课程、隐蔽课程、无形课程、自发课程，是学校情境中以间接、内隐的方式呈现的课程。隐性课程包括观念性隐性课程（校风、班风、教风、学风、理念、价值观等），物质性隐性课程（建筑、景观、教室的设置、校园环境等），制度性隐性课程（包括学校管理体制、学校组织机构、班级管理方式、班级运行方式、评价、制度、规则等），心理性隐性课程（师生关系、生生关系、民族文化传统、师生特有的心态、行为方式等）。

隐性课程的代表人物是杜威和克伯屈。杜威将与具体知识内容的学习相伴随的，对所学内容及学习本身养成的某种情感、态度的学习称为“附带学习（连带学习）”。

“隐性课程”一词是杰克逊在1968年出版的《班级生活》一书中首先提出来的。

3. 显性课程和隐性课程的特点

（1）显性课程是以直接、明显的方式呈现出来的，隐性课程是以间接、内隐的方式呈现出来的。

（2）显性课程的实施伴随着隐性课程，隐性课程蕴含在显性课程中。

（3）没有显性课程也就没有隐性课程，隐性课程可以转化成显性课程。

4. 显性课程与隐性课程的关系

（1）隐性课程对于某一个或某几个课程主体来说总是内隐的、无意识的；而显性课程则是以直接的、明显的方式呈现的课程，它对课程的实施者和学习者来说都是有意识的。

（2）显性课程的实施总是伴随着隐性课程，而隐性课程也总是蕴藏在显性课程的实施与评价过程之中的。

（3）隐性课程可以转化为显性课程。当显性课程中存在的积极或消极，隐性课程影响并为更多的课程主体所意识而有意加以控制的时候，隐性课程便转化为显性课程。

由此可见，显性课程与隐性课程不是二元对立的，而是互动互补、相互作用，在一定的条件下，可以相互转化。这种互动互补、相互作用的关系，使某些课程由显性不断向隐性深层发展，学校课程的内容不断丰富。从对受教育者的影响程度来讲，隐性课程对学生身心发展的影响意义更加重大。隐性课程是学生思想意识形成的重要诱因，是进行道德教育的重要手段，是学生主体成长发展的重要精神食粮。可以说，不重视隐性课程的教育不是真正的教育，或者说是不全面的教育。

新课程改革一定要加强隐性课程的研究和实践，将显性课程与隐性课程有机地结合起来，共同发挥教育作用。

（七）古德莱德的课程层次理论

在美国当代著名教育家古德莱德看来，人们在谈论课程时，往往谈的是不同意义上的课程。他认为存在着五种不同的课程。

（1）理想的课程，即由一些研究机构、学术团体专门提出的应该开设的课程。例如，有人提议在中学开设性教育的课程。

（2）正式的课程，即由教育行政部门规定的课程计划、课程标准和教材，也就是列入学校课程表中的课程。

（3）领悟的课程，即任课教师所理解、领会的课程。

（4）运作的课程，即在课堂上实际实施的课程。

（5）经验的课程，即学生实际体验到的课程。

五、主要课程理论流派

（一）知识中心课程论

知识中心课程论即学科中心课程论，其基本观点如下。

（1）学校课程应以学科分类为基础。

（2）学校教学以分科教学为核心。

（3）以学科基础知识、基本原理、基本技能的掌握为目标。

（4）知识是课程的核心。

（5）学科专家在课程开发中起重要作用。

中心课程理论代表性知识有夸美纽斯的泛智主义课程理论、斯宾塞的实用主义课程理论、巴格莱的要素主义课程理论、布鲁纳的结构主义课程理论。

（二）学习者中心课程论

学习者中心课程论强调教育在人的发展上的功能，其基本主张包括以下三点。

（1）课程应以学生的兴趣、爱好、动机、需要、能力等为核心来编排。

（2）课程应以学生的直接经验为教材内容。

（3）课程以人为本的课程理念，关心学生在学习活动中的情感体验，突出知识的获得过程。

这一理论流派代表性的理论有卢梭、裴斯泰洛奇和福禄贝尔的浪漫自然主义经验课程，杜威等人的经验自然主义课程理论，马斯洛、罗杰斯等人的人本主义课程理论。

（三）社会中心课程论

社会中心课程论又称社会改造主义课程论，社会中心课程论者的基本观点如下。

（1）学校教育的最终目的是促使学生认识到当前社会的问题和不尽如人意的方面，提升学生反思和批判社会的能力，进而达到教育改造社会的功能。

（2）课程的重点应放在当代社会的问题、社会的主要功能、学生关心的社会现象以及社会改造上，应让学生广泛地参与社会，课程不应该帮助学生去适应社会，而是要建立一种新的社会秩序和社会文化。

这一理论流派的代表人物是布拉梅尔德和弗莱德。

六、中小学阶段课程的特点

小学阶段课程的特点：普及性、基础性、全面性（发展性）、可接收性。
初中阶段课程的特点：普及性、基础性、全面性（发展性）。
高中阶段课程的特点：时代性、基础性、选择性。

第二节　课程组织

课程编制是依据一定课程理论，对学校课程进行分析、选择、设计、实验、评价的整体过程。学校课程的各组成部分（如课程计划、教学大纲和教材）都是由课程编制而产生的。课程是学校实现其培养目标的基本途径，是实施学校教育的中心环节。课程编制包括课程目标、课程结构、课程内容、课程设计与实施、课程评价、课程管理、课程资源。

一、课程目标

（一）课程目标的内涵

课程目标是指根据教育宗旨和教育规律而提出的具体价值的任务指标，是课程本身要实现的具体目标和意图，是整个课程编制过程中最为关键的准则。

（二）课程目标特点

课程目标具有时限性、具体性、预测性、可操作性等特点。

（三）目前我国三维课程目标

（1）知识与技能（双基）。

（2）过程与方法（让学生学会学习）。

（3）情感态度与价值观（价值观、态度体验师生共鸣）。

三维课程目标是一个整体，表现为知识与技能、过程与方法、情感态度与价值观三个方面相互联系，融为一体。在进行中，既没有离开过程与方法、情感态度与价值观的知识与技能，也没有离开知识与技能的过程与方法、情感态度与价值观。

（四）课程目标的价值取向

（1）普遍性目标取向：对课程进行总括性和原则性规范与指导的目标，如《大学》里提出的格物、致知、诚意、正心、修身、齐家、治国、平天下等目标。

（2）行为目标取向：期待学习结果，对以训练知识、技能为主的课程较合适，代表理论如泰勒的课程目标理论和布鲁姆的教育目标分类理论。

（3）生成性目标取向：萌芽于杜威的“教育即生长”命题，指在教育情境中随着教育过程的展开而自然生成的目标，其关注过程、强调适应性。

（4）表现性目标取向：在教学情境中学生个性化的创造性表现，适用于以学生活动为主的课程。

二、课程结构

（一）课程结构的内涵

课程结构是指各部分有机的组织和配合，即课程内容有机联系在一起的组织方式。它是课程目标转化为教育成果的纽带，也是课程活动顺利展开的依据。

（二）课程结构的特点

1. 客观性

虽然课程结构是课程设计者根据一定的原理设计出来的，属于人工结构，但它不是设计者主观臆造的产物，它具有客观性。一方面，课程作为一种文化现象，其内容源于社会文化和社会生活；另一方面，人们在设计课程结构时必须考虑学生的身心发展水平和规律。这两者都是客观存在的。

2. 有序性

课程结构的有序性是指课程内部各要素、各成分之间有规则的相互联系。课程结构的有序性首先表现为“空间序”，即从横向上看，课程内部各成分的空间构成是有规则的。课程结构的有序性还表现为“时间序”，即学校课程的展开和实施是一个依次递进的过程，在这个过程中，课程内部各成分、各要素按一定的时间顺序呈现。空间序和时间序结合在一起构成时序，它们共同体现了课程结构的规则性和顺序性特点，是课程结构存在的基本方式。良好的课程结构都应具备有序性。

3. 可转换性

课程结构具有可转换性。这种可转换性就是指课程内部各要素间的构成关系能依地区、学校和学生等条件的变化而进行相应调整的属性。正是由于这种转换，中小学课程才能因地制宜，适应不同地区、不同学段、不同学生的特点和需要，实现课程模式的多样化。

4. 可度量性

课程内部各要素、各成分间的联系和结构方式往往可以用数量关系来说明，这表明课程结构有可度量性。分析学校课程的结构，可以从以下几方面的各种比例关系、数量关系入手。

（1）学科课程与活动课程的比例关系。

（2）必修课程与选修课程的比例关系。

（3）学科课程内部工具类课程、人文类课程、自然类课程和体育、音乐课程之间及其内部各具体科目间的比例关系。

（4）活动课程内部各类活动项目间的数量关系等。

（三）课改后课程结构的新特点

课改后的课程结构具有选择性、综合性、均衡性等特点。

（四）新课程结构的主要内容

（1）整体设置九年一贯的义务教育课程。小学阶段以综合类课程为主，初中阶段设置分科与综合相结合的课程。

（2）高中以分科课程为主。

（3）从小学至高中设置综合实践活动课程并作为必修课程。

（4）农村中学课程要为当地社会经济发展服务。

（五）课程的横向结构和纵向结构

课程的横向结构又称课程范围，讨论的是在一定的课程结构内部，各门各类课程所占的比例及其相互关系。目前对课程结构讨论最多的是工具类、知识类、技艺类学科的比例关系以及必修课、选修课、活动课与社会实践活动之间的关系问题。

课程的纵向结构又称课程序列，主要有两种形式，一种是直线形课程，一种是螺旋形课程。直线形课程将课程内容依照由浅入深、由易到难的原则前后连接，直线推进，不重复排列。螺旋形课程则按照巩固性原则，循环往复、层层上升，形成立体展开的课程排列。

三、课程内容

课程是学校教育的核心，涉及教学过程中教师“教什么”和学生“学什么”的问题，它规定以什么样的教学内容来培养新一代，是学校教育的基础。课程内容以课程计划、课程标准和教材的方式表现。

（一）课程计划

1. 课程计划的概念

课程计划（原称教学计划）是国家教育主管部门根据教育目的和一定的培养目标确定的有关学校教育和教学工作的指导性文件。课程计划对学校的教学、活动及生产劳动等进行全面的安排。它体现了国家对学校教育教学工作的统一要求，是学校领导和教师进行教育教学工作的依据和准绳。在我国，为了保证教育质量和进行统一的质量评估，基础教育阶段的课程计划是全国统一的，各级学校必须执行。

2. 课程计划的构成

课程计划由以下几个部分构成。

（1）课程设置（教学科目）。根据总的教育目的和各级各类学校的任务、培养目标和修业年限，确定学校应设置的学科。开设哪些科目是课程计划的首要问题。

（2）学科开设的顺序。依据学校总的年限、各门学科的内容及其联系，以及教学法的要求，确定各门学科开设的顺序。

（3）各门学科的教学时数。根据培养目标的需要和各门学科的教学任务、教材分量、难易程度及教学法上的要求规定各学期的授课时数，包括各门学科授课的总时数、每门学科在一学期的授课时数、每周的授课时数及各年级的周学时数等。

（4）学年编制和学周安排。包括学年阶段的划分、各学期的教学周数、学生参与生产劳动的时间、假期和节日的规定等。

（二）课程标准

1. 课程标准的概念

课程标准是各学科的纲领性指导文件，是国家对基础教育课程的基本规范和质量要求。它是教材编写、教学、评估和考试命题的直接依据，是衡量各科教学质量的重要标准，是国家管理和评价课程的基础。

2. 课程标准的内涵

（1）课程标准是按门类制定的。

（2）课程标准规定本门课程的性质、目标、内容框架。

（3）课程标准提出了指导性的教学原则和评价建议。

（4）课程标准不包括教学重点、难点、时间分配等具体内容。

（5）课程标准规定了不同阶段学生在知识与技能、过程与方法、情感态度与价值观念等方面所应达到的基本要求。

3. 课程标准的特点

（1）课程标准主要是对学生经过某一学习阶段之后的学习结果的行为描述，而不是对教学内容的具体规定（如教学大纲或教科书）。

（2）课程标准主要规定某一学习阶段和年级所有学生在教师的帮助和自己的努力下能达到的要求，它是面向全体学生的共同的、统一的基本要求。

（3）课程标准主要服务于评价，是国家或地方对课程质量、学校教育质量、教师教学质量、学生学习质量进行评价的依据，因此，学生学习结果的描述是可达到的、可评估的，而不是模糊不清的。

（4）课程标准隐含着教师不是教科书的消极执行者，而是教学方案的积极设计者，从而使教师与学生等课程实施者作为独立的主体参与教学过程，使课程具有生成性、适应性。

（5）课程标准是国家基础教育课程质量的主要标志，它统领课程的管理、评价、督导与指导，具有一定的严肃性与正统性。

新课程标准的特点：素质教育的理念体现在方方面面；打破学科中心；改变了学习方式；评价重过程，更具操作性；为课程实施预留空间。

4. 课程标准和教学大纲

课程标准和教学大纲，两者不是一回事，课程标准是从教学大纲发展而来的，它不是教学大纲。大纲是教师教、学生学所依据的主线，不能超越大纲也不能低于大纲；而课程标准只为教师教学和学生学习提供了基本标准，而不是最高要求，为教师教、学生学预留了广阔的空间。

5. 课程标准的构成

各科课程标准的基本内容由以下几部分构成。

（1）前言：结合本门课程的特点，阐述课程性质、基本理念和本标准的设计思路。

（2）课程目标：按照国家教育方针和新课改的指导思想，从知识与技能、过程与方法、情感态度与价值观念三方面具体阐述本门课程的总体目标与学段目标。

（3）内容标准：根据课程目标，确定选择具体内容的标准，并用规范、清晰、可理解的方式阐明掌握内容的程度。

（4）实施建议：主要包括教学建议、评价建议、课程资源的开发与利用建议和教材编写建议等。建议中均提供典型性的案例供教师参考。

（5）附录：阐述有关各学科课程实施应注意的问题，主要包括术语解释和案例。

（三）教材

1. 教材的概念

教材是依据课程标准的要求编写的系统反映学科内容的教学用书，是课程标准最主要的载体，是课程标准的具体化，包括教师教学行为中所利用的一切素材和手段。教科书是最有代表性的教材，是学生获取系统知识的重要工具，也是教师进行教学的主要依据。

2. 教材的结构

教材是教师和学生据以进行教学活动的材料，是教学的主要媒介，通常按照课程标准的规定，分学科和年级顺序编辑，包括书面印刷教材（教科书、讲义、讲授提纲、教学参考书、各类指导书、习题集、补充读物等）和视听教材、电子教材、多媒体教材等。

教科书又称课本，是根据各科课程标准编写的，是系统反映学科内容的教学用书。它通常按学年或学期分册，划分单元或章节，主要由目录、课文、习题、实验、图表、注释、附录等部分构成，其中课本是最基本的部分。

3. 教材的组织方法

教材有逻辑式组织、心理式组织和折中式组织三种方法。

4. 教材的编排方式

（1）纵向组织与横向组织。纵向组织是指按照知识的逻辑序列，按从已知到未知、从具体到形象的先后顺序组织课程内容。横向组织是指打破学科的知识界限和传统的知识体系，以学生发展阶段需要探索的社会和个人最关心的问题为依据组织课程内容，构成一个个相对独立的内容专题。

（2）逻辑顺序与心理顺序。逻辑顺序是指根据学科本身的体系和知识的内在联系来组织课程内容，是传统教育派的主张。心理顺序是指按照学生心理发展的规律来组织课程内容，是现代教育派的主张。

（3）直线式与螺旋式。直线式指把课程内容组织成一条在逻辑上前后联系的“直线”，前后内容基本不重复。螺旋式指在不同阶段、单元或不同课程门类中，使课程内容重复出现，逐渐扩大知识面，加深知识难度，即同一课程内容前后重复出现，难度却逐渐加深。

5. 教科书编写的基本原则

（1）按照不同学科的特点，在内容上体现科学性和思想性。

（2）强调内容的基础性，内容的阐述要层次分明。

（3）在保证科学性的前提下，要考虑社会现状和教育水平，做到对大多数学校和学生适用。

（4）在教科书的编排上要有利于学生学习，结构合理，疏密有致。

（5）要符合课程计划与课程标准的要求。

6. 新课改的教材观

（1）新课改视教材为案例，新的课程计划和课程标准为教学活动预留了充分的空间，开放教材，鼓励教师充实并超越教材。教师将教材视为教学活动的跳板，使之成为学生学习和创新的有力凭借。

（2）教材不完全等同于课程内容。教材是根据学科课程标准系统阐述学科内容的教学用书，是学生获取系统知识的重要工具，也是教师进行教学的主要依据。课程内容除了包含间接经验外，还包括学生的直接经验、情感经验等。

（3）“用教科书教，而不是教教科书”，这句话隐含着教师不是教科书的执行者，而是课程的开发者，体现了教师在课程建设中的主体性。

7. 教材编写的要求

（1）教材的编写应体现科学性与思想性相统一的原则。一般来说，科学上尚无定论的东西不应包括在教材中；强调内容的基础性，注重贴近社会生活和学生的生活经验；合理地体现各科知识的逻辑顺序和受教育者学习的心理顺序；兼顾同一年级各门学科内容之间的关系和同一学科各年级内容之间的衔接。

（2）教材的编排形式要有利于学生的学习，符合卫生学、教育学、心理学和美学的要求。教材的内容阐述要层次分明，文字表达要简练、准确、生动、流畅，篇幅要详略得当。标题和结论要用不同的字体或符号标出，使之鲜明、醒目。封面、图表、插图等，要力求清晰、美观。字体大小要适宜，装订要坚固，规格大小、薄厚要合适，便于携带。

四、课程设计与实施

（一）课程设计的模式

1. 泰勒目标模式

泰勒是美国著名的课程理论家，他于 1949 年出版的《课程与教学的基本原理》提出了关于课程编制的四个问题。

（1）学校应当追求哪些目标？（学校应当追求的目标）泰勒认为，应根据学习者本身的需要、当代校外生活的需要及专家的建议三方面来提出目标。通过对上述三个目标的来源的分析，可以获得大量有关教育目标的资料和普遍的课程目标，然而，学校指向的目标应该是少量的。为此，泰勒认为，需要对教育目标进行哲学、心理学的两次过滤，最终剩下的就是最有意义的和最可行的目标，即得到特定的课程目标。

（2）怎样选择和形成学习经验？（选择和形成学习经验）泰勒提出了选择学习经验的五条原则：

①必须使学生有机会去实践目标中所包含的行为；

②必须使学生在实践上述行为时有满足感；

③所选择的学习经验应在学生能力所及的范围内；

④多种经验可用来达到同一目标；

⑤同一经验可以产生多种结果。

（3）怎样有效地组织学习经验？泰勒认为，最主要的是必须根据继续性（即在课程设计上要使学生有重复练习和提高所学技能的机会）、序列性（即后一经验是在前一经验基础上的泛化与深化）、综合性（即课程的横向联系）的标准来组织学习经验。

（4）如何确定这些目标正在实现？泰勒认为，评价是课程编制的一项重要工作，它既要揭示学生获得的经验是否产生了满意的结果，又要发现各种计划的长处与弱点。

泰勒原理可概括为目标、内容、方法、评价，即确定课程目标，根据目标选择课程内容（经验），根据目标组织课程内容（经验），根据目标评价课程。他认为，一个完整的课程编

制过程都应包括这四项活动。泰勒原理的实质是以目标为中心的模式，因此又被称为目标模式。

目标模式的最大特点是，通过目标引导教师在教学过程中有据可依，具有很强的可操作性。但由于它只关注预期目标，忽视其他方面，如理解力、鉴赏力、情感、态度等同样有教育价值的东西，所以受到了许多批评。

2. 斯腾豪斯的过程模式

这种模式强调教师的作用，利用当代教育哲学的成果，小心翼翼地为自己提供论证。这种模式并不谋求囊括所有的设计方法，但它却弥补了目标模式的局限性。它更为接近教师平日所关心的那些问题。这种模式的各个组成部分不是直线式的，而是充分考虑教学内容的多样性，而且非常重视教师的自主性。

（二）课程实施

1. 定义

课程实施是将已经编制好的课程付诸实践的过程，它是达到预期的课程目标的基本途径。

2. 取向

辛德等人关于课程实施取向的分类研究受到了课程学者的普遍认同。他们将课程实施或研究课程实施的取向分为三种：忠实取向、相互调适取向、缔造取向。

3. 课程实施的结构

（1）安排课程表，明确各门课程的开设顺序和课时分配。

（2）确定并分析教学任务。

（3）研究学生的学习活动和个性特征，了解学生的学习特点。

（4）选择并确定与学生的学习特点和教学任务相适应的教学模式。

（5）对具体的教学单元和课程的类型和结构进行规划。

（6）组织并开展教学活动。

（7）评价教学活动的过程与结果，为下一轮的课程实施提供反馈性信息。

4. 课程实施的特点

课程实施应具有合理性（相对优越性）、和谐性、明确性、简约性、可传播性、可操作性等特点。

五、课程评价

（一）课程评价的概念

课程评价是指依据一定的评价标准，对课程的计划、实施、结果等进行价值判断。课程评价的目的是检查课程的目标、编订和实施是否实现了教育目的，实现的程度如何，以判定课程设计的效果，并据此做出改进课程的决策。

（二）课程评价的主要模式

（1）目标评价模式，由被誉为“教育评价之父”的泰勒提出。

（2）目的游离评价模式，由斯克里文提出。

(3) 背景、输入、过程、成果，决策导向（简称 CIPP）评价模式由斯塔弗尔比姆等学者提出。

（三）新课程的课程评价观

新课程倡导的评价是发展性评价和激励性评价。

1. 重视发展，淡化甄别与选拔，实现评价功能的转变

为配合课程功能的转变，评价的功能也发生了根本性转变，不只是检查学生知识、技能的掌握情况，更为关注学生掌握知识、技能的过程与方法，以及与之相伴的情感态度与价值观的形成。评价不再是为了选拔和甄别，不是“选拔适合教育的儿童”，而是如何发挥评价的激励作用，关注学生成长与进步的状况，并通过分析和指导，提出改进计划来促进学生的发展。评价功能的这一转变同时影响着教师评价工作的开展。以往的教师评价主要关注教师已有的工作业绩是否达标，同样体现出重检查、甄别、选拔、评优的功能，而在如何促进教师的发展方面作用有限。因此，时代的发展向课程评价的功能提出挑战，评价不只是进行甄别、选拔，更重要的是促进被评价者的发展。这一点已在世界各国得到普遍认同。

2. 重综合评价，关注个体差异，实现评价指标的多元化

从过分关注学业成就，逐步转向对综合素质的考察。学业成就曾经是考察学生发展、教师业绩和学校办学水平的重要指标。在关注学业成就的同时，人们开始关注个体发展的其他方面，如积极的学习态度、创新精神、分析与解决问题的能力，以及正确的人生观、价值观等；从学生学到了什么，到学生是否学会学习、学会生存、学会合作、学会做人等进行考察和综合评价。

3. 强调质性评价，定性与定量相结合，实现评价方法的多样化

从过分强调量化，逐步转向关注质的分析与把握。对于教育而言，量化的评价把复杂的教育现象简单化了，或者只是评价了简单的教育现象，而往往丢失了教育中最有意义、最根本的内容。质性评价的方法则凭借树立全面、深入、真实再现评价对象和发展趋势的优点受到欢迎，成为近几十年来世界各国课程改革倡导的评价方法。需要强调的是，质性评价在本质上并不排斥量化的评价，它常常与量化的评价结果整合应用。因此，将定性评价与定量评价相结合，应用多种评价方法，将有利于更清晰、更准确地描述学生、教师的发展状况。

4. 强调参与和互动、自评和他评相结合，实现评价主体的多元化

被评价者从被动接受评价，逐步转向主动参与评价。目前，世界各国的教育评价逐步成为由教师、学生、家长、管理者，甚至包括专业研究人员共同参与的交互过程，这也是教育过程逐步民主化、人性化的体现。

5. 注重过程，终结性评价与形成性评价相结合，实现评价重心的转移

从过分关注结果，逐步转向关注过程。关注结果的终结性评价是面向“过去”的评价，关注过程的形成性评价则是面向“未来”、重在发展的评价。传统的评价往往只要求学生提供问题的答案，而对于学生如何获得这些答案却漠不关心。这样，学生获得答案的思考与推理、假设的形成以及如何应用证据等，都被摒弃在评价的视野之外。近年来，评价重心更多地关注学生求知、探究和努力的过程，关注学生、教师和学校在各个时期的进步状况。只有关注过程，评价才可以深入了解学生发展的进程，及时了解学生在发展中遇到的问题、所做

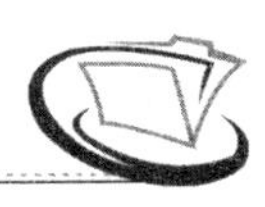

的努力以及获得的进步，这样才能对学生的持续发展和提高进行有效的指导，评价促进发展的功能才能真正发挥作用。注重过程，将终结性评价和形成性评价相结合，实现评价重心的转移，成为世界各国课程评价发展的又一大特点。

六、课程管理

课程管理系指系统地经营管理课程的一连串活动。这些活动包括组织和协调课程计划，改变和创新课程以适应校内和校外的需求，处理课程实施和评监所产生的种种争议问题。由于课程管理是直接地规范课程活动的管理工作，因此可视为学校管理中最重要的工作之一。

七、课程资源

（一）课程资源的概念

课程资源是指课程设计、实施和评价等整个课程教学过程中可供利用的一切人力、物力以及自然资源的总和，包括教材、教师、学生、家长以及学校、家庭和社区中所有有利于实现课程目标，促进教师专业成长和学生个性全面发展的各种资源。

广义的课程资源泛指有利于实现课程目标的一切因素，如生态环境、人文景观、互联网络、教师的知识等。

狭义的课程资源仅指形成教学内容的直接来源，典型的如教材、学科知识等。

（二）课程资源的类型

（1）根据课程资源空间分布的不同划分，分为校内课程资源和校外课程资源。

（2）按照课程资源功能特点的不同划分，分为素材性课程资源和条件性课程资源。

（3）根据载体形式的不同划分，分为文字性课程资源和非文字性课程资源。

（4）根据价值取向的不同划分，分为教授性课程资源和学习化课程资源。

（5）按课程资源的存在方式区分，分为显性课程资源和隐性课程资源。

（6）按课程资源的存在形态区分，分为物质形态的课程资源和精神形态的课程资源。

第三节　我国第八次基础教育课程改革

基础教育课程改革是整个基础教育改革的核心内容，也是促进素质教育取得突破性进展的关键环节。教育部为贯彻《中共中央国务院关于深化教育改革全面推进素质教育的决定》和《国务院关于基础教育改革与发展的决定》，决定大力推进基础教育课程改革，调整和改革基础教育的课程体系、结构、内容，构建符合素质教育要求的新的基础教育课程体系，并于2001年6月颁布了《基础教育课程改革纲要（试行）》，从而开始了我国第八次基础教育课程改革。本次课程改革的对象包括小学、初中和高中。

影响基础教育改革的理论、理念非常庞杂，有些理论主要影响基础教育的宏观改革，如人力资本理论、终身教育思潮、全民教育思潮等；有些理论对基础教育改革的微观领域影响较大，如人本主义教育理念、建构主义教育理念、多元智力理论等。

一、第八次基础教育课程改革的背景

（一）国际背景

（1）初见端倪的知识经济。

（2）人类的生存和发展面临困境。

（3）行业竞争日趋激烈。

20 世纪 80 年代以来，随着科技文化更新的速度不断加快，西方发达国家认识到了基础教育对社会经济发展的重要性。为了充分发挥教育的积极作用，各国都从实际需要出发进行了规模宏大的基础教育改革运动。课程改革作为其中的重要组成部分，受到各国政府和教育界的极大关注。各国普遍把基础教育课程改革作为增强综合国力的战略措施。

世界各国基础教育课程改革的主要趋势如下。

（1）调整培养目标：通过基础教育，达到让新一代国民具有 21 世纪社会、科技、经济发展的必备素质的目的。

（2）改变人才培养模式：实现学生学习方式的根本变革，使现在的学生成为未来社会具有国际竞争力的公民。

（3）改进课程内容：课程内容应进一步关注学生经验，反映社会、科技最新进展，满足学生多样化发展的需要。

（4）发挥评价的促进功能：发挥评价在促进学生潜能、个性、创造性等方面发展的作用，使每一位学生具有自信心和持续发展的能力。

（二）国内背景

（1）基础教育课程改革是国家发展的需要。

（2）基础教育课程改革是学生发展的需要。

（3）基础教育课程改革是教育发展的必然。

（4）基础教育课程存在着明显的缺陷。

中华人民共和国成立以来，我国基础教育领域已经进行了七次课程改革，取得了辉煌的成就，但面对新世纪的挑战和激烈的国际竞争，我国的基础教育课程仍存在着明显的缺陷，其表现如下。

第一，培养目标不能完全适应时代发展的需要。我国原有基础教育课程的指导思想是“遵循教育要面向现代化、面向世界、面向未来的战略思想，贯彻党的教育方针，坚持教育为社会主义建设服务，实行教育与生产劳动相结合，要对学生进行德育、智育、体育、美育和劳动技术教育，全面提高义务教育质量”，同时“为社会主义建设培养各级各类人才奠定基础”。从这个指导思想看，培养目标更多地体现在社会需求方面。这种培养目标过分强调知识、技能的传授，忽略了对学生的个性、创新精神和实践能力的培养。

第二，课程结构不合理。首先，学科课程所占比重过大，活动课程比重太小，且活动课程大多限于团队活动等，易使人产生活动课程等同于课外活动的错觉；其次，必修课程占据绝对主导地位，选修课程则微乎其微，选修课的滞后抑制了学生的全面发展；最后，分科课程统一天下，学科间缺乏整合。

第三，课程内容繁、难、偏、旧。课程内容必须反映时代的进步，必须贴近生活。以往的课程内容没有充分反映时代精神，培养“专家”的目标使课程内容烦琐、艰深，严密的

科学体系脱离了学生的生活，也不适于培养现代公民的基本素质。难而偏的课程内容极大地增加了学生的课业负担，导致学生身心发展得不健康。陈旧的课程内容难以反映时代的发展，制约了未来人才的培养。

第四，课程实施重“教书”和“背书”。课程实施的基本途径是教学，但在传统的教育观念中，将课程理解为规范性的教学内容，教师无权更改课程，教学就是教师忠实而有效地传递课程内容。在这种观念下，教学变成了教师教书、学生背书的过程。这种被动的学习方式限制了学生的思维和智力发展，摧残了学生的个性。

第五，课程评价重选拔、轻发展。我国基础教育课程评价长期以来过分强调甄别与选拔的功能，忽视改进和激励的功能。存在的具体问题是：过分关注对结果的评价，忽视了对过程的评价；评价内容过于注重学业成绩，而忽视对综合素质的评价和全面发展的评价；评价方法单一，过于注重量化和书面测试，而忽视评价主体的多元性。

第六，课程管理过于集中。中华人民共和国成立以来，我国一直是全国统一的课程管理体制，现在课程决策权力虽然部分下放给地方教育行政部门，但所占比重较小，学校教师没有被赋予参与课程开发的权力。现代课程不足以适应地方、学校、学生的多样化要求。国家课程和地方课程没有给学校课程开发留有充分的余地，束缚了学校和教师开发课程的可能性。

二、第八次基础教育课程改革的目标

第八次基础教育课程改革的目标分为总目标和具体目标，分别从宏观和微观两个方面描绘了基础教育课程改革的蓝图，为新世纪的课程发展指明了正确的方向。

（一）第八次基础教育课程改革的总目标

总目标是：把学生培养成具有爱国主义、集体主义精神，热爱社会主义，继承和发扬中华民族的优秀传统和革命传统；具有社会主义民主法制意识，遵守国家法律和社会公德；逐步形成正确的世界观、人生观、价值观；具有社会责任感，努力为人民服务；具有初步的创新精神、实践能力、科学和人文素养以及环境意识；具有适应终身学习的基础知识、基本技能和方法；具有健壮的体魄和良好的心理素质，养成健康的审美情趣和生活方式的有理想、有道德、有文化、有纪律的一代新人。

（二）第八次基础教育课程改革的六个具体目标

（1）改变课程过于注重知识传授的倾向。强调形成积极主动的学习态度，使获得基础知识与基本技能的过程同时成为学会学习和形成正确价值观的过程。

（2）改革课程结构过于强调学科本位、科目过多和缺乏整合的现状。整体设置九年一贯的课程门类和课时比例，并设置综合课程，以适应不同地区和学生发展的需求，体现课程结构的均衡性、综合性和选择性。

（3）改变当前课程内容“难、繁、偏、旧”和过于注重书本知识的现状。加强课程内容与学生生活及现代社会和科技发展的联系，关注学生的学习兴趣和经验，精选终身学习必备的基础知识和技能。

（4）改变课程实施过于强调接受学习、死记硬背、机械训练的现状。倡导学生主动参与、乐于探究、勤于动手，培养学生搜集和处理信息的能力、获取新知识的能力、分析和解决问题的能力以及交流与合作的能力。

为了使学生的学习方式发生根本性的转变，保证学生自主性、探索性的学习落到实处，此次课程改革通过调整课程结构，有效保证学生的活动时间和空间，并在新课程标准中倡导通过改变学习内容的呈现方式，确立学生的主体地位，促进学生积极主动地学习。同时倡导学习过程转变成学生不断提出问题、解决问题的过程，并且能够使学生针对不同的学习内容，选择接受、探索、模仿、体验等丰富多样的适合个人特点的学习方式。

（5）改变课程评价过分强调甄别与选拔的功能，发挥评价促进学生发展、教师提高和改进教学实践的功能。建立与素质教育理念一致的评价与考试制度，新课程倡导“立足过程、促进发展”的课程评价，这不仅仅是评价体系的变革，更重要的是评价理念、评价方法与手段及评价实施过程的转变。

要建立一种发展性的评价体系。一是要建立促进学生全面发展的评价体系，使评价不仅关注学生在语言和数理逻辑方面的发展，而且要发现和发展学生多方面的潜能；二是要建立促进教师不断提高的评价体系，以强调教师对自己教学行为的分析与反思，建立以教师自评为主，校长、教师、学生、家长为辅的共同参与的评价制度；三是要将评价看作一个系统，从确立多元的评价目标、制定多样的评价工具，到广泛地收集各种资料，形成建设性的改进意见和建议，每一个环节都是通过评价促进发展的不可或缺的部分。评价目标多元、评价方法多样，重视学生发展，利用学生档案记录评价其成长，将是今后一段时间内评价与考试改革的主要方向。

（6）改变课程管理过于集中的状况，实行国家、地方、学校三级课程管理，增强课程对地方、学校及学生的适应性。

简言之，基础教育课程改革的目标是：实现课程功能的转变，体现课程结构的均衡性、综合性和选择性，密切课程内容与生活和时代的联系，改善学生的学习方式，建立与素质教育理念相一致的评价和考试制度，实行国家、地方、学校三级课程管理制度。

三、课程改革的理念

贯穿第八次课程改革的核心理念是：为了中华民族的复兴，为了每位学生的发展。这一基本的价值取向预示着我国基础教育课程体系的价值转型。基础教育课程改革顺应时代的发展需要，全面推进素质教育，努力培养学生健全的个性和完整的人格，造就新一代高素质的社会公民，加快我国从人口大国迈向人力资源强国的步伐，实现中华民族的伟大复兴。

新课程改革的基本理念是：改变知识传授的目标取向，确立培养“整体的人”的课程目标；脱离书本知识的桎梏，构筑具有生活意义的课程内容，增强课程内容的生活化、综合化；摆脱被知识奴役的处境，恢复个体在知识生成中的合法身份，倡导教师启发引导下学生主动参与的知识生成方式和自主学习方式，改变学校个性缺失的现实，创建富有个性的学校文化。

（一）全人发展的课程价值取向

这次课程改革的一个显著特征就是以学生为本，着眼于学生的“全人发展”，反对权威主义和精英主义，要求所有的学生获得全面发展。这种“全人发展”的课程价值取向，使学校课程目标表现出新的特点：注重课程目标的完整性，强调学生的全面发展；注重基础知识的学习，提高学生的基本素质；注重发展学生的个性；着眼于未来，注重能力的培养；强调培养学生良好的道德品质；强调国际意识的培养。

（二）科学与人文整合的课程文化观

科学人文性课程是科学主义课程与人文主义课程整合建构的课程，它以科学为基础，以人自身的完善和思想解放为最高目的，强调人的科学素质与人文修养的辩证统一，致力于科学知识、科学精神和人文精神的沟通与融合，倡导“科学的人道主义”，力图把“学会生存”“学会关心”“学会尊重、理解和宽容”“学会共同生活”“学会创造”等当代教育理念贯穿到课程教学的各个方面。

（三）回归生活的课程生态观

回归生活的课程生态观，从本质意义上说，就是强调自然、社会和人在课程体系中的有机统一，使自然、社会和人成为课程的基本来源。回归生活的课程生态观意味着学校课程突破学科疆域的束缚，回归自然、回归生活、回归社会、回归人自身，意味着理性与人性的结合，意味着科学、道德和艺术的现实、具体的统一。

（四）缔造取向的课程实践观

缔造取向的课程实践观，强调在课程实施的过程中要充分发挥师生的自主性、能动性和创造性，特别是要求教师要具备较强的课程设计能力，因为教师不仅是课程的实施者，还是课程的设计者。因此，把教师看作教育研究者和课程设计者，是缔造取向课程实施的一个非常重要的理念。

（五）民主化的课程政策观

课程政策的民主化意味着课程权力的分享，意味着课程由统一化走向多样化。我国一直比较重视中央对课程的统一决策，随着我国新一轮基础教育课程改革的正式启动，课程改革的一个重要目标就是“为了保障和促进课程对不同地区、学校、学生的适应性，实行有指导的逐步放权，建立国家、地方和学校的课程三级管理模式”。校本课程成为国家课程计划中一个不可或缺的组成部分。

（六）促进课程的适应性和管理的民主化，创建富有个性的学校文化

为了保障新课程能够适应各地区、学校的差异，新课程体系确立了国家、地方和学校三级课程管理的体制，这是促进课程适应性的重大举措；同时，也推进了课程的适应性和课程管理民主化的进程。学校文化是教师和学生在学校和班级的特定场所内，由于拥有独特社会结构、地理环境、人文景观而形成的学校独有的一系列传统习惯、价值规范、思维方式和行为模式的综合。课程改革不仅意味着内容的更新、完善与平衡，更意味着理想的学校文化的创造。学校文化的变革是课程与教学改革最深层次的改革，创建富有个性的学校文化正是课程改革的核心课题。学校文化的重建是课程改革的直接诉求和终极目标。在重建学校文化的过程中，我们应当特别关注建立民主的管理文化、建设合作的教师文化和营造丰富的环境文化。

（七）重建课程结构和倡导和谐发展的教育

新课程在重建课程结构时，强调综合性，加强选择性，并确保均衡性，倡导一种和谐发展的教育。

（八）提升学生的主体性和注重学生经验

根据当前课改的核心理念，课程改革既要满足社会发展的需要，又要满足学生发展的

需要。

“为了每位学生的发展”的基本含义如下。

1. 关注学生作为“整体的人”的发展

“整体的人”包括两层含义：人的完整性和生活的完整性。人的完整性意味着人是智力、人格和谐发展的有机整体，生活的完整性意味着学生的生活是学习生活和日常生活有机交融的整体世界。人的完整性根植于生活的完整性，并丰富和改善生活的完整性。因此，国家、地方和学校要为学生提供谋求其整体发展的课程。

2. 统整学生的生活世界和科学世界

生活世界是最值得重视的世界，是通过知觉可以直观体验的世界，是一个有人参与其中，保持着目的、意义和价值的世界。对学生的整体发展而言，生活世界至关重要。因此，除了对科学世界（指建立在数理、逻辑结构的基础上，由概念、原理和规则构成的世界）的学习外，对生活世界的探究和意义建构同样重要。为了统整学生的生活世界和科学世界，当前的课程改革提出了“增强课程的生活化、凸显课程的综合化”的理念。

3. 寻求学生主体对知识的建构

首先，基础教育课程确立了新的知识观，视知识为一种探索的行动或创造的过程，从而使人摆脱传统知识观的钳制，走向对知识本身的理解和建构。在知识建构的过程中，个体与知识不是分离的，而是处于一个共同的世界。

其次，基础教育课程强调个性化的知识生成方式。基础教育课程改革旨在扭转以“知识授受”为特征的教学局面，把转变学生的学习方式作为重要的着眼点，以尊重学生学习方式的独特性和个性化为基本准则，从而重建教、学、师生关系等概念。基础教育课程改革要求在所有学科领域的教学中渗透“自主、探究与合作的学习方式”，同时设置综合实践活动，为研究性学习的展开提供独立的学习机会。

最后，基础教育课程构建发展性的评价模式。传统的教学评价以甄别为目的，以外在的、预定的目标为唯一的标准，对所有学生“一刀切”，忽视了学生的实际发展。基础教育课程改革要求“发挥评价的教育功能，促进学生在原有水平上的发展”，将评价视为评价者与被评价者共同建构意义的过程，力图建构具有个人发展价值的评价方式，以保障知识生成方式的个性化。

四、课程改革的实施

《基础教育课程改革纲要（试行）》指出：“基础教育课程改革是一项系统工程。应始终贯彻‘先立后破，先实验后推广’的工作方针。”为此，2001 年，教育部在《关于开展基础教育新课程实验推广工作的意见》中，对新一轮基础教育课程改革实验推进工作进行了总体部署。按照这一部署，义务教育阶段新课程实验工作于 2001 年秋季启动，首先是绝大多数义务教育各学科课程标准及其实验教材在全国基础教育课程改革实验区开展实验；2002 年秋季，义务教育新课程体系进入全面实验阶段；2003 年秋季，修订义务教育阶段课程设置方案、各学科课程标准、《地方课程管理指南》、《学校课程管理指南》和中小学评价与考试的改革方案；2004 年秋季，进入义务教育阶段新课程的推广阶段；2005 年秋季，中小学阶段各起始年级原则上都启用新课程。

五、基础教育课程改革的发展趋势

（1）以学生发展为本，促进学生全面发展和个性发展相结合。

（2）稳定并加强基础教育。增强课程的社会化、生活化和能力化，加强实践性，由“双基”到“四基”（基础知识、基本技能、基本能力、基本观念态度）。

（3）加强道德教育和人文教育，加强课程科学性和人文性融合。

（4）加强课程综合化。

（5）课程与现代信息技术相结合，加强课程个性化和多样化。

（6）课程法制化。

六、第八次课改的亮点

第八次课改的亮点是设置综合实践活动课为必修课。

（1）综合实践活动课的内容包括信息技术教育、研究性学习、社区服务于社会实践、劳动技术教育，从小学三年级开始，每周平均三个学时。

（2）综合实践活动课的特点：整体性（综合性）、实践性、开放性、生成性、自主性。

（3）综合实践活动课的性质：相对于学科课程而言，综合实验活动课属于经验性课程，不存在知识的内在逻辑和体系；相对于分科课程而言，综合实验活动课属于综合性课程，包括内容综合、方式综合、活动时空综合；综合实践活动课属于国家级的必修课程；综合实践活动课是一门实践性课程；综合实践活动课是三级管理课程。

（4）综合实践活动课的理念：突出学生主体，面向学生生活，注重学生实践，强调活动综合。

（5）综合实践活动课的目标：获得亲身参与实践的体验和经验；形成对自然、社会、自身内在联系的整体认识；培养从自己的周围生活中主动发现问题并独立解决问题的态度和能力；发展学生的时间能力、创新能力，养成合作、分享、进取等良好个性。

本章小结

课程是构成教育的基本要素是教育学研究的重要领域，它制约着教学的各个方面。本章通过对课程概念、制约课程的因素、课程的类型等知识的阐述，对课程设计及其内容进行分析，特别是对我国当前的基础教育改革的介绍，使学生了解课程的基本理论，并形成现代的课程观、现代的课程发展观，为将来的教学工作打好基础。

思考练习

一、单项选择题

1. 按照美国学者古德莱德的课程层次理论，由研究机构、学术团体和课程专家提出的课程属于（　　）。

A. 理想的课程　　B. 正式的课程　　C. 领悟的课程　　D. 运作的课程

2. 按照美国学者古德莱德的课程层次理论，教师在课堂中实施的课程属于（　　）。

A. 理想的课程　　B. 正式的课程

C. 领悟的课程　　D. 运作的课程

3. “课程不应指向活动，而应直接关注制订一套有结构、有序列的学习目标，所有教学活动都是为达到这些目标而服务的。”这种观点意味着课程即（　　）。

A. 教学科目　　B. 社会改造　　C. 经验获得　　D. 预期的学习效果

4. 目前我国小学开设的语文、数学、英语课程属于（　　）。

A. 活动课程　　B. 综合课程　　C. 学科课程　　D. 融合课程

5. 学校中的“三风”是指校风、教风和学风，是学校文化的主要构成，

就其课程类型而言，它主要属于（　　）。

A. 学科课程　　B. 活动课程　　C. 显性课程　　D. 隐性课程

6. 贴在教主墙上的课程表也属于一种课程，这种课程属于（　　）。

A. 学科课程　　B. 活动课程　　C. 隐性课程　　D 显性课程

7. 我国第六次基础教育课程改革在课程设置上的重大变革之一是（　　）。

A. 小学和初中分别设立　　B. 十二年一贯制的整体设置

C. 九年一贯制的整体设立　　D. 初中和高中分别设置

8. 我国基础教育课程改革要求整体设置九年一贯制的义务教育课程，通过课时比例调整使其保持适当的比重关系，这强调了课程结构的（　　）。

A. 均衡性　　B. 综合性　　C. 选择性　　D. 统一性

9. 根据《基础教育课程改革纲要（试行）》的要求，我国小学现阶段既要开设语文、数学、英语等学科课程，又要开设科学、艺术等综合课程，这表明课程结构具有（　　）。

A. 综合性　　B. 均衡性　　C. 选择性　　D. 时代性

10. 为了适应不同地区学校和学生的特点和需要，各地可以对国家统一规定的中小学课程结构进行相应的调整，这体现了课程结构的（　　）。

A. 可操作性　　B. 可替代性　　C. 可转换性　　D. 可度量性

11. 小学开设的综合实践活动课程属于（　　）。

①国家课程②地方课程③必修课程④选修课程

A. ①③　　B. ①④　　C. ②③　　D. ②④

12. 按照由易到难、由简到繁的顺序编排课程内容，这种组织方式属于（　　）。

A. 横向组织　　B. 水平组织　　C. 纵向组织　　D. 综合组织

13. 综合课程打破了学科界限和知识体系，按照学生发展的阶段，以社会和个人最关心的问题为依据组织内容，这种课程内容的组织形式是（　　）。

A. 垂直组织　　B. 横向组织　　C. 纵向组织　　D. 螺旋式组织

14. 体现国家对学校的统一要求，作为学校办学的基本纲领和重要依据的是（　　）。

A. 课程计划　　B. 课程标准　　C. 教学大纲　　D. 教学目标

15. 教师上课时所使用的课件、视频、投影、模型等教学资源属于（　　）。

A. 教材　　B. 教案　　C. 教参　　D. 教科书

16. 根据载体不同，可以把课程资源划分为（　　）。

A. 校内课程资源与校外课程资源

B. 教授化课程资源与学习化课程资源

C. 条件性课程资源与素材性课程资源

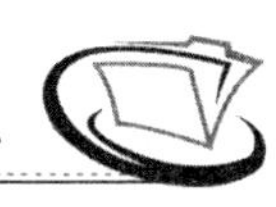

D. 文字性课程资源与非文字性课程资源

17. 《基础教育课程改革纲要（试行）》规定，我国小学课程设置综合实践活动课，开设的学段是（　　）。

A. 小学一年级至高中　　B. 小学三年级至高中

C. 小学五年级至高中　　D. 初中一年级至高中

18. 根据《基础教育课程改革纲要（试行）》的规定，我国初中阶段的课程设置主要是（　　）。

A. 分科课程　　B. 分科课程和综合课程结合

C. 综合课程　　D. 活动课程和综合课程结合

19. 目前我国普通高中设置的主要课程是（　　）。

A. 分科课程　　B. 综合课程　　C. 活动课程　　D. 探究课程

20. 从课程形态上看，当前我国中学实施的研究性学习属于（　　）。

A. 学科课程　　B. 拓展性学科课程

C. 辅助性学科课程　　D. 综合实践活动课程

21. 最早提出“什么知识最有价值”这一经典课程论命题的学者是（　　）。

A. 夸美纽斯　　B. 斯宾塞　　C. 杜威　　D. 博比特

22. 泰勒出版的《课程与教学的基本原理》提出了课程编制的“四段论”，属于（　　）。

A. 实践模式　　B. 过程模式　　C. 环境模式　　D. 目标模式

23. 课程成为一个独立领域的标志是（　　）的出版。

A. 博比特的《课程》

B. 查特斯的《课程编制》

C. 泰勒的《课程与教学的基本原理》

D. 施瓦布的《实践：课程的语言》

24. 一个数学成绩优秀的学生由于某种原因产生了对数学的厌恶，他在离开学校后很可能不会再主动地研究数学问题了。这种现象属于（　　）。

A. 连带学习　　B. 附属学习　　C. 正规课程　　D. 显性课程

25. 主张课程内容的组织以儿童活动为中心，提倡“做中学”的课程理论是（　　）。

A. 学科课程论　　B. 活动课程论

C. 社会课程论　　D. 要素课程论

26. 课程的文本一般表现为（　　）。

A. 课程计划、课程标准、教科书

B. 课程计划、课程目标、课程实施

C. 课程目标、课程实施、课程评价

D. 课程主题、课程任务、课程标准

27. 编写教材的直接依据是（　　）。

A. 课程计划　　B. 课程目标　　C. 课程标准　　D. 课程说明

28. 教师进行教学的直接依据是（　　）。

A. 课程计划　　B. 课程目标　　C. 课程标准　　D. 教科书

29. 在教育目标的分类中，美国教育学家布鲁姆就学生学习结果划分的三大领域是（　　）。

A. 知识、技能和技巧　　B. 知识、理解和应用技能

C. 人知、情感和动作技能　　D. 认知、应用和评价功能

30. 在编写教材的过程中，课程内容前后反复出现，且后面的内容是对前面的内容的扩展和深化，这种教材编排方式是（　　）。

A. 直线式　　B. 螺旋式　　C. 分科式　　D. 综合式

31. 我国新一轮基础教育课程改革中，课程评价功能更加强调的是（　　）。

A. 甄别与鉴定　　B. 选拔与淘汰

C. 促进学生分流　　D. 促进学生发展与改进教学实践

32. 主张课程的内容和组织应以儿童的兴趣或需要为基础，鼓励学生“做中学”，通过手脑并用以获得直接经验，这种课程类型是（　　）。

A. 学科课程　　B. 活动课程　　C. 分科课程　　D. 综合课程

二、简答题

1. 简述中小学综合实践活动的内容。
2. 简述学科中心课程论的主要观点。
3. 简述课程计划的含义和内容。
4. 简述教科书编写的基本原则。

第九章 教学

学习目标

1. 掌握教学的概念，了解教学的基本任务及其特点。
2. 掌握教学过程的基本规律，并能运用相关原理解释一些实际问题。
3. 掌握教学工作中必须遵循的基本原则，并能分析教育教学现象，指导教育实践。
4. 理解教学方法和启发式教学的概念。
5. 理解课的类型及结构，重点掌握如何备课和上课以及作业的布置。
6. 掌握基本的教学组织形式——班级授课制的特点及评价。
7. 了解教学评价的种类与教学反思的内容。
8. 掌握教学实施技巧，特别是导课技巧、提问技巧、结课技巧等。

教学在人类社会和整个学校教育系统中有着非常重要的作用。教学是学校中最普遍的工作，也是教师必须进行的工作。在教育实践中摆正教学的位置，全方位地完成教学任务，是每位教师的职责，也是保证学校培养人才质量的重要环节。

第一节　教学工作的意义和任务

一、教学概述

（一）教学的概念和特点

1. 教学的概念

教学指在一定教育目的的规范下，教师的教和学生的学共同组成的传递和掌握社会经验的双边活动。教学是学校进行全面发展教育的基本途径。它是教师有目的、有计划、有组织地指导学生积极、主动地掌握系统的科学文化基础知识和基本技能，发展能力，增强体质，陶冶品德和美感，形成全面发展的个性的活动。

2. 教学的特点

教学主要有以下几个特点。

(1) 教学以培养全面发展的人为根本目的。教学通过教师系统的知识、技能的传授与学生的学习，不仅使学生掌握一定的知识，了解事物运动与变化的规律，还对学生的智能发展、身体发展、品德养成等方面产生影响，从而促进学生的身心发展。

(2) 教学由教与学两方面组成，是师生双方的共同活动。教学是教与学两方面活动的辩证统一，既包括教师的“教”，也包括学生的“学”。其中，教师是教学的组织者和引领者，学生是教学的对象和学习的主体。没有学生参与的教师教的活动，只能称为教师的独白；没有教师参与的学生学的活动，只能称为学生的自学。教学正是在这样一个双边相互依存、相互影响的互动、交往中，进行师生间信息的传递与情感的交流。

(3) 学生的认识活动是教学的重要组成部分。在我国，掌握知识构成了教学活动的基础。在教学中，知识是教师的教与学生的学相互作用的中介、工具与资源，不借助人类社会积累的知识，教学无法进行；学生不借助知识的积累，成长也只能是一句空话。

(4) 教学具有多种形态，是共性与多样性的统一。教学作为学校对学生进行全面发展教育的一个基本途径，具有课内、课外、班级、小组、个别化等多种形态。教师和学生共同进行的课前准备、上课、作业、练习、辅导、评定等都属于教学活动。随着社会的发展，教学既可以通过师生、学生间的各种交往进行，也可以通过印刷品、广播、电视、网络、音频资料、录像资料等方式远距离开展。教学作为一种活动、一个过程，是共性和多样性的统一。

(二) 教学与教育、智育、上课的关系

1. 教学与教育的关系

教学与教育的关系，是部分与整体的关系。教育包括教学，教学是学校全面发展教育的一个基本途径，除教学外，学校还通过课外活动、校外活动、生产劳动、社会实践等途径向学生进行教育；教学工作是学校教育工作的重要组成部分，学校教育工作除教学外，还有德育工作、行政工作、后勤工作等，但教学工作是学校教育工作的中心。

2. 教学与智育的关系

教学与智育既有联系又有区别。智育是教育的一个组成部分，是向学生传授系统的科学文化知识与技能，发展学生智力的教育活动，主要通过教学进行，但不能将两者等同。一方面，教学也是除智育之外的德育、体育、美育、劳动技术教育等的途径；另一方面，智育也需要通过课外活动、生产劳动、社会实践等途径实现。

3. 教学与上课的关系

上课是实施教学的一种方式。就当前我国的情况来看，班级上课是教学的基本组织形式，教学工作以上课为中心环节。

二、教学工作的意义

教学是学校教育中最基本的活动，不仅是智育的主要途径，也是德育、体育、美育等的基本途径，在学校整个教育体系中居于中心地位。教学的意义主要体现在以下几个方面。

(一) 教学是传授系统知识，促进学生发展的有效形式

教学作为一种专门组织起来的传递人类知识的活动，能高效地将人类积累的科学文化知识转化为学生个体的精神财富，使他们在短时间内达到人类发展的一般水平。教学不仅能促

进个体实现社会化的进程，而且能使人类文化一代代继承、发展。因此，教学是传授系统知识、促进学生发展的有效形式，也是社会经验得以再生产和促进社会发展的有效手段。

（二）教学是进行全面发展教育，实现培养目标的基本途径

教学的作用直接、具体地表现在对个体发展的影响上。其一，教学使个体的认识突破时空及个体直接经验的局限，扩大了个体的认识范围，提高了认识的速度；其二，教学使个体的身心发展建立在科学的基础上，结合科学知识的传授和学习，在一个统一的过程中实现德、智、体、美诸方面的和谐发展。因此，教学是对学生进行全面发展的素质教育，是把学生培养成合格人才的基本途径，是学生得到全面发展的重要环节。

（三）教学是学校工作的中心，学校工作必须坚持以教学为主

学校是专门培养人的机构，要使学生在德、智、体等方面都得到发展，就需要通过教学、课外和校外活动、生产劳动等途径来实现。教学在学校教育工作中所占的时间最多，涉及面最广，对学生发展的影响较为全面、深刻，对学校教育质量的影响也最大。因此，学校工作必须坚持以教学为主。这意味着学校各项工作的安排，无论是后勤工作还是行政工作等，均应围绕教学工作来进行。当然，坚持以教学为中心，不是搞教学唯一化要处理好其他教育活动与教学的关系。总之，教学是学校的中心工作，学校工作必须坚持“教学为主，统筹安排”的原则。

三、教学的基本任务

（一）引导学生掌握科学文化基础知识和基本技能

教学的首要任务是引导学生掌握系统的科学文化基础知识，形成基本技能。教学其他任务的实现都是在完成这一任务的过程中和基础上进行的。因此，在教学工作中，只有扎扎实实地完成这个教学任务，才有条件完成其他教学任务，以确保培养的人才的质量。

知识是人类对客观世界的现象、事实和规律的认识，是人类社会历史实践经验的概括和总结。科学知识反映了客观世界的本质和规律。教学所传授的科学文化知识是指形成各门科学的基本事实、基本原理、基本结论、基本法则、基本符号系统等。它是组成一门学科知识的基本结构，揭示了学科研究对象的本质及其发生变化的规律性，反映了科学文化的现代水平。

基本技能是指各门学科中最主要、最常用的技能。例如，语文和外语的阅读、写作技能，数学的运算技能，物理、化学、生物学科的实验技能，历史、地理、政治学科的推理、演绎技能等。技能通过多次操作，可以发展成技巧。一般来说，知识的掌握是形成技能、技巧的基础，而技能、技巧的形成又有助于进一步理解和掌握知识。

在普通中小学教学中，必须把现代自然科学和社会科学中的基础知识和基本技能系统地传授给学生。其具体指标是：第一，能促进青少年学生德、智、体、美等全面发展，使他们具有一个现代人所应具有的素质；第二，能为他们参加现代生产劳动和政治、文化生活创造必要的条件；第三，能为他们进一步学习各种专门知识，从事科学研究，进行发明、创造奠定初步的基础。

（二）发展学生的智力、体力和创造才能

发展学生的智力、体力和创造才能，不仅是顺利、高效地进行教学的必要条件，而且是

培养全面发展的人的要求，是现代教学中一项十分重要的任务。

智力是人在认识过程中表现出来的认知能力系统，其构成要素主要包括观察力、注意力、记忆力、想象力、思维力，其核心是思维力。具有一定的智力是学生从事学习活动的必要条件和前提。教师要提高教学效率，促进学生健康成长，就必须对学生智力的培养予以足够的重视。

体力是人体活动时所能付出的力量，包括持久力、适应力和抵抗力，三者均与身体健康水平有关。学生身体发育正常，功能良好，体力充沛，精力旺盛，才能正常地学习、生活，才能保证顺利地完成在校期间的学习任务，顺利地掌握知识，发展智力与创造能力；同时，健康的体魄也为学生终身的事业发展和幸福生活打下良好的基础。

学生的创造才能主要是指学生能运用已有的知识、经验和智能去探索、发现、掌握尚未知晓的知识的能力。它是学生个人的求知欲、进取心、首创精神、意志力和自信心等的综合体现。

现代教学要求学生不仅要掌握知识，而且要发展以思维力为核心的认知能力，更应具有综合运用知识、技能去解决现实问题的能力。

（三）培养学生良好的思想品德，帮助其形成科学的世界观

世界观是人对世界的总的看法和态度。科学世界观的形成必须建立在科学知识的基础之上。中小学阶段是学生思想观念、道德品质形成的关键时期，青少年的品德、审美情趣和世界观正处在急速发展和逐步形成的重要时期，教学在学生形成科学的世界观、培养优良的道德品质方面起着重要的作用。在教学中，学生通过学习，掌握自然科学和社会科学知识，并学会运用所学知识解决实际问题等，还可提高道德修养和审美情趣；在班级的集体活动、课外和校外活动中，学生将依据一定的要求来调节自己的思想和行为。这些都为学生形成科学的世界观打下了坚实的基础。

（四）关注学生的个性发展，培养学生良好的个性心理品质

现代教学论关注学生的个性发展。以马克思主义关于人的全面发展学说为指导，协调学生知识、智力、兴趣、情感、意志、性格等方面的因素，追求教学与教育的统一，促进学生个性的发展。为此，通过教学来激发和发展每个学生的主体能动性，不仅使学生有现代科技文化知识，而且有自觉能动性、独立性和创新性，有强烈的竞争意识、平等观念和合作精神。

教学的基本任务是一个整体，是在统一的教学过程中完成的，诸项任务之间互为前提和基础，相辅相成，相互促进。因此，在教学工作中，要把各项任务落实到每一具体的教学过程中去，全面考虑，统一计划，不可有所偏废。

第二节　教学过程

一、教学过程概述

（一）教学过程的概念

教学过程是指教师教和学生学的双边活动过程。具体来说，教学过程就是通过有目的、

有计划的师生活动，让学生积极主动地掌握系统科学的基础知识和基本技能，发展智力和创造力，培养学生的科学世界观和优良的道德品质，发展学生的体力和个性的过程。

（二）教学过程的构成要素和教学过程中的矛盾

1. 教学过程的构成要素

教学过程的基本要素是教师、学生、教学内容和教学手段。这四个要素是相互联系、相互制约、相互促进的，缺少任何一项都不可能构成教学过程。

在这四个基本要素中，教师是教育方针政策的贯彻执行者，课程标准中规定的教学内容需要教师采用一系列的方法和措施向学生传授，整个教学过程需要教师组织，学生德、智、体、美、劳的全面发展需要教师的关怀和合理组织各种教学活动，从而实现教育目的。因此，教师是构成教学过程的不可缺少的、起主导作用的因素。

学生是教育的对象、是客体。教师工作就是为了教育学生，把学生培养成社会所需要的人。如果没有学生，就体现不出教师工作的特点，教师工作效率、质量的高低也就无从谈起。学生又是学习的主体，如果没有学生积极主动地学，也就没有教学过程，所以学生也是教学过程的基本因素之一。

教学内容是教学过程中最重要的信息源，是教师教和学生学的依据，也是检查教学质量的客观标准。

教学方法和手段是保证教学顺利、科学进行的不可忽视的客体因素，是教师、学生与教学内容产生密切联系的纽带。其完善与否，运用得当与否，对教师和学生能否准确、快速地传授与掌握知识，提高教学的效果与效率，起着重要作用。

2. 教学过程中的矛盾

在教学过程中，始终包含着三对基本矛盾，分别是：学生的认识水平与发展智力、个性及掌握知识之间的矛盾，教师与学生之间的矛盾，教师与教学内容及方法手段运用之间的矛盾，这三对矛盾构成了教学过程中特有的矛盾，学生的认识水平与发展智力、个性及掌握知识之间的矛盾是主要矛盾。首先，这一矛盾是教学过程其他矛盾产生和存在的基础。在教学过程中如何使学生掌握知识、促进个性发展是首要问题，在发展各方面能力时，发展智力又是基础。学生需要在探索知识的过程中不断地提高智能，由不知到知，由知之不多到知之更多，由不能到能，由不会运用、不会熟练运用，转化为会运用、会熟练地运用，从而达到组织教学的基本目的。其次，这一矛盾贯穿教学的全过程。这一矛盾的存在，在一定条件下促使教学活动产生，还促进了教学规模和方式多样化的发展，使教学活动变得日益生动、有趣。最后，这一矛盾决定了学生的发展程度。因为新的知识能不能转化到学生已有的知识体系中，是每个学生在学习过程中都会不断产生的矛盾，学生不断发展的根本动力就是不断解决新的矛盾，所以，学生的认识水平与发展智力、个性及掌握知识之间矛盾的转化会促进学生学业成就的发展。

二、有关教学过程的理论

（1）孔子主张学习过程应包含四个基本环节：学，思，习，行。

（2）儒家思孟学派进一步提出：博学之，审问之，慎思之，明辨之，笃行之。

（3）夸美纽斯主张教学建立在感觉活动的基础之上。

（4）赫尔巴特提出，教学过程包括明了、联想、系统、方法四个阶段。

赫尔巴特的学生席勒将赫尔巴特的教学过程发展成预备、提示、联系、总结、应用五个阶段，这标志着教学过程理论的形成。

（5）杜威认为，教学过程是学生直接经验不断改造和增大的过程，是“做中学”的过程。

（6）凯洛夫认为，教学过程是认识过程。

三、教学过程的本质

关于教学过程的本质问题，长期以来在我国学术界颇具争议性，主要的观点是认识说、交往说、发展过程说、价值说、多本质说等。

（1）认识说。教学过程是一种特殊的认识活动，是促进学生身心发展的过程。教学过程的主要矛盾是学生与其所学知识之间的矛盾，即教师提出的教学任务与学生完成这些任务的需要、实际水平之间的矛盾。

（2）交往说。持这一观点的人认为，教学的实质是交往。交往论主张教师从知识的传授者转向注重师生之间的沟通、互动、协作和教学经验与成果的共享，强调教学的伦理学意义。

（3）发展过程说。这种观点认为，教学过程并不是认识过程而是学生的发展过程。教学过程的根本目的在于培养人，促进学生德、智、体、美、劳等方面的全面发展。

（4）价值说。这种观点认为，教学过程是为取得学生德、智、体、美、综合实践等方面全面发展的教育价值增值过程，是实现社会所需要的也是自身所需要的价值增值的过程。

（5）多本质说。这种观点认为，教学既不是纯粹的认识过程，也不是纯粹的发展过程，而是一个多层次、多方面、多形式、多序列和多矛盾的复杂过程。

我们认为，教学过程的本质是在教师指导下的一种特殊认识过程和发展过程。

（一）教学过程是一种特殊的认识过程

教学是一种认识活动，它符合人类一般的认识规律。在实践基础上产生的认识是从感性认识开始的，它通过感觉、知觉、表象等形式，接受客体的各种信息，感知客体的外部属性、状态和形象，并保留在观念中成为有关客体的鲜明的感性映象，进而认识主体在感性材料的基础上，运用抽象思维，借助语言对感性材料进行逻辑加工，通过分析、综合、归纳、演绎，以概念范畴等形式，形成理论知识，形成理性的知识体系。理性认识是否符合客观现实，还要通过社会实践加以检验和证明。这是认识的普遍规律，它包括了各种形式的认识，当然也包括教学中学生的认识活动。

（二）教学是一种特殊的认识活动

教学除了受普遍性的规律制约之外，还有自身的特殊性。

第一，知识的间接性和概括性，即学习的内容是已知的，是他人经过概括的认识成果。

第二，教师的传授性、引导性、指导性，即学生的认识始终是在教师的传授、指导下进行的。

第三，途径的简捷性和高效性，即学生在教学中的认识采用了科学的方法，走了认识捷径而实现的，能够在最短的时间内学到最大量的知识。

第四，认识的教育性和发展性，即教学中学生的认识既是目的，也是发展的手段，在提高学生认识的过程中，促进其全面发展。

第五，认识的交往性和实践性。教学过程中师生之间的关系是平等的，这个过程是教学相长的过程，是交往的过程，也是实践性的过程。

（三）教学过程是以认识过程为基础，促进学生发展的过程

教学过程既是一个认识的过程，也是一个发展的过程，是学生认识和发展相统一的过程。教学是以培养全面发展的人为根本目的。在教学过程中，学生在认识客观世界的同时，思想、品德、智慧、体质和个性也获得发展。现代科技革命需要具有创新性的人来适应，教学也从知识的授受转变为促进学生的实践和探究。在这个过程中，认知是学生探究的基础，同时学生的各方面能力也会得到全面的提升。

四、教学过程的基本规律

教学过程的规律是指教学过程中各要素之间的内在的、本质的必然联系。揭示教学过程的规律，是为了更好地利用它促进教学，提高教学工作的效率和质量。

（一）直接经验与间接经验相结合的规律

直接经验就是学生通过亲自活动、探索获得的经验。间接经验就是他人的认识成果，主要指人类在长期认识过程中积累并整理而形成的书本知识，此外还包括以各种现代技术形式表现的知识与信息，如磁带、录像带、电脑、电视、电影等。在教学中，学生主要学习哪种经验，两种经验之间有什么必然联系呢？

1. 学生以学习间接经验为主

教学过程的实质是学生的认识过程，是把人类的认识成果转化为个体认识的过程。学生的认识过程符合人类认识的一般规律，即学生的认识过程是从感知到理解，由浅入深不断深化的。但是学生的认识过程相对于人类一般的认识过程又有其特殊性，教学中学生主要是学习间接经验，并且是间接地去体验。以间接经验为主组织学生进行学习，是学校教育为学生精心设计的一条认识世界的捷径。其主要特点是：把人类世世代代积累起来的科学文化知识加以选择，使之简单化、洁净化、系统化、心理化，组成课程，编成课本，引导学生循序渐进地学习。这就可以使学生避免重复人类在认识发展中所经历的错误和曲折，用最短的时间、最高的效率来掌握人类创造的基本知识，在新的起点上继续人类认识和改造世界的征程，攀登科学文化的新高峰，从而促进人类社会的发展。

2. 学生学习间接经验要以直接经验为基础

书本知识是以抽象的文字符号来表示的，是前人生产实践和生活实践的认识和概括，而不是来自学生亲身的实践与经验。要使人类的知识经验转化为学生真正掌握的知识，必须依靠个人以往积累的或现实获得的感性经验。所以，教学中要充分利用学生已有的经验，增加学生学习新知识所必须有的感性认识，以保证教学的顺利进行。由于学生的认识是一种特殊的认识，因此，学生获得的感性认识可以建立在少数、典型、有限的感性材料的基础之上，展示给学生的可以是真实的事物，也可以是标本、教具、图表、模型、影像等，甚至可以是教师具体形象的描述。无论何种方式，只要能达到让学生理解书本知识的目的即可。在此基础上，教师必须引导学生分析、概括和理解知识，通过对书本知识的分析讲解，使学生将直接经验条理化、系统化、全面化、深刻化，从而掌握知识，进一步认识世界。

3. 教学中要防止两种倾向

教学以学习书本知识为主，是学生个人认识、人类认识获得自身发展的捷径。要使学生便捷而高效地掌握书本知识，则必须根据教学的需要，充分利用和丰富学生的直接经验，这是间接经验与直接经验的必然联系。

在处理间接经验与直接经验的关系时，要防止在教学史上曾出现过的两种倾向：一种是在传统教育影响下产生的偏向。重视书本知识的传授，习惯于教师讲、学生听，不注重给学生感性知识，忽视引导学生通过实践活动探求知识，未能把书本知识和学生的直接经验很好结合起来。其结果必将导致注入式教学，带来学生掌握知识上的一知半解、形式主义。另一种是在实用主义教育观影响下产生的偏向。过于重视学生个人经验的积累，注重从做中学，强调学生通过自己探索来发现、获得知识，而忽视书本知识的学习和教师的系统传授，使学生认识的发展流于自发状态，结果学生往往难以掌握系统的科学文化知识。这二者都违反了教学的规律，人为地割裂了学生掌握知识过程中间接经验与直接经验的必然联系，严重地影响了教学质量。

（二）掌握知识与发展智力相统一的规律

在教育史上，关于知识和智力谁轻谁重、谁先谁后，有两种截然相反的观点：一种是以裴斯泰洛齐和洛克为代表的形式教育论——只注重智力发展；另一种是以斯宾塞和赫尔巴特为代表的实质教育论——注重对学生知识的传授。

教学过程是学生掌握知识、发展智力的过程。知识与智力既相互联系又有区别，在教学过程中，正确处理知识与智力的关系，把两者统一起来，才能更好地使学生掌握知识，发展智力。

1. 掌握知识是发展智力的基础

知识是人们对客观世界的认识成果，是增强智慧和力量的源泉。在教学过程中，学生智力的发展依赖于他们对知识的掌握，学生获得知识的过程必须通过注意、观察、思考、想象和记忆，随之，其注意力、观察力、思考力、想象力和记忆力必然得到一定的发展，可以说学生的智力发展是在掌握知识的过程中实现的。智力活动的具体内容必然是一定的知识，离开了知识，智力的发展就成了无源之水、无本之木。人们常说的“无知必无能”是很有道理的。没有知识，正确观点就难以形成，分析思考问题就没有依据，学生的创造发展将失去基础。因此，掌握知识是发展智力的基础，无知便无智。

2. 发展智力是深入掌握知识的必要条件

学生具有一定的认识能力，这是他们进一步掌握文化科学知识的必要条件。学生掌握知识的速度与质量，依赖于学生原有的智力水平。一个具有较好的观察力、注意力、记忆力、思维力和想象力的学生，必然能够有效地利用知识，使有限的知识向无限的知识转化。认识能力具有普遍的迁移价值，它不但能有效地提高学生的学习效率和知识质量，推动学生进一步发展，而且能促使学生将知识应用于社会实践活动，从而获得完全的知识。所以，学生智力的发展是使学生取得良好学习效果的内在力量，是深入掌握知识的必要条件。

3. 强调知识和智力的统一，并不排斥两者的差异

知识与智力毕竟是两个概念。知识属于经验系统，反映的是客观实在的结果；智力属于心理发展系统，是反映客观世界的能力。知识是社会的，即使当初发现知识的个体已经消

失，但他的发现仍会在社会中广为传播，甚至世代相传，知识为社会所有；智力是个体的，它终归会随着个体的消亡而消亡。知识是后天获得的，人非生而知之；智力则是先天遗传和后天实践的结晶，是在遗传基础上通过后天的实践不断发展的。知识的掌握进程长，可以终生学习，不断积累；而智力的发展与人的生理发展，与成熟、衰退有关。有研究表明，人在20岁以前，智力发展成直线上升趋势，20岁到30岁智力发展达到高峰，以后发展缓慢，50岁以后逐渐下降。知识和智力毕竟是不同的两个事物。大量事实证明，知识掌握的多少，并不一定都与智力发展水平成正比。有的人知识较多，但能力较差，满腹经纶，不会应用；有的人知识较少，能力却较强。可见，从掌握知识到发展智力是一个非常复杂的过程，它不仅与知识掌握的多少有关，而且与掌握知识的质量、获得知识的方法和思维方式的运用等有密切的关系，二者不是同步发展的。

4. 从掌握知识到发展智力的条件

因为知识和智力二者有区别，因此知识转化为智力是有条件的。第一，传授给学生的知识应该是科学的具有规律性的知识。只有掌握了规律性的知识，才能举一反三、触类旁通，才能实现知识的迁移；也只有规律性的知识，才需要理论思维的形式。第二，必须科学地组织教学过程，启发学生独立思考、探索和发现，鼓励学生选择不同的学习方法和认知策略去解决问题，学会学习，学会创造。第三，重视教学中学生的操作与活动，培养学生的参与意识与能力，提供学生积极参与实践的时间和空间。第四，培养学生良好的个性品质，重视学生的个别差异。

5. 教学中应防止的两种倾向

从上述分析中可知，知识是发展智力的内容和基础，智力又是提高知识质量的条件和要素，两者互为条件，相辅相成，互相促进。我们反对教学中只抓知识教育、忽视智力发展的做法，同时也不主张脱离教材，另搞一套去发展智力。我们强调，应将知识教育与智力的发展有机地结合起来。在教学中，结合知识的教学，有意识地引导学生自觉积极地参与教学过程，掌握获得知识和运用知识的方法，就能有效地发展学生的智力。学生的学习活动进行得越是富有创造性，他们的智力就将发展得越快，达到的水平就越高。

（三）掌握知识与提高思想的辩证统一规律

在教学过程中，不仅要引导学生掌握知识，还要培养积极的情感态度及正确的价值观，来提高他们的思想水平。因而弄清掌握知识与提高思想二者之间的关系是一个十分重要的问题。

1. 教学永远具有教育性

教学永远具有教育性是指学生在教学过程中不仅学习知识、发展能力，而且会形成和改变一定的思想品德和价值观念。这种思想品德和价值观念，未必符合一定的社会要求。而培养符合一定社会要求的人才是每个社会教育的基本目标。为此，教师在教学中必须有意识地发挥教学的积极教育作用，从而使学生形成符合社会要求的、正确的思想品德和价值观念。

（1）教学的教育性是社会对培养人才的客观要求。人的本质就其现实性来说是一切社会关系的总和。任何社会所要求培养出来的人，绝不是抽象的人，而是具有一定的情感态度、价值观念的具体的人。教学既然是学校教育培养人的基本途径，因此任何社会都必须对学校的教学过程提出一定社会所需要的思想品德和价值观念。社会要求主要通过教育目的体现出来。当前，我国各级各类学校的教育以培养全面发展的人为目的，学校中的各科教学，都要为贯彻这一教育目的服务，结合本学科的特点向学生进行思想品德教育。所以教学的教育性是社会对培养人才的客观要求。

（2）教学的教育性是教材内容的必然反映。任何知识体系都建立在一定的方法论基础上。教学过程中传授给学生一定知识、技能和能力的同时，相应地形成对自然、社会、人生的立场、观点和态度，从而对学生的价值观、思想品德的形成和发展产生影响。我国社会主义学校的各科教学内容，都要遵循辩证唯物主义和历史唯物主义的观点与方法，并以此作为编写教材的指导思想，通过教材中的思想性，培养学生科学的世界观，特别是文科教学，更是直接体现了社会政治经济制度所需要的思想品质。所以说，任何教材都具有一定的思想性。

（3）教学的教育性是教师本身思想修养的必然体现。教师的教学工作总是按照一定的要求，以一定的思想政治方向影响着学生，同时也反映着自己的思想倾向。教材的选择和组合，教学方法和教学组织形式的运用，都受教师立场、观点的影响；教师在讲课过程中，也会在不同程度上，以不同方式把自己的政治立场、社会观点表露出来；另外，教师的教学态度、治学方法都会对学生的人生观、价值观及情感态度等产生重要的影响；同时，教师的立场、观点会反映在教师平日的言谈举止中，也会对学生产生潜移默化的思想影响。

2. 知识和思想品德的关系

知识和思想品德二者相互联系，辩证统一。一定的知识是培养良好思想品德的基础，因为真正的科学知识是反映客观世界的本质及其运动规律的。让学生掌握真正的科学知识，不仅能提高他们认识客观世界和改造客观世界的能力，让他们成为有真才实学的人，还能让他们拥有正确的政治观点、信念和态度，由此形成科学的世界观。而思想品德的提高，也会对学习知识产生一定的影响，它使人具有正确的学习动机和良好的学习态度，能够克服各种阻力，坚持不懈地学习，这必将对知识的学习起促进作用。可以说，在学习知识方面，思想品德起动力作用，会影响人们学习知识的质量。当然，这并不表明一个人知识水平越高，思想水平就越高，因为二者毕竟是两个概念、两个系统，存在许多差别。我们应正确理解和处理二者的关系。

3. 在教学中坚持教育性，防止两种倾向

教学中有两种倾向割裂了知识和思想品德之间的联系：一种是只注重知识的教学，不注重挖掘教材中的教育因素，使教学的教育作用流于盲目和自发，甚至放过思想教育的良机；另一种是所教知识内容本身没有思想性，教师却牵强附会地进行思想教育，使思想品德教学流于空洞与虚妄。在教学中，教师应该将知识学习和思想品德教育有机地结合起来，努力挖掘教材中的思想教育因素，有意识地培养学生的思想品德。教师也应努力提高自己的道德修养，严格要求自己，以自身的人格去教育、去影响学生，同时在组织的各种教学活动中培养学生良好的思想品德。

（四）教师主导作用与学生主动性相结合的规律

教学活动是教师的教和学生的学组成的双边活动，教与学两者辩证统一。教学是教师教学生学，学生是教师组织的教学活动中的学习主体，教师对学生的学习起主导作用。

1. 教师在教学过程中起主导作用

（1）教师的主导作用是指在教学过程中，教师对整个教学活动起引导和组织作用，具体体现在三方面。

①教师代表社会向学生提出教学要求，是社会的代言人。

②学生在各方面并不成熟，学生对知识的掌握及能力的培养、品德的提高，离不开教师的组织和安排，需要教师的指导。

③教师受过专业训练，术业有专攻，闻道在先，有较丰富的知识，可以指导学生。

（2）教师主导作用主要体现在三个方面。

①教师的指导决定着学生学习的方向、内容、进程、结果和质量，并起着引导、规范、评价和纠正的作用。

在教学过程中，教师根据国家的教育目的、教学任务和教学要求，把握着学生学习的正确方向，将其培养成有用的人才。教师总要向学生传授知识，进行不同的思想教育，解答疑难问题，自然成为学生学习的指导者、引路人。

②教师的主导作用决定着学生的学习质量，也影响着学生的学习方式。影响教学质量的因素很多，但对学生而言，决定其学习质量的因素是教师的质量和教学水平。教师的思想品德端正、业务知识深厚、教学经验丰富，主导作用就发挥得充分，教学就会有较高的质量；反之，教学质量就难以保证。因为在教学过程中，首先，教师要对教材进行剖析消化，使抽象的书本知识具体化，变难为易，成为学生易于接受的知识；其次，教师要依据教材进行课题设置，指导学生运用有效的学习方法，通过一定的途径，形成技能、技巧。

③教师的主导作用决定着学生学习主动性和积极性的发挥，决定着学生的个性及人生观、世界观的形成。在教学过程中，学生是学习的主人，教师只是学生学习的指导者，但对于学生学习的自觉程度、主动积极性能否充分发挥，教师却起着重要作用。实践证明，教师的主导作用在决定学生学习积极性方面，会起到正、负两种不同作用。善于启发诱导的教师，凭借教学的艺术，运用各种方式、方法，能够激励学生积极学习；相反，不善于启发诱导的教师，不仅不能调动学生的积极性，还会使学生原有的积极性受到挫伤、压抑，学生感觉学习枯燥、乏味，不想学习。从一定意义上讲，学生学习的主动性、积极性，是反映教师主导作用发挥程度的“晴雨表”。

教师的主导作用主要体现在对学生成长方向的引导上和学习内容、途径、方法的指导上。教师根据教育方针、培养目标、课程标准，遵照学生身心发展的规律，正确地设计、组织、指导教学过程，可以调动学生学习的主动性、积极性，使外在的要求转化为内在的需要，转化为学生的知识、能力、思想品德等。

2. 学生在学习过程中处于主体地位

学生是学习的主人。学生对所学信息的选择（学什么）、用什么样的方法学（怎样学）与学生的兴趣、爱好、个人意愿有关。

学生虽然许多方面并不成熟，需要教师的指导，但他们仍是认识和自身发展的主体，具有主观能动性。学生的学直接影响教师主导作用的发挥。

3. 建立良好的师生关系是发挥教师的主导作用和学生主动性的前提

受教育者是教育活动的指向对象，即教育活动的客体，但是，在教育过程中主体与客体的关系，不仅表现为主体对客体的主导作用，也表现为客体对主体的能动作用。因为受教育者是具有主观意志和意识的人，他们具有主动性，他们的学习具有选择性，因此，受教育者不仅以其自身的发展规律规定着教育者的活动，而且还以自身的意识、意志作用于教育者；

同时，受教育者在教育过程中所表现出的各种思想情绪，也在一定程度上影响着教育者。从这个意义上说，受教育者既是教育的客体，又是教育的主体。学生的主体作用表现为学习的主动性、积极性和独立性。

可见，在教学过程中，充分发挥教师的主导作用是学生间接掌握知识的必要条件。而要使学生自觉掌握知识，主要是靠调动学生个人的主动性、积极性，如果师生双方能相互配合，就能获得教学的最佳效果。这是教师主导作用与学生主动性之间的必然联系。

4. 教学中应防止两种倾向

在教学过程中，要防止忽视教师主导作用或忽视学生主动性、积极性的做法。以赫尔巴特为代表的传统教育派强调以教师为中心，把学生看成被动的知识接受者，片面强调教师的权威和意志，忽视了学生的主动性、积极性。以杜威为代表的现代教育派强调在教学中要以学生为中心，在教学中教师处于附属地位。现代教育派的主张在当时的历史条件下虽有一定的积极意义，但是却走向了另一个极端——片面强调学生学习的主动性、积极性。这两种观点都是片面的，因此，教学中应防止这两种倾向，正确处理好二者之间的关系。

五、教学过程的基本阶段

教学过程的基本阶段是教学活动展开和进行的时间流程或逻辑历程，它是指导教师教学阶段设置的理论程序。

（一）激发动机

动机是支持一个人行为的内部动力，在学习活动过程中，它可以表现为学生对所学知识的需要、兴趣。孔子曾说过："知之者不如好之者，好之者不如乐之者。"表现了两种学习境界。对知识只求了解的人，将来的成就和业绩赶不上爱好学习的人；而爱好学习的人，将来的成就和业绩赶不上以学习为乐的人。所以，在教学起始阶段，教师必须采用多种手段，如提问、设疑、提前参观等方式，激发学生的学习兴趣；在学习活动过程中，使学生保持主动状态，体验学习的乐趣。

（二）感知教材

教材作为一个信息源泉是学生所要接受的第一手资料，要更好地理解这些信息的内容，必须要有丰富的感性认识作为基础。通过对教材的感知，学生会对教材形成比较清晰的表象认识，从而更好地理解和掌握这些知识。反之，如果没有必要的感性认识作为基础，学生在接受书本间接经验时难以理解，概念、公式、原理成为毫无吸引力的枯燥的东西，只能生吞活剥，死记硬背，食而不化。因此，将感知教材作为基础，是学生在学习过程中必不可少的重要环节。

（三）理解教材

理解教材是教学过程阶段中的一个承上启下的环节，它一方面是感知教材的一个延伸，另一方面是学生巩固和运用知识的一个基础，对学生掌握知识体系具有重要意义。在教学中，丰富学生感性认识的目的就是帮助他们理解教材，减少理论的枯燥性。因此，教师首先要注意恰当选择感性教材，通过表象事物、老师的语言信息及学生的生活经验，使学生在感知的过程中奠定理解知识的基础。其次，教师要善于运用比较、分析、综合等逻辑方法和归纳演绎等逻辑推理形式，引导学生的思维过程，培养他们的逻辑思维。因为学生理解教材是个复杂的思维过程，所以为了全面深刻地理解教材，教师必须注意概念的精准。最后，要注意概念之间的逻辑关系，注意简单、初级概念与复杂、高级概念之间的关系，使学生在循序渐进的基础上做到温故知新，不断地去探究，加深认识。总而言之，学生对书本知识的理解和掌握，是一个感性认识和理解认识相结合的过程。

（四）巩固知识

巩固知识，就是防止遗忘，引导学生将知识内化并牢固地储存在自己的记忆中。新知识要纳入已有的知识体系需要一个过程，因此，知识的巩固是教学过程不可缺少的环节。当然，各阶段都有巩固作用。巩固知识不是简单地背诵记忆，不是简单地重复和机械训练。首先，巩固需要科学的思维和记忆方法，教师要鼓励学生积极发展思维的敏捷性和创造性，使每个学生对理解和巩固知识都有一个积极的态度。由于人的个体差异是客观存在的，所以教师应指导学生去选择适合自身的记忆方式。其次，教师还可以引导学生在日常生活中运用所学的知识，达到加深记忆的目的。在此过程中，除了对知识本身进行巩固外，更重要的是学生对获取知识过程、获取知识方法的巩固。最后，要使学生学会记忆，学会运用科学的记忆方法来巩固知识。

（五）运用知识

掌握知识的目的在于运用，否则，学习就失去了意义。学生通过实际运用知识，不但可使认识深化，还有利于提高自身分析问题和解决问题的能力。在整个教学过程中，理解教材和巩固知识是运用知识的基础，但是，理解不等于运用，记住了知识不等于形成了运用知识的技能，必须动手实践。学生运用知识，主要是通过基本教学实践——完成书面作业及进行实验操作来实现的。学生运用知识的能力，是在反复的练习中，从最初的不会、不准确达到会、比较准确，再达到熟练而逐步发展起来的。当然，运用知识不限于技能的掌握，还包括知识迁移能力和创造能力。如今提出与推行的体验学习和研究性学习，是引导学生运用知识的新探索和新尝试。在生活实践中发现知识，又在解决实际问题中创造性地运用知识。因此，在教学过程中，不仅要保证学生能理解知识，还要创造条件使学生深入生活，接触实际。

（六）检查知识

检查知识是一个对教学效果加以反馈的过程。在知识的运用阶段，往往能显示出学生对知识掌握得是否正确。及时准确的反馈会对教学过程起到有效的调控作用。教师可以根据反馈结果，客观分析学生掌握知识的情况，及时调整自己教学的方式方法。学生通过检查，可以客观地看到自己的问题所在，及时纠正，以便更好地完善自己的知识结构。需要指出的是，提问是最简捷的检查知识的方式；在此基础上，还要注意检查方式的多样化。对学生的评定要客观、公正，激励他们进行发散思考，允许他们有独立的见解。

另外，也有人把教学过程的基本阶段划分成激发学习动机、领会知识、巩固知识、运用知识、检查效果五个阶段。其中，领会知识是教学的中心环节。这个阶段包括感知教材和理解教材两方面。理解的目的在于形成概念、原理，真正认识事物的本质和规律。

第三节　教学的基本原则

一、教学原则概述

（一）教学原则的概念

教学原则是教师在教学工作中必须遵循的基本要求和指导原理，是根据我国的教育目的和教学过程的客观规律制定的，也是教学工作实践经验的总结和概括。教学原则是教师在教学过程中实施教学最优化必须遵循的基本要求和指导原理。同时，教学原则对课程计划、课程标准的制定、教材的选择和使用、教学方法和教学组织形式等都具有指导作用。

（二）教学原则与教学规律的关系

教学原则和教学规律是既有区别又有联系的两个概念。二者的区别是：教学规律是教学过程中内在的本质的必然联系；教学原则是人们主观制定的，它反映人们对教学工作的基本要求。二者的联系是：教学原则是教学规律的集中反映，教学原则的制定必须符合教学规律。教学原则和教学规律的关系很复杂，根据一条规律可以提出多个教学原则，有的教学原则又能反映多条规律，对规律的认识有助于提出科学的原则，并对已有的原则加以矫正。

（三）制定教学原则的依据

1. 教学原则是教育教学规律的反映

教学原则是教学过程基本规律的集中反映，教学规律是制定教学原则最基本的客观依据。教学原则之所以能够成为人们从事教学工作的基本要求，对提高教学质量起促进和保证作用，其根本原因就在于，科学的教学原则反映了教学过程的客观规律。我们按照教学原则的要求去做，就等于按照教学规律的要求去做了，所以教学工作会顺利进行。

2. 教学原则是教学实践经验的概括和总结

人们在长期的教学实践中，不断探索出一些成功的经验或失败的教训，对这些经验或教训进行理论分析，由感性认识上升到理性认识，从而制定出教学原则。随着教育科学与教育实验的发展，教学原则不再限于对日常教学工作经验的总结，而是可以通过实验研究，更加自觉地概括出教学原则。

3. 教学原则受到教学目标的制约

教学目标是教学工作的出发点和归宿，它规定了教学活动的发展方向和预期的结果，指导和支配着教学活动的各个方面。任何教学原则的确定都要遵循教学目标。

二、我国中小学常用的教学原则

（一）直观性原则

直观性原则是指教师在教学中，引导学生运用多种感官和已有的经验，通过直接观察实物和语言的形象描述，获得鲜明的表象，丰富学生的感性经验，为理解教材中的抽象知识，掌握间接经验，发展学生的认识能力打好基础。

直观性原则是直接经验与间接经验相结合规律的反映。它能给学生提供鲜明、生动的具体形象，有助于学生对课程内容的理解。直观性原则也是根据学生的认识规律提出的。学生掌握书本知识需要以感性经验为基础，直观可以使知识具体化、形象化，为学生感知、理解、巩固知识创造条件。同时，直观性原则也是根据学生思维发展特点提出的。学生的思维发展是由具体到抽象的。

直观教学的手段是多种多样的，概括起来一般包括三大类：第一类是实物直观，包括各种实物、标本、实验、参观等；第二类是模像直观，包括各种图片、图表、模型、录像、电视、电影、录音等；第三类是语言直观，教师通过生动形象的语言描述，使学生产生所描绘事物的表象。中国荀子提出的“闻见知行”，即“不闻不若闻之，闻之不若见之”“闻之而不见，虽博必谬”，提出了在学习中不仅要“闻之”更要“见之”，才能“博而不谬”。夸美纽斯率先提出了教学中的直观性原则。他说，凡是需要知道的事物，都要通过事物本身来学习，应该尽可能把事物本身或代替它的图像呈现给学生。乌申斯基也指出，儿童是靠形式、颜色、声音和感觉来进行思维的。

贯彻直观性原则的基本要求如下。

（1）要根据中小学各门学科的特点和实际，恰当地选择直观时机和直观手段。不同学科、不同教材和不同年级的教学对象，采用的直观时机和手段都不一样。如一般情况下，较低年级选择直观教学较多，较抽象的学科选择直观教学也较多，不同的学科其直观的手段也不尽相同，教师应结合以上要求，选择最恰当的直观时机和直观手段。

（2）直观教具要有代表性和典型性。直观教具要为解决重难点而服务，要能显示出事物生动、清晰的形象及其内在的联系、运动和发展的过程，要能突出学生观察的重点。特别是教师在制作或运用直观教具时，要注意放大所学部分，用容易吸引学生注意力的色彩和动态来突出所要观察的部位，来解释事物的运动和变化，使教学获得最佳的直观效果。

（3）运用直观教具要和语言讲解结合起来。直观教具呈现给学生后，如果没有教师的讲解，让学生自发地观察，学生极易被非本质的东西所吸引，忽略对本质事物的观察，从而使直观教学流于形式。为此，直观教学必须在教师的指导下，通过提问或讲解的方式引导学生仔细观察、深入思考，把握事物的特征，从而达到直观教学的最好效果，让学生真正理解知识。

（4）要防止为了直观而直观的倾向。直观教学是手段，不是目的。在教学中，直观要服从于明确的教学目的，服从于间接知识学习的需要。教师不能为直观而直观，从而失去了直观教学的意义。

另外，直观要与讲解相结合，要重视运用语言进行直观教学。

（二）启发性原则

启发性原则是指教师在教学中承认学生是学习的主体，调动学生学习的主动性和积极性；引导学生独立思考，积极探索，生动活泼地学习；增强学生分析问题、解决问题的能力，使他们学会独立地获取知识和运用知识。

启发性原则是教师主导和学生主动相结合规律、掌握知识和发展智力相统一规律的反映。学生是学习的主体，掌握知识、发展智力、培养思想品德要靠学生自己的观察、思考和操作，任何教师的教学都不可能代替学生的学习，否则必然造成学生学习的依赖性，或抑制学生智力等方面的发展。启发性原则的思想和实践有着悠久的历史。孔子最早提出了“不愤不启，不悱不发”的启发教学思想。后来，《学记》继承和发展了启发教学思想，提出“道而弗牵，强而弗抑，开而弗达”的要求。在古代西方，最著名的启发教学范例是苏格拉底的“产婆术”，其核心是一步一步地引导学生回答问题，教师在引导学生探求知识的过程中起着助产士作用。

贯彻启发性原则的基本要求如下。

(1) 激发学生的求知欲、学习兴趣和责任感，调动学生学习的主动性和积极性。学生的学习活动是在教师的影响下，通过自身内部的矛盾运动而进行的。学生的积极性受学生兴趣、愿望、情绪、态度等内在心理因素的支配。因此，教师要善于激发学生的求知欲望和学习兴趣，引导学生形成正确的学习动机，培养学生认真严肃的学习态度，充分调动学生的主动性、积极性，使学生爱学、想学、用功学，对学习有高度的责任感。

(2) 启发学生独立思考。教师要注意提问、激励，启发学生的思维。只要提问切中要害，发人深思，学生的思维就会活跃起来。教师在启发学生思考的过程中，要有耐心，给学生思考的时间；不仅要启发学生理解知识，而且要启发学生理解学习的过程，掌握获取知识的方法；同时，教师要鼓励学生多问，并在回答问题中使学生的思维能力得到提高。

(3) 设置问题情境，让学生动手解决问题，启发学生将知识创造性地应用于实际。启发不仅要引导学生动脑，而且要引导学生动手。学生掌握知识有一个逐渐深化的过程，懂了不一定会做，会做不一定有创造性。所以，教师要善于向学生布置由易到难的各种作业，提供素材、情境、条件，提出要求，让学生去独立探索，克服困难，解决问题，别出心裁地完成作业，以便发展创造才能。

(4) 发扬教学民主。尊师爱生，民主平等，是社会主义新型的教师关系。教师在教学中要尊重学生，尤其要尊重学业不良、有过错或缺陷、和自己意见不一致的学生，不伤害学生的自尊心。教师在教学中要赞赏每一位学生，赞赏他们的独特性、他们的微小成绩、他们的努力、他们的质疑和对自我的超越。只有在这种教学氛围中，学生才会解除一切顾虑，心情舒畅，积极主动地学习，这有助于培养学生的创新精神和创造能力。

(三) 理论联系实际原则

理论联系实际原则是指教学要以学习基础知识为主导，从理论与实际的联系上去理解知识，注意运用知识去分析问题和解决问题，达到学懂会用、学以致用的目的。

教师在教学中密切结合实际，讲清基础理论，并引导学生把读书与实践、思想与行动结合起来，指导学生运用所掌握的理论知识去解决现实中的具体问题。

理论联系实际原则是直接经验与间接经验相结合规律的反映。科学知识本身对学生来说是间接经验，为此，教学应注意理论联系实际，这样才能处理好教学中直接经验与间接经验、感性认识与理性认识、学与用的关系，使学生自觉掌握和运用知识技能，真正实现思想的转变。

贯彻理论联系实际原则的基本要求如下。

(1) 书本知识的教学要注重联系实际。只有注意理论联系实际，教学才能生动活泼，抽象的书本知识才易于被学生理解、吸收，并转化为对学生有用的精神财富，而不至于出现学生囫囵吞枣，掌握一大堆无用的、空洞死板的概念的现象。

(2) 重视培养学生运用知识的能力。首先要重视教学实践，如练习、实验、参观和实习等，其次还要重视学生参加实践操作和社会实践。应当根据教学的需要，组织学生进行一

些参观、访问、社会调查，参加一些课外学科或科技小组的实际操作活动，或组织学生从事一些科学观察、实验与发明及生产劳动等。

（3）正确处理知识教学与技能训练的关系。在教学中，只有将二者结合起来，学生才能深刻理解知识，掌握技能，学以致用。如果教师讲，学生听，而无技能的训练，那么难以检验学生是否真正理解；即使学生理解了，也可能缺乏动手能力。

（4）补充必要的乡土教材。由于我国幅员辽阔，各地各方面的差异很大，为了使教学不脱离实际，必须补充必要的乡土教材。

（四）科学性与思想性相统一原则

科学性与思想性统一原则，是指教师以准确无误的基础知识和基本技能武装学生，同时保证所举的实例、所用的方法手段及教学组织的具有科学性，并结合课程内容的学习，有计划地对学生进行情感态度和价值观念教育，将二者有机结合起来。

科学性与思想性统一原则是掌握知识与提高思想辩证统一规律的反映。教学中必须坚持科学性与思想性的统一。

贯彻科学性与思想性统一原则的基本要求如下。

（1）保证教学的科学性。教师传授的知识应当是科学的、正确的，这是教学的起码要求。教师讲授的概念要精确，论证的原理要严密，即使通俗的讲解也应注意科学性。教师讲课中运用的材料、史实也应是科学的、可靠的；教师的教学方法应当是科学的，教师对教学的组织也应是科学的。只有做到以上几个方面，才能真正保证教学的科学性。

（2）挖掘教材内在的思想因素。教师要用马克思主义的立场、观点和方法，深入研究课程标准和教材，挖掘教材内在的思想性，有目的地对学生进行情感态度和价值观念的教育。寓教育于教学之中，力图做到水乳交融，而不是油水分离。不要脱离课程内容进行空洞和牵强附会的说教。

（3）教师要加强自身修养。示范性是教师劳动的特点之一，在教学中，伴随着教学过程，教师自身的价值观、情感及其态度会同课程内容一样，对学生的思想产生深刻的影响。为此，教师应不断提高自身修养，用自己高尚的思想和情感、严谨的治学态度、实事求是的作风来影响学生，体现教学的科学性与思想性。

（五）巩固性原则

巩固性原则是指教学中教师应使学生牢固地掌握所学的基础知识，并在掌握技能、技巧方面达到熟练的程度，当需要时能很快地再现，解决实际问题。

巩固性原则是由学生认识活动的特点决定的。学生在教学中主要是在短时间内通过间接经验的方式获取大量的知识，极易遗忘，为此教学过程必须及时巩固知识和技能，防止遗忘，为今后的学习打下坚实的基础。孔子要求“学而时习之”“温故而知新”，道出了这一原则的重要性。

贯彻巩固性原则的基本要求如下。

（1）要使学生在理解的基础上巩固。心理学的研究表明，意义记忆的效果优于机械记忆，尽管教学中有一些知识，比如年代、人名、单词等本身需要机械记忆，但是教学中的大部分内容具有一定的意义，教师系统而重点突出地讲解，使学生理解课程内容，最终有助于学生牢固地掌握知识和技能。可以说理解是巩固知识和技能的基础。

（2）要及时组织学生进行系统的复习和练习。从生理学上看，知识的获得是大脑皮层建立暂时的神经联系的牢固保持。如果不及时进行复习，已经形成的暂时神经联系得不到强化，就出现遗忘。所以，应及时复习、巩固和深化所学的知识，另外，复习的方式方法和内容应不断变换，用不同的形式交替复习不同的内容，减少大脑皮层的疲劳，给学生创造一个最佳的记忆状态。

（3）要指导学生掌握记忆的方法。重复是记忆之母，对于学生来说，还要教给他们其他的记忆方法，如机械记忆和意义记忆要结合，以意义记忆为主；再如通过整理编排知识，写成提纲、口诀帮助记忆；对于有些机械的东西，还可以通过人为的方式建立它们之间的联系，从而有助于记忆。

（六）循序渐进原则

循序渐进原则是指教师按照科学知识内在的逻辑顺序和学生认知能力发展的顺序进行教学，使学生逐步、系统地掌握基础知识和基本技能，并在此基础上促进发展。

循序渐进原则是科学知识本身的特点和学生身心发展规律的反映。科学知识本身具有严密的系统性，学生的认知也是一个由简单到复杂逐渐深化的过程，只有循序渐进，才能使学生有效地掌握系统的知识，发展严密的逻辑思维能力。《学记》中有“学不躐等”和“不陵节而施”的思想。朱熹提出“循序而渐进，熟读而精思”。

贯彻循序渐进原则的基本要求如下。

（1）教师应按照课程内容的逻辑体系进行教学。讲授时要掌握由近及远、由浅入深、由易到难、由简到繁、由具体到抽象、由已知到未知的规律。讲授时还应注意新旧知识之间的联系，使教学内容既有重点，又前后连贯。

（2）教师应根据学生发展的“序”抓好教学。学生身心发展具有阶段性和顺序性。在教学中，教师应根据学生身心发展的顺序性，采取较为适宜的方法进行教学，这样才能使学生打下良好的基础，并为进一步学习做好准备。

（3）教师既要循序，使教材内容和教学进度适合学生的接受能力，又要使教学内容有一定的难度，使学生“跳一跳，够得着”，这样他们才能使有所提高。

（七）因材施教原则

因材施教原则是指在教学中，教师应根据学生的不同特点进行教学，既要注意学生的共同特征，又要照顾个体差异，从实际出发，有的放矢地进行教学，使每个学生都能得到良好的发展。

因材施教原则是学生身心发展规律的反映。学生的身心发展具有个体差异性，无论是身体还是智力、个性，均存在差异。教学中只有因材施教，才能扬长避短，才能使教育有针对性，才能使每个学生都得到发展。我国首倡“因材施教”者应为孔子，他分析了学生的不同特点，在具体教学中因材而教之。朱熹概括为“孔子教人，各因其材”，经后人总结为因材施教。

贯彻因材施教原则的基本要求如下。

（1）教学中，教师首先要了解学生的实际情况和个体差异，为因材施教奠定基础。

（2）考虑学生的年龄特征，根据不同年龄阶段学生的特点进行教学。不同年级学生的年龄特征各不相同，其智力特点和知识经验等各方面均有差异，教师必须了解学生的发展水平，选择适合其发展水平的内容和方法进行教学。

（3）在教学中，要运用多种方式教学，适应学生个体差异，培养学生特长。教师了解每个学生的特点，才能有针对性地进行教学。学生的身心发展本身具有个体差异性，他们所处的环境又各不相同，这些差异都会反映到教学中，表现为学习成绩不同、反应速度不同、思维方式不同、兴趣爱好不同等，教师只有根据学生不同的情况，提出不同的要求，加强个别指导，区别对待不同特点的学生，才能使每个学生都有所发展和提高。

(4) 正确对待“先进生”和“后进生”。对于“先进生”和“后进生”，教师应当平等、公平地对待，一视同仁。教师要有高度的责任感，对于“先进生”，可以适当增加学习内容，适当加快速度，满足他们的求知欲，但不能抢进度、不适当地增加内容，使学生负担过重，影响健康；对于“中等生”，要引导他们树立理想，学先进，争上游；对于“后进生”，要热情接近，关怀信任，发现他们的闪光点，为他们耐心讲解、适当补课，绝不能掉以轻心，甚至将其视作班级的包袱。

(八) 量力性原则

量力性原则又称可接受性原则，是指教学的内容、方法、分量和进度要适合学生的身心发展，使他们能够接受，但又有一定的难度，需要他们经过努力才能掌握，从而促进学生身心健康发展。

墨子说：“夫智者必量其力所能至而如从事焉。”西方文艺复兴后许多教育家重视教学的可接受性问题。经验证明，教学中传授的知识只有符合学生的接受能力才能被他们理解，才能顺利地转化为他们的精神财富。罗素、布鲁纳、赞可夫都持这种观点。赞可夫以自己进行的小学教学改革实验和所做的理论阐述，充分证实了教学促进学生发展的可行性。贯彻量力性原则的基本要求如下。

(1) 了解学生的发展水平，从实际出发进行教学。

(2) 考虑学生认识发展的时代特点。

以上教学原则虽各有侧重点，但它们并不是彼此孤立存在的，而是紧密联系、互相补充的。各个原则相辅相成，构成一个完整的体系。教师必须根据教学的目的任务、教材内容的特点、学生的年龄特征、班级的具体情况，灵活掌握和综合运用教学原则。

第四节　教学方法

一、教学方法概述

(一) 教学方法的概念

教学方法是为完成教学任务采用的教师教和学生学的共同活动方式的总称。它既包括教师的教法，又包括学生的学法，是教法与学法的统一。即，教学是师生共同参与的双边活动：教师讲授时，学生就聆听、思考；教师演示时，学生就观察、分析。这里不但包含教师如何讲授、如何演示，同时也包含学生如何思考及怎样观察和分析。因此，现代教学法应重视学生学习中的主体意识，不仅研究如何教，也研究如何学得更好，同时还研究教法与学法之间的相互联系和作用，研究如何从实际情况出发进行调控，探索如何根据学生认识活动的规律进行教学，使学生学会自己学习。

教学方法对于全面而有效地完成教学任务，提高教学质量有着非常重要的意义。方法得当，则事半功倍；方法不当，则事倍功半。因此，教师在教学中，必须恰当地选择和创造性地运用教学方法。

（二）运用教学方法的指导思想

教师在运用教学方法时往往使用两种对立的教学方法，一种是注入式，一种是启发式。

注入式是指教师从主观出发，把学生看成一种单纯接受知识的容器，向学生灌注知识，无视学生在学习中的主观能动性。在这种思想指导下，学生的主体地位得不到实现，积极性被扼杀了，主动性也泯灭了。教师仅仅是知识的传递者，而学生仅仅是知识的接收器。

启发式是指教师在教学中，尊重学生的主体性，从学生的实际出发，充分调动学生学习的主动性和积极性，引导学生独立思考，教给学生学习的方法，引导学生自己去学习，从而学会学习，养成能独立分析问题、解决问题的能力。在这种思想指导下，学生是一个活脱脱的人，是教学过程的参与者，是学习的主人。

注入式和启发式是两种根本对立的教学方法。我们提倡启发式，并将启发式确定为我国教学方法的指导思想。因为启发式教学符合辩证唯物主义提出的内因和外因相互作用的理论，符合学生心理发展的规律，也符合我国教育的根本目的。在教学中，教师无论使用何种教学方法，都应促进学生积极主动地学习，让其成为学习的主体，这是启发式教学的关键和实质。

（三）选择和运用教学方法的基本依据

教学方法是多种多样的，每一种教学方法都有其特殊作用。但是，没有哪一种教学方法是万能的。在实际教学中，都是以某种方法为主，多种教学方法相结合进行。教学方法的运用不是随意的，必须根据以下方面来加以选择。

1. 教学的目的和任务

不同课程的教学目的和任务不同，同一节课不同阶段的教学目的和任务也有区别，因此，教师在选择教学方法时，要根据每一节课的具体教学目的和任务，选择适当的教学方法。比如，在讲授新知识时，选择教授法、演示法、谈话法比较合适；在巩固知识、培养技能技巧时，选择练习法比较合适等。

2. 课程的性质及其特点

文理科课程的性质不同，每一门课程也有其自身的特点，在选择教学方法时，教师应明确所讲课程的性质、特点，并据此选择教学方法。比如，讨论法比较适合文科的教学，实验法在理科教学中常用，陈述性的知识选用教授法比较适宜，程序性知识则可选用谈话法和讨论法等。

3. 学生的身心特点

不同年级的学生有不同的特点，同一年级不同班级的学生也有其自身的特点，教育者在选择教学方法时应考虑他们的身心特点、原有水平以及他们的文化和社区、家庭背景。比如，讨论法适合较高年级的教学，演示法在低年级的课堂上常用。

4. 教师自身的条件，包括知识经验、个性特征等

每位教师的特点不相同，适合他人的教学方法未必适合自己，教师在选择教学方法时尤其要考虑自身的学识、能力、性格与身体条件，扬长避短，选择能发挥自身优势的教学方法。比如，善讲的教师，可多选用教授法，通过教授让学生理解新知；善演的教师可多采用

演示法，通过演示的辅助使学生弄懂知识。

5. 学校的设备条件

选择教学方法时应考虑学校的自然环境，学校所能提供的仪器、图书、设备、设施等物质条件。比如，没有实验室的学校，只能采用演示的方法进行教学；缺少教具的学校，较少采用演示法，只能更多地采用教师讲授等以语言传递为主的方法。

6. 教学的时限

教学时限的多少会直接影响教学方法的选择。教师在备课时，要依据课程计划、课程标准中所规定的课时安排与可利用的时间来确定具体可行的教学方法。比如，教学时限较少的课，主要采用教授法，便于短时间内完成教学的任务；教学时限较多时，可以辅之以谈话、讨论等耗时较长但有利于学生更好发展的方法。

在选择和运用教学方法时，只有考虑以上几方面的情况，运用适当的教学方法，才能收到好的教学效果。

二、我国中小学常用的教学方法

我国中小学常用的教学方法有教授法、谈话法、讨论法、读书指导法、演示法、参观法、练习法、实验法和实习作业法等。

（一）. 以语言传递为主的教学方法

1. 教授法

教授法又称讲授法是指教师运用口头语言，系统连贯地向学生讲授课程内容的方法。它是中小学各科教学的一种主要教学方法，具体包括讲述、讲解、讲读和讲演四种方式。讲述是教师向学生叙述事实材料或描述所讲的对象。讲解是教师向学生解释与说明概念，论证公式和原理。讲读是教师在讲述、讲解的过程中，指导学生阅读教科书和参考资料，并进行练习。讲演是教师深入分析和论证事实，得出科学的结论。

运用教授法的基本要求如下。

第一，讲授内容要科学性、系统性、思想性。教师运用教授法，讲授的内容要突出重点、难点，要系统、全面，有逻辑性，体现教学的科学性。同时，要结合所讲的内容，使学生在思想上有所提高，体现教学的教育性。

第二，注意启发。在讲授中要善于提问并引导学生分析和思考问题，使学生积极开展认识活动，自觉地领悟知识。

第三，讲究语言艺术。语言力图清晰、准确、简练、形象，条理清楚，通俗易懂；讲授的音量、速度要适度，注意音调的抑扬顿挫；以姿势助说话，提高语言的感染力。

第四，恰当地运用板书和教具。当教师在讲授中需要特别提示，或者用语言难以清晰、准确、形象地描述时，可以借助板书和教具，通过文字、图表或教具的演示，给学生更加清晰、准确和鲜明的印象。

第五，要和其他方法配合使用。

2. 谈话法

谈话法也称问答法，是教师在学生已有知识经验的基础上提出问题，引导学生积极思考，通过师生交谈，使学生获得知识技能、提高能力、培养思想品德的一种教学方法。谈话法可分复习谈话和启发谈话两种。

运用谈话法的基本要求如下。

第一，要准备好问题和谈话计划。在上课之前，教师要根据教学内容和学生已有的经验、知识，准备好谈话的问题、顺序，以及如何从一个问题引出和过渡到另一个问题。

第二，提出的问题要明确，能引起思考，富有挑战性和启发性，问题的难易程度要因人而异。

第三，要善于启发诱导。当问题提出后，要善于启发学生利用已有的知识经验或对直观教具观察获得的感性认识来进行分析、思考，研究问题或矛盾的所在，因势利导，让学生一步一步地去获取新知。

第四，要做好归纳、小结，使学生的知识系统化、科学化，并注意纠正不正确的认识，帮助学生准确地掌握知识。

3. 讨论法

讨论法是学生在教师的指导下为解决某个问题而进行探讨，辨明是非、真伪，以获取知识的方法。讨论可以在全班进行，也可以在小组进行，还可以与学生个体进行。各种不同方式的讨论都应以一定方式照顾全班同学。

运用讨论法的基本要求如下。

第一，讨论的问题要有吸引力。抓好问题是讨论的前提，问题要有吸引力，要能激起学生的兴趣，要有讨论、钻研的价值。

第二，要善于在讨论中对学生进行启发引导。启发学生独立思考，勇于发表自己的看法，围绕中心议题发言。

第三，做好讨论小结。讨论结束前，教师要简要概括讨论情况，使学生获得正确的观点和系统的知识，纠正错误、片面或模糊的认识。对疑难和有争议的问题，教师要尽力阐明自己的看法，但要允许学生持保留意见。

4. 读书指导法

读书指导法也称自学辅导法，是教师指导学生通过自学教科书和参考书获得知识的方法。读书指导法适用的场合较多，有用之于布置预习的，也有用之于布置复习的；可用之于指导课外读书自学，也可用之于指导课内读书自学。

运用读书指导法的基本要求如下。

第一，指定学习材料。如果让学生自学的是课程标准规定的内容，可以指定阅读一种或几种教科书的某一章节和有关参考材料，甚至可以细到材料的第几页至第几页、第几行至第几行；如果是指导学生课外兴趣阅读，可以介绍多种阅读材料供学生自行选择。

第二，根据阅读材料的难易程度和学生的发展水平，适当提示背景知识、材料的特点、内容的梗概等。

第三，明确阅读材料的目的、任务，指出阅读材料的重点部分，分清精读和泛读的内容。

第四，提出思考题，必要时可要求学生选择其中若干部分作为作业完成，也可以布置一些练习。

第五，指导自学方法。

第六，巡视检查，个别辅导，并组织讨论或进行一定的讲授。

（二）以直观感知为主的教学方法

1. 演示法

演示法是教师通过展示实物、直观教具，进行示范性实验或采取现代化视听手段等，指导学生获得知识或巩固知识的方法。演示法的特点在于加强教学的直观性，不仅是帮助学生感知、理解基本知识的手段，也是学生获得知识、信息的重要来源。演示法采用的方式或手段最为直观的是实物，其次是图片，最后是使用幻灯、投影、电影、电视等。

运用演示法的基本要求如下。

第一，做好演示前的准备。演示前要根据教学需要做好教具准备。演示的教具要有典型性，能够突出所学知识的主要特征。

第二，要使学生明确演示的目的、要求与过程，使学生主动、积极、自觉地进行观察与思考，让学生知道要看什么、怎么看，需要考虑什么问题。

第三，通过演示，使所有的学生清楚、准确地感知演示对象，并引导他们在感知过程中进行综合分析。

第四，演示必须精确可靠，操作规范，演示时要集中学生的注意力，让学生运用多种感官去感知。

第五，演示后，教师要引导学生分析演示结果以及变化之间的关系，通过分析、对比、归纳等得出正确结论。

2. 参观法

参观法是教师根据教学需要，组织学生到校外一定的场所通过接触实际事物获得知识，巩固知识或验证知识，提高思想认识的一种方法。

参观有准备性参观、并行性参观和总结性参观三种。准备性参观是在学习某一新课之前进行的，目的是为学生学习新课题积累一定的感性材料奠定基础；并行性参观是在学习新课过程中进行的，目的是使理论与实践联系更加紧密；总结性参观是在学习新课之后进行的，目的是帮助学生验证、加深理解、巩固课堂学过的知识。

运用参观法的基本要求如下。

第一，要做好参观前的准备工作，拟定参观计划。

第二，参观过程中，教师要对学生进行具体指导。

第三，参观结束后，教师要及时进行总结和评议。

（三）以实际训练为主的教学方法

1. 练习法

练习法是学生在教师指导下反复操作，并形成技能技巧的方法。练习的种类很多，按培养学生不同方面的能力划分，包括各种口头练习、书面练习和实际操作练习；按学生掌握技能、技巧的进程划分，包括模仿性练习、独立性练习和创造性练习。

运用练习法的基本要求如下。

第一，使学生明确练习的目的与要求，掌握练习的原理与方法。这样能防止练习中可能产生的盲目性，从而提高练习的自觉性。

第二，精选练习材料，适当分配分量、次数和时间。练习的方式要多样化，循序渐进，逐步提高。

第三，严格要求。无论是口头练习、书面练习还是操作练习，都要严肃认真。要求学生一丝不苟、刻苦训练、精益求精，达到最高的水平。

第四，教师要教给学生正确的练习方法，并及时检查和反馈。

第五，要培养学生自我检查的能力和习惯。

2. 实验法

实验法是学生在教师指导下，利用一定的仪器设备，通过条件控制引起实验对象的某些变化，从观察这些变化中获得知识的方法。

实验法在教学中可根据不同的教学要求来运用。学习理论知识之前进行的实验，目的是使学生获得感性知识，以作为学习理论的基础；学过理论后进行的实验，目的是验证理论，加深对理论的理解；复习巩固知识时进行的实验，目的是使学生牢固地掌握学过的知识。

运用实验法的基本要求如下。

第一，明确目的，精选内容，制订详细的实验计划，提出具体的操作步骤和实验要求。

第二，重视语言指导，重视教师示范的作用。教师可以在实验前示范，也可以在学生实验后进行总结性示范。

第三，要求学生独立操作，并要求所有学生都亲自操作。

第四，及时检查结果，要求学生按照规定写出实验报告。

3. 实习作业法

实习作业法也称实习法、实践法，是学生在教师指导下，参加一定的实践活动，将书本知识运用于实践的一种方法。如数学课有测量实习，物理、化学课有生产技术实习，生物课有植物栽培和动物饲养实习，地理课有地形和地貌测绘实习等。

运用实习作业法的基本要求如下。

第一，做好实习前的准备工作。教师要制订实习计划，确定实习的地点，准备好仪器，编好实习小组。

第二，做好实习过程中的指导。教师要认真巡视，掌握全面情况，对发现的问题及时指导。

第三，做好实习总结。实习结束后，学生应写出个人小结，然后由教师指出优缺点，分析其产生的原因，并提出改进的意见，以巩固实习的收获。

（四）以启发为主的方法

以启发为主的方法主要是发现法（研究性学习），发现法又称探究法、研究法，是指学生在教师的指导下，对所提出的课题和所提供的材料进行分析、综合、抽象和概括，自行发现并掌握相应的原理和结论的一种教学方法。

运用发现法的基本要求如下。

第一，依据教材特点和学生实际，确定探究发现的课程和过程。

第二，严密组织教学，积极引导学生的发现活动。

第三，努力创设一个有利于学生探究发现的良好情境。

（五）以情感陶冶为主的方法

1. 欣赏教学法

欣赏教学法是教师在教学过程中指导学生体验客观事物真善美的一种教学方法，包括对自然的欣赏、对人生的欣赏和对艺术的欣赏。

2. 情境教学法

情境教学是教师有目的地创设生活情境，引起学生一定的情感体验，从而帮助学生理解教材的教学方法。小学课堂教学情境的创设主要包括生活展现的情境、图画再现的情境、实物演示的情境、音乐渲染的情境、表演体会的情境。

三、中外典型的教学方法

（一）国外典型的教学法

（1）美国布鲁姆的目标教学法。

（2）美国克伯屈的设计教学法。

（3）美国斯金纳的程序教学法。

（4）美国罗杰斯的非指导性教学法。

（5）德国瓦·根舍因的范例式教学法。

（6）俄罗斯沙塔洛夫的纲要信号图表教育法。

（7）保加利亚洛扎诺夫的暗示教学法。

（二）我国典型的教学方法

（1）辽宁魏书生的六步教学法。

（2）湖北黎世法的六课型单元教学法。

（3）上海育才中学的八字教学法。

（4）上海倪谷音的愉快教学法。

（5）江苏李吉林的情境教学法。

（6）江苏邱学华的尝试教学法。

（7）上海闸北八中刘京海的成功教学法。

第五节　教学组织形式

教学是有目的、有计划、有组织的实践活动，任何教学活动都必须通过一定的组织形式才能实现。实践证明，能否科学运用教学组织形式，对教学成效有直接的影响。因此，研究教学的组织形式问题，无论从理论上还是实践上都是必要的。

一、教学组织形式的变化和发展

教学工作不仅要通过各种教学方法来完成，而且要通过多种形式来进行。教学组织形式就是关于教学活动应怎样组织，教学的时间和空间应怎样有效地加以控制和利用的问题。

教学组织形式受一些客观条件的制约，如社会对人才规格与质量的需求，教学内容的性质与要求，现代化科技为教学提供的多种可选择的教学手段等。所以，它不是一成不变的。在教学组织的发展历史中，曾出现过多种教学组织形式，以下简要介绍其中具有代表性的几种。

1. 个别教学

历史上最早出现的教学组织形式是个别教学。个别教学是一种不限制入学年龄和修业年限，把不同年龄和不同知识基础的学生组织到一起，教师分别对每个人进行教学的一种教学组织形式。这种教学组织形式盛行了很长时间，在欧洲一直持续到16世纪，在中国则延伸到19世纪末20世纪初。在这一组织形式中，由于教师只同个别学生发生联系，对学生采取个别对待的方式，因而有利于因材施教，但教学效率低下。

2. 班级教学

班级教学相对于个别教学是一种集体教学，也称班级授课制。

欧洲文艺复兴后，随着资本主义生产的发展和科学文化的进步，社会向学校教育提出了培养大批能适应机器生产的劳动力的要求。机器生产初期要求工人至少要有小学文化水平，这就必然要增加学生人数，扩大教学规模，增加教学内容，于是一些资产阶级教育家适时提出了普及教育的主张，寻找一种与大工业生产要求相适应的新的教学组织形式。在这一背景下，班级授课制应运而生。

16世纪，欧洲的一些学校开始出现了分年级、按班级进行教学的组织形式。17世纪，捷克教育家夸美纽斯对班级教学做了理论上的论证和教法上的阐述，从而确立了班级授课制。班级授课制使教学效率大幅度地提高。但是，由于班级授课制固有的缺陷，到20世纪初，一些教育家提出了许多改革的主张。在我国，最早采用班级授课制的是1862年清政府在北京设立的京师同文馆。

3. 设计教学法

设计教学法是1918年杜威的学生、美国教育家克伯屈创建的。这种方法主张由学生自发地决定学习目的和内容，学生在自己设计、自己负责实行的单元活动中获得有关的知识和解决实际问题的能力。它强调，教师的任务在于利用一定的环境以引起学生的学习动机，帮助学生选择活动所需要的教材等。设计教学法废除了班级授课制，打破学科界限，摒弃教科书，强调以学生的经验为基础。其优点是，能够引起学生的学习兴趣和激发学生的学习积极性，便于学生在独立发现问题和解决问题的活动过程中扩充知识范围，锻炼实际的工作能力；但是，它降低了班级授课制所具有的系统性、科学性，影响了教师作用的发挥，不利于学生获得系统的科学知识。

4. 道尔顿制

道尔顿制是美国教育家海伦·柏克赫斯特于1920年提出的。它的特点是用学生的个人自学代替课堂讲授，由教师把各科学习内容制成按月划分的作业大纲，给学生规定应完成的各项作业。道尔顿制以各科作业室取代了教室，并按学科性质陈列参考用书和实验仪器，供学生使用。学习的进行由学生与教师订立学习公约，然后学生按照自己的兴趣自由支配时间，在各作业室自学。若有需要，学生可以与同学进行讨论，也可以请教各作业室配备的作为顾问的教师指导，指导教师可以为学生介绍资料或答疑。学生的学习进程要求按学习公约进行，经过检查，分别由教师和学生记入学习进度表。道尔顿制的优点是，强调学生的个性发展，强调学生独立工作能力的培养；但是，它不利于教师作用的发挥，不利于学生学习系统的科学知识。

5. 分组教学

分组教学是按学生智力水平或学习成绩水平分组进行教学的一种教学组织形式。分组教学有两种基本类型，即校内分组教学和班内分组教学。

（1）校内分组教学。校内分组教学包括：第一，跨学科能力分组教学，即把同一年级的学生按智力高低或成绩优劣分成几组，各组的教学从实际出发，区别对待，不同水平小组教学的内容、教学要求各不相同的一种教学组织形式；第二，学科能力分组教学，即针对一些较难的重点学科，根据学生的学习能力和学习成绩分成不同水平的小组进行教学的一种教学组织形式，如把数学学科的教学分成 A、B、C 组进行教学，学生对号参加一个组的学习，而其他一般学科仍在原班级进行教学。

（2）班内分组教学。班内分组教学就是在一个教学班内，根据学生的学习成绩和能力分成若干组，对水平不同的组的教学要求有高有低、教学内容有深有浅，经过一段时间，对各组测验检查，然后小组可合并，以后还可重新分组的一种教学组织形式。

分组教学从学生的实际出发，适应学生的差异，有助于因材施教，提高教学质量。

当前，教学组织形式的改革发展有两种趋势：首先，班级人数减少，班级趋向小型化，一些国家（如法国等）规定每班人数为 20 人左右，这样教师能对每个学生进行较具体的学习指导；其次，采取班级教学、小组教学相结合的教学方法。

二、教学的基本组织形式——班级授课制

（一）班级授课制的概念

班级授课制是指把年龄和文化程度大致相同的学生编成固定人数的班级，教师按照各门学科教学大纲规定的内容组织教材和选择适当的教学方法，按照课程表规定的时间，向全班学生进行分科集体教学的一种教学组织形式。

（二）班级授课制的基本特征

1. 以班为单位

以班为单位是指班级授课制把学生按年龄和知识水平分别编成固定的班级，同一个班级学生的年龄和学习程度大致相同，并以班为单位安排课程、组织教学活动等。

2. 以课时为单位

以课时为单位是指班级授课制把每节课规定在统一而固定的单位时间里进行，教师同时面对全班学生上课。

3. 以课为单位

以课为单位是指班级授课制把教学内容与传送这些内容的教学方法、教学手段综合于课堂上，把教学活动划分为相对完整且互相衔接的各个教学单元，从而保证了教学过程的完整性和系统性。

（三）班级授课制的优越性和局限性

1. 优越性

班级授课制的优越性体现在以下几点。

（1）有利于经济、有效、全面地培养人才。班级授课制由于有较强的组织性和计划性，

因而无论从时间还是空间来看，它都是使学生在较短时间内系统、有重点地学习人类知识的一种经济、有效的形式，较之个别教学制来说，大大提高了单位时间内的教学效率和效益。

（2）有利于发挥教师的主导作用。在班级授课制中，教师是面对全班学生教学，能保证每个学生都自始至终在教师的直接指导下进行学习，因而能充分发挥教师的主导作用，最大限度地提高教师的工作效率，使各科教师协调一致地对学生进行教育。

（3）有利于发挥班集体的教育作用。班级授课制是分班进行教育的一种集体组织形式。把学生编成相对固定的教学班，构成一个有较严密组织领导的集体，各成员的学习内容相同，既有利于教师利用集体的力量对学生进行教育，又有利于学生之间相互切磋、相互帮助、共同提高。

（4）有利于学生的身心发展。班级授课制根据学生的生理、心理特点规定了严格的作息时间，合理安排了各门学科的教学顺序，保证了学生身心的正常发展。

2. 局限性

班级授课制的局限性体现在以下几点。

（1）过于集体化、同步化和标准化。由于班级授课制过于集体化、同步化和标准化，因而不能照顾学生的个体差异，不利于培养学生的兴趣、特长，不利于发展他们的个性。

（2）教师采用分科教学，过分强调书本知识。班级授课制过分强调系统知识的获得，教学活动的范围主要局限在课堂内，使学生接触课外社会生活实际和参与社会实践活动受到一定的限制，容易出现理论脱离实际的倾向，在一定程度上还可能阻碍学生视野的扩展、理解的深化和知识的应用。

（3）课堂教学过分强调教师的作用。班级授课制过多地以教师的课堂教授为中心，使学生的主动性、独立性以及学习潜能的发挥受到一定程度的限制，不利于培养学生的探索精神、创造能力和实际操作能力。

这些局限性的存在，说明班级授课制不能作为唯一的教学组织形式，需要用其他教学组织形式加以补充，从而促使人们进一步研究、探讨班级授课制的改革问题。

三、教学的辅助组织形式

（一）个别指导

个别指导主要是指由学生个人与适合个别学习的教材内容结合，并辅以师生之间的直接联系，较多地从学生的年龄、程度等方面的共性出发进行教学的一种教学组织形式。它是课堂教学的一种辅助组织形式，更强调发挥学生个人的主体作用，让学生从自己的知识基础、兴趣爱好和学习能力出发，以资料为根据，确定学习的内容、进度和学习任务。个别指导的方式是多种多样的，可视学生的具体情况而定。目前，这种教学组织形式是中小学课堂教学的重要组成部分，而且它的作用正在日益加强。

（二）小组教学

小组教学是根据教学或学习需要，把全班学生分成若干个人数较少的小组，教师根据各小组的共同特点分别布置教学任务的一种教学组织形式。这种教学组织形式的关键是教师个别指导和区别对待，其比班级授课制更加个别化，能最大限度地适应学生学习水平和能力的差异，可以增强小组成员合作学习、互相激励的能力。小组教学往往与因材施教的原则相联

系，与弹性的课程设置、差异教学的思想相结合，注重组内学生的相互帮助和激励，以及组与组之间学生的竞争与流动。

（三）现场教学

现场教学是教师结合一定的社会生产、生活现场条件，同现场有关人员共同组织的教学。组织现场教学的目的要明确，有高度的计划性，重视理论的指导，做好现场教学的总结工作。施教人员除教师外，还可以是现场有关的工人、农民、技术人员、工作人员等。该形式打破了课堂空间的局限，增强了教学的直观性，可使学生获得更多的感性材料，学到更实用的知识，激发其学习积极性，培养其动手能力和创造力；能使师生了解迅速发展的社会生产和生活情况，便于改革教材内容，丰富书本知识，进行生动而具体的思想教育。

（四）复式教学

复式教学是一种特殊的教学组织形式，是指把两个年级以上的学生编在一个班里，由一个教师在同一个教室、同一课时里分别用两种以上的教材交叉进行教学的组织形式。它保持了班级教学的一切本质特征，不同的是教师在一节课内要巧妙地安排几个年级学生的活动。其特点是，学科头绪多，讲课时间少，教学任务重，组织教学难度高等。因此，实施复式教学需要教师对学生进行合理编班与排座，科学编制复式班的课表，培养学生主动学习的良好习惯，培养小助手，建立良好的课堂纪律。如果组织得当，安排得好，它不但不会降低教学质量，反而有利于培养学生的自学能力。

第六节 教学工作的基本环节

教学工作的基本环节是备课、上课、作业的布置与批改、课外辅导、学生学业成绩的检查与评定。其中，备课是教学工作的基础和前提，上课是教学工作的中心环节，作业的布置与批改是课堂教学的延续，课外辅导是课堂教学的补充，学生学业成绩的检查与评定是教学工作不可缺少的重要环节。

一、备课

备课是为上课及其他教学环节所做的准备工作，是教学工作的起始环节，是上好课的先决条件，是教师必须掌握的一项基本功。教师备课过程包括做好三项工作和制订三种计划。

（一）做好三项工作

1. 备教材

备教材就是钻研教材，包括钻研课程标准、研读教科书、查阅参考资料、明确教学的三维目标，备习题、备提问、备作业、备教具、备挂图等。

（1）钻研课程标准。课程标准是教师备课的指导文件。钻研课程标准就是要对本学科的教学有总体的把握，弄清本学科的特点、性质与基本理念，了解本学科的教材体系和基本内容。

（2）研读教科书。教科书是教师备课和教课的主要依据。教师备课必须先通读全书，熟练地掌握教科书的全部内容，了解全书知识的结构体系，分清重点章节和各章节基本知识的重点、难点和关键点。

(3) 查阅参考资料。查阅参考资料是备教材不可缺少的环节，其作用是：帮助教师对教科书进行深入理解，明确教学思路；解答教科书中的疑难问题；拓宽教学视野，启发教师运用不同的教学方法；丰富教师的专业基础知识。

(4) 明确教学的三维目标。明确本学科在知识与技能、过程与方法、情感态度与价值观三个方面的基本要求。

2. 备学生

备学生就是了解学生。在备课时，结合平时对学生发展情况的了解，研究当前所讲内容在学生学习时可能产生的积极或消极态度，对优秀生或后进生可能产生的问题，在教学的某一阶段中，由哪些学生进行答问活动等，然后把这些研究、分析的结果纳入课时计划。

备学生既要了解学生集体又要了解学生个体，了解他们的兴趣爱好、知识水平、思想状况、个性差异等，可以采用观察、谈话、家访、调查等方法。

3. 备教法

备教法就是考虑把已经掌握的教材，用什么方法教给学生。确定选用什么方法，要从教学的目的任务、课程的性质特点、学生发展的特点、自身的条件、学校条件等方面综合考虑。

(二) 制订三种计划

1. 学期（或学年）教学进度计划

学期（或学年）教学进度计划，是在对课程标准的学习和对整本教材通读的基础上制订的教学进度计划，它通常是由教育主管部门组织各校教学骨干共同编写的，其目的是使教师明确整个学期教学工作的范围和方向。

2. 课题（单元）计划

课题计划是指对课程标准中一个较大课题或教材的一个单元进行全盘考虑后制订的计划。

3. 课时计划（教案）

课时计划是根据教材单元的教学目的、任务、要求、重点、难点及相应的教学方法，进一步从每一节课的实际出发，由上课教师本人认真研究和制订每一节课的具体方案。

课时计划往往在写课题计划时一同编写。写课时计划，一般按以下步骤进行：深入钻研教材，明确教学重点和要注意解决的难点；确定本课时的教学目标，包括知识与技能目标、过程与方法目标、情感态度与价值观目标；研究教学进行过程的每一个步骤，确定课时的结构，详细分配教学进程中各个步骤的时间；考虑适合本教学任务的教学方法，精心准备教具和使用方法，以及如何设计板书；最后写出课时计划。

一个完整的课时计划，一般包括以下项目：班级、学科名称、授课时间、题目、教学目标、课的类型、教学方法、教具、教学过程、教学反思等。其中，教学进程包括一堂课教学内容的详细安排、教学方法的具体运用和时间的分配。

编写课时计划时，还要进行板书设计。板书无固定格式，一般包括基本部分和辅助部分。基本部分包括大标题和内容要点，辅助部分可根据实际情况把重要的概念、数字、生字、生词等设计在内。板书设计要有概括性，提纲挈领，简明醒目；有系统性、完整性，能揭示知识的逻辑关系，表达完整的意识；有条理性、序列性，层次分明；重点突出，主次分明，点明关键所在；形式多样，书写位置安排合理。如果有条件，可采用一些现代化教学手段来部分替代板书。

教师在写课时计划时要注意详略得当。一般来说，新教师要写得详细些，有经验的教师对教材教法比较熟悉，可以写得简略些。课时计划标志着课前的准备，也是上课时的备忘录。教师的课时计划太简略，容易使问题考虑有疏漏；太详细，不便于课上迅速扫视一时需要的内容。

二、上课

（一）上课的意义

上课是整个教学工作的中心环节。上课对每一位教师来说，是其业务思想水平和教学能力的集中反映；对学生来说，是掌握系统知识、发展能力、提高思想水平的重要一环。

（二）上好一堂课的要求

1. 教学目的明确

教师必须根据教材内容和学生的实际情况，正确地决定每一节课的教学目的，提出恰如其分的要求。教学目的要具体、全面、合理。所谓具体，即在知识、技能方面，明确哪些是应该理解的，哪些是要全部掌握或熟练掌握的；在能力、思想品德方面，通过哪些内容、何种活动和练习，培养何种能力和思想品德等。所谓全面，是指教学任务的方方面面都应该照顾到。所谓合理，就是师生教和学都能达到的目标。教学目的应该包括知识与技能、过程与方法、情感态度与价值观这几个方面。目的确定后，教材的组织，练习的选择，教法的运用，课堂组织结构等都应贯穿这一目的。也就是说，课堂教学整个过程的各项活动都要围绕这个目的进行。

2. 教学内容正确

教学内容正确是指教师在课堂上讲授的内容必须是科学的、确凿的、符合逻辑的。教师对教材内容的分析、阐述及教师教学技能或行为要符合规范，重点、难点把握准确，并且应该要求学生的反应同样正确，如果不正确，教师要及时加以纠正。

3. 教学方法恰当

教学方法恰当是指教师根据教学目的任务、课程的性质特点、教学内容和学生的特点，选择较佳的方法进行教学。教学有法，但无定法。教师要善于选择方法，创造性地加以运用，力求取得较好效果。方法本身无所谓好坏，但不同的方法有不同的适用范围，教师上课运用的方法要与教学情境相适合。

4. 重点突出

重点突出就是把主要精力和时间放在解决重点和难点问题上。

5. 教学组织得好

教学要有严密的计划性和组织性。教师对课的结构要精心设计，对教学过程要合理组织，做到结构紧凑、有条不紊，以较少的时间和精力取得最好的教学效果。此外，教师处理好课堂的偶发事件，对于课堂上偶然的、突发的情况能当机立断，因势利导，在较短时间内及不伤及学生的前提下，顺利地将学生的思路引到教学上来，以保证当堂课教学任务的完成。

6. 师生互动得好

教学中教师要有高度的责任感，要满腔热情地教；要以本身的积极性去感染学生，启发学生，真正发挥教师的主导作用。同时，学生要有获取知识的动力，带着高涨情绪积极参与到教学活动中来，成为真正的学习主体。师生关系要融洽。

7. 教师要有全面扎实的教学基本功

教师的基本功主要包括讲、写、画、演等方面。

讲是指教师的语言表达能力。语言是教师传授知识最主要的工具。教师的语言应该清晰流畅，语调应注意抑扬顿挫，缓急适度，富有节奏感，还要做到准确凝练、生动形象，富有科学性、逻辑性、启发性和教育性。要讲普通话，富有感情。

写是指教师的板书。合格的板书在形式上要整齐美观，布局合理，大小适度，疏密得当；在内容上要简明扼要，分量适度，没有错别字；在字体上要以楷书为主，笔画工整。

画是指教师在上课时，能准确及时地画出各种图形和图表。

演是指教师在上课时进行演示和表演的能力。教师的表演是指教师在一些课堂上有感情的示范，以及自然、大方、得体的教态。教师在演示时应准确，要和讲解配合起来，使学生了解问题的实质。同时，掌握和利用现代信息技术是当代教师必备的基本功。

三、作业的布置与批改

作业是课堂教学的延续，是教学活动的有机组成部分，其作用在于加深和加强学生对教材的理解和巩固，帮助学生掌握相关的技能、技巧。《学记》里提出的“藏息相辅”的原则，即“时教必有正业，退息必有居学”，就是强调课内与课外结合，尤其要有“居学”，“居学”就是作业。

（一）作业的一般形式

（1）口头作业，如口头回答、朗读、复述等。

（2）书面作业，如演算习题、作文、绘图等。

（3）实践性作业，如观察、试验、测量、社会调查等。

（二）作业布置的要求

（1）布置作业应有明确的目的。

（2）作业内容要符合课程标准和教材的要求，具有典型性和启发性，同时要兼顾基础知识、技能和发展能力。

（3）作业分量要适中，难易适度。

（4）布置作业要向学生提出明确的要求，并规定完成的时间。

（5）布置作业要及时，批改作业要及时，反馈要及时。

四、课外辅导

课外辅导是上课的必要补充，是适应学生个体差异、贯彻因材施教的重要措施。

（一）课外辅导的主要任务

（1）对各种学生进行学习的辅导。

（2）对学生进行学习目的和态度的教育，并从学习方法上进行有针对性的指导。

（二）课外辅导的基本要求

（1）从辅导对象的实际出发，分别确定辅导内容和具体措施。

（2）课外辅导要为课堂教学服务，保证课堂教学质量。

（3）对学生进行学习目的和态度的教育及学习方法上的指导。

五、学业成绩的检查与评定

（一）学业成绩的检查

学业成绩的检查方式有两种：平时考查和考试。

平时考查一般有课堂表现记录、课堂提问、批改作业和书面测验等。

考试一般有学期考试、学年考试和毕业考试。考试的方式很多，有口试、笔试和实践性考试等。

试题类型大体有供答型和选答型两大类。

（二）学业成绩的评定

评定学生学业成绩的方法，目前较通行的有百分制记分法和等级制记分法。

第七节　教学模式

一、教学模式的内涵

教学模式是在一定的教育思想、教学理论和学习理论指导下，为完成特定的教学目标和内容，围绕某一主题形成的比较稳定且简明的教学结构理论框架及具体可操作的教学活动方式。通常是两种以上模式组合运用。

二、常见的教学模式

（一）范例教学模式

范例教学模式及理论是由德国的瓦·根舍因和克拉夫基等人提出的。

范例教学模式遵循人的认知规律，即从个别到一般、从具体到抽象的过程。在教学中一般从一些范例分析入手，感知原理与规律，并逐步提炼，进行归纳总结，再进行迁移整合。

范例教学模式的教学过程分为四个阶段。

第一阶段，范例性地阐明“个”的阶段。

第二阶段，范例性地阐明“类型”或“类”的阶段，用许多在本质上与“个”案一致的事实和现象来阐明事物的本质特征。

第三阶段，范例性地理解规律的阶段，通过对“个”和“类”的分析、认识，使学生的认识上升为对规律的认识。

第四阶段，范例性地掌握关于世界和生活的经验的阶段。

（二）抛锚式教学模式

抛锚式教学模式又称“实例式教学”“基于问题的教学”“情境性教学”，它要求教学建立在有感染力的真实事件或真实问题的基础上，一旦问题确定，整个教学内容和教学进程也就随之而定（像轮船被锚固定一样）。

抛锚式教学模式的教学过程如下。

（1）创设情景。使学习能在与现实情况基本一致或相似的情境中发生。

（2）确定问题。选择与当前学习主题密切相关的真实事件或问题作为学习的中心内容，选出的事件或问题就是“锚”。

（3）自主学习。由教师向学生提供解决该问题的有关线索，并特别注意发展学生的自主学习能力。

（4）协作学习。讨论、交流，通过不同观点的交锋，加以补充和修正，加深每个学生对当前问题的理解。

（5）效果评价。需要在学习过程中随时观察并记录学生的表现。

（三）发现式教学模式

发现式教学模式的理论基础是布鲁纳的认知结构学习理论。发现式教学模式以通过学生的发现获取新知识为突出特征，教师向学生只提供一种问题情境或一些事实（例）和问题，让学生积极思考、独立探究。其强调的是学生的探究过程，而不是现成知识。

（四）掌握学习的教学模式

掌握学习的教学模式是美国心理学家和教育学家布鲁姆提出的，他认为，只要用于学习的有效时间足够长，所有的学生都能达到课程目标所规定的掌握标准。

（五）程序教学模式

程序教学模式来源于美国普莱西设计的一种进行自动教学的机器。普莱西试图利用这种机器，把教师从教学的具体事务中解脱出来，来节省时间和精力。这种设想，当时没有引起重视和推广。直到1945年，美国心理学家斯金纳重新提出，才引起广大心理学和教育界人士的重视。

程序教学模式是根据程序编制者对学习过程的设想，把教材分解为许多小项目，并按一定顺序排列起来，每一项目都提出问题，通过教学机器和程序教材及时呈现，要求学生做出构答反应（填空或写答案）或选择反应，然后给予正确答案，进行核对。

其特点包括小步骤进行；积极强化；及时反馈；自定步调学习；低错误率。

（六）非指导性教学模式

非指导性教学模式是20世纪中期美国心理学家罗杰斯将其心理治疗观推广到教育中，在西方国家广为流传的一种教学模式。非指导性教学模式是一种以学生为中心、以情感为基调，教师是指导者、学生自己拟订学习计划，反思和完善学习计划的教学模式。

第八节 教学评价

一、教学评价的概念和基本内容

（一）教学评价的概念

教学评价是指有系统地收集有关学生学习行为的资料，参照预定的教学目标对其进行价值判断的过程。教学评价主要包括对学生学习结果的评价和对教师教学工作的评价，也可以划分为学生学业评价、课堂教学评价和教师评价。从学生学习结果的角度评价，既要评价知识、技能和智力等认识领域，又要评价态度、习惯、兴趣、意志、品德及个性形成等情感领域；从教师教学工作的角度评价，既要评价教师的教学修养、教学技能，又要评价教学活动的各个环节，特别是课堂教学质量。

（二）教学评价的基本内容

教学评价的基本内容主要包括对学生学习结果的评价和对教师教学工作的评价，也可以划分为学生学业评价、课堂教学评价和教师评价。

1. 学生学业评价

学生学业评价是指以国家的教育教学目标为依据，运用恰当、有效的工具和途径，系统地收集学生在各门学科教学和自学的影响下认知行为上的变化信息和证据，并对学生的知识和能力水平进行价值判断的过程。

2. 课堂教学评价

课堂教学评价是指以一定的教学观为依据，运用可操作的科学手段，按照一定的价值标准，对课堂教学的各个要素及其发展变化进行价值判断的过程。

3. 教师评价

教师评价是指根据学校的教育目标和教师的工作任务，运用恰当的评价理论和方法，对教师个体的工作进行价值判断，进而促进教师的发展的过程。教师评价的主要方法有领导评价、学生评价、同行评价、自我评价等。

二、教学评价的分类

从不同的角度和标准出发，教学评价可以划分为不同的类型。

（一）诊断性评价、形成性评价、终结性评价

根据其作用不同，教学评价可以分为诊断性评价、形成性评价、终结性评价。

1. 诊断性评价

诊断性评价又称“准备性评价”，它是在学期教学开始或单元教学开始时，为了了解学生的学习准备状况及影响学习的因素而进行的评价。这种评价不仅包括查明、辨识学生学习方面存在的各种困难或障碍，还包括识别学生的各种潜能、优点、偏好或特殊才能。它包括通常所说的各种摸底考试。其主要功能有：检查学生的学习准备程度，决定对学生的适当安

置，辨别造成学生学习困难的原因。

2. 形成性评价

形成性评价是指在教学过程中为改进和完善教学活动而进行的对学生学习情况的评价。它包括在一节课或一个课题教学中对学生的口头提问、课堂作业、课堂书面测验等。其主要功能有：改进学生的学习，为学生的学习定步，强化学生的学习，给教师提供反馈。

3. 终结性评价

终结性评价又称“总结性评价”，是在一个大的学习阶段（如一个学期或一门学科终结时）对学生学习的成果进行的较正规、制度化的考查、考试及其成绩的全面评价。终结性评价注重考查学生掌握某门学科的整体程度，概括水平较高，测验内容范围较广，常在学期中或学期末进行。其主要功能有：评定学生的学习成绩，证明学生掌握知识、技能的程度及达到教学目标的程度，确定学生在后续教学活动中的学习起点，预测学生在后续教学活动中成功的可能性，为制定新的教学目标提供依据。

（二）相对性评价和绝对性评价

根据评价采用的标准不同，教学评价可以分为相对性评价和绝对性评价。

1. 相对性评价

相对性评价又称“常模参照性评价”，是运用常模参照性测验对学生的学业成绩进行的评价。它主要依据学生个人的学业成绩在该班学生成绩序列或常模中所处的位置来评价和决定其成绩优劣，而不考虑是否达到教学目标的要求。小规模（班级）的常模可以通过简单的计算得到，但科学的常模是经过大规模的抽样测试、实验研究才能获得的。相对性评价具有甄选性强的特点，因而可以作为选拔人才、分类排队的依据；但是，这种评价不能表明学生在学业上是否达到了特定的标准，对于个人的努力状况和进步程度也不够重视。

2. 绝对性评价

绝对性评价又称“目标参照性评价”或“标准参照评价”，是运用目标参照性测验对学生的学业成绩进行的评价。它主要依据教学目标和教材编制试题来测量学生的学业成绩，判断学生是否达到了教学目标的要求，而不以评定学生之间的差别为目的。绝对性评价可以衡量学生的实际水平，了解学生对知识、技能的掌握情况，宜用于升级考试、毕业考试和合格考试；但是，这种评价并不依据评价对象的整体水平而提高或降低评价标准，因而不适合于甄选人才。

（三）教师评价和学生自我评价

根据评价的主体不同，教学评价可以分为教师评价和学生自我评价。

1. 教师评价

教师评价主要是指任课教师与班主任对学生的学习状况与成果进行的各种评价。这种评价除了在教学中进行的比较正式的测验、考查、考试及其成绩评定外，还包括教师在引导学生学习的过程中，特别是在个别指导、咨询、答疑和谈话中，对学生有意识地进行的不拘一格的评价。这种评价的特点有三个：一是广泛性，不仅评价学生的知识与能力情况，而且涉及对学生的学习态度、学习方法与习惯的评价；二是针对性，针对学生的情况，既有肯定的评价与鼓励，又有否定的评价、规劝与建议；三是直接性，面对面地进行评价，不限于评价者对被评价者的单向评定，也可以相互交流与相互磋商。教师评价丰富多彩、灵活机动、客观公正，切合学生实际，其效果比较好；当然，若使用不当，也会出现偏颇，甚至造成师生对立。

2. 学生自我评价

学生自我评价是指在教师的引导下，学生对自己做的作业、试卷、其他学习成果进行的评价。学生学会自我评价在学习上具有极为重要的意义。这意味着他们开始懂得有意识地、细心而严格地检验自己的学习成果，分析、评价其正误、优劣，肯定自我的优点，找出差错与不足并加以改进。学生有了自我评价的意识和习惯之后，就更重视和深刻领悟教师对自己的评价，甚至将两者结合起来，用以全面了解自己的学业情况，有助于提高学习的效率与质量。但是，学生的自我评价能力与习惯的形成需要一个较长的悉心培养的过程，应当从小学抓起。开始时，可以在教师的引导、示范下，学生观察和参与对学生作业或小测验的试卷进行的检查、分析与评价；之后，逐步发展到学生在教师的指导下相互检查作业、试卷并评价；最后，发展到学生独立地对自己的作业、试卷进行分析与评价。

三、教学评价的原则与方法

（一）教学评价的原则

1. 客观性原则

教学评价要客观、公正、科学、合理，不能主观臆断和掺杂个人情感，防止评价不符合实际情况。只有这样，才能如实地反映教师的教学质量和学生的学业水平，才能作为指导和改进教学工作的依据。因此，客观性是教学评价能否发挥其功能的基础，违反客观性原则，教学评价就会丧失其意义。

教学评价的客观性除了与评价的目标和方法是否科学有关外，还与评价者的心理因素密切相关。例如，评价者的兴趣爱好、价值标准、情感倾向、情绪好坏、评定的先后顺序等，都易使评价带上主观色彩，影响评价的客观、公允。为了提高评价的客观性，在教学评价中应注意：反复明确标准，适当分工，流水评卷与复查。尤其要避免成见效应，即缺乏实际根据，给名声较好的教师和学生的评分过高的现象。

2. 发展性原则

教学评价应着眼于学生的学习进步与动态发展，着眼于教师的教学改进和能力提高，以调动师生的积极性，提高教学质量。例如，某学生此次考试成绩在全班相对来说并不高，但跟他过去的成绩相比有进步，评价时就应予以肯定和表扬；即使对成绩不及格的学生，教师也不宜一味地指责，以免使其气馁、放弃努力。

3. 指导性原则

教学评价应在指出被评价者的长处与不足的基础上提出建设性意见，使被评价者能够发扬优点，克服缺点，不断前进。因此，教学评价应经常给师生教学效果的反馈信息。如果教学评价不能指明存在的问题和前进的方向，就可能使师生陷入盲目性，或夸大自己的优点、成绩而裹足不前，或只看到出现的问题而丧失前进的动力和信心。

4. 计划性原则

只有加强教学评价的计划性，才能保证每门学科的教学都能有计划地按课题和课时的要求，自觉、积极而规范地进行，不至于失范、失控、产生盲目性以致教学质量下降；也才能做出合理的安排，不至于考试太多或过于集中而使学生和教师的负担过重。

（二）教学评价的方法

1. 观察法

观察法是直接认识被评价者行为的最好方法。它适用于评价教学中那些不易量化的行为表现（如兴趣、爱好、态度、习惯与性格等）和技能性的成绩（如唱歌、绘画、体育技巧和手工制成品等）。但是，被观察者若知道自己被人观察，其行为便不同于平常，因而观察的结果就不完全可靠；另外，还要解决观察的精确度问题。为了提高观察的可靠性与精确度，一方面，应使观察经常化，注意记录一些学生的行为日志或轶事报告，使评价所依据的资料更全面；另一方面，可采用等级量表进行评价记录，力求观察、记录准确。

行为日志或轶事报告一般用来记录学生有意义或异常的行为表现，如实描写其行为的发生经过，并进行简要的解释、说明。行为日志可以由教师为全班学生专备一个本子，每个学生占若干页，以记录其突出的行为表现。行为日志由教师保管；轶事报告则通常交教导处，供研究学生工作之用。

等级量表常用于评价学生的技能和美术、手工作业等成绩。例如，评价学生的作文、论文时，运用等级量表能大大提高评价的精确性。制作等级量表的步骤为：首先，确定应从哪几个项目对学生的行为或作业进行评价；其次，确定分几个等级，如优、良、中、差；最后，确定每个项目的各等级的评定标准。等级量表要简明扼要，便于使用。

2. 测验法

测验法主要以笔试形式进行，是考核、测定学生学业成绩的基本方法。它适用于对学生学习科学文化知识的成绩评定。测验法的优点是能在同一时间内用同一试卷测验众多的对象，收集大量可供比较、研究的宝贵资料；不仅简便易行，而且结果较可靠。因此，测验法历来受到普遍重视。但测验法也有其局限性，如难以测定学生的智力、能力和行为技能的水平。

（1）测验的质量指标。测验的质量指标主要有信度、效度、难度与区分度。信度是指测验结果的可靠程度。如果一个测验在反复使用（如对同样对象多次进行）或以不同的方式使用（如换成等值试题进行）后都能得出大致相同的可靠结果，那么这个测验的信度就较高；否则，其信度则较低。信度是测验的一个必要条件，但不是充分必要条件。影响信度的因素主要有：测验的长度，即试题的多寡程度；测验的时间长短；受试者的身心状态，如情绪紧张、身体不适等；测验的指导语，即测验的指导语是否清楚；评分标准，即评分标准是否一致。

效度是指测验能够达到测验目的的程度，即能否测出它所要测出的东西。一个测验的效度总是相对于一定的测验目标而言的，因此，不能离开特定的目标笼统地判断这个测验是否有效。例如，论文式测验对检测学生的能力效度高，而对测定学生的知识面则效度低；而客观性测验适合于判明学生的知识掌握情况，而不易测定其能力的发展水平。

难度是指测验包含的试题难易程度。试题过难或过易都不能准确地测出学生的真实成绩，因此，一份试卷既要有较难的题，又要有较易的题，做到难易适度。

区分度是指测验对学生的不同水平能够区分的程度。区分度与难度有关，只有在试卷中包含不同难度的试题，才能提高区分度，拉开学生得分的差距，使水平高的得分高，水平低的得分低。

（2）测验的种类。测验的种类主要有论文式测验、客观性测验、问题情境测验和标准化测验。论文式测验是指通过出少量的论述题，要求学生系统回答，以测定其知识与能力水平的测验。它的优点是，能有效地检测学生运用已有知识来分析和认识问题的能力；但其也有很多缺点，主要是阅卷任务重，评分缺乏客观性，易受评卷人主观因素的影响，因此也称为主观性测验。

客观性测验以评分客观而得名。它是通过出一系列客观性试题，包括是非题、选择题、填空题、改错题和简答题，要求学生回答，以测定其知识与能力水平的测验。它的优点是，取样广泛，命题的知识覆盖面大，答案明确，不易受评卷人主观态度的影响，能有效地测定学生的知识掌握情况；但其也有缺点，如编制测验试卷任务繁重，难以测定学生的能力。

问题情境测验是指通过设计出一种问题情境或提供一定条件，要求学生完成具有一定任务的作业，以测定学生的知识与能力水平。它的优点是，能够测定学生创造性地运用知识解决实际问题的能力；但是，其涉及的知识覆盖面较窄。

标准化测验是一种具有统一标准、对误差做了严格控制的测验。它是相对于教师自编的测验而言的。在教学中，大量的测验是教师根据教学需要自己编制的。这种测验用于教师所教班级并且其教学结果是可信的，若将它普遍使用于其他同年级的班（包括校外同年级的班）上，则会因各种原因产生较大的误差。为了严格控制误差，提供一种能普遍适应的可信的测量工具，便产生了经过专家精心编制的标准化测验。标准化测验的特点是，试卷大量采用客观性试题，题型多样，知识覆盖面广，试题明确科学；测试的实施必须按规定去做；评分按严格的评分标准进行；对分数的解释必须一致。

3. 调查法

调查法是了解学生的学习情况，为进行学生成绩评定收集资料的一种方法。如果教师对学生的成绩有疑问，则需要经过调查解决，要了解学生的学习态度、方法和习惯更需要调查。调查法可分为问卷法、交谈法。

（1）问卷法。问卷法是通过预先设计好的调查问卷，要求学生作答，以获取有关评价资料的方法。问卷的内容要简明扼要，只提设计问卷者希望知道的问题。问卷中还要注意给答卷人对所问问题以自由评论和自由选择的条件；否则，所获资料可能失真。问卷所获的资料要经过统计和分析才能被科学地利用。

（2）交谈法。交谈法是了解学生学习的兴趣、需要、态度和课后学习情况的一个重要方法。若召集部分学生交谈，需要安排一定的时间；若与个别学生交谈，大多可以利用课余、课间等时间进行。教师在与学生交谈前要有准备，对问什么、达到什么目的等都要心中有数。

4. 自我评价法

在教学评价中，自我评价十分重要，它可以帮助学生更好地理解教学目标，正确地评价自己，从而自觉改进学习。自我评价可采用以下几种方式。

（1）运用标准答案评价。学生在课堂或课后完成计算性的作业时，教师可以给出学生作业题的标准答案，由学生自己核对作业的正误来进行评定。这有助于培养学生自我检查和评价作业的良好习惯。

（2）运用核对表评价。论文式作业与绘画、手工等技能性作业，无法确定标准答案，一般采用核对表进行评定。核对表规定作业的质量要求，可以由教师根据不同作业的特点自行制定。例如，中学作文核对表的质量要求包括：作文切题；构思新颖，言之有据；结构严谨，层次分明，条理清楚；文句通顺，标点符号使用正确，没有错别字；等等。

运用核对表评价时，教师要先引导学生学习、掌握核对表中的质量要求，然后用它来对照、分析自己的作业，进而做出客观的评价。

（3）运用录音机、录像机评价。学生进行语言、朗诵、唱歌、舞蹈、体育等练习时，可以运用录音机、录像机将自己的语音与动作录下来，在教师引导下由学生进行自我分析与评价，以便自我纠正与提高。

四、教师教学工作的评价

（一）教师教学工作评价的意义

教师教学工作评价对教学工作具有重要的意义。通过评价，教师可以更清楚地了解自己教学的长处与不足，增进教师之间的了解、相互切磋与学习；学校领导可以深入第一线，了解教学的情况、发现问题、总结经验，有助于提高教师的水平和改进教学。因此，在教学上，不仅要重视评价学生的成绩，也要注重评价教师教学工作，两者适当地结合起来，才能有效提高教学质量。

（二）教师教学工作评价的要求

教师教学工作评价除了应遵循客观性、发展性、指导性和计划性等原则外，还应注意以下几个要求。

1. 着重分析教师的教学质量，而不是评价其专业水平

教师的教学质量与教师的专业水平既有联系又有区别。教学质量不仅与教师的专业水平有关，而且与教师的教学态度、经验和改革精神相关。专业水平高的教师，其教学水平不一定也高。因此，不应以对教师专业水平的评价来代替对教师教学工作水平的评价，更不应当使教师教学工作评价受到教师资历的影响。

2. 根据学生的成绩来评价教师的教学质量

教师的教学质量归根结底取决于学生的成绩。在正常情况下，如果一位教师所教学生的成绩在同年级或校际的统一考试中落后，那么很难肯定这位教师的教学效果好，水平高；相反，如果一位教师所教学生在历次统一考试特别是在升学考试中，所获成绩总是处于优势地位，获得较高的人均分数，则可以肯定他的教学效果好，水平高，应当很好地总结其教学经验。

3. 注意教学的系统性与完整性

教学是系统、连续地进行的。无论是对一学期还是对一个单元、一个课题的教学，教师都有自己的设想；但是，这些设想及其效果不可能在一两节课中体现。因此，对教师教学工作的评价，不能只凭听一两节课的印象便得出结论，而应当系统地听课，至少要听完一个课题的课，这样才能获得比较全面的资料，做出比较准确的评价。

（三）教师教学水平的衡量

在教学实际中，存在着不同的教学水平。我们可以从中发现质的差别，找到一种衡量教

学水平的尺度。根据现代教学理论的研究，教学水平可分为记忆水平、理解水平和探索水平。这几种教学水平是诊断与评价教师教学工作的依据。

1. 记忆水平

记忆水平的教学是一种低水平的教学。它的主要特点是，教师总是照本宣科，一味灌输，不会引导、启发，学生则停滞在死记硬背、机械掌握、一知半解上，不能保证教学质量。其主要原因是，教师的专业水平太低，对教材未能很好地掌握，教学又不得法。要改变这种状况，必须从根本上提高教师的专业水平。

2. 理解水平

理解水平的教学特点是，教师能认真、详细地讲解教学内容，学生通过认真听讲、思考与练习，基本上能理解和运用所学知识和技能完成教学任务；但是，这种水平的教学重教而不重学，重教师的主导作用而不重发挥学生的主动性，重教师讲解、学生理解而不重学生的独立思考与探索。因此，教师只有进一步提高专业水平，更新教学观念，加强教学研究与改革，才能在教学水平上有新的突破。

3. 探索水平

探索水平的教学是较高境界的教学。它的主要特点是，教师注重引导、启发、讲解、示范；善于提出发人深思的、能挑战学生智慧的问题；善于激励学生积极思考，充分发挥学生的主动性、创造性，注重不断引导学生深入探究，使学生在激烈的思想碰撞与争论中发挥个人的聪明才智，攻克难关，获取真知，师生一起分享教学的乐趣。

实际的教学情况是复杂的，每个教师的教学水平又有差别，因而进行教师教学工作评价时不宜机械套用，而要实事求是，以促进教师向高一级的教学水平发展。

（四）教师教学工作评价的方法

1. 分析法

分析法是指根据一定的教学目的、原则或标准来分析和评价教师教学工作的方法。这是一种常用的教师教学工作评价方法，评价一节课时大多采用分析法。虽然分析一节课在实际上存在许多标准，无法统一，但只要注重根据一定的标准对一节课做定性的分析，就属于运用分析法。运用分析法对教师教学工作进行评价时，要注意以下几个方面。

（1）教师对教材的处理、教学重点和教学目的是否恰当。

（2）教师对教学提纲（包括板书）和教学过程的安排是否科学、系统、循序渐进。

（3）教师在教学进程中是否很好地贯彻了教学原则，创造性地运用了教学方法。

（4）教师是否完成了教学任务，实现了教学目的。

运用分析法评价教师教学工作，可以帮助教师明确揭示一节课的优点与不足，找出原因，有助于教师提高教学水平和教学质量；但它缺乏定量评定，难以明确区分不同教师的教学水平与教学质量的差距。

2. 记分法

记分法是指通过量化的分项记分来评价教师教学工作的方法。它是近几年来渐渐盛行起来的一种方法。它先将教师教学工作的整体活动分为若干个项目，并规定每个项目的分数和评分标准，评价者分项记分最后算出总分；然后进行统计，算出被评价教师的所得分数，根据分数高低评定教师教学工作质量的优劣。

记分法应如何分项、怎样确立每项的评分标准、如何确立总分与各项分数等问题都很难统一。例如，在分项上，有的分为教学目的、教学任务、教学结构、教学艺术，有的分为教材处理、教学方法、教学经验、教态、板书和课堂气氛，有的分为课前准备、课堂教学、课后作业指导、课后作业批改、课外活动指导、教学科研。在记分方面，有的总分为 100 分，有的总分为 300 分，等等。因此，这些具体问题可以根据需要自行决定，灵活、机动处理。

记分法的优点是，注意评价教学工作的各个方面，比较全面，特别重视对教学的定量分析，即记分；其结果便于比较和统计，能够区分每个教师教学得分的高低。但是，它也有不足，如收集资料和记分比较费时，且不易精确，特别是不重视定性分析，不重视分析问题的根源和提出改进的建议；如果评分不严格，则可能出现分数与实际不符的情况。

分析法与记分法各有优点与不足，在教师教学工作评价中将两者结合起来运用，可以获得更好的效果。

第九节　教学实施

一、教学过程的组织和策略

（一）教学过程组织

教学过程的组织是课堂教学组织的关键，教师应做到以下几方面。

（1）环环相扣，循序渐进。

（2）重点突出，疏密相间。

（3）动静搭配，新颖有趣。

（二）教学过程的策略—停止策略

停止策略是指将阻止或改变某一或某些学生的不良课堂行为的愿望以某种方式传递给学生，由此纠正某些学生的不良行为。

停止策略具有强制性水平差异。强制性水平分为低、中、高三个层次。

（1）低层次：教师采用非语言的方式，用一个手势、一个眼神等细小动作暗示学生。

（2）中层次：以语言、谈话、非强迫性方式向某些学生发出停止暗号。

（3）高层次：教师以改变了音调的语言或以强制性非语言方式改变学生的不良行为。

停止策略有两种表达技巧：当众的（让其他学生知道）或私下的（不让其他学生知道）。最佳的停止策略是低层次的、私下的。

二、课堂教学导入技能

（一）教学导入的概念

所谓教学导入，是指在上课之初，教师利用几分钟的时间，运用简洁的言语或行为，将学生的注意力吸引到特定的教学任务和程序之中的引导性教学行为。

（二）教学导入的作用

一般而言，教学导入具有引起注意、激起动机、渗透主题和带入情景的作用。

（三）课堂教学导入的类型

1. 直接导入

直接导入指上课伊始，教师开宗明义，直接点题，把教学内容及所要达到的目标直截了当地告诉学生的一类导入形式。直接导入一般借用课题、人物、事件、名词、成语等为引入语，然后直接概述新课的主要内容及教学程序，使学生明确本课所要完成的任务，从而把学生的注意力引向这节课所要学习的问题上来，准备参与教学活动。其优点是一句话就把宗旨讲出来，使学生心中有数，教学也就围绕这个宗旨进行论述。

2. 经验导入

经验导入是通过建立学生已有经验与新知识之间的联系，进而引发学生学习动机、形成学习氛围的一类导入方法，如复习、提问、做习题。

3. 直观（观察）导入

直观导入是教师在讲授新课题之前，先引导学生观察实物、样品、标本、模型、图表、幻灯片、电视等，引起学生的兴趣，再从观察中提出问题、创设研究问题情景的导入方法。

4. 故事导入

故事导入是教师通过讲解与所要学习内容有关的故事、趣事，进而激发学生学习动机的一类导入方法。

5. 设疑导入

设疑导入是通过设置悬念、提出问题，进而激发学生兴趣，调动学生思维的一种教学导入形式。这种方式用启发性的提问，激起学生的学习热情，打开学生的思路，促进学生积极动脑思考，引导学生畅所欲言、各抒己见。另外，学生带着问题去学习，主动性会更强。

6. 活动导入

活动导入是通过组织学生讨论、操作、游戏等活动，进而调动学生学习积极性的一种教学导入形式。

7. 游戏导入

游戏导入是组织学生自导自演与教学内容有关的游戏、小品等的一类导入方法。

8. 引趣式导入法

引趣式导入法是教师在开讲时，善于利用教材和教学本身及学生的特点去激发学生的兴趣，促使学生形成最佳的心理状态，使学生由被动地学变为主动地学。开课时，教师可以根据教学内容和学生特点采取如做游戏、猜谜语、讲笑话等方式激发学生的兴趣并拓展联想的空间，让学生在愉悦中解疑并获取知识。如，小学数学教师利用儿歌导入或根据上课内容在开课时讲笑话。

9. 情境式导入法

情境式导入法要求教师在课堂上利用幻灯、实验、图画、挂画、游戏、语言等各种教学手段，创设出趣味横生的情境，在情境中巧设机关、引起悬念、制造冲突，诱发思维，启迪智慧，使学生的心理处于兴奋状态，有助于加深学生对教学内容的探索和理解。

10. 激励式导入法

激励式导入法可以使学生受到震惊或震动，受到鼓舞和激励，产生极大的学习热情。激励式导入可以用名人真迹、名言警句、真实事件、趣闻逸事等，主要有借用名言、名人事迹、事实三种方法。

11. 比较导入法

比较导入法通过对比分析同一类事物，使知识具体化、形象化，并让学生在直观类比中发现问题、分析问题，揭示异同，加深对新知识的理解和认识。

12. 练习式导入法

练习式导入法是教师在上课前，组织学生复习旧的知识，从学生已有的知识过渡到新的知识，这样可以让学生通过对比形成新的认识，增强题目的新颖性，使学生产生强烈的求知欲望和良好的学习动机。

（四）导入新课的基本要求

1. 注重简洁性

导课的目的是吸引学生注意力，让其迅速进入学习状态，所以要简洁，以 2 ~ 3 分钟为宜。

2. 激发趣味性

导课要调动学生的学习兴趣，让学生在愉快中学习。

3. 注意针对性

导课要与教学内容相联系，沟通新旧知识，要有目的性和针对性。

4. 体现启发性

导课内容要能够引发学生的积极思考。

此外，教师还要恰当把握导入的“度”。

三、教学课堂讲授技能

（一）课堂讲授技能的概念

根据教学目标的要求和学生的身心特点，教师对教学内容进行讲解、分析、论证，帮助学生掌握知识、形成技能的过程。

（二）课堂讲授技能的作用

传授新知，答疑解惑，开发智力，激发兴趣，明确方向。

（三）课堂讲授技能的类型

1. 归纳式讲授

归纳式讲授是引导学生通过对多个具体事物及具体事实材料进行分析、比较、归纳，概括出一般规律，最后得出结论的讲授方式，即由具体问题到一般结论，从具体到抽象。

2. 演绎式讲授

演绎式讲授在一般结论、原理的基础上，引导学生领悟对具体问题的解释的讲授方式，即由一般到具体，举一反三。

3. 描述式讲授

描述式讲授是运用富有感情色彩和感染力的语言将讲述的内容形象化，从而唤起学生对此事物的想象、理解和情感上的体验的讲授方式。描述式讲授适合小学语文、英语等重点内容突破时的讲授。

4. 解释性讲授

解释性讲授是教师在引导学生观察的基础上，对较难懂的词、语句、原理、规律等，运用通俗易懂的语言，合理地加以说明的讲授方式。

（四）课堂讲授的基本要求

（1）注重系统性：内容讲授要条理清晰、层次分明、重点突出，符合学生的认知特点。

（2）把握科学性：知识讲授要准确无误、通俗易懂。

（3）注重适宜性：要考虑学生的接受能力，采用不同的讲授方式，同时要考虑进度和难易度等。

（4）体现形象性：借助形象化的语言、实物、模型、影像等帮助学生形成感性认识。

（5）增强趣味性：引起学生兴趣，主动学习。

（五）课堂提问技能

1. 提问的含义

提问是指教师在学生已有知识的基础上，向学生提出适当问题，引导学生思考，促进学生自觉学习的方式。

2. 提问的作用

激发学生学习兴趣，提升学生注意力，培养学生思维习惯，培养学生表达交流能力，反馈学生的学习情况。

3. 提问的类型

（1）回忆提问。回忆提问是从巩固所学知识出发设计的提问。通过提问让学生回忆前面学过的知识，通过复习旧知，求得新知。

（2）理解提问。理解提问是检查学生对事物本质和内部联系的把握程度的提问。需要学生对已学知识进行回忆、解释、重新整合，对学习材料进行内化处理，组织语言，然后表达出来。

（3）应用提问。应用提问是检查学生在具体情境中用所学概念、规则、原理解决实际问题的能力水平的提问。通过应用提问，学生把理论知识和社会生活实践联系起来，可培养和提高解决问题的能力。

（4）分析提问。分析提问是要求学生通过分析知识结构，弄清概念之间的关系或者事件的前因后果，最后得出结论的提问。学生必须认真思考，对材料进行加工、组织、解释和鉴别，才能回答问题。

（5）综合提问。综合提问是要求学生发现知识之间的内在联系，并在此基础上把教材中的概念、规则等重新组合的提问方式。综合提问的目的在于训练学生掌握将事物的各个部分、方面、要素、阶段连接成整体，并找出其相互联系的能力。

（6）评价提问。评价提问是让学生运用一定的准则和标准对观念、作品等做出价值判断，或进行比较和选择的一种提问。评价提问是最高层次的提问，目的在于训练学生对人、事、物进行比较、鉴赏和评价的能力。学生在回答此类问题时必须先设定标准和价值观念，再据此对事物进行判断和选择。

（7）扩展式提问。扩展式提问的目的是引导学生从不同方向、不同角度、不同侧面进行思考。

（8）检查性提问。检查性提问是为了检查课堂教学效果而进行的提问。

（9）比较性提问。比较性提问是对两个以上容易混淆的教学内容进行对比，从而分化知识的提问。

（10）探究式提问。探究式提问是学生在老师的引导下，对某一特定问题充分思考，尝试独立解决问题的提问。

（11）总结性提问。总结性提问是为了让学生对零散的知识进行综合而进行的提问。这种提问可以帮助学生提高概括能力，形成知识体系。

4. 教师提问中的师生对话

“教学即对话”，教师提问中的师生对话是建立在民主、平等、尊重、信任基础上的，突出师生之间、生生之间的情感、思想、价值观等多方面的沟通和交流，是不断追求创新、尊重学生主体性的教学方式。它包含以下内容。

（1）教学过程中的对话是师生平等的交流，要充分发挥两者的主体性和创造性。

（2）提问是师生对话的关键。提问要激发学生思维，调动学习的主动性。

（3）教学过程中的师生对话需要师生间的合作。课堂是对话的主阵地，只有师生相互配合与合作才能产生好的效果。

5. 教师在教学对话中的角色定位

（1）学生真诚朋友的角色。把学生看成独立的个体，平等对待。

（2）首席发言人角色。教师是平等对话的首席发言人，是学生学习兴趣的激发者和话题引发者，是“抛砖引玉”的引导者。

（3）主持人和裁判员的角色。教师的主导作用要放在学生的自治管理上，放在帮助学生形成自主学习能力上。教师要做主持人、裁判员、评论员，充分调动学生的主动性、积极性，体现学生的主体地位和教师的主导地位。

（六）课堂提问的基本要求

（1）提出的问题要适合学生的年龄特征、知识水平，学生能够“跳一跳、够得着”。

（2）提出的问题要突出重点和难点。

（3）提问的问题要预想出学生可能的答案及处理方法。

（4）提问要抓住时机。

（5）提问要有目的性。

（6）学生回答问题后，要及时帮助分析、确认，形成正确的反馈。

四、教学反馈和强化技能

（一）教学反馈技能

1. 教学反馈的概念

教学反馈是指教师在课堂教学中，有意识地收集和分析教育教学的状况，并做出相应反应的教学行为。它是完成教学进程的重要环节，是强化和调控目标检测的重要手段，具有激励、调控和预测的作用。

2. 教学反馈技能的基本要求

（1）要以促进学生的学习为目的。

（2）要多途径地获得学生的反馈信息。

（3）反馈必须及时。

（4）反馈必须准确。

（5）指导学生学会自我反馈。

（二）教学强化技能

1. 教学强化的概念

教学强化是指教师采用一定方法促使学生某一行为向教师期望的方向发展的教学行为。

2. 教学强化技能的类型

（1）言语强化。当教师在学生做出行为和反应后给予学生某种积极的语言评价，就属于言语强化。言语强化有口头语言强化和书面语言强化两种形式。

（2）非言语强化。教师运用某种非言语因素的身体动作、表情和姿势等传递一种信息，对学生的某种行为表现表示赞赏和肯定，这种强化就是非言语强化。非言语动作一般是目光接触、点头微笑、靠近学生、体态放松或做出某种积极的姿态。

（3）替代强化。替代强化是指观察者因看到榜样的行为感化而受到强化。

（4）延迟强化。一般而言，教师会对学生的理想行为表现予以及时强化，但有时对学生前一段时期的行为也可以进行强化，这种强化不但可能，而且有时效果还特别好。这种对以前行为的强化就是延迟强化。

（5）局部强化。如果学生的行为表现只能部分地认可，教师就可以采用局部强化，即只强化认可的那部分行为以及相应的欲望，激励学生继续完全实现理想的行为。

（6）符号强化。符号强化又称标志强化。教师可以用一些醒目的符号、色彩的对比等来强化教学活动。符号强化尤其适用于小学生，代币制方法就是非常成功的例子。

（7）活动强化。活动强化是指教师让学生承担任务从而对学生的学习行为进行的强化。它有助于开发学生的潜能，有助于培养学生的创新精神和实践能力。

3. 教学强化技能的基本要求

（1）强化目标要明确。

（2）强化态度要诚恳。

（3）强化时机要恰当。

（4）强化方式要灵活。

（5）强化要与反馈有机结合。

五、课堂教学总结

（一）课堂教学总结的含义

课堂教学总结是指在教学任务即将结束时，有目的地对所学内容进行梳理、总结的过程。

（二）课堂教学总结的作用

课堂教学总结可以使知识技能系统化，使知识牢固记忆；课堂教学总结可以承上启下，实现知识过渡；课堂教学总结可以激发学生的兴趣，使学生对下次学习充满期待。

（三）课堂教学总结的种类

（1）归纳式总结：教师引导学生用精练的语言对所学知识进行概括、总结、梳理，来形成知识体系的总结方式。

（2）比较式总结：通过辨析、对比、讨论等方式结束课堂教学的方式。

（3）图表总结式：通过图示、表格等对所讲内容进行梳理的方式。

（4）练习式总结：通过练习、作业的方式来结束课堂教学的方式。

（5）活动式总结：在活动中运用知识、结束课堂教学的方式。

（6）口诀式总结：把所学知识编制在口诀里，帮助学生记忆的方式。

（7）角色扮演式总结：教师或学生扮演教学内容里的角色来结束教学的方式。

六、板书技能

（一）板书技能的含义

板书技能就是将教学内容的主干部分用文字、图形、表格等方式呈现在黑板上的技能。

（二）板书的作用

（1）长时间地向学生传递知识。

（2）启发学生思维，明确课程思路。

（3）形象直观，有利于学生形成感性认识。

（4）教学内容提纲挈领，突出重点。

（三）板书的类型

（1）提纲式板书：用简练的语言、符号把教学内容呈现在黑板上。

（2）表格式板书：把相似的知识点列入表格内进行分析的板书方式。

（3）图形式板书：把事物形态、关系、结构等以图画或图示的形式表达在黑板上。

（四）板书的要求

（1）字迹工整，整洁清楚。

（2）美观大方，布局规范。

（3）语句简明，富有启发。

（4）逻辑严谨，科学正确。

（5）新颖独特，灵活多样。

七、课堂教学情境创设

（一）课堂教学情境创设的概念

课堂教学情境创设是教师在课堂教学中，根据教学内容、教学目标，学生的认知水平和心理特征，灵活、有效地创造具体生动的形象，能够有效激发学生的学习兴趣，促使学生迅速准确地感知、理解、运用教学内容，让学生在具体情境连续不断的启发下，有效地进行学习的教学活动方式。

（二）课堂教学情境创设的价值

（1）从教学理论上分析，创设课堂教学情境首先是“教师主导作用和学生主体作用相统一”的教学规律，符合启发性教学原则。

（2）从方法论上看，创设课堂教学情境是运用反映论的原理，根据客观存在对学生的主观意识创设特定的教学情境，使学生置身于特定的情境中。客观的情境不仅会影响学生的认识心理，而且能调动学生的情感等非智力因素，从而促进学生理解知识，形成特定的意识。

（3）从教学实际来看，创设课堂教学情境具有重要意义。

①能够降低教学难度，便于学生全面、透彻地感知、理解教学内容，便于学生准确、快捷地运用知识解决问题。

②能够降低学生学习的疲劳程度，使学生保持良好的学习状态。

③能够有效地激发、保持学生的学习热情，积极地参与教学活动。

（三）课堂教学情境创设的方式

教学情境的创设对于提高课堂教学效果非常重要，它可以综合利用多种教学手段通过外显的教学活动形式，营造一种学习氛围，使学生形成良好的求知心理，参与对所学知识的探索、发现和认识过程，活动形式如下。

（1）故事化情境。

（2）活动化情境。

（3）生活化情境。

（4）问题化情境。

（四）课堂教学情境的创设方法

课堂教学情境的创设能激发学生的学习兴趣，帮助学生更好地理解教学内容。课堂教学情境的创设方法包括：

（1）实验法；

（2）演示法；

（3）表演法；

（4）游戏法：常用于小学中低年级教学情境的创设；

（5）故事法；

（6）比喻法；

（7）形象渲染法；

（8）介绍困惑材料法；

（9）提问法；

（10）有意错误法；

（11）生动讲述法。

（五）设计课堂教学情境应注意的问题

教师在设计课堂教学情境时，应注意以下问题。

（1）情境作用的全面性。

（2）情境作用的全程性。

（3）情境作用的发展性。

（4）情境的真实性。

（5）情境的可接受性。

（六）课堂教学情境创设的要求

课堂教学情境创设的要求有以下几点。

（1）创设的课堂教学情境应与教学目标保持高度一致。

（2）创设的教学情境应能启发学生的思维。

（3）创设的教学情境应严谨，无科学性错误。

（4）课堂教学要把握动态生成的情境。

（5）课堂教学情境的运用要适度。

八、课堂教学的基本策略和管理策略

（一）课堂教学交往策略

1. 讲述行为策略

讲述行为是指教师以口头语言向学生表达、说明知识，并使学生理解知识的行为。

2. 对话教学策略

对话教学是指对话各方在相互尊重、民主平等的基础上，以语言符号为中介而进行的话语、精神、思想等方面的双向交流、沟通与理解的一种教学形态。对话教学策略包括提问策略、待答策略、导答策略、理答策略四个策略。

3. 课堂讨论策略

课堂讨论是班级成员之间的一种互动交流方式，目的在于通过交流各自观点形成对某一问题较为一致的理解、评价或判断。教师要组织好学生的讨论，需要关注以下几点。

（1）问题设计要符合教学目标的要求。教学目标是指教学活动的主体在具体教学活动中所要达到的预期结果和标准。教学目标是衡量教学任务完成与否的标准。

（2）问题设计要切合学生的特点。教师设计问题要考虑学生的两个特点：一是整体特点，即处在某个年龄阶段学生的智力水平、认知结构、学习风格、知识累积、课程资源及文化背景等；二是个体特点，即每个学生的兴趣爱好、智力差异等。

（3）问题设计要突破学科的限制。

4. 课堂练习指导策略

课堂练习指导是教师通过帮助学生成功地完成课堂练习，达到掌握知识或技能的目标，保证教学顺利进行的行为。要组织好、指导好课堂练习，教师需关注：练习要与教学目标相一致，练习准备要充分，练习方式要多样化，练习题量要适中，练习题型要均衡，练习难度要适当。

（二）课堂管理策略

课堂管理是指教师为有效利用时间、创造愉快的和富有建设性的学习环境，以及减少课堂问题行为而采取的组织教学、设计学习环境、处理课堂行为等一系列活动和措施。课堂管理不仅是课堂教学顺利进行的基本保证，也是提高教学质量的有效途径。

1. 课堂问题行为管理策略

课堂问题行为是在课堂中发生的，与课堂行为规范和教学要求不一致，并影响正常课堂秩序及教学效率的行为。产生的因素主要是教师的教育失策因素、学生的身心因素及家庭因素、社会等环境因素。教师可运用先行控制策略，事先预防问题行为；运用行为控制策略，及时终止问题行为；运用恰当的矫正策略，有效转变问题行为。

2. 课堂教学中的惩罚策略

（1）抓住时机，灵活处理。

（2）了解情境，合理惩罚。

（3）对待“后进生”，慎用惩罚。

3. 课堂时间管理策略

（1）坚持时间效益观，最大限度地减少时间的损耗。

（2）把握最佳时域，优化教学过程。

（3）保持信息更新，提高知识的有效性。

（4）提高学生的参与程度，争取更多的时间用于学习。

（5）提高学生专注率，提高学生的学习效率。

九、教学设计

（一）教学设计概述

1. 概念

教学设计是指在实施教学之前由教师对教学目标、教学方法、教学评价等进行规划和组织并形成设计方案的过程。

2. 教学设计的依据

（1）理论依据。教学设计的理依据为现代教学理论、学习理论与传播理论，以及系统的原理和方法。

（2）现实依据。教学设计的现实依据为教学的实际需要、教师的教学经验及学生的需要和特点。

3. 教学设计的基本要素

教学设计的基本要素包括学习者、学习目标、教学策略、教学评价。

（二）教学目标设计

1. 教学目标的概念

教学目标是指在教学活动中所得到期待的学生的学习结果。教学目标是整个教学设计中最重要的部分。

2. 教学目标的作用

教学目标具有以下作用。

（1）教学目标是选择教学方法的依据。

（2）教学目标是进行教学评价的依据。

（3）教学目标具有指引学生学习方向的作用。

3. 教学目标的分类

（1）布鲁姆的教学目标分类。美国教育学家布鲁姆将教学目标分为认知、情感和动作技能三个领域。

（2）加涅的分类。美国著名教育技术专家加涅将学生的学习结果或教学目标分为言语信息、智力技能、认知策略、动作技能和态度五类。

（3）“三维”目标。新课程提出了“三维”目标：知识与技能，过程与方法，情感态度与价值观。

4. 教学目标设计的基本要求

教学目标设计的基本要求如下。

（1）一般目标和具体目标相结合。

（2）集体目标和个人目标相结合。

（3）难度适中。

（4）便于检测。

5. 教学目标的表述要求

正确表述教学目标是实现教学目标的基础和前提。一个完整的教学目标表述由四个部分组成：明确教学对象，表达学习结果的行为，表现行为的条件，以及学习程度。明确教学对象是指说明教学目标是针对谁提出的，行为主体是学生而不是教师。表达学习结果的行为是一个学程结束后应获得的知识、技能和产生的行为。表现行为的条件指影响学生产生学习结果的特定的限制或范围。学习程度是指用以测量学习表现或学习结果所达到的程度，它是评价学生成绩的最低标准。

6. 教学目标的陈述

教学目标设计的前提是教学目标的明确化。教学目标的陈述方法包括以下两种。

（1）行为目标陈述法。行为目标的陈述具备三个要素：可观察的行为、行为发生的条件和可接受的行为标准。

（2）心理与行为相结合的目标陈述法。

（三）教学策略设计

1. 教学策略的概念

教学策略指教师采取的有效达到教学目标的一切活动计划，包括教学事项的顺序安排、教学方法的选用、教学媒体的选择、教学环境的设置以及师生相互作用设计等。

2. 可供选择的教学策略

（1）以教师为中心的教学策略。以教师为中心的教学策略包括直接教学和接受学习。

直接教学（指导教学）是以学习成绩为中心，在教师指导下使用结构化的有序材料的课堂教学策略。

接受学习是奥苏贝尔倡导的，是在认知结构同化理论的基础上提出的，也是我们通常所提到的讲授式教学策略。接受学习的环节包括：呈现先行组织者；提供学习任务和学习材料；增强认知结构。

（2）以学生为中心的教学策略。以学生为中心的教学策略包括以下几种。

①发现学习。发现学习是指给学生提供有关的学习材料，让学生通过探索、操作和思考，自行发现知识、理解概念和原理的教学方法。发现学习的教学阶段有：创设问题情境，使学生在这种情境中发现矛盾，提出问题；促使学生利用教师所提供的某些材料，针对所提出的问题，提出要解答的假设；从理论或实践上检验自己的假设；根据实验获得的一次性材料或结果，在评价的基础上引出结论。

发现学习的教学设计原则为：教师要将学习情境和教材性质向学生解释清楚；要配合学生的经验，适当组织教材；要根据学生的心理发展水平，适当安排教材难度与逻辑顺序；确保材料的难度适中，以维持学生的内部学习动机。

②情境教学。情境教学指在应用知识的具体情境中进行知识教学的一种教学策略。

③合作学习。合作学习指学生们以主动合作学习的方式代替教师主导教学的一种教学策略。合作学习分组的原则有：组内异质，组间同质；小组成员人数以 5 人左右为宜，一般说来，最为有效的小组成员人数是 4 ~6 个。

合作学习在设计上具备的特征有分工合作，密切配合，各自尽力，社会互动，团体过程。

④个别化教学。个别化教学是指让学生以自己的水平和速度进行学习的一种教学模式。个别化教学系统的特点是自定进度、自行掌握，学生相互辅导，教师指导，自由式讲课。

⑤程序教学。程序教学是一种能让学生以自己的速度和水平自学，以特定的顺序和进度安排材料的个别化教学方法。其始创者通常被认为是教学机器的发明人普莱西，但对程序教学贡献最大的却是斯金纳。斯金纳提出了编制程序的五条基本原则：小步子、积极反应、及时强化（反馈）、自定步调、低错误率。

⑥掌握学习。掌握学习是由美国心理学家布鲁姆提出的一种适应学习者个体差异的教学方法。掌握学习的适用范围是：基础知识和基本技能的教学，学习能力较低的学生以及有各种特殊需要的学生。

⑦计算机辅助教学。计算机辅助教学（Computer Aided Instruction，CAI），是指使用计算机作为一个辅导者呈现信息，给学生提供练习机会，评价学生的成绩以及提供额外的教学。与传统教学相比，CAI 的优越性体现在：交互性，即人机对话；及时反馈；以生动形象的手段呈现信息；自定步调。

（四）教学评价设计

1. 教学评价的类型

（1）按对教学评价的处理方式不同，分为常模参照评价与标准参照评价。

常模参照评价以学生团体测验的平均成绩（即常模）为参照点，比较分析某一学生的学业成绩在团体中的相对位置。

标准参照评价以教学目标所确定的作业标准为依据，根据学生在试卷上答对题目的数量来评定学生的学业成就。

（2）按教学评价中使用测验的来源，分为标准化学业成就测验和教师自编测验。

标准化学业成就测验是指由学科专家和测验编制专家按照一定标准和程序编制的测验，在国外得到普遍使用。

教师自编测验是教师根据教学需要自行设计与编制的测验，通常没有统一、具体的规定，内容及取样全部由任课教师自行决定，操作过程简单，适用于测量教师设定的特殊教学目标，可作为班内比较的依据。

2. 教学评价的方法与技术

（1）教师自编测验。学校教学评价中使用最多的是教师自编测验。教师编制测验的基本原则包括：从测验本身角度看，主要涉及测验内容符合评价目的，测验编制的科学性，测验的使用必须具备一定效果；从题目角度看，主要涉及测验题目与目标、内容的一致性，题目具有代表性，题目形式与测验目的一致性。

（2）观察评价。观察评价是指教师在教学过程中对学生的学习表现和学习行为进行自然观察，并对观察到的现象进行客观、详细的记录，然后根据这些观察和记录对教学效果做出评价。

（3）档案评价。档案评价又称文件夹评价或成长记录袋评价，是依据档案袋收集的信息对评价对象进行客观、综合的评价。

3. 教学评价结果的处理

对于教学评价的结果，可用评分和评价报告来体现。

（1）评分。评分有相对评分和绝对评分两种。

（2）评价报告。

（五）教案的设计技能

1. 教案的内涵

教案是教师经过严谨计划而设计出来的关于课堂教学的具体实施方案，通常以一节课为单位编写，也称课时教学进度计划。

2. 教学设计、教案设计、教学论与教学法的关系

教学设计与教学论、教学法以及教师的教案既有区别又有联系。教学论是研究教学一般规律的科学，是应用性的理论科学，对教学设计具有直接的指导作用。

教案是教学设计的具体产物之一，是教学设计指导教学过程的具体体现，但是教学设计并不局限于对某一教学内容得出一套具有针对性的教案，它需要对教与学的各个方面进行系统分析，不断改进教学方案。教案是教学设计的呈现形式，是教学设计工作的一种书面化表述，而教学设计是形成教案的一个“系统化”过程。

3. 教案的类别

教案可以分为讲义式教案、提纲式教案和程序式教案。

4. 教案的基本内容

教案编写没有固定的模式，其内容一般包括课题名称、课型、课时、教学目标、教学重难点、教具、教学方法、教学过程、作业设计、板书设计、课后反思等。

（1）课题名称。课题名称即所授课的名称。

（2）课型、课时。课型是指根据教学任务划分出来的课堂教学的类型。在教案中常见的有讲授课、练习课、复习课、实验课、示范课、研讨课、汇报课、观摩课、优质课、录像课等。课时是教学内容的时间单位，一个课时也就是一节课所占用的时间。

（3）教学目标教学目标要写得具体明确、恰当适中，要有指导作用。

（4）教学重点和难点。教学重点和难点是依据一节课的教学目标确定的。

（5）教具。教具又称教具准备，是指辅助教学使用的工具，如多媒体、模型、标本、实物、音像制品等。

（6）教学方法。教学方法是指在教学过程中使用的方法，如提问、讨论、启发、自学、演示、演讲、辩论等。

（7）教学过程。教学过程是教师为了实现教学目标，完成教学任务而制订的具体教学步骤和措施。一个完整的教学过程包括导入、讲授新课、巩固练习、归纳小结。

（8）作业设计。作业是课堂教学的延续，是实现教学目标不可缺少的环节。

（9）板书设计。板书是教师在黑板上为配合讲授，运用文字、图画和表格等视觉符号传递教学信息的教学行为方式，它具有提示、强化、示范、解析、直观、总括的作用。板书设计的原则为直观性、实用性、审美性、创造性、简约性与科学性。

（10）课后反思。课后反思是教案执行情况的经验总结，其目的在于改进和调整教案，为下一轮授课的进行提供更好的教学方案。

5. 教案设计的要求

教案设计的要求如下。

（1）端正态度，高度重视。

（2）切合实际，坚持“五性”。“五性”即科学性、主体性、教育性、经济性和实用性。

（3）优选教法，精设题型。

（4）重视“正本”，关注“附件”。

（5）认真备课，纠正“背课”。

（6）内容全面，及时调整。

第十节　教学语言表达

一、教学口语表达

（一）教学口语的概念

教学口语表达是教师用正确的语音、语调、语义、合乎语法逻辑的口头语言对教材内容和学生问题等进行叙述、解释、说明的行为方式。

（二）教学口语表达的要求

教学口语关乎教学质量，应特别重视。教学口语表达的要求如下。

（1）教育性。

（2）科学性。

（3）针对性。

（4）规范性。

（5）口头性。

（6）启发性。

（7）可接受性。

（三）教学口语的功能

教学口语具有传递信息、调控课堂教学、促进学生思维发展、建立和谐师生关系等功能。

（四）教学口语的分类

（1）根据教学口语的信息流向，可分为单向传输语言、双向传输语言和多向交流语言。

（2）根据教学口语的不同阶段，可分为导入语、讲授语和结束语。

（3）根据教学口语内容的性质，可分为说明性语言、叙述性语言、描述性语言、论证式语言、抒情式语言、评价性语言、演示性语言和概述性语言。

（五）教学口语的构成要素

教学口语是由语音和吐字、音量和响度、语速、语调和节奏、词汇、语法等几个相互联系、相互制约的要素构成的。

（六）课堂教学口语的基本要求

课堂教学口语的基本要求如下。

（1）符合规范，内容科学，合乎逻辑。

（2）通俗易懂，生动活泼，富于启发。

（3）条理清晰，层次分明，重点突出。

（4）富于创造性，有独特的风格。

（七）教学口语表达技能提高的途径

教学口语表达技能提高的途径有以下三种。

（1）提升内在修养水平。

（2）强化语言外化能力。

（3）在实践中进行训练。

二、教态语言表达

（一）教态语言的概念

教态语言表达主要是指教师利用表情、动作、手势等体态语，辅助口语语言传递教学信息和表达情感的行为方式。教态语言表达技能是形成教师教学个性与风格的重要因素。

（二）教态语言的功能

课堂教学中，教态语言具有教育、传递信息、激励、调节学生学习活动等功能。

（三）教态语言的特征

教态语言的特征如下。

（1）辅助性。

（2）连续性。

（3）表情性。

（4）动作性。

（5）情境性。

（四）教态语言的类型

1. 身姿变化

身姿变化应主要注重以下三方面。

（1）站姿。

（2）走姿。

（3）手姿。

2. 面部表情

教师要注意面部表情，尤其是眼神和微笑。

3. 外表修饰

教师应注意外表修饰的以下两方面。

（1）衣着服饰。

（2）发型、配饰。

（3）妆容。

（五）教态语言的基本要求

（1）身姿稳重端庄，自信得体。

（2）表情真实自然，适度适当。

（3）衣着朴实整洁、美观大方。

第十一节　我国当前教学改革的主要观点与基本趋势

一、我国当前教学改革的主要观点

我国当前的教学改革是建立在历年教学改革的基础上的，是为了向一个更高、更深、更全面的层次发展。我国当前教学改革的主要观点如下。

（一）实施素质教育是我国当前教学改革的主题

实施素质教育是我国社会、经济发展对教育的客观要求，也是提高劳动者素质和培养各级各类人才的需要。素质教育作为对我国未来一段时期内的教育发展具有高度指导意义的一种新的教育理念，是与应试教育具有相互对立性质的一种教育。实施素质教育相比于传统的教育，有以下几个方面的调整。

（1）面向结果与面向过程并重。面向结果是指教师在教学活动中，将使学生取得令人满意的结果作为教育的意义；面向过程是指教师在教学活动中，重视引导学生对知识形成过程的理解，并在理解中体验知识得以产生的基础，它会给学习主体带来更高的价值。

（2）智力因素与非智力因素并重。在教学过程中，智力因素与非智力因素在传授和学习知识的过程中相互统一，但两者所发挥的作用及各自的发展并非都是自发的、齐头并进的。两者的统一需要在教学过程中实现。素质教育是一种智力因素与非智力因素并重的教育。

（3）教师指导与学生学会学习并重。在素质教育理念下，教师的指导必须把学生导向学会学习的境地。这不仅是终身教育的要求，也是确立学生主体地位的重要指导。学生只有学会学习，才能真正具有参与到教学过程中去的能力。

（4）能力培养与创造品质并重。在素质教育理念下，教师在关注学生能力提高的同时，对学生创造力的发展也给予关注。

除了上述四个方面的调整，实施素质教育，在科学文化知识获得与品德培养、接受学习与探究学习、理论学习与实践学习、课内学习与课外学习等方面也有较大的调整。

（二）坚持整体教学改革和实验是我国当前教学改革的基本策略

所谓整体教学改革和实验，是指在一个总的统一而明确的改革目标和实验假说的指导下进行的对教学系统中各种因素、各门学科的协调统一、相互渗透的调整和变革，以实现教学系统的综合改观。当然，整体教学改革和实验并不是孤立于单项、单科的教学改革和实验而存在的。事实上，有效的教学改革必须将整体改革与单项、单科教学改革相结合。一方面，任何整体教学改革和实验都必须以一系列扎实的单项、单科教学改革和实验为基础；另一方面，单项、单科教学改革和实验又必须在发展到一定阶段后及时推进到整体的教学改革和实验中去，力求达到整体教学改革的综合作用大于单项、单科教学改革作用之和的效果。

我国当前的整体教学改革和实验，应抓住以下两个主要问题。

（1）运用整体性观点，进行教材、教法、学法、考试、教学环境等的全面改革和实验，但要正确看待整体和全面的关系。

（2）提高整体教学改革和实验的可操作性。教学改革和实验的生长点在于革除原有教学体制中的弊端，验证经过精心设计的实验假说，从而创立能够在一定范围内加以推广的新的教学体系或提供某些有效的教学变量。

（三）建立合理的课程结构是我国当前教学改革的重心

更新课程的内容和形式、建立合理的课程结构依然是我国当前教学改革的重心。在实施整体教学改革和实验的策略中，课程的改革是关键。我国 20 世纪 80 年代以来的课程改革主要把着眼点放在课程内容的更新上，对课程形式没有多少注意。而当前课程改革将在继续更新课程内容的同时，把主要精力投向调整和丰富课程形式上，形成日趋合理的课程结构。

1. 课程改革的总体思路

为满足市场经济的发展对人才素质的要求，当前课程改革应特别注意以下三点。

（1）协调好基础文化课程、劳动技术课程和职业课程之间的关系。

（2）协调好内容要求的统一性与多样性的关系。

（3）建立更丰富、合理的课程结构和课程形式。

2. 课程形式改革的基本思路

当前课程形式改革的基本思路如下。

（1）有效地实现必修课、选修课和课外活动的有机结合。减少必修课，力求必修课少而精；选修课要占一定比例，并增设选修学科；课外活动应得到加强，使之更好地配合必修课、选修课的教学。

（2）提高综合课程、活动课程和问题课程在课程体系中的地位。

（3）强化隐性课程对显性课程的积极作用，把隐性课程纳入有计划的教学内容中，在课程方案和课程标准中有所体现，使两者相互补充、相互促进。

（四）实施科学的教学评价是评价改革成功与否的重要手段

科学的教学评价的含义包括以下三个方面。

（1）在评价的指导思想上，现代教学评价致力于促进学生个性的全面发展和弘扬学生人格的主动精神，更注重质的分析，把评价范围扩展到与学生发展紧密相连的德、智、体等多方面；同时，评价主体由教师操作逐渐转变为让学生成为教学评价的积极参与者，通过学生的自我评价培养学生的评价能力。

（2）在评价类型上，现代教学评价重视形成性评价，力求在评价过程中及时发现问题，从而及时调节教学行为方式。

（3）在评价的技术和方法上，力求科学化，把各种定量的方法作为提高教学评价的科学基础，也注重定性评价，注重采用定性和定量相结合的方法。

二、我国当前教学改革的基本趋势

（一）稳定并加强基础教育

在我国当前的教学改革中，须稳定并加强基础教育。基础教育课程十分注重加强课程与社会、社会和自然的联系，增加学生的实践性学习环节，改变理论脱离实践的现状，培养学生的动手能力和创新精神。

（二）关注先进的教学理论的指导作用

教学改革实践需要教学理论的充分支持。《基础教育课程改革纲要（试行）》明确了素质教育的基本理念，即教学理念和教育生产方式的转型。而准确解读国家改革文件的任务就落在教学理论研究者的身上。

教学改革必须理论先行。教学研究必须贴近学术前沿，与国际接轨；教学研究必须贴近改革前沿，与实践接轨。

（三）关注教学的组织

关注教学的组织要做到统整与衔接，主要表现在以下四个方面。

（1）关注课程组织的要素，包括课程内容的组织和学习经验的组织。

（2）关注学科间的统整，打破学科中心或分科主义的定式，树立教学总体结构的观念，关注不同学科在整个教学体系中的定位。

（3）关注学科内的统整。

（4）关注学科观的转变，确立新的学科观，这是课程开发必须解决的课题。

（四）关注思想品德教育的针对性和实效性

关注思想品德教育的针对性和实效性，主要关注以下三个方面。

（1）关注思想品德教学的建设，加强德育课程的现实针对性。根据新时期社会出现的新问题、新动向，有针对性地开发新的课程内容，探索新的教学实施方式和途径。

（2）关注学科内在的教育性，拓展学科教学标准和相关教程的德育空间。当前，我国教学改革着重强调课程标准必须有利于培养学生的思想品德，各科教材必须体现既定的世界观、人生观、道德观和价值观。

（3）关注综合实践活动，增强道德实践的实效性。综合实践活动是具有自己的独立功能和价值的教学。

（五）关注现代信息技术向教学的渗透

信息技术对学校课程和教学产生了巨大的影响。信息技术与学校教育结合的立足点将从传统的技术本位转向课程本位。

（六）关注教师的发展

关注教师的发展主要表现在以下四个方面。

（1）关注教师角色的转变。教师由传授者转化为促进者，由管理者转化为引导者，师生互教互学、教学相长，彼此形成一个学习共同体，教学变成一种动态的、发展的、师生富有个性化的创造过程。

（2）关注教师教学行为的转变。强调教师之间的合作交流，不断改善知识结构。新课程强调教育者之间的互动，将引发教师集体行为的变化，并在一定程度上改变教学的组织形式和教师的专业分工。

（3）关注教师能力的提高。强调教师提高课程开发的能力，提高对教学的整合能力。为适应新课程的需要，教师新的技能将应运而生。

（4）强调教师关注对学习方式的引导、转变。强调教师指导学生开展探究性学习，创设丰富的教学情境，注重学生的亲身体验，引导学生将知识转化为能力。在新教学中，教师是教学实施中问题的协商者、解决者，教师的教学地位和对教学的作用也将获得提升。

本章小结

本章主要介绍教学的概念、意义、基本任务，以及教学过程的本质及基本阶段，重点分析教学过程的基本规律和教学工作要遵循的基本原则，从而理解教学在学校工作中的地位。通过教学方法、教学的基本环节和教学的组织形式等内容的学习，了解中小学常用的教学方法和教学过程的基本环节，尤其是备课、上课、布置作业的基本要求，班级授课制的特点和优缺点，以及教学评价的有关知识，为今后的教学工作提供科学的指导。

思考练习

一、单项选择题

1. 老师在布置家庭作业时，不妥当的是（　　）。

A. 家庭作业的布置与教学目标相一致

B. 家庭作业的形式要富于变化，并有适当的难度

C. 给学生以适当的帮助

D. 只给学生一些知识性记忆的作业

2. 从教学组织形式上来看，课堂教学是教学的（　　）。

A. 唯一组织形式　　B. 基本组织形式　　C. 重要组织形式　　D. 辅助形式

3. 孔子要求“学而时习之”“温故而知新”，是说在教学中要贯彻（　　）原则

A. 理论联系实际　　B. 循序渐进　　C. 启发性　　D. 巩固性

4. 取得教学成功的内因是（　　）。

A. 教师的主导作用　　B. 学校的管理作用

C. 教材的媒体作用　　D. 学生的主体作用

5. 我同古代墨子提出“夫智者必量其力所能至而如从事焉。”它所体现的教学原则是（　　）。

A. 巩固性原则　　B. 量力性原则　　C. 直观性原则　　D. 因材施教原则

6. 教授法的基本方式包括（　　）。

A. 讲述、讲解、讲读、讲演　　B. 讲述、讲解、讲读、讲评

C. 讲述、讲评、讲演、讲读　　D. 讲解、讲演、讲读、讲评

7. 最早的教学过程思想即学、思、行统一的观点，其提出者是（　　）。

A. 孔子　　B. 昆体良　　C. 杜威　　D. 夸美纽斯

8. 课外辅导是上课的（　　）。

A. 延续　　B. 必要补充　　C. 扩展　　D. 深化

9. 现代教育评价理念提倡的是（　　）。

A. 发展性评价　　B. 形成性评价

C. 终结性评价　　D. 自我评价

二、简答题

1. 简述启发性原则的含义及贯彻此原则的要求。

2. 简述教学的意义。

三、辨析题

1. 衡量一节课好坏的标准是教师教得怎么样。

2. 教学方法是由教学内容决定的。

四、材料分析题

一天，老师正在讲课，突然天色大变，狂风呼啸，乌云滚滚，电闪雷鸣，大雨倾盆而下。学生坐不住了，纷纷窃窃私语。见到这情景，这位教师干脆放弃原有的教学计划，顺应学生的好奇心，让学生趴在窗前尽情地观察起雨景来，10 分钟后学生才回到座位上。老师：谁能用我们学过的古诗来形容一下刚才的天气？

学生：山雨欲来风满楼。

学生：碧山还被暮云遮。

学生：黑云翻墨未遮山，白雨跳珠乱入船。

老师：好，这一句极为贴切。

学生：老师，我认为应该是“白雨跳珠乱入窗”才对。

学生：改为“乱敲窗”更好，“乱敲窗”说明了雨点大，而且像个调皮的小娃娃，好像也要挤进来和我们一起读书。

改完诗，教师又要求同学们把刚才的雨景和争论都写下来。不长时间，一篇篇情真意切的习作便应运而生了。

请结合教学过程的基本规律分析此材料。

五、复习思考题

1. 中小学教学的基本任务有哪些？
2. 怎样理解教学的过程及本质？
3. 教学过程中的基本规律有哪些？怎样运用？
4. 教学过程的基本阶段有哪些？
5. 什么是教学原则？中小学常用的教学原则有哪些？运用这些原则时应该注意什么？
6. 什么是教学方法？其指导思想是什么？
7. 选择教学方法的依据有哪些？
8. 中小学常用的教学方法有哪些？运用时应注意什么？
9. 教学工作的基本环节有哪些？各起什么作用？
10. 教师怎样备课？
11. 评价一堂好课的标准有哪些？
12. 什么是班级授课制？它有哪些特点？怎样评价班级授课制？

第十章

德育

学习目标

1. 了解德育的概念、意义及目标。
2. 理解德育的主要内容。
3. 掌握德育过程的基本规律，能正确分析和解决中小学德育实际中的问题。
4. 掌握中小学德育的基本原则，能运用这些原则分析德育问题。
5. 掌握中小学德育的途径和方法，能运用这些方法解决中小学德育的实际问题。

第一节　德育的概念、意义、目标和内容

一、德育的概念

关于德育的概念，有多种说法。在西方，德育一般指伦理道德教育及有关价值观的教育；在我国，关于德育的概念，理论界有不同的看法。下面我们依据一些共性的认识，对德育概念进行阐释。

德育有狭义和广义之分。狭义的德育专指道德教育，广义的德育包括政治教育、思想教育、道德教育、法纪教育、心理品质教育等。德育是教育者根据受教育者的身心发展规律，按照一定的社会或阶级的要求，有目的、有计划、有组织、系统地对受教育者施加思想、政治和道德等方面的影响，通过受教育者积极的认识、体验、身体力行，形成教育者所期望的品德的活动。

二、德育的意义

学校德育作为一种特殊的社会实践活动，既要反映社会发展的要求，为社会的发展服务，又要反映个体发展的需要，为个体的发展服务，因此，可以从社会性功能和个体性功能两方面来认识德育的功能。德育具有以下三方面的意义。

（一）德育的政治功能

不论何种社会政治制度，统治阶级总是利用手中的权力，强制性地对教育明确提出政治

态度、政治立场和政治行为规范方面的要求，并力求贯彻到底。而教育正是通过改变或塑造人的行为，直接为一定的政治服务的。因此，教育是政治的一种手段。《礼记·学记》中说“建国君民，以教为先”，把教化臣民放在政治的优先地位；孟子从争取民心的角度，进一步说明了教育的政治作用，提出“善教得民心”。

（二）学校德育的文化意义

学校德育继承和发展社会文化，是精神文明建设的手段。品德和人格历来是社会文化的一个主要内容，表现了人行为方面真、善、美的社会理想和追求。道德面貌反映社会的文明程度。发展和培养个人品德，就是在进行社会的文化建设。屈原的爱国、文天祥的气节等都凝结为中华民族的传统文化，成为中华民族的精神财富。

（三）德育的个体成才意义

学校德育通过培养个人高尚、优美的品德情操，使人形成美的人格。这对于个人，一方面，是实现个人对人格美的追求，满足个人审美需要；另一方面，是个人在社会中成才的必要条件，是个人成才、事业成功的必要手段。德育的过程是个人社会化的过程，这一过程的好坏直接关系到个人的社会生活水平高低，关系到个人是否被社会承认并接纳。一个无德的人，社会是不能容纳的，更不用说在社会生活中获得成功。所以，德育是个人成才的手段。我国古人提出，人生有“三立”，即立德、立功、立言，说明了个人成才的三种途径。可见，德育对个体成才有重要意义。

三、德育的目标

德育目标是指一定社会对教育所要培养的人在思想品德方面的质量、规格的总的设想或规定。德育目标是教育目标在德育方面的要求，是教育目标中对人的政治、思想和道德发展的规划，是培养人的总体规划的一部分。教育目标是制定德育目标的依据，德育目标是教育目标的具体化，是实现教育目的的保证。

（一）中小学德育目标的总要求

德育目标的确立是德育的首要问题。它是德育的出发点和归宿，决定着德育内容的确定，德育方法和形式的选择与运用，以及德育效果的检测与评定，对整个德育过程具有导向、选择、协调和激励的作用。

1988 年，《中共中央关于改革和加强中小学德育工作的通知》中指出：“现在的中小学生是二十一世纪社会主义建设的主力军。他们的思想道德和科学文化素质状况，不仅是当前社会文明程度的重要体现之一，而且对我国未来的社会风貌、民族精神有着决定性的影响。从现在起，就必须努力把他们培养成为有理想、有道德、有文化、有纪律的一代新人。”这是中华人民共和国成立以来，第一个以党中央的名义专门为中小学德育工作颁发的文件，对于中小学德育工作的实施和改革具有重大意义。

2010 年，《国家中长期教育改革和发展规划纲要（2010—2020 年）》中明确指出：“坚持德育为先。立德树人，把社会主义核心价值体系融入国民教育全过程。加强马克思主义中国化最新成果教育，引导学生形成正确的世界观、人生观、价值观；加强理想信念教育和道德教育，坚定学生对中国共产党领导、社会主义制度的信念和信心；加强以爱国主义为核心的民族精神和以改革创新为核心的时代精神教育；加强社会主义荣辱观教育，培养学生团结

互助、诚实守信、遵纪守法、艰苦奋斗的良好品质。加强公民意识教育，树立社会主义民主法治、自由平等、公平正义理念，培养社会主义合格公民。加强中华民族优秀文化传统教育和革命传统教育。”这就是我国当前确立的德育目标。

我国的德育目标体现了为我国社会主义现代化建设服务的特点，具有较强的时代性，随时代的变化而有所改变，突出了社会主义学校德育的方向性、全面性、科学性，初步形成了具有中国特色的社会主义德育目标体系。

（二）中小学德育目标

中小学德育是社会主义精神文明建设的奠基工程，是我国学校社会主义性质的重要标志。它贯穿于学校教育教学工作的全过程和学生日常生活的各个方面。《中小学德育工作指南》明确提出，中小学德育的总体目标是：培养学生爱党爱国爱人民，增强国家意识和社会责任意识，教育学生理解、认同和拥护国家政治制度，了解中华优秀传统文化和革命文化、社会主义先进文化，增强中国特色社会主义道路自信、理论自信、制度自信、文化自信，引导学生准确理解和把握社会主义核心价值观的深刻内涵和实践要求，养成良好政治素质、道德品质、法治意识和行为习惯，形成积极健康的人格和良好心理品质，促进学生核心素养提升和全面发展，为学生一生成长奠定坚实的思想基础。

四、德育的内容

德育内容是德育目标的体现，是按照德育目标的要求用来教育学生的思想、政治、道德方面的知识、理论、思想、观点、准则和规范等。德育内容最直接地体现了德育目标，并为实现德育目标服务。

通常，选择德育内容的主要依据有三点：一是德育目标，它决定德育的内容；二是受教育者的身心发展特征，决定德育内容的深度和广度；三是德育所面对的时代特征和学生的思想实际，决定了德育工作的针对性和有效性。德育内容总是随着时代的发展而变化，因不同国家的社会性质、发展水平和文化传统而各具特色。

从广义来说，我国学校的德育内容主要有以下几个方面。

（一）政治教育

政治教育主要指有目的地让公民形成一定的政治观点、信念和政治信仰的教育。它主要通过对民族、阶级、政党、国家、政权、社会制度和国际关系的情感、立场、态度的教育来实现。其性质由一定的政治经济制度所决定，与一个国家或地区现实的政治及发展趋势直接相关，具有鲜明的阶级性、方向性和时代性。

从我国当前社会的实际情况出发，学校政治教育的内容大致有以下几个方面。

（1）进行建设中国特色社会主义政治目标的教育。维护人民当家做主的权利，维护国家的主权和领土完整，把我国建设成富强、民主、文明和谐的国家。

（2）进行建设中国特色社会主义政治方向的教育。坚持正确的政治方向，是学校对学生的基本要求。

（3）进行必须坚持中国共产党领导的教育。

（4）进行马克思主义是建设中国特色社会主义政治文化的指导思想的教育。

（5）进行坚持党的路线、纲领、方针、政策的教育。

(二) 思想教育

思想教育有别于政治教育，思想是认识问题，政治是立场问题。思想教育是人生观、世界观和相应的思想观念方面的教育，包括辩证唯物主义和历史唯物主义世界观与人生观教育、革命理想和革命传统教育、劳动教育、自觉纪律教育。

世界观是人们对世界的根本看法和态度。人生观是世界观的一部分，是人们对待人生问题的根本观点和态度。辩证唯物主义和历史唯物主义是人类历史上最进步、最科学的世界观。革命理想教育和革命传统教育能帮助学生树立远大的人生理想，继承和发扬优良的革命传统，为人类美好的未来而奋斗。在社会主义社会，劳动是每个公民的权利和义务。每个有劳动能力的人都应该以自己的辛勤劳动为社会主义现代化建设做出贡献，并以自己的诚实劳动获取应得的劳动报酬，以维护自己及家庭的生存和发展。纪律是一定社会或阶级的产物，社会主义社会提倡人们自觉遵守建立在个人与集体、国家利益一致基础上的纪律。

(三) 道德教育

道德教育是指让人们形成道德意识和道德行为的教育。它主要包括个体与个体，个体与群体、社会，个体与自然的行为规范和准则的教育，通过家庭伦理道德、社会公德、国民公德、职业道德、个人品行修养等的教育来实施。它强调人的良心、良知，强调义务感和责任心，强调自觉和自愿的统一。

要引导学生从小懂得尊重他人，善良对人，热情待人，乐于助人，培养他们的人道主义行为；教育学生坚持正义，保护善良，敢于挺身而出打抱不平；培养学生讲规矩，有礼貌，尊敬师长等文明行为；养成学生诚实守信、勇敢、敢于创新等良好的品质。

(四) 心理健康教育

心理健康教育是指对学生进行心理健康知识的教育和训练，培养学生良好的心理素质，预防心理障碍和心理疾病的发生，促进学生身心全面和谐发展的活动。

心理健康教育的基本任务如下。

(1) 针对大多数心理健康的学生而言，心理健康教育的目标是培养学生良好的心理素质，预防心理障碍的发生，促进学生心理机能、人格的发展与完善。

(2) 就有心理障碍的学生而言，心理健康教育的目标是排除学生的心理障碍，预防心理疾病的发生，提高学生的心理健康水平。

(3) 针对少数有心理疾病（异常）的学生，进行心理咨询与治疗（最好转诊）。

心理健康教育的内容主要分三个方面，即学习辅导、生活辅导和择业指导。随着社会的发展，有心理问题的人不断增多，人们对心理健康教育越来越重视，把心理健康教育独立于德育之外，学校设立专门的心理咨询室，由心理健康教育的专业人员负责对学生进行心理健康教育。

以上几个方面的德育内容可以具体化为爱国主义和国际主义教育，理想和传统教育，集体主义教育，劳动教育，民主、纪律和法制教育，人道主义和社会公德教育，辩证唯物主义世界观和人生观教育等。

第二节　德育过程

一、德育过程的概念

德育过程是指教育者按照一定社会的思想道德要求和受教育者思想品德形成的规律，对受教育者有目的、有计划地施加影响，以形成教育者所期望的思想品德的过程。德育过程的本质是个体社会化和社会规范个体化的过程。德育过程是促使受教育者道德认知、道德情感、道德意志、道德行为发展的过程。

二、德育过程与品德形成过程的关系

德育过程与学生思想品德形成过程两者密不可分，但又有区别。德育过程是教育者的一种施教过程，是促进学生思想品德形成的外因和条件；学生思想品德形成过程是在教育和环境等外部条件影响下，个体内部矛盾运动的过程。区分两者的不同是必要的，但又不能把两者割裂开来。德育过程是“教”的过程，目的是要培养学生的思想品德；学生思想品德形成过程是“学”的过程，目的是要形成自己的思想品德。因此，两者不可能截然分开。德育过程实质上是在教育者的指导下，教育者与受教育者间双向互动、交互作用，实现转化的一个过程，是教师施教过程与学生思想品德形成过程的有机统一。德育过程的实质就是一个转化过程，转化即教育者通过德育过程把德育的要求（一定的思想观点、规范）内化成为学生的思想品德素质。如果德育过程不能实现这个转化，这样的德育就是形式主义的、没有实效的。

三、德育过程的结构和矛盾

（一）德育过程的结构

德育过程的结构是指德育过程中不同质的各种要素的组合方式。德育过程通常由教育者、受教育者、德育内容和德育方法这四个相互制约的要素构成。

1. 教育者

教育者是德育过程的组织者、领导者，在德育过程中起主导作用。教育者包括直接的和间接的个体教育者和群体教育者。

2. 受教育者

受教育者包括受教育者个体和群体，他们都是德育的对象。在德育过程中，受教育者既是德育的客体又是德育的主体。当作为德育对象时，其为德育的客体；当接受德育影响、进行自我品德教育和对其他德育对象产生影响时，其为德育主体。

3. 德育内容

德育内容是指用来形成受教育者品德的社会思想、政治和道德规范，是受教育者学习、修养和内化的客体。学校德育的基本内容是根据学校的德育目标和学生思想品德形成、发展的规律确定的，具有一定的范围和层次。

4. 德育方法

德育方法是指教育者施教、传道与受教育者受教、修养相互作用的活动方式的总和。教育者借助一定的德育方法将德育内容作用于受教育者，受教育者借助一定的德育方法来学习、修养以内化德育内容，将其转化为自己的品德。德育过程中的各要素，通过教育者的施教、传道与受教育者的受教、实践活动而产生一定的联系和相互作用，使受教育者的品德发生预期变化。

（二）德育过程的矛盾

德育过程的矛盾是指德育过程中各要素、各部分之间和各要素、各部分内部之间的对立统一关系，包括教育者与受教育者的矛盾，教育者与德育内容、方法的矛盾，受教育者与德育内容、方法的矛盾，受教育者自身思想品德内部诸要素之间的矛盾等。

德育过程的基本矛盾是教师向受教育者提出的道德要求与受教育者思想品德发展水平之间的矛盾。这是德育过程中最一般、最普遍的矛盾，也是决定德育过程本质的特殊矛盾。这个矛盾需要通过向受教育者传授一定的社会思想和道德规范，引导他们进行道德实践，把他们从原有的思想品德水平提高到教师所要求的新的思想品德水平上来。

四、德育过程的基本规律

德育过程的规律就是德育过程诸要素之间本质的、必然的联系。德育过程的规律与个体思想品德形成的规律既有区别又紧密联系。德育过程的规律实际上是教育者通过德育过程促进学生形成自身思想品德的规律，即以德育人的规律。一般认为，德育过程有以下几个基本规律。

（一）德育过程是培养学生知、情、意、行的过程

德育过程是培养学生的思想品德的过程。一个人的思想品德是由知、情、意、行几个要素构成的，任何一种思想品德都是在知、情、意、行各要素的相互影响、相互作用、相互促进中形成和发展的。因此，德育过程是培养学生知、情、意、行的过程。

1. 知、情、意、行四个要素的含义及培养

（1）知。知是指道德认知。道德认知是人们形成和发展自身品德的基础。它是指人们对一定社会道德关系及其理论、规范的理解和看法，包括人们通过道德认知形成的各种道德观。人的品德的形成离不开道德认知，一定的品德总是以一定的道德认知为必要条件的。一个不能进行正常道德认知的人，是不可能形成品德的。一个人的道德认知水平总是制约着他的修养水平。例如，我们对中学生进行中学生守则、中学生日常行为规范的教育，就是要使中学生明确自己的职责，了解自己在日常行为中应该怎样做、不应该怎样做、哪些绝对不能做。因此，德育过程常常是从提高学生的道德认知开始的，教育者要有计划地传授给学生基本的道德知识、理论和各种道德规范，逐步提高他们辨别是非、善恶和美丑的能力，引导他们形成正确的道德观。这对调节学生的行为，加深其情感的体验，增强其意志和信念都有极大的作用。

（2）情。情是指道德情感。道德情感是产生道德行为的内部动力。它是运用一定的道德观念，评价自己与他人的品行或某种事物而产生的一种内心体验，表现为人们对事物的爱憎、好恶的态度，一般是在道德认知的基础上形成的。道德情感是一种巨大的力量，它能推

动道德认知转化为道德行为，发展为道德信念。一个人如果缺乏相应的道德情感，即使有了某种道德认知，也只能停留在口头上。例如，有的学生懂得劳动伟大的道理，却好逸恶劳，一个重要的原因就在于他对劳动毫无兴趣。在德育过程中，应当重视培养学生的道德情感，引导他们去体验参加道德活动所获得的愉快和满足，体会道德的价值和需要，发展他们深厚的道德情感。

（3）意。意是指道德意志。道德意志是调节道德行为的精神力量。它是人们为了实现一定的道德行为去克服来自内部或外部的困难和障碍所做出的自觉努力。事实证明，尽管意志薄弱者有某种道德认知和情感，但是当其遇到艰难险阻时便不能坚持实现已确定的道德目标。只有意志坚强的人，才能坚持不懈地履行自己的道德义务。中小学生年纪尚小，遇到困难和干扰容易半途而废。因此，教师要创造条件，引导学生持之以恒，使学生养成良好的思想品德意志，去完成道德行为。

（4）行。行是指道德行为。道德行为是衡量学生思想品德形成与否的关键，它是指人们在一定的道德认知、道德情感、道德意志支配下采取的行动。道德行为是衡量人们道德修养水平的重要标志，因为一个人的道德水平只有通过道德行为才能表现出来。因此，评价一个人的品德如何，不仅要听其言，而且要观其行。例如，有的学生熟知学生守则和日常行为规范，但事实上不去遵守，这不能说其具有相应的道德；相反，也不能认为，只要表现出相应的行为，学生就已经具备相应的道德。在德育过程中，教育者要特别重视学生道德行为的培养，要求学生言行一致，严格遵守学生守则、学校的规章制度和社会的道德规范，长期坚持下去，形成良好的习惯与作风。

2. 德育要有全面性，促进知、情、意、行和谐发展

知、情、意、行四个要素在学生思想品德的形成过程中相互作用、相互促进。其中，知是基础，行是关键，情、意在由知到行的转化中起着调节作用。因此，教育者在开展德育活动时，要注意全面性，兼顾知、情、意、行各要素，不能厚此薄彼，有所偏废。教育者在德育工作中，要对学生晓之以理、动之以情、导之以行、持之以恒。晓之以理是指教育者要坚持用正面教育和道德知识武装学生。动之以情是指教育者要使学生对行为对象有发自内心的情感，而不是对其进行空洞的理论灌输和说教，要能引起学生情感上的共鸣。导之以行是指教育者要引导学生把理论和实践结合起来，以一定的行为方式对学生进行系统的、有目的的训练，使学生明确怎样控制和调节自己的行为，做到知行统一、言行一致、勇于实践，使道德观念、思想认识转化为实际行动。持之以恒是指教育者要坚持长期、细致的工作，不怕麻烦，不怕反复，同时要培养学生坚强的意志。总之，教育者要充分发挥知、情、意、行各要素在德育过程中的作用，使各要素在学生品德中全面、和谐地发展。

一般来说，教育者在观察学生在日常生活中表现出来的道德行为时，不可忽视其背后的知、情、意。没有正确的道德认知，就不会产生相应的道德情感，犹如一个不知美为何物的人，他不可能去感受美、欣赏美，更不会去创造美。有了情感，就会产生动力。只有情感是深厚的，意志才会是坚定的，并最终表现为行为；而且这种道德行为是基于满足情感的需要，所以，它才会是自觉的、长期的。追本溯源，学生的行为规范固然重要，但更为重要的是对知、情、意、行之间关系的整体把握。

3. 德育具有多端性，要具体问题具体分析

在德育工作中，应将知、情、意、行哪个方面作为教育的开端呢？一般来说，先从提高

学生的道德认知开始，而后培养学生的道德情感、道德意志和道德行为，最后形成行为习惯。但是，学生知、情、意、行各个要素的发展是不平衡的：有的先，有的后；有的快，有的慢；有的较稳定，有的常反复。而且，每个学生品德发展的具体情况也存在差异，在不同要素上的表现不尽相同。这些决定了德育工作可以从多处入手，具有多种开端，既可以从知或情的培养入手，也可以从意或行的锻炼开始。

以中小学生常见品德问题“言行不一”为例，究竟将知、情、意、行哪个要素作为开端抓起呢？这就要具体问题具体分析。有的学生可能是对行为规范不理解或认识不深刻，这就要从知开始，提高其道德认知，增强其自觉性；有的学生可能是熟知道德规范，但不能身体力行，这就要从行开始，加强其行为习惯的培养与训练；有的学生可能缺乏情感体验，没有强有力的行为动机，这就要从情的培养开始，引导学生感受生活、体验生活，通过各种措施激发其道德情感；有的学生可能是既懂道理也能行动，但就是意志薄弱，不能持之以恒，这就要从意开始，通过完成一定的道德活动来磨炼其道德意志，提高其自我控制能力。可见，德育具有多端性，在实际的德育工作中究竟从哪里开始，要具体问题具体分析。

（二）德育过程是促进学生思想内部矛盾转化和提高学生自我教育能力的过程

德育过程的基本矛盾是教师向学生提出的道德要求与学生的思想品德发展水平之间的矛盾，它是个体思想品德形成和发展的基本动力。把社会要求和道德规范转化为学生个体的思想品德，是内、外因素相互作用的结果。外部教育的影响是不可缺少的，但外部教育影响又必须通过学生的心理内部矛盾起作用。矛盾的解决过程就是学生思想品德提高的过程。例如，为集体做好事，这是集体与教育者的要求，但这与学生自私的思想发生矛盾。在这种情况下，学生经过思想斗争，集体主义思想战胜了自私自利思想。这种矛盾解决了，学生的思想品德就由原有水平提高到了一个新的水平。只要不断有新的道德要求与学生的现有思想品德水平产生矛盾，学生的思想品德就会不断得到发展和提高。

学生的思想矛盾是多种多样的。学生思想上存在许许多多的矛盾，从思想品德的心理要素来看，有知与不知、正确认识与错误认识、健康情感与不健康情感、认识与意志、知与行等矛盾；从社会内容来看，有进步与落后、真善美与假恶丑等矛盾；从内部和外部的关系来看，有个人需要和社会现实、个人原有思想品德和社会发展要求等矛盾。这些矛盾复杂地交错运动并相互转化。如果学生没有思想的内部矛盾斗争，就不能形成和发展其思想品德。

自我教育能力是思想品德发展水平的一个重要标志。随着年龄和才智的增长，学生个人的自觉能动性及其在德育上的主要体现——自我教育能力，在他们自身的品德发展和提高上起越来越重要的作用。自我教育能力是德育的一个重要条件，教育者只有注意培养和提高学生的这种能力，学生品德内部矛盾才能被转化，德育才能更顺利更有效地进行；学生的自我教育能力又是学生品德发展水平的重要标志，德育的最终任务就是要把学生培养成具有自我教育能力的、独立自主的道德主体。苏联教育家苏霍姆林斯基就很不赞成紧紧抓住青少年的手不放，一直到17岁还只把他们当作消极的受教育者的做法。他说：“我深信，只有能够激发学生去进行自我教育的教育，才是真正的教育。”这是苏霍姆林斯基对自我教育最通俗、最确切的注解。青少年只有具备了自我教育的能力，才能真正做到道德上的自律，达到古人所崇尚的“慎独”的道德境界。

（三）德育过程是组织学生活动和交往的过程

活动和交往是品德形成的基础，没有活动和交往就没有社会道德。学生的思想品德是在积极的活动和交往过程中逐步形成和发展起来的，又是在活动和交往中表现出来并接受检验的。如果德育过程基本处于静态，只让学生端坐静听教师的道德说教，那么不仅缺乏使学生感兴趣的外部教育活动，而且必将导致学生思想情感活动的停滞。学生对教师的说教不但会毫无积极性，甚至可能产生抵触情绪。在这种情况下，学生即使被迫顺从教师的要求，其行为也不可能持久，更不可能把道德要求内化为个人品德。相反，若把德育过程组织成引导学生进行活动的过程，那么情况则大不一样。符合教育目的和学生特点的各种教育活动才能激发学生的兴趣、爱好与追求。学生在完成一定的学习、工作、劳动任务和进行社会交往与协作的过程中，一方面，必须遵循社会、集体或教师提出的道德规范与要求，经受道德锻炼；另一方面，自身也会产生遵守道德规范，评价和调节人际关系及个人行为的需要。学生在这种活动中，便会形成相应的品德，发展一定的道德能力。

德育工作中，教师要善于组织、指导学生的活动。对学生来说，最基本的活动是学习活动，学习活动既包括智力活动也包括体力活动，两者是密切相关的。从形式上来分，学习活动包括学科学习活动、课外教育活动和社会实践活动。

学科学习活动也就是通常所说的教学活动，是在教师和学生、学生和学生的交往过程中进行的。在教学活动中，学生可以获得在集体中生活和工作的能力，掌握公共生活的准则和规范，培养集体主义精神。在完成学习任务时，学生可以形成一些最重要的性格特征和道德品质，诸如责任心、进取心、成就感、纪律性、坚持性、乐群性、忠实、勤奋和创造精神等。同时，教学过程以科学知识武装学生，有助于培养学生科学的人生观、世界观，提高道德思维、道德判断和正确决定活动方向的能力。

另外，教学以外的班会、校会、团队活动、各种兴趣小组等课外教育活动，由于具有生动性、灵活性和趣味性等特点，往往更容易被学生所接受；这些活动可以充分发挥学生的主动性、自主性，具有课堂教学无法替代的作用。

社会实践活动也是受学生欢迎的教育活动。学生在参与真实的社会活动和交往过程中，可以认识社会生活的真实面目，学习怎样参与社会生活的改革与创新活动，对其思想品德的形成和发展有重要的作用。

（四）德育过程是长期、反复、逐步提高的过程

1. 德育过程是长期发展的过程

学生思想品德的形成和发展是随着其成长、成熟而不断深化发展的，是一个长期发展的过程。学生思想品德形成的长期性，主要是由于学生品德的形成不但要提高道德认知，形成正确的道德观念和道德判断能力，而且要形成相应的道德情感、道德意志和道德行为。学生在这些因素上的不断提高和深化，并非一朝一夕就能成功的，这是一个长期的由量变到质变的过程，因此，也必然要经过一个长期的培养教育或矫正、训练的过程。

2. 德育过程是反复的过程

学生思想品德的形成具有反复性，一方面，当今影响学生思想品德的因素非常复杂，意识形态领域里正确和错误的思想、先进和落后的思想、多元的价值理念等通过各种渠道反映到学生的思想上来，因而学生思想品德的培养和提高是反复的。另一方面，学生的各种思想品德具有不稳定性。由于青少年学生正处于成长时期，思想不成熟，缺乏生活经验，因而可能会因其初步形成的良好思想品德受到不良思想品德的影响和侵蚀，而出现良好思想品德与

不良思想品德的曲折斗争过程，甚至可能出现某些倒退。这说明，学生思想品德的形成并非一蹴而就的，它具有反复性。

3. 德育过程是逐步提高的过程

学生思想品德形成过程中的反复并不是简单、机械地重复，而是螺旋式地不断深化，具有逐步提高的性质。遵循学生思想品德形成的这一规律，教育者对学生的教育一定要有长期的思想准备。因此，教育者应有计划、有组织地对学生实施道德教育，不能毕其功于一役。

在教育界，有的教师不能正确看待学生思想行为上的反复现象，其表现主要有两种。一是教师的情感与态度随着学生思想品德行为出现的反复而反复。有的教师看到自己耐心教育并已有明显进步的学生重犯错误，便感到伤心、气恼、失望，觉得学生辜负了自己的努力，于是，态度不再耐心，方法不再讲究，任自己的消极情绪随学生思想品德行为出现的反复而出现。二是教师把学生思想行为出现的反复看成学生屡教不改、本性难移的表现，从而放弃对学生进行教育。这些做法都是违反德育规律的。德育工作是一项长期、细致的工作，教师要把学生思想品德行为出现的反复视为学生进步中新、旧因素斗争的表现，视其为促进学生转化的关键时机；要以冷静的头脑、炽热的情感，经常抓、反复抓、抓反复，树立不怕反复的思想，一抓到底，持之以恒。

教育者对德育过程规律的认识，需要一个过程，既需要教育者的不断学习、思考，总结前人成功的经验，又要吸取别人失败的教训，逐步领会育人的道理，使教育工作做得更积极、主动。实践证明，遵循德育过程的规律去进行德育工作，才会取得良好的效果。因此，教育者在进行德育工作时，一定要遵循德育过程的基本规律。

第三节　中小学德育的原则、途径和方法

一、中小学德育的基本原则

德育原则是指教师在对学生进行思想品德教育的过程中必须遵守的基本准则。德育原则反映了德育过程的规律性。德育原则源于德育实践，是广大教育者实践经验的高度概括和总结，是处理和解决德育工作中一些基本矛盾和问题时应遵循的基本要求，对于德育实践具有指导作用。下面简要介绍我国中小学德育工作中常用的一些原则。

（一）方向性与现实性相结合原则

方向性与现实性相结合原则是指在德育过程中，既要坚持社会主义方向，坚持以马克思主义为指导，抵制各种错误思想影响，又要从社会主义初级阶段的现实出发，按现行的方针、政策要求学生，把德育的方向性和现实的可能性结合起来，使各项德育活动具有共产主义方向性和具体的社会主义品德教育的目的性。

这一原则是根据德育要受社会政治、经济制约这一规律提出的，是由我国社会主义教育的性质和任务决定的。我国社会主义初级阶段的德育属于社会主义、共产主义德育范畴，因此，必须坚持共产主义方向。这是社会主义德育的根本原则，它集中反映了社会主义德育培养新人的根本要求，也是我们进行德育的政治方向的根本保证。同时，我国现阶段的德育又要从我国处于社会主义初级阶段的现实出发，使德育不脱离实际，使社会主义初级阶段的德

育落到实处，取得实效。

贯彻方向性与现实性相结合原则的基本要求如下。

(1) 以马克思主义理论为指导，把共产主义方向性和社会主义初级阶段现实性结合起来。马克思主义理论是我们党和国家发展的指导思想，共产主义思想道德是社会主义思想道德的高级发展阶段和必然的发展方向与归宿。在社会主义初级阶段，坚持德育的共产主义方向性，就是要在马克思主义指导下，用社会主义思想道德武装学生，使他们了解党在新的历史时期的路线、方针和政策，树立中国特色社会主义的共同理想，同时使他们了解、向往和追求共产主义的远大目标，引导他们逐步树立共产主义的人生观和世界观。

(2) 坚持德育目标，从实际出发，针对学生的不同类型、不同层次和个体差异进行教育。要明确学校德育的基本任务，在德育目标上，解决好普遍性要求和先进性要求的关系；在德育内容上，解决好基础性内容和超前性内容的关系；在理想教育上，解决好共同理想和远大理想的关系。要克服要求过高、不分层次、过于理想化而与现实社会脱节的弊端。学校要把对学生的共产主义思想体系的教育同我国社会主义初级阶段的实际和现行的路线、方针、政策的教育结合起来，引导学生把实现中国特色社会主义共同理想同自己日常的学习、生活、劳动联系起来，使德育落到实处。

(3) 把学校德育置于社会大背景之中。要拆掉学校和社会之间无形的隔离墙，将学校这一传统的“理想环境”“真空世界”变为现实环境与真实世界，将理想化的学校思想品德教育变成社会化的思想品德教育。教育者要帮助学生从小学会全方位、多侧面、科学地观察社会，具有世界意识、现代意识；既能适应时代潮流，又能正确地认识和处理发生在自己身边的事；做到对自己的个性发展承担个人责任，进而做到对家庭、他人、集体、国家以至人类社会、生态环境承担个人的责任。

(4) 引导学生把自己日常的学习、生活与建设社会主义现代化强国，最终实现共产主义的理想联系起来。教育者要善于由小见大、由近及远，教育学生从大处着眼，从小处着手，立足当前，放眼未来，从我做起，从现在做起，从小事做起，把社会主义、共产主义的思想道德渗透到学生的学习、生活等各个方面，成为推动学生前进的动力。

（二）知行统一原则

知行统一原则是指要在社会实践和实际生活中培养学生的思想政治观念和道德认知，帮助学生把思想认识的提高与道德行为和习惯的形成统一起来，使他们的思想认识言行一致。

知行统一是我国社会主义教育目的的客观要求。社会主义社会培养的中小学生，应该具有一定的道德认知和思想觉悟，应该形成良好的道德行为和习惯。为实现这一目的，不仅要重视学生对理论知识的学习和掌握，而且要求学生把相应的理论和认识付诸实践，落实为行为，达到言行一致、表里如一。

知行统一原则也是德育的内在要求。从某种意义上来说，德育就是要把道德内化为个人的品德。我们知道，品德是道德认知、道德情感、道德行为、道德意志等的综合体现，缺少其中任何一个，都不能构成品德。道德认知是产生道德情感的必要条件，没有道德认知就不可能产生道德情感；而没有道德意志支配的行为，不论它带来怎样令人满意的结果，都算不上道德行为。反之，不管一个人的道德知识有多么丰富，若无切身体验和情感的参与，就不会产生相应的道德行为；若一个人仅有善意或善念，却没有体现善意的恒心和坚持，没有实际的道德行为，也算不得一个有道德的人。

贯彻知行统一原则，要求德育工作把学习理论和参加实践结合起来，把感性认识和理性认识、思想和行动统一起来，具体要求如下。

（1）理论的学习要结合实际，切实提高学生的道德敏感性和道德思维能力。教育者要用社会主义的道德规范来教育学生，要从根本上提高学生的认识和觉悟，就必须理论联系实际，使学生在日常生活和具体的道德情境中去体验、推理、判断和选择。只有这样，才能提高学生的道德认知能力，继而借助理性的力量形成相应的道德信念，从而理解和践行社会的道德原则和道德规范，切实提高道德思维能力。

（2）注重道德实践，在实践中培养学生的品德。教育者要在社会实践活动中引导学生在已有的道德认知和道德信念的基础上身体力行，在实际的道德行为中增进学生对思想品德要求和道德行为规范的理解和认同，从而促进学生品德的发展。

（三）正面引导和纪律约束相结合原则

正面引导和纪律约束相结合原则是指在德育过程中既要循循善诱、以理服人，通过正面引导激发学生思想进步和道德发展的积极性，通过摆事实、讲道理让学生明了自身发展的方向和要求，又要辅以纪律约束，通过学生守则、学校规章制度等对学生的行为实行监督和调控。

正面引导和纪律约束相结合原则反映了社会主义教育目的的要求。中国长期的教育实践告诉我们，压服、灌输的教育方式造就的多是“死读书、读死书和读书死”的书呆子和只知服从、不思变通的奴仆；社会主义教育要求培养有思想、有觉悟的劳动者，社会主义经济发展需要教育培养具有自尊、自强、自立和自信等心理素质的能动性人才。这就要求德育必须坚持正面引导，通过说服来教育学生。

青少年学生是发展中的人，具有不成熟性和可塑性，他们的思想观念、政治觉悟和道德认知尚未形成。这就要求教师通过正面引导，使学生理解和接受德育的内容和目标。如今的青少年学生具有鲜明的时代特色，更加追求个性和思想的独立，教师采用疏通、引导和说服的方式更能适应当代青少年的发展需求和特点。

教师说服的教育行为本身就对学生具有示范作用，教师坚持以疏导启发、循循善诱的方式教导学生，学生必能在潜移默化中受到影响，逐渐倾向于用理性的方式待人处世。教育者只有把学生当作有理性、有发展潜力的人来对待和教导，才能把他们培养成真正具有理性的人，才能不断发掘学生的巨大发展潜力，使学生得到更好、更全面的发展。

贯彻正面引导和纪律约束相结合原则的基本要求如下。

（1）引导学生产生追求进步和求真向善的行为倾向。态度、观念的形成和转化不是通过压制和强迫就能实现的。教育者要在了解学生、理解学生的基础上循循善诱、因势利导，帮助学生把内在的发展要求和目标转化为思想、态度和相应的行为。虽然在情况紧急时，教育者应当机立断，运用自身的权威使学生服从要求；但从长远来看，说服会比压服更有效。教育者要克服强势心理，把学生当成与自己平等的人，尊重学生，信任学生，不用权威、权力去强迫、威胁和恐吓学生；而是通过疏导、说服，用讲道理的方式让学生理解和接受教育。

（2）坚持正面教育，多用示范和表扬。青少年学生朝气蓬勃、积极向上，勇于追求进步和个性的完善。教育者要更多采用正面教育的方式，通过展示社会上的先进人物或生活中的道德行为，向学生揭示积极进步的思想观念和规范的道德标准。在这里，教育者自身的榜样示范对学生的影响作用不容忽视。教育者应规范自己的言行，以自身高尚的德行和积极的人生态度为学生树立良好的榜样。来自教育者的模范影响是其他的榜样人物所不能替代的，因为通过对学生施加道德影响的教育者的言行，会体现和肯定教育者在德育过程中期望学生去形成的德行。

教育者要关注学生在成长过程中表现出的积极性和进步，及时给予肯定和表扬。教育者应该经常通过表扬鼓励学生的道德行为，肯定学生的正确行为，并合理运用奖赏等手段激励学生的道德行为。

（3）加强纪律约束，规范学生行为。青少年学生自控力差，难免出错。因此，在强调正面教育为主的同时，教育者还要利用校规、校纪对学生的行为进行约束，并经常检查监督，持之以恒，帮助学生形成遵章守纪的良好行为习惯和自我约束的能力。

（四）爱护和尊重学生、信任学生与严格要求学生相结合原则

在德育过程中，尊重、信任学生就要真诚地关心、爱护学生，相信学生有不断发展的潜力。严格要求学生是指要遵循德育的基本规律，在学生现有道德水平的基础上提出更高的要求，促使学生的道德向更高水平、更高阶段发展。在德育过程中，要把尊重、信任学生和严格要求学生结合起来，使教育者对学生的影响与要求易于转化为学生的品德。

尊重、信任学生和严格要求学生是辩证统一的。只有在尊重、信任的基础上提出的严格要求，才有可能被学生真诚地接受并转化为自我发展的内在动力；而没有严格的要求，就没有教育。教育者必须根据学生的实际发展水平和潜能提出适合学生的发展要求，帮助学生将其转化为自己的内在发展要求并最终实现相应的发展目标。

贯彻尊重、信任学生与严格要求学生相结合原则的基本要求如下。

（1）爱护和尊重学生。尊师爱生是我国长期以来形成的师生关系的优良传统。爱护和尊重学生是师生关系中最基本也是最重要的准则，是教师对学生进行教育的基础。一方面，教师对学生的爱护和尊重，是学生追求思想进步和道德发展的动力；另一方面，学生能够从一个爱护和尊重学生的教师身上习得处理人与人之间关系的最基本要求。只有热爱学生的教师，才会真心关怀学生的成长，才会以学生的发展为己任，尽职尽责、诚心诚意地对待教育工作和学生。

（2）信任学生。爱护和尊重学生是与信任学生紧密联系在一起的。爱护学生是基于教师为人师长的责任；尊重学生是要把学生当成在人格上与自己平等的个体来对待，不歧视、讽刺和挖苦学生；而信任学生则是要相信学生在思想和道德发展方面的潜力，相信学生有追求进步和德行完善的愿望。信任学生也意味着教师要有这样的信心，即学生在自己的努力或他人的帮助下能够达到教师所提出的道德目标，并不断发掘自己思想进步和道德发展的潜能，做一个诚实、善良的人和遵纪守法的公民。

（3）严格要求学生。教师要从学生的实际出发，对学生提出具体、明确而又合理的发展要求。严格要求学生就意味着教师要了解学生的思想和道德发展的现状，掌握学生的成长背景和生活环境，有针对性地提出适合学生的发展要求。同时，教师的要求必须具体、明确，不说假话、废话和空话。教师提出的要求越具体、明确和合理，才越有可能被学生转化为自我发展的内在需要，进而转化为思想观念和相应的行为。

（五）集体教育和个别教育相结合原则

集体教育和个别教育相结合原则是指在德育过程中，教育者要善于组织和教育学生集

体，并依靠集体教育每个学生，以及对个别学生的教育来促进集体的形成和发展，从而把集体教育和个别教育有机地结合起来。

这一原则是对苏联教育家马卡连柯成功教育经验的总结，符合社会主义教育目的的要求。集体主义是共产主义道德的基本原则。学生的集体主义精神只有在集体中才有可能培养起来。实践证明，学生集体不仅是教育的对象，也是教育的主体，具有巨大的教育力量，教师应充分利用集体的力量来教育学生。当然，集体是由个人组成的，个人也能对集体产生影响，因此，在加强集体教育的同时，还必须加强个别教育。马卡连柯指出，教师要影响个别学生，首先要去影响这个学生所在的集体，然后通过集体和教师一道去影响这个学生。只有这样，才能产生良好的教育效果。

贯彻集体教育和个别教育相结合原则的基本要求如下。

（1）建立健全的学生集体。学生生活的集体，会直接影响其精神面貌。学生生活在一个积极进取、奋发向上的集体中，可以培养各种优良品质；生活在一个消极的集体中，往往会纪律松散，甚至染上许多恶习。在建立集体的过程中，教师不仅要注意集体的组织和管理，更要注意集体意识、集体舆论的培养。

（2）开展丰富多彩的集体活动，充分发挥学生集体的教育作用。只有通过活动才能增进集体成员间的了解，培养学生的集体观念，树立起集体的责任感、义务感。因此，教师要有目的、有计划地组织和开展集体活动，使一切好的、先进的东西通过集体活动得到巩固和发扬，使不好的、落后的东西得到克服和消除。

（3）针对集体中每个成员的特点和问题进行个别教育。苏霍姆林斯基认为，在集体教育的同时，必须看到集体中每个儿童独特的精神世界，关怀备至地教育每个儿童。贯彻集体教育和个别教育相结合原则，要求教师做到不放弃任何一个学生，针对集体中每个成员的特点和问题进行个别教育。现实德育实践中，很多教师把某些学生当作“害群之马”，这种把某个或某些学生摒弃在集体之外的做法违背了集体教育原则。只有当每个学生都被接受为集体的成员，每个学生都把自己视为集体的一分子而约束和规范自己的言行时，这个集体才是真正的集体。

个别教育是一个与集体教育紧密相关的过程，个别教育和集体教育是相辅相成的。只抓个别教育而不抓集体教育，就不可能形成健康向上的集体；只抓集体教育而不抓个别教育，就会使教育工作流于一般化。因此，在对学生进行教育时，必须把集体教育和个别教育结合起来。

（六）发挥积极因素和克服消极因素相结合原则

发挥积极因素和克服消极因素相结合原则是指在德育过程中，要注意调动学生自我教育的积极性，依靠和发扬学生的优点、长处和先进因素，克服缺点、短处和落后因素，实现品德发展内部矛盾的转化。发挥积极因素和克服消极因素相结合原则反映了学生品德发展的特点和规律。学生心理内部矛盾是思想品德发展的动力，学生品德的形成和发展必须通过其心理内部矛盾的转化来完成。因此，德育应激发学生自我教育的积极性，提高学生自我教育的能力，让学生能够认识并发扬自身的积极因素，克服自身的消极因素，实现心理内部矛盾的转化。

贯彻发挥积极因素和克服消极因素相结合原则的基本要求如下。

（1）全面了解学生。从德育的角度来看，教师至少要从两个方面去了解学生。一方面，教师要全面了解和分析学生思想品德发展的现有水平，对学生发展中存在的优点和缺点、长处和短处做到心中有数。每个学生都有优点和长处，也都存在缺点和短处。教师既要关注学生身上存在的缺点和短处，也要看到学生发展中的优点和长处。另一方面，教师要了解学生的生活环境和成长背景。学生的发展在很大程度上会受到自身成长背景和生活环境的影响，教师要想成功地教育一个学生，就必须关注学生背后隐含的这些因素。在学生的家庭、社区和成长经历中，存在很多有利于教育的因素。很多教师忽视或不了解学生的成长背景，做学生工作急于求成、盲目急躁，一般很难达到教育学生的目的。

（2）一分为二地看待学生。金无足赤，人无完人。有的教师总是习惯于夸大所谓优秀学生的长处和所谓“后进生”的短处，看不到优秀学生身上存在的不足，看不到“后进生”也有优点和长处。在德育过程中，教师要自觉地克服这种偏见，客观、公正地对待每个学生。面对优秀学生，不能只看到其优点和长处，也要关注其缺点和短处，利用优点和长处来避免缺点和短处；对待落后学生，不能仅看到他们的缺点和短处，也要看到并强调他们的优点和长处，利用这些优点和长处去克服其存在的缺点和短处。

（七）教育影响的一致性和连贯性原则

教育影响的一致性与连贯性原则是指在德育过程中，应当有目的、有计划地把来自各方面的教育影响和教育要求统一起来，使其协调一致、前后连贯。

教育影响的一致性和连贯性原则是由学生思想品德形成的长期性和教育影响的多样性决定的。学生思想品德的形成和发展是一个由低水平、低阶段向高水平、高阶段发展的长期而曲折的过程。想要保证教育影响和教育要求前后连贯，各阶段的教育就应相互衔接、环环相扣，从而保证学生的思想品德始终朝着德育的目标发展。学生思想品德的形成和发展又是多方面教育影响的结果，来自学校、家庭和社会的影响多种多样、纷繁复杂，难免会出现各方面影响不统一或前后要求不一致的情况，如果不加以组织和协调，就会造成教育的作用相互抵消或冲突，造成学生思想上的矛盾和混乱。

贯彻教育影响的一致性和连贯性原则的基本要求如下。

（1）学校、家庭和社会的教育影响和要求应保持一致。首先，学校、家庭和社会要保证各自对学生的教育影响要一致。在学校方面，既要保证所有教师对学生提出的教育要求具有一致性，又要协调校内各组织对学生的教育影响；在家庭方面，家长要就孩子的教育和成长问题达成基本一致的意见或看法，为孩子的健康成长提供良好的环境；在社会方面，社会各方面要相互沟通、协调，共同关注青少年的健康成长。其次，学校应发挥主导作用，协调来自学校、家庭和社会的教育影响。学校教育具有较强的组织性、计划性和目的性，在学生的发展中起主导作用。学校有责任协调学校、家庭和社会的教育影响，通过家长会、家访等方式了解学生家庭和所在社区方面的相关信息，把来自家庭和社会的教育影响与学校的教育影响有机地结合起来，促进学生的健康成长。

（2）做好衔接，保证教育影响前后连贯和一致。教师要有计划、有目的地对学生提出合理的教育要求，做好中学与小学、高中与初中之间的衔接，把各阶段对学生的教育影响协调、连贯起来。这就要求学生的现任教师要与其原来的教师做好交接，了解学生先前的发展状况，为实现有针对性的教育打下基础。但这并不意味着现任教师就要全面接受原来的教师对学生所做的评价，而是要一切为学生考虑，防止偏见和先入为主，做到权衡利弊，积极寻找教育的契机，进行恰当的教育。

（八）因材施教原则

因材施教原则是指在德育过程中，要从学生思想认识和品德发展的实际出发，根据他们的年龄特征和个性差异进行有针对性的教育，使每个学生的思想品德潜能都得到最充分的发展。

德育的因材施教原则是根据学生思想品德发展的规律提出来的。教育影响必须通过学生心理内部矛盾的转化才能起作用，教师所提出的德育要求必须转化为学生的内在发展需要才能最终转化为学生的思想观念和道德行为。因此，教师要根据学生的年龄特征和个体特点来确定合适的德育内容，提出符合学生发展实际的德育要求，选择适合学生的德育方式，做到既照顾整体，又关注个别。

贯彻因材施教原则的基本要求如下。

（1）根据学生的年龄特征和时代特点进行德育。教师既要研究和了解不同年龄阶段学生的生理和心理特点，又要研究和了解学生思想品德发展的特点和规律；教师不仅要从理论上学习和研究学生的身心特点和品德、心理，还要走近学生，了解学生生活和学习的新情况，掌握学生思想和道德的时代特征，根据当代学生发展的实际进行教育。了解是理解的基础，教师不了解学生，就无法理解学生，也就无法进行成功的教育。

（2）根据学生的个别特点进行德育。学生来自不同的家庭，有不同的成长背景，个性和心理活动也不一样，各自的优点和缺点也就有所差异。教师对学生进行德育，就必须了解学生的这些实际情况，并据此有针对性地对其施加德育影响，从而有效地促进学生思想品德的发展。

上述原则从不同的角度提出了对德育工作的要求，但各原则之间是相互联系、相互制约、相互渗透和相互补充的，我们必须从整体上去把握它们，以便综合地加以运用；而且，在德育工作的实践中，对于任何一个原则，都要从对象、时间、地点和条件出发，结合学生的具体实际情况灵活地运用。

二、中小学德育的途径

德育途径即德育的实践形态，也就是德育实践活动空间和时间的组合及其利用。德育途径又称德育的组织形式。学生的思想品德是在多方面的教育影响下形成的，也决定了德育的途径也是多种多样的，各种途径都有自己的特点，并发挥着其独特的作用；各种途径之间又有着相互渗透、相互制约、相互促进的密切联系。

中小学德育主要有以下几个途径。

1. 德育课程和其他各科教学

德育课程和其他各科教学是学校对学生进行德育的最基本途径。德育的理论性课程为品德、思想、政治课，它们是系统地向学生进行思想政治教育的主渠道，是每个学生的必修课程。通过教学来传授科学文化知识可以实现德育的目的，各科教材中都包含丰富的教育内容，只要充分发掘教材本身所固有的德育因素，把教学的科学性和思想性统一起来，学生就能在学习科学文化知识的同时，受到科学精神、社会人文精神的熏陶，养成良好的品德。

例如，语文课的许多内容具有很强的思想性，通过分析课文中的事物和人物的是非、善恶、美丑，学生可以在学习语文知识的同时受到思想品德的感染与教育；历史、地理课是教育学生热爱祖国、热爱人民的课堂；音乐、美术课通过艺术形象，使学生受到美好情操的熏陶；数学、自然科学等课程可以向学生进行辩证唯物主义的基础教育。

当然，教学这个途径也不是万能的，只通过德育课程和其他学科教学进行德育，容易使学生脱离社会生活实际。

2. 课外、校外活动和社会实践活动

课外活动是促进学生身心健康发展，培养良好道德情操的重要途径。学校和班级应通过多种形式指导学生开展丰富多彩的科技、娱乐、体育活动，课外兴趣小组活动，各种社团活动，从而发展学生的个性特长，培养学生的良好道德情操、意志品质和生活情趣，提高学生的审美能力。

校外活动是对学生进行德育，培养健康文明生活方式的一个重要途径。学校可以主动与少年宫、少年儿童活动中心、儿童图书馆、文化馆、博物馆、纪念馆、科技馆等校外文化教育单位建立联系，利用这些专门场所和社会其他教育设施，有计划地组织学生参加各种活动，在活动中对学生进行德育。

社会实践活动是德育的有效途径。教师应根据学生不同的年龄特征，指导学生学会自我服务性劳动和一些适宜的家务劳动，组织学生参加一定的生产劳动和公益劳动，在劳动中培养学生热爱劳动、热爱劳动人民、珍惜劳动成果的思想感情，养成良好的行为习惯和艰苦奋斗的作风。不过，这种成果并不会自然而然地获得。教育家马卡连柯说过："在任何情况下，劳动如果没有与其平行的教育……只能成为一种不起作用的过程，不会有积极有用的结果。"很多教师针对学生存在的好逸恶劳、怕苦畏难、依赖别人、自私、任性、冷漠等性格缺陷，从劳动实践入手，并紧密结合有关事理的教育去进行矫治，收到了良好的效果；组织学生进行参观、访问、远足、社会调查、参加社会服务和军训等实践活动，开阔学生眼界，让学生认识国情、了解社会，收到多种教育效果。

3. 班主任工作

班主任工作是培养学生良好的思想品德和指导学生健康成长的重要途径。班主任结合本班学生的实际情况，有计划地开展教育活动，组织和建设好班级集体，做好个别教育工作，加强班级管理，形成良好的班风，培养学生自我教育和自我管理的能力。

4. 共青团、少先队、学生会组织的活动

共青团、少先队、学生会是学生自我教育的重要组织形式，是学校德育工作中一支最有生气的力量。共青团、少先队、学生会根据各自的任务和工作特点，充分发挥组织作用，通过健康、有益、生动、活泼的活动，把广大青少年吸引到自己的周围，引导他们树立远大的理想和良好的道德风尚，继承革命传统，学会自我教育、自我管理。

5. 校园环境建设

校园环境是形成整体性教育氛围的条件。学校进行校园环境建设，加强管理校园环境，可使学生受到良好的熏陶和影响。其中，校歌、校训和校风可以对学生产生激励和约束作用，学校里的黑板报、壁报、橱窗、广播、影视、图书馆、陈列室等多种形式和专用场所也都是良好的教育环境。

三、中小学德育的方法

德育方法是指为达到既定的德育目的，在德育过程中所采用的教育者和受教育者相互作用的活动方式。它包括教育者施教的方式和受教育者受教的方式。它受德育内容、任务所制约，是以德育过程的规律、德育的原则为依据的，是提高德育实效的关键。德育方法多种多样，就中小学常用的德育方法来说，可分为以下几种。

（一）说服教育法

说服教育法是指教育者通过说理传道，使学生明辨是非善恶，培养学生道德认知的方法。说服教育法是德育工作的基本方法。说服是使对方放弃原来的观点、态度和认识，接受新的意见，其关键是说理，即以理服人。说服有灌输和疏导两种方式，包括讲解、报告、谈话、讨论、参观、访问、阅读报刊等形式。

使用说服教育法时应注意以下几点。

（1）在民主、平等的基础上进行说服教育。在民主、平等的基础上进行说服教育是取得教育实效的前提。教师对学生进行说服教育，要坚持民主、平等、和谐、诚恳的待人态度，循循善诱，广开言路，坦诚相见，而不能以教育者自居，不能以居高临下的态度、强制的方法对待学生，对学生不扣帽子、不揪辫子，也不能挖苦、讽刺，应耐心灌输、疏导，让学生在一种和谐的氛围中愉快地接受意见、转变观念；否则，只会使学生产生逆反心理和抗拒心理。

（2）内容真实、具体。教师的说服教育要从学生的生活、学习出发，善于联系他们的思想实际，切合他们的年龄特点，反对用假话、空话、套话来教育学生。假话、空话、套话只会使学生产生怀疑和厌烦，不相信教师所讲的道理。

（3）说理教育具有情感性。情通则理达。情感因素在德育过程中对学生形成良好的思想品德起着催化剂的作用。教师要以饱满的热情、坚定的信念和对学生的无限热爱来唤起学生在情感上的共鸣，激起学生思想上的波澜、内心深处的震荡，以增强说服教育的感染力，促使学生产生发自心灵深处的变化，才有可能收到良好的教育效果。

（4）有针对性。教师在说服教育中，必须从学生的思想实际、年龄特点、个性差异和心理状态等实际出发，做到有的放矢、切中要害，防止模式化、一刀切。这样才能收到立竿见影的效果，思想教育才能真正做到学生的心坎上。

（5）讲究教育时机。说服的成效往往不取决于教师花了多少时间，讲了多少道理，而取决于是否善于捕捉教育的最佳时机，巧妙地拨动学生的心弦，以收到“随风潜入夜，润物细无声”的绝妙效果。

（二）榜样教育法

榜样教育法是指用榜样的高尚思想、模范行为、优秀品德和卓越成就来教育、影响学生的一种教育方法。榜样包括学生身边可见的直接榜样和通过文字、影视、广播等媒介传播的间接榜样。这种方法的特点在于，通过榜样的言行、思想和人格，把良好的道德具体化、伟大的精神形象化。

榜样是一定的社会规范和抽象的道德标准的具体化、形象化和人格化。榜样的对象主要有伟人的典范、名人的精神、教育者的人格、身边人的优秀事迹和同龄人的美好言行。

使用榜样教育法应注意以下几点。

（1）为学生选好榜样。选好榜样是学习榜样的前提。教师为学生所选的榜样要具有先进性、时代性、典型性、生动性，能使学生产生亲切感、崇敬感，并乐于效仿。同时，所选的榜样不应该只是一两个单独、孤立的先进人物，而应该是一个立体的、多层次的群体结

构。这样不仅能给学生留下选择的余地，更重要的是使他们体会到先进榜样普遍存在，他们就在自己的周围，并非高不可攀。

（2）向学生宣传榜样。榜样的威信会直接影响教育的效果。教师要善于向学生宣传榜样，树立榜样的威信。选择的榜样必须来自生活，具有真实性、可信度和可行性，足以使他们的高尚情操和感人事迹赢得学生发自内心的敬仰，使学生产生学习的自觉行为。同时，还应让学生明白，“金无足赤，人无完人”，榜样是人而不是神，榜样应该是先进而平凡的，正是因为先进才值得学习，正是因为平凡才能够学习。只有对榜样进行实事求是、生动有力、合情合理的宣传，才能激起学生对榜样的敬慕之情和模仿之意；相反，对榜样进行人为的夸大和拔高，就会使榜样失真，从而失去榜样教育应有的效果。

（3）指导学生学习榜样。学习榜样不能只停留在口头上，教师要指导学生学习榜样，激发其学习榜样的动机，并通过行动表现出来，落实到学习、生活、劳动实践等各个方面，促使其对榜样的学习转化为自觉的行动，进而形成良好的道德品质。

（4）教师以身示范。教师是学生最尊敬、最值得信赖的榜样。教师往往被学生看作社会的代表，当作社会成人行为的模范。学生不仅会模仿教师的优点，还会模仿教师的缺点。因此，教师要教育好学生，必须严于律己，以身作则，力求在各个方面成为学生的表率。孔子说：“其身正，不令而行；其身不正，虽令不从。”可以说，教师的言谈举止、道德风貌、工作态度、治学精神、生活作风、穿着打扮、待人接物、精神状态等，无一不是学生学习的内容。因此，教师要以身示范。

（三）陶冶教育法

陶冶教育法是指教育者通过创设有教育意义的情境和组织有教育意义的活动，潜移默化地培养学生品德的方法。这种方法具有非强制性、愉悦性、隐蔽性和无意识性的特点。陶冶教育法主要包括人格感化、环境陶冶和艺术熏陶三种方式。

使用陶冶教育法应注意以下几点。

（1）提高教育者的自身修养。教育者可通过人格感化来陶冶学生。教育者必须加强道德修养，恪守教师道德，处处以身作则，言传身教，以自己优良的品德、高尚的风格和崇高的情感来感染学生，影响学生的人格、品质和情操，使学生在经常性、恒定性的身教中受到熏陶和教育。

（2）创设良好的教育情境。良好的情境是陶冶的条件和工具。要有效地陶冶学生，必先创设良好的情境，营造良好的氛围。可通过校园文化建设，丰富校园文化生活，开展丰富多彩、积极、健康的文化娱乐活动来熏陶、感染学生。

（3）情感陶冶与说理相结合。为了更有效地发挥情境的陶冶作用，不能只让创设的情境自发地影响学生，还需要教师配合来启发、说服，引导学生喜爱其学习与生活的美好环境，使学生自发地接受有益的影响。

（4）引导学生参与情境创设。学生在积极创设美好情境的活动中，会产生自豪感、自尊感，会更加严格要求自己，其品德也必将得到深化和提高。

（四）自我教育法

自我教育法是指在教育者的指导下，受教育者在自我意识的基础上产生积极进取心，为形成良好的思想品德而向自己提出任务，进行自觉的思想转化和行为控制的方法。自我教育法是一个人在品德修养上自觉能动性的表现，是一个人思想进步的内在动力。对学生进行品德教育的目的不仅能培养学生的品德，更重要的是能提高他们的自我教育能力，让他们成为能够独立进行自我修养的人。

使用自我教育法应注意以下几点。

（1）激起学生自我教育的愿望。自我教育全靠学生自己的自觉性，如果学生缺乏严格要求自己的精神与愿望，其自我教育就会缺乏动力。为激发学生自我教育的愿望，教师可以从以下两点开展工作：帮助学生明确社会、家庭、学校对自己提出的道德要求；引导学生从自己仰慕的英雄人物中找到自己学习的榜样。

（2）帮助学生制订道德修养标准与自我教育计划。有了自我教育的愿望，就必须有自我教育的行动。为了有效地进行自我教育，制订恰当的修养目标和计划是避免自我教育盲目性的一种重要方式。教师应当鼓励和帮助学生制订适当的道德修养标准和具体可行的自我教育计划。

（3）指导学生监控和评价自己的道德表现。道德修养过程实际上是一个意志锻炼的过程。教师应当鼓励学生在道德实践中不断反思自己，自我监控，自我评价，自我鼓励，准确、恰当地认识自我，形成道德修养的连续动力，形成自我教育的习惯。

（4）引导学生在社会实践中进行自我修养。学生的个人修养表现在行为举止上。教育者要让学生积极参加各种社会实践活动，帮助学生在社会实践中进行自我修养，实现和欣赏自己在情感体验、意志磨炼及行为策略上的提升，最终达到人生修养的最高阶段——慎独。

（五）实践锻炼法

实践锻炼法是指教育者根据受教育者身心发展和社会的需要，让受教育者在日常生活和社会活动中亲自参加实践，从中受到教育和锻炼，形成良好的思想品德和能力的方法。这种方法重在培养受教育者优良的行为，有助于受教育者养成良好的道德习惯，增强道德意志，培养品德践行能力；同时，通过实践锻炼加深对思想道德准则的理解，丰富道德情感。实践锻炼法包括执行制度、委托任务、组织活动等。

使用实践锻炼法应注意以下几点。

（1）调动学生参加实践的积极性。学生参加品德实践要有积极性，这样才能全身心地投入，才能获得良好的心理效应，否则难有实效。因此，教师应要求学生要充分认识实践锻炼的意义，更要有自觉锻炼的意识。

（2）严格要求。有效的锻炼有赖于严格的要求。任何一种锻炼，如果不严格遵守一定的要求，就会流于形式，不可能使学生得到锻炼和提高。因此，学生品德实践锻炼贵在一个“严”字，丝毫不能放松；当然，严必须与尊重、信任和爱相结合。

（3）持之以恒。良好的习惯与品德的形成必然会经历一个长期的反复锻炼的过程，前紧后松、一曝十寒、时冷时热都无益于品德的培养。教师在对学生进行品德实践锻炼时不能放松对学生的督促和检查，应鼓励学生克服困难，长期坚持下去。

（4）及时评价、反馈。教师应对学生的品德实践锻炼情况进行阶段性评价和终结性评价，特别是对临时发生的突发情况进行评价。这对学生提高认识、增强信心、激发热情、鼓舞斗志是很有必要的。

（六）品德评价法

品德评价法是指根据一定的品德要求和标准，对学生的思想言行做出判断的一种方法。它是促进学生思想品德按正确的方向发展的一种控制手段，也是品德教育的一种辅助手段。

品德评价法的主要形式有奖励、惩罚、评定等。

使用品德评价法应注意以下几点。

(1) 有明确的目的。评价是一种教育手段而不是教育目的，是为了长善救失，激励学生进步。评价时，应有明确的目的，从调动受教育者的内在积极因素出发，要充分肯定其成绩，也要诚恳、适当地指出其缺点，并提出改正意见。

(2) 评价实事求是。教师在评价学生时，要坚持从实际出发，灵活掌握评价时机，做到公平、合理，恰如其分，与学生品德表现的好坏程度相适应；要坚决防止主观臆断、感情用事、滥用评价。

(3) 充分发扬民主。评价特别是对重大问题的评价，要发扬民主，走群众路线，广泛征求各方面的意见，并取得集体舆论的支持与赞同；否则，就会削弱教育的作用，甚至可能产生不良的后果。

(4) 注意对象的个性差异。对学生进行评价时，要考虑学生的个性差异，实事求是而又灵活地进行。例如，对那些经常犯错误、挨批评的学生，做了点好事，应及时给予表扬鼓励；而对经常受表扬的学生，应提出更高的要求；对偶犯过失与明知故犯或屡犯不改者，在处理上也要有不同的分寸，不能千篇一律。

以上六种德育的方法各有其特点和作用，但是它们又是相互联系、相互补充、相互促进的。在学生德育工作实践中，教育者应根据实际情况，优化组合，灵活、巧妙地综合运用，并要善于适应德育工作面临的新形势，研究新问题，总结新经验，不断探索和创造新时期德育工作的新方法。

第四节　德育模式

德育模式实际上是指在德育实施过程中，德育理念、德育内容、德育手段、德育方法、德育途径等的有机组合方式。当代影响较大的德育模式有认知模式、体谅模式、社会模仿模式等。

在一个价值多元的社会里，如何促进学生道德判断力和道德敏感性的发展，如何增强学生的道德行动力量，是当代学校德育亟待解决的难题，而道德教育的认知模式、体谅模式、社会模仿模式恰好为解决这类难题提供了思路。

一、认知模式

（一）认知模式的概念

认知模式是当代德育理论中流行最为广泛、占据主导地位的一种德育学说。它最早是由瑞士心理学家皮亚杰提出的，而后由美国心理学家柯尔伯格对其进行深化。前者的贡献主要体现在理论建设上，后者的贡献主要体现在从实践上提出了一种可操作的德育模式。

该模式假定，人的道德判断力按照一定的阶段和顺序从低到高不断发展，大体经历三个阶段六个水平。该模式提出，道德教育的目的在于促进儿童道德判断力的发展及其行为的发生，要求根据儿童已有的发展水平确定教育内容，运用冲突的交往或围绕道德两难问题的小组讨论等策略创造机会，让儿童接触和思考高于他们一个阶段的道德和道德推理方式，造成其认知失衡，引导其在寻求新的认知平衡中不断地提高自己道德判断的水平。

（二）认知模式的特点

认知模式有以下三个特点。

（1）人的本质是理性的，必须利用智慧达到对理解的把握，并在此基础上建构合乎理性的道德原则和道德规范。

（2）必须注重个体认知发展与社会客体的相互作用，人的道德理性并非天赋或外界规则的直接灌输，而是主、客体在实践过程中互动的结果。

（3）注重研究个体道德认知能力的发展过程，强调学校按道德认知能力发展的要求进行道德教育，并选择适当的内容和方法。

（三）认知模式的理论假设

1. 道德发展论

柯尔伯格的道德发展论确切地说是道德判断发展理论，关于道德判断，柯尔伯格提出了以下几个重要的假设。

（1）道德判断的形式反映个体的道德判断水平。道德判断有内容与形式之别。道德判断的内容是指对道德问题所做的“该”或“不该”与“对”或“错”的回答，道德判断的形式是指道德判断的理由和证明道德判断过程中所包含的推理方式。反映个体道德判断水平的是道德判断的形式而不是道德判断的内容。例如，柯尔伯格经典的道德两难案例是“海因兹两难”故事：海因兹的妻子身患绝症，只有一种药能救她。但海因兹尽其所能只能筹到一半药费，药剂师又不肯便宜一点把药卖给他。海因兹该怎么办？他应该偷药吗？对于海因兹是否应该偷药，每个人都可以做出“该偷”或“不该偷”的回答，这是道德判断的内容，但这并不能表明某个人的道德判断水平。体现一个人道德判断水平的是其用以证明其选择的道德推理方式。

（2）个体的道德判断形式处于不断的发展中。柯尔伯格提出的模式中，一切文化中的道德发展都遵循从以自我为中心到全社会的观点再到普遍的观点这三个水平六个阶段的发展。

（3）冲突的交往和生活情境最适合促进个体道德判断力的发展。儿童不面临冲突情境，不进行道德判断活动，就不可能发展道德判断力。

2. 道德教育论

道德教育旨在促进道德判断的发展及其与行为的一致性。该模式强调，道德教育的目的在于促进学生的道德判断不断向更高的水平和阶段发展，促进学生道德判断与行为的一致性。

该模式提出，道德教育奉行发展性原则。该原则根据学生已有的发展水平确定教育内容，创造机会让学生接触和思考高于其一个阶段的道德理由和道德推理方式，赞成学生认知失衡，引导学生在寻求新的认知平衡中不断地提高道德判断水平。

根据发展性原则，对学生实施德育的方法和策略有了解学生当前的道德判断水平，运用道德两难问题引起学生的意见分歧和认知失衡，向学生揭示比他们高一阶段的道德推理方式，引导学生在比较中自动接受比自己原有的道德推理方式更为合理的推理方式，鼓励学生把自己的道德判断付诸行动。

（四）认知模式的策略——围绕道德两难问题的小组讨论

围绕道德两难问题的小组讨论是指教育者使学生面临关于道德推理的认知冲突，意识到不同的道德观点，并向他们出示高于他们水平一个阶段的判断，鼓励相邻两个阶段的学生展开讨论，从而促进学生道德判断水平提高的一种策略。围绕道德两难问题的小组讨论包括以下三个环节。

1. 道德两难问题及其设计

道德两难问题是指同时涉及两种道德规范，两者不可兼得的情境或问题。道德两难问题除了可以测量学生的道德判断力发展水平，还具有非常特别教育意义；第一，道德两难问题可用于促进学生道德判断力的发展；第二，道德两难问题可用于提高学生的道德敏感性，使他们更加自觉地意识到自己的道德规范在现实生活中可能存在的矛盾和冲突；第三，道德两难问题可用于提高学生在道德问题上的行动抉择能力；第四，道德两难问题可用于深化学生对各种道德规范的理解，提高学生的道德认知。

道德两难情境的设计必须遵循以下几个要求：

第一，设计的情境必须是真实的或者是可信的，尤其对学生而言，还必须是学生能够理解的；第二，设计的情境必须且只包含两条道德规范；第三，涉及的两条道德规范在设计的情境中必须发生不可避免的冲突。

道德两难问题的素材一般有三种来源，一是虚构的道德两难故事，二是以学科内容为基础的道德两难问题，三是真实的或实际发生的道德两难问题。

2. 道德讨论中的引入性提问

围绕道德两难问题的小组讨论可分为起始阶段和深入阶段，与之相对应，教师的提问也可以分为引入性提问和深入性提问。引入性提问的策略是把学生引进对道德争端的讨论中，并不断发展学生的道德意识；深入性提问的策略重在可能引起道德推理结构性变化的讨论因素。

教师在讨论引入阶段的作用如下：第一，确保学生理解所要讨论的两难问题或难题；第二，帮助学生正视难题所固有的道德成分；第三，引导学生阐明自己所做判断的基本理由；第四，鼓励学生相互交流。

在引入性提问中，教师可采用的策略有三个：第一，突出道德争端；第二，询问“为什么”；第三，使情境复杂化。

3. 道德讨论中的深入性提问

当学生阐明自己对道德两难问题的立场和理由之后，小组讨论才有可能真正开始。为了使学生深入讨论，教师提问的策略应当有相应的改变，以促使学生努力应对各种相互竞争的主张和相互对立的理由。

深入性提问的策略有四个：第一，升华问题；第二，突出相邻阶段的论点；第三，澄清与总结；第四，通过学生角色扮演展现问题与策略。

（五）对认知模式的评价

1. 认知模式的缺陷

认知模式主要有以下几个缺陷。

（1）太过于强调认知力的作用，忽视了对道德行动的研究，而后者对德育来说才是最重要的。

（2）强调了道德判断的形式而忽视了内容的作用。

（3）提出的阶段理论有缺陷。

（4）在批评传统德育靠机械重复训练的做法时完全排斥了道德习惯的作用，同时忽视了道德情感因素。

2. 认知模式对我国学校德育改革的启示

认知模式对我国学校德育改革有以下几点启示。

（1）柯尔伯格对道德判断发展的六个阶段的界定未必合乎我国的国情，但其研究方法和研究结果总体来说还是可信的，值得进一步研究和发展。可根据我国的文化传统对柯尔伯格提出的观点进行修正。

（2）发展性原则在我国学校的知识教学中已经得到广泛认可和应用，但在德育上还没有更多的研究。如果承认学生是处于发展中的个体，就必须基于学生的发展水平进行教育，促进学生的逐步发展。

（3）我国学校在系统地传授道德知识方面颇有心得，但在提高学生道德思维能力方面缺少行之有效的办法。因此，认知模式可以提供有益的借鉴。

二、体谅模式

（一）体谅模式简述

体谅模式形成于20世纪70年代，为英国学校德育学家彼得·麦克费尔和他的同事所创，风靡于英国和北美。与认知模式强调道德认知发展不同，体谅模式把道德情感的培养置于中心地位。该模式假定，与人友好相处是人类的基本需要，满足这种需要是教育的职责。该模式的理论假设是在对学生广泛调查的基础上提出的，其教材也取自对学生的调查，以一系列的人际与情境问题启发学生的人际意识与社会意识，引导学生学会关心、学会体谅。

（二）体谅模式的特点

体谅模式有以下四个主要特点。

（1）坚持人性本善论，主张儿童是德育的主体，德育必须以儿童为中心，尊重儿童的发展需求。

（2）坚持人具有一种天赋的自我实现趋向，德育不是强加于人什么，关键是人的潜能得到充分自由的发展。

（3）把培养健全人格作为德育目标，把培养具有主动性、集体性、创造性的丰富的人格作为现代德育的任务，并据此建构各自的德育理论体系。

（4）大力倡导民主的德育观，主张教师要采取中性立场，虚心接纳儿童的思想情感，以促进者或引导者的身份出现，倡导平等、民主的师生关系。

（三）体谅模式的理论假设

体谅模式的理论假设如下。

（1）与人友好相处是人类的基本需要，帮助学生满足这种需要是教育的职责。因此，创设一种道德教育课程，最令人信服的理由就是学生需要这种课程。

（2）道德教育重在提高学生的人际意识和社会意识，引导学生学会关心、学会体谅。

（3）鼓励处于社会试验期的青少年试验各种不同的角色和身份。

（4）教育即学会关心。麦克费尔坚信，行为和态度是富有感染力的，品德是感染来的，而非直接教出来的。因此，在学校引导学生关心人、体谅人的人际意识中，他特别强调这两点：第一，营造相互关心、相互体谅的课堂气氛，使猜疑、谨小慎微、提心吊胆、敌意和忧虑在课堂生活中逐渐销声匿迹；第二，教师在关心人、体谅人上起到表率作用。

（四）围绕人际-社会情境问题的道德教育

1. 设身处地

设身处地是指发展个体体谅他人的动机。其所用的教材和教学策略的特点和要求如下：教材具有情境性，这些情境来自青少年对自己亲身经历的描述；情境的叙述扼要，使学生有可能根据各自的亲身经历补充情境的细节，从而调动学生参与的积极性；所提问题一般涉及做而不涉及理论思考；围绕学生所提出的行动方针的角色扮演和戏剧表演一般比班组更有可能促进学生情感和理性的投入，可促进学生对人类行为更加现实的鉴赏和理解；鼓励青少年进行社会试验；教材使用中提供的体谅人的基本动机，是回报性反馈引起的体谅的倾向；可以列出事件一览表，但其只表示师生所能做的事情，并非固定不变；尽可能让学生自行选择情境；设身处地中的情境不得用于惩罚性的作业。

2. 证明规则

证明规则的一般目的在于给学生机会，以设法解决当他们试图取得成年人的地位，并在与其他成年人平等的基础上生活和工作时发生的各种常见问题，帮助青少年形成健全的意识，并把自己视为对自己的共同体做出贡献的人。

3. 付诸行动

付诸行动的宗旨在于解决“如果是你，你会怎样做”的问题。

（五）对体谅模式的评价

1. 体谅模式在理论上的缺陷

体谅模式在理论上的缺陷主要有以下几个。

（1）麦克费尔对于青少年学生的需要和特点的描述带有鲜明的人本主义色彩，关于道德感染、道德表率、观察学习和社会模仿的观点又有明显的行为主义倾向。对于用如此不同甚至对立的理论作为体谅模式的理论基础，西方评论家表示非常疑惑。

（2）麦克费尔关于青少年期是人生社会试验期的假设，只适用于中学德育。

2. 体谅模式对我国学校德育改革的启示

体谅模式对我国学校德育的改革有以下几点启示。

（1）如果把“学会关心”视为学校德育的一个重要方面，那么这个总的教育目的应当分解成层层推进的目标体系：从培养学生对他人需要、目的、利益的敏感性，到培养较为丰富的人际意识，直到培养比人际意识更为复杂的社会意识。

（2）目标体系应当通过一套精心设计的、内容逼真的、包含人际-社会问题情境的教材体现出来。

（3）应当与各学科的教学结合起来使用，大量使用有助于提高学生人际意识和社会意识的教学方法，如角色扮演、文字创作、小组讨论等。

三、社会模仿模式

社会模仿模式主要是由美国心理学家班杜拉创立。该模式认为，人与环境是一个互动体，人既能对刺激做出反应，也能主动地解释并作用于情境。

（一）社会模仿模式的理论假设

该模式认为，学习并非刺激-反应模式，而是一个相当复杂的过程，刺激-反应模式既不能说明新行为的产生，也无法解释人的完整行为和复杂行为系统的完整模式，更不能说明学习后要延续一定的时间行为才会出现等问题。它（该模式）认为，人类不必事事经过亲身体验来强化，而只需通过观察他人在相同环境中的行为，在他人行为获得强化的观察中进行体验学习。所以建立在替代基础上的观察学习是人类学习的重要形式，是品德教育的主要渠道。

该模式强调，观察学习是行为获得的基本学习方法，通过观察、模仿，再经过认知过程进而形成人的复杂行为；注重强化的学习意义，利用外部直接强化和替代性强化以及自我内在强化的交互作用，使学生提高学习效果；强调建立起有利于学习的道德环境和心理调节机制，个体可通过对自己行为的可能结果进行积极预期来寻找更多的学习。

（二）围绕社会学习论的道德教育

（1）人类学习必须有个体品德的参与才能完成。

（2）道德判断取决于社会学习，而没有固定的发展阶段。社会学习论认为，儿童的道德发展是个体社会化的结果。儿童的道德行为、道德判断是通过社会学习获得的，同样也可以通过社会学习加以改变。综合运用榜样替代性奖励可以改变或提高道德判断。

（3）道德教育应从形成人的人格出发。该模式强调，道德教育的人格特征即关心人格的整体性，而不是简单的某种行为反应；教学中的德育意义包括师生互动的道德因素、教师的人格形象等方面；潜在课程的作用不能忽视，尤其是校园文化的熏陶作用。

（4）榜样对品德的作用。榜样示范是道德教育的主要手段，儿童的发展不仅是一个内部成长过程，而且是通过社会失范的呈现和社会实践、训练来实现的。

（三）对社会模仿模式的评价

1. 社会模仿模式的主要贡献

社会模仿模式对学校德育提出了独特的新见解，其主要贡献有以下两点。

（1）在吸收其他学派的基础上，发展了行为主义，使其对人的道德行为做出更合理的解释，对德育工作有很大的意义。

（2）强调自我效能感，注重个体自我评价能力的培养，努力引导学生学会自我强化。

2. 社会模仿模式在理论上的缺陷

社会模仿模式为当代学校德育提供了一种具有启迪性的新理论和教育方法，使它与各派之间建立起重要的联系。其在理论上也有一些缺陷，如理论拼凑的痕迹很明显，许多观点缺乏进一步的论证，一些试验的信度也存在疑问等。

本章小结

学校德育作为德育的一种重要形式，对实现社会主义现代化建设、青少年的健康成长和实现我国的教育目的具有重要的意义。学校德育应该以德育目标为指导。在德育过程中，依据方向性与现实性相结合原则，知行统一原则，正面引导与纪律约束相结合原则，爱护和尊重学生、信任学生与严格要求学生相结合原则，集体教育与个别教育相结合原则，发挥积极因素和克服消极因素相结合原则，影响教育的一致性与连贯性原则及因材施教原则；通过德育课程和其他各科教学，课外、校外活动和社会实践活动，班主任工作，共青团少先队、学生会组织的活动和校园环境建设等途径，运用说服教育法、榜样教育法、陶冶教育法、自我教育法、实践锻炼法、品德评价法对学生进行政治教育、思想教育、道德教育和心理健康教育等。本章全面概述了德育、学校德育的含义以及德育的性质、意义、目标、内容，系统阐述了德育过程的结构、矛盾与基本规律，详细论述了德育的原则、途径和方法。

思考练习

一、单项选择题

1. 德育活动的基本要素包括（　　）、受教育者、德育内容和德育方法。

A. 教育者　　B. 校园环境　　C. 班级文化　　D. 同伴

2. 关于学生的品德结构，下列陈述正确的是（　　）。

A. 行是基础，知是关键　　B. 知是基础，行是关键

C. 意是基础，情是关键　　D. 意是基础，行是关键

3. 德育过程中的主要矛盾是（　　）。

A. 教育者和受教育者之间的矛盾

B. 教育者和德育内容之间的矛盾

C. 受教育者与德育方法之间的矛盾

D. 教育者提出的德育要求与受教育者已有的品德水平之间的矛盾

4. “一把钥匙开一把锁”主要依据的德育原则是（　　）。

A. 爱护和尊重学生、信任学生与严格要求学生相结合原则

B. 正面引导和纪律约束相结合原则

C. 因材施教原则

D. 发挥积极因素和克服消极因素相结合原则

5. “以说服教育为主，积极疏导，启发自觉，指明方向”主要依据的德育原则是（　　）。

A. 爱护和尊重学生、信任学生与严格要求学生相结合原则

B. 正面引导和纪律约束相结合原则

C. 知行统一原则

D. 发挥积极因素和克服消极因素相结合原则

6. 学生受到学校、家庭和社会多种因素的影响，以及他们的思想品德的养成是长期的过程，这提示教育者在德育过程中要遵循的原则是（　　）。

A. 方向性与现实性相结合原则

B. 发挥积极因素和克服消极因素相结合原则

C. 因材施教原则

D. 教育影响的一致性和连贯性原则

7. 学校对学生进行德育的最基本途径是（　　）。

A. 德育课程和其他各科教学　　B. 课外活动和校外活动

C. 班主任工作　　D. 共青团、少先队、学生会组织的活动

8. “其身正，不令而行；其身不正，虽令不从”体现的德育方法是（　　）。

A. 说服教育法　　B. 榜样教育法　　C. 陶冶教育法　　D. 自我教育法

9. 把道德情感的培养置于中心地位的德育模式是（　　）。

A. 认知模式　　B. 体谅模式　　C. 社会模仿模式　　D. 说理教育模式

二、简答题

1. 德育过程的基本规律有哪些？

2. 简述德育的基本原则。

3. 简述中小学德育的途径。

4. 简述中小学德育的方法。

第十一章

班主任及班级管理

学习目标

1. 识记班级的定义及班级的功能。
2. 识记班集体的特点及如何组建班集体。
3. 掌握班级管理的模式。
4. 重点掌握班级管理存在的主要问题及解决方法。
5. 领会新时期班主任工作的地位和作用。
6. 重点掌握新时期班主任要完成的任务。
7. 系统理解班主任工作的内容和方法。
8. 系统理解班级管理特征、结构、功能及其发育过程。

班级是学校进行教育、教学工作的最基本的社会组织，学校教育的基本功能最直接、最集中地反映在班级这一社会组织之中。班级是学生实现社会化的最重要场所。班级既是一种社会组织，又是一种社会集体。学校要顺利完成各项教学任务，就必须对班级进行有效的管理。班级管理对于实现学校的教育和教学目标具有重要的意义。班主任科学、合理、有效的工作能更好地促进良好班级的形成和发展，更好地促进每个学生健康、和谐、全面发展。

第一节　班级管理概述

一、班级与班级管理的概念

（一）班级的概念

班级是学校按照培养目标，把年龄特征和文化程度相近的学生组合起来，分成固定人数的班，以便进行教育。班级是教学和管理的基本教育单位，是学校行政体系中最基层的正式组织，是开展教学活动的基本单位。班级概念由埃拉斯莫斯最先提出，其构成要素为教师、学生及环境。

（二）班级管理的概念

20 世纪 80 年代以来，开放教育越来越受重视，学生学习的空间与环境扩大了，学习不再只限于教室、操场等校内教学场所，只要与学生学习、活动相关的时间和空间，都需要教师进行有效的协调和处理，以促使学生的学习活动能够顺利进行。

目前，班级管理的概念很多，学者们有不同的看法，主要有以下几种看法。

（1）班级管理是为实现教育目标而处理或指导班级活动所特别涉及的问题，如纪律、民主方式、教学方式、教学资料、环境布置等。

（2）班级管理是指一套旨在促进学生合作和参与班级活动的教师行为与活动，其范围包括物理环境的创设，班级秩序的建立和维持，学生问题行为的处理，学生责任感的培养和学习的指导。

（3）班级管理是一种能够提供开发学生潜在能力和促进学生学习进步的良好的班级生活并使其发挥最大效能的活动。

（4）班级管理是建立和维持班级群体，以达成教育目标的历程。

（5）班级管理是教室建设，是教师或教师和学生共同恰当地处理班级中人、事、物等因素，使教室成为最适合学习的环境，以达成教育目标的活动等。

但是，学者们大多认为，班级管理是反映师生课堂教学以外，为了班级群体和个体的整体、全面、健康、自主发展而共同合作，以充分调动班级中的一切潜在因素，使之发挥积极影响的主要手段。

我们认为，班级作为学生在一起学习、活动和学校实施教育教学工作的基本单位，其状况直接影响到学生对学校生活的感受和参与度，影响学生的社会化和个性化的发展水平。一般而言，班级是一种管理性组织，更是一种教育性组织。它是按照学校的教育意图建立起来的，又须按照学校的教育要求进行工作，也是按照教育目标、要求来培养学生的特殊环境。同时，班级又是一种特殊的社会组织，它不仅需要建立正式的规章制度与其他非正式方式和手段来维持，而且其管理是师生共同参与的半自治式的管理。班主任的工作可以概括为对班级的管理工作，但班级管理又不等同于班主任的管理。因此，班级管理就是围绕班级目标所进行的组织管理、活动管理、思想管理和制度建设等方面的总和。

二、班级管理的内容

新型的班级管理以育人为目标，班主任和教师以关注每个学生在班级生活中的参与和成长为宗旨，以开放的而非外在控制的方式推进班级发展，共同建设一个和谐、富有成长气息的班级组织。

班级管理主要包括以下几个方面的内容。

（一）班级组织建设

班集体是学生学习、生活和成长的重要场所，班级管理是以班集体为基础展开的。因此，建设和培养良好的班集体是班级管理的核心工作，也是班主任工作成果的体现。对于学生来说，良好的班集体可以成为学生成长的熔炉，混乱和风气不正的班集体可以成为一个染缸。生活在什么样的集体里，对学生的成长至关重要，甚至能影响他们的一生。没有良好的班集体，集体教育就难以存在，班主任工作就处于游离状态；没有良好的班集体，学生就成了一盘散沙，不仅不能凝聚成一种相互激励、相互影响的力量，反而会形成一些反作用力；没有良好的班集体，许多集体活动就不能开展，对学生的教育也难以实现，班主任只能针对每个个体开展工作，事倍功半，难以形成稳定的教育效果。

建设和培养良好的班集体还可以提高班主任的工作效率。当一个班集体组织健全，学生积极向上，师生关系融洽，班级工作能够形成良好的运行机制时，班主任就可以从日常琐事中解脱出来。全国优秀班主任魏书生的社会兼职和社会活动很多，能够用于班级管理的时间很少，但他依靠科学、民主的管理方法，极大地调动和培养了学生自我教育、自我管理的自觉性和能力，班集体的凝聚力和战斗力反而更强。

（二）班级制度管理

班级制度是一个班级得以建立和存在的保证，只有设计出合理、恰当的班级制度并将其落到实处，班级的管理才有章可循。班级制度根据其形成的方式，可以分为成文的制度和非成文的制度。

1. 成文的制度

成文的制度主要是学校教育工作的基本规范和要求，是指学校的规章制度。它直接受社会的政治制度、经济制度和文化规范的制约，既反映国家的教育方针、政策、法令、条例等宏观层次的内容，又反映学校拟定的规章制度和公约等微观层次的内容。对于学生来说，最具体的就是学生守则。成文的制度具有基础性、强制性、实际操作性等特点。一方面，它能调节团体与个人的行为，保证共同的活动目标得以实现；另一方面，它能保护成员在团体中的权益，使个体获得发展。每个班级都应遵守和服从规章制度，这是衡量和评价班级工作的基本标准。每个学生在群体中的生活也必须有基本的规范，表现为角色意识、公众意识、责任感和义务感。

成文的制度管理是常规管理。值得注意的是，班级成文的制度管理应避免控制主义的层级化管理，也就是班主任或教师按照校领导的要求，直接或间接地通过班干部，借助一定的规章制度去约束学生，实现对学生思想与行为的控制。这种管理方式会导致班主任或教师只关心如何矫正学生表现出来的错误行为与利己意识；学生只关心如何表面、形式地维护规章制度；班长、班委会只从事监视活动，要求伙伴不违纪、不迟到、不做小动作，行使的是“警察”的职能。这种管理观是从处在高位的校领导的要求，到班主任或教师对上级指令的遵行、对下级学生的指导，再到学生班干部的执行，最后到学生群体的服从。这种管理观实际上是把集体与个人对立起来，学生的主动性、积极性，以及情感、态度、愿望和兴趣等常处在抽象认识的状态，被具体落实的往往是规章制度的遵守和群体行为的统一。其结果是束缚了学生的发展，并人为地造成学生在班级地位中的差异，而且学生的社会化将沿着学会服从要求和循规蹈矩的方向发展。

2. 非成文的制度

非成文的制度是指班级的传统、舆论、风气、习惯等，非成文的制度管理是不成文的、约定俗成的非常规管理。班级中开展的教育活动常常是视班主任、教师和学生的具体情况而定的。

每个班主任或教师都会以自己独特的方式对待和要求班级中的学生，而每个学生在班级中的地位也是由其个性特征和具体的行为方式决定的，由此班级就形成了特定的班级风气、传统等。学生在学校里生活的质量取决于班级生活质量的高低，而班级生活质量不是取决于课程计划中规定的东西，而是由班级群体所创造出来的一种班级生活决定的。它是隐性的，学生生活于其中就能逐渐形成一个班级共有的生活方式，在这种生活方式中，群体和个体都能得到发展与成长。

不同的班级制度管理内容，在班级组织的建设中就发挥着不同的作用。成文的制度既是学校的规章制度，也是班级的规章制度。它是学校中每个班级都必须遵守的，在班级建设中发挥着引导、评价、调节和指标的作用，对班级建设起着重要的规范作用，成文的制度管理属于定型性的管理。在定型的班级组织中，个人的角色作用是固定的，以维护团体的共同目标。非成文的制度是班级组织在形成过程中班级本身建立的规范，常常是班级个性的体现，非成文的制度管理属于不定型性的管理。在不定型的班级组织中，个人的角色是相互流动的，彼此之间的关系具有相互扶助的性质。成文的制度管理具有普遍的规范性和约束力，是刚性的管理；不成文的制度管理则具有个别性和针对性，是柔性的管理。由于班级管理的对象是活生生、有思想、有感情、可塑性很强的学生，因而班级管理应该倡导体贴人的纪律和柔性的管理方式。

班级的风气、传统等不成文的制度影响着成文的制度管理的程度和效果。班风，简言之就是班级组织的凝聚力、士气、组织结构等班级气氛。班风一般分为两种。一种是民主型气氛或支持性气氛。在这样充满关怀与宽容的班级气氛中，同学之间能坦诚相待、相互扶持，发生矛盾和冲突时能积极地调解，每个人都对班级生活充满信心和依赖。为了达成班级目标，班级成员能积极、创造性地参与工作，所采用的多是正直、坦率、开放性和上下左右沟通的方式。另一种是专制型气氛或防卫型气氛。在这样的班级组织中，同学之间怀有不信任和恐慌，当自己不适应班级组织的要求时就会陷入不安，或者形成相互庇护的小团体。

因此，班主任和教师在班级组织形成的过程中，除了要进行制度建设，还要重视培养班级成员的合作意识，做到相互体谅，彼此理解；要能够敏锐地觉察到班级成员的活动状况，采用多维评价的方法，及时表扬先进，鼓励后进。要努力营造一种健康的人际关系，即班集体中没有固定的成员角色和严格的上下级关系，所有成员在合作中进行善意的竞争。

（三）班级教学管理

教学是学校的中心工作，教学质量管理是班级教学管理的核心。传统的教学理论视课堂教学为个体活动的复合体，而不是一种群体的共同活动，只注意对学生灌输某些知识、技能及引导学生个体的发展，而没有把课堂教学看成是师生、生生交往和对话的平台，更没有把课堂教学看成一种集体的教学力量。其实，教学的社会功能表现为两种水平：一种是个体水平，即教学对参与者个人所具有的功能；另一种是群体水平，即在教学中，学生不仅向教师学，从书本中学，还要相互学习。

班级教学管理包括以下几个方面。

（1）指导学生学会学习。对学生进行学习指导是班主任和任课教师的重点工作内容之一。班主任和任课教师对学生的学习指导主要包括培养学生正确的学习动机、浓厚的学习兴趣、积极的学习态度、坚韧的学习意志，培养学生敏锐的观察力、高超的记忆力、敏捷的思维力和丰富的想象力，以及较强的动手操作能力、自学能力等。对学生进行学习指导，可以调动学生的学习积极性，督促学生完成学习任务，帮助学生掌握正确的学习方法，克服学习上的困难，养成良好的学习习惯，使学生体验到学习的快乐。

（2）建立有效的班级教学秩序。教学是在知识存在差异的人们之间进行的，即在有某种知识的人（教师）与准备学习这种知识的人（学生）中进行的，也是在对教材的理解程度和速度有差异的学生中进行的。这就需要建立师生及学生之间的合作。苏联心理学家维果

茨基曾揭示教学中教师对学生现有发展水平给予援助的重要性，他把儿童在有指导的情况下借助成人的帮助所达到的解决问题的水平与在独立活动中所达到的解决问题的水平之间的差异确定为最近发展区，并对教学中教师协助儿童的合作性学习活动给予了积极的评价。所谓合作性学习活动，就是利用个别差异进行智慧借用和帮助对方，在此基础上，通过争论逼近真理、真实情况，实现一定的学习目标的活动。班级组织可以制造这样一个教学秩序：超越每个学生所拥有知识的量与质的差异及理解的差异，在教师的引导下发挥学生的主体作用。正如萧伯纳所说的那样：如果你有一个苹果，我也有一个苹果，交换一下，每个人还是一个苹果；但是，如果你有一种思想，我也有一种思想，交换一下，我们便有两种思想或者激发出更多的思想。创设互相支持的班级气氛，通过课堂教学，学生的知识面会更广，对知识的理解更深。

（3）建立班级管理指挥系统。班级管理指挥系统是顺利实现班级发展目标的组织保障体系，它主要包括三个方面。一是以班主任为核心的班级任课教师群体。班主任要调动全体任课教师的积极性、主动性与创造性，互相尊重，取长补短，彼此协调关系，在班集体工作中形成合力。任课教师要支持和协助班主任做好班级工作，结合课堂教学帮助学生制定和实现班级组织和学生个人的发展目标，还要协助班主任共同指导课外实践活动。二是以班长、学习委员、课代表为骨干的教学沟通系统。三是以学习小组长为中心的执行系统。

（4）指导学生学会学习。对学生进行学习指导是班主任和任课教师的重点工作内容之一。对学生进行学习指导，可以调动学生的学习积极性，督促学生完成学习任务，帮助学生掌握正确的学习方法，克服学习上的困难，养成良好的学习习惯，使学生体验到成功的快乐。班主任和任课教师对学生的学习指导包括培养学生正确的学习动机、浓厚的学习兴趣、积极的学习情绪、坚忍的学习意志，培养学生稳定的注意力、敏锐的观察力、高超的记忆力、敏捷的思维力和丰富的想象力和较强的动手操作能力、自学能力等。

（四）班级活动管理

班级活动是班级群体为了满足彼此的需要，有目的地作用于客观事物而实现的相互配合的动作系统。

1. 班级活动管理的基本特点

班级活动管理有以下几个基本特点。

（1）班级活动是一种交往活动。

（2）班级活动目的的一致性产生了共同遵循的行为准则与规范。

（3）班级活动的时空具有一致性。

（4）班级在活动中分工合作，互相配合，责任依从。

（5）班级活动导致一系列诸如暗示、模仿、感染、舆论、心理相容等社会心理现象的出现，从而产生良好和健康的人际关系。

2. 班级活动的分类

班级活动的分类方法有以下几种。

（1）按活动方式分，可分为课内活动和课外活动。

（2）按活动内容分，可分为思想品德教育活动、文化学习活动、科技活动、文艺活动、劳动活动、游戏活动、综合活动等。

(3) 按活动目的分，可分为目标内化活动、建设舆论活动、建立良好人际关系活动、班级常规管理活动、培养自觉遵守纪律活动、培养学习兴趣活动等。

班级活动都有极强的目的性和严格的要求，班主任和任课教师要加强对班级活动的管理和指导，确保达到应有的效果。例如，对思想品德教育活动的管理要努力形成一种有效的运行机制，即有达成目标，有活动原则，有基本的教育内容，有活动的安排，有时间的保证，有科学的评价和考核办法，有环境氛围，有畅通的教育渠道。管理者只有不断落实和充实以上条件，才能避免活动的形式化、随意性和短期行为，保证活动的实效性。对体育卫生活动的管理，班主任和任课教师要帮助和督促学生养成良好的体育锻炼习惯和卫生习惯，如按时上早操和课间操，按时作息，科学地安排时间等。

三、班级管理的功能

班级管理对于班级活动的顺利开展和学生的健康成长具有很大的作用，具体表现在以下几个方面。

(一) 传递社会价值观，明确社会生活目标

班级管理就是按照社会需要和教育目标，在教学和社会实践中，对学生进行正确的世界观、人生观、价值观教育，引导学生处理各种人际关系。在社会主义核心价值观的指导下，树立正确的生活理想、职业理想和社会理想，更加明确社会生活目标和奋斗目标。

(二) 维持班级秩序，形成良好的班风

班级是全体学生活动的基础，是学生交往活动的主要场所。因此，调动班级成员参与班级管理的积极性，共同建立良好的班级秩序和健康的班级风气，是班级管理的基本功能。这不仅可以规范学生的行为，而且可以使学生对班级产生强烈的归属感，主动地维护集体荣誉，养成关心集体、爱护集体的良好习惯。

(三) 有助于实现教学目标，提高学习效率

班级组织产生的根本原因是更有效地实施教学活动，于是，如何运用各种教学技术手段来精心设计各种不同的教学活动，组织、安排、协调各种不同类型学生的学习活动，是班级管理的主要功能。班级的教学目的规范性、课程结构系统性和教学过程可控性是学生学习社会经验，获取科学文化知识、技能的独特条件。有效的班级管理不但能帮助教师顺利实现教学目标，而且能提高学生的学习效率。

(四) 发展学生的个体差异，形成学生独特的个性

个体的独特性表现在人的个性心理上，诸如兴趣、爱好、理想、信念、能力、性格、气质等。在班级管理过程中，教育者可以根据学生的不同心理发展特征，选择丰富多彩、灵活多样的学习活动和实践活动，给爱好不同、性格各异的学生提供更多的选择机会，从而强化学生的个性差异。教育者应因材施教，帮助学生充分开发其内在潜能，形成各自的优势和特长，更好地促进其发展。

(五) 锻炼学生的能力，让学生学会自治、自理

班级组织中存在着最基本的人际交往和社会联系，存在着一定的组织层次和工作分工。因此，班级管理不但可以帮助学生成为学习自主、生活自理、工作自治的人，而且可以帮助学生学习社会角色，获得认识社会、适应社会的能力，这对于促进学生的人格成长是很重要的。

第二节　班级管理的模式

班级是学校教学活动的基本单位，也是学校行政管理的最基层组织。班级管理水平的高低，对学生健康、全面地发展，对完成各项教育任务起着举足轻重的作用。班主任作为学生全面发展的第一责任人，其管理方法的优劣对班级的进步与否至关重要。班主任只有不断创新，不断更新管理方法，实现学生的自我管理，才能既有利于形成良好班风，又有利于学生自身发展。

介绍以下几种常见的班级管理模式。

一、常规管理

（一）常规管理简介

常规管理是指通过制定和执行规章制度来管理班级的经常性活动的一种班级管理模式。

规章制度是学生在学习、工作和生活中必须遵守的行为准则，具有管理、控制和教育的作用。班级管理者要达到预定的班级发展目标，就必须对学生的行为进行约束，通过执行规章制度，使班级各项工作有章可循、有条不紊地进行，培养学生良好的行为习惯和优良的班风。一般来说，班级管理者所运用的规章制度可分为三个层次：一是国家教育行政部门制定的各种制度，如中小学生行为守则、中小学生道德规范、学生成绩考查和升留级制度、学生考勤制度、奖惩制度等；二是学校依据国家教育行政部门制定的制度来制定的校内规则，如课堂规则、请假规则、阅览室规则、图书馆规则、实验室规则、生活作息制度、卫生扫除和卫生检查制度、公务管理和借用制度等；三是班级组织自己制定的各种管理制度，如班规、值日生制度、考勤制度等。

（二）实施常规管理应注意的问题

（1）以学校管理目标为基础制定出勤、卫生、纪律、学习、劳动等方面的制度，要把握制度的统一性和衔接性，各制度之间不能互相矛盾。

（2）制度的内容应科学、准确，明确、具体，简明、扼要，符合学生的年龄特点和可接受水平，便于学生掌握和记忆，以利于贯彻执行。

（3）通过各种宣传形式进行宣传，让每个学生都了解规章制度的内容和意义，提高学生执行规章制度的自觉性。

（4）在规章制度的执行过程中，对全班学生要一视同仁。

（5）制度的制定和执行要以促进学生的健康成长为出发点，要充满人文关怀。

二、平行管理

（一）平行管理简介

平行管理是指班主任既通过对集体的管理去间接影响个人，又通过对个人的直接管理去影响集体，从而把对集体和个人的管理结合起来的一种班级管理模式。平行管理的理论源于苏联著名教育家马卡连柯的平行教育影响思想。

（二）实施平行管理应注意的问题

（1）充分发挥班集体的教育功能，使班集体真正成为教育的力量。

（2）通过转化个别学生，促进班集体的管理与发展。

总之，班主任在实施平行管理时，要实施对班集体与个别学生双管齐下、互相渗透的管理。

三、民主管理

（一）民主管理简介

民主管理是指班级成员在服从班集体的正确决定和承担责任的前提下，积极参与班级管理，共同完成班级各项任务的一种班级管理模式。班级管理民主化是社会民主化的一个缩影，随着时代的发展，这一趋势将会不断得到强化。

民主管理实质上就是发挥每个学生的主人翁精神，让每个学生都成为班级的主人。采用这种模式，让学生参与管理，发扬民主，可以增强学生的社会责任感，有利于培养学生自我管理的能力。班级管理者运用民主管理的方法，体现了师生平等，有利于师生之间的思想与情感沟通，营造和谐的班级气氛，为教育提供良好的环境，学生“亲其师，信其道”，会取得良好的教育效果。

（二）实施民主管理应注意的问题

（1）确立平等的师生关系，用平等的人际关系代替有等级的人际关系。

（2）班级管理者理解、信任学生，组织、调动全体学生全程参加班级管理。

（3）充分发扬民主，建立班级民主管理制度，努力把班级的民主管理渗透到各个方面。

四、目标管理

（一）目标管理简介

目标管理是美国管理学家彼得·德鲁克提出的管理方法。该方法让组织成员亲自参加工作目标的制定，实现自我控制，并激励他们努力完成工作目标。目标管理的核心是将传统的他控式的管理方式转变为强调自我控制的管理方式，是一种以自我管理为中心的管理，目的是更好地调动被管理者的积极性。

目标管理应用于班级管理，就是指班主任与学生共同确定班级总体目标，然后转化为小组目标和个人目标，使其与班级总体目标融为一体，形成目标体系，以此推进班级管理活动，实现班级目标的一种班级管理模式。

（二）实施目标管理应注意的问题

（1）班级成员共同确立奋斗目标，形成一个同心同德的集体。

（2）目标应有主次和实施的先后之分。应明确班级管理的主要矛盾，抓住班级管理的普遍性问题，解决班级管理的迫切问题，尤其是影响和制约班级活动发展的问题；还要注意内容的衔接、内容的层次和内容的深化。

（3）目标管理中的目标要与学校目标和班级管理目标保持一致，以学校目标和班级管理目标为依据。

（4）班级组织开展的各种活动都要符合班级目标的要求，班级管理者、任课教师和学

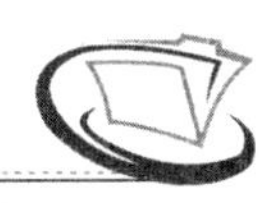

生要同心协力，使班级工作形成合力，采用各种手段把关键管理活动结合起来，有效和高效地实现班级目标和个人目标。

（5）在目标的引导下，最终实现学生的自我管理。

第三节　班级管理中存在的问题及对策

一、我国当前班级管理中存在的主要问题

（一）受分数压力和教师权威的制约，班主任对班级实施管理的方式偏重于专断型

在程式化的教育工作中，教师往往最关心以下两件事。

（1）使学生在考试中取得好成绩，确保班级的成绩在学校的排名靠前或不落后。在应试教育模式下，分数在学校中是至高无上的。教师受奖励或惩罚、教师在学校中的地位都与学生所取得的分数直接相关。学校把分数作为衡量教师工作业绩的主要尺度，教师则把分数作为衡量学生学业成绩的主要指标。

（2）让学生听从老师，以维护教师的权威。教师权威无疑是使学生服从教师的指挥，从而控制学生干扰行为的最便捷、最有效手段。

在这样的背景之下，班级管理无形中受到分数与教师权威的双重制约，由此形成班级管理的极为简单的因果关系：学得好的，受到鼓励，并越来越好；学得差的，受到批评，并越来越差；受到鼓励的，不断进步为好学生；受到批评的，逐渐退化为“双差生”。班级管理也容易成为教师实施个人专断管理的活动过程，不利于班集体的发展。

（二）班级管理制度缺乏活力，学生参与班级管理的程度较低

在班级中设置班干部，旨在培养学生的民主意识和民主作风，学会自治、自理。良好的班集体的建立在很大程度上取决于班干部队伍的数量和质量。但是，当今的中小学中存在着这样一些问题：班级干部相对固定，使一些学生养成了“干部作风”，不能平等地对待同学，而多数学生希望能为班级做点事，却缺少机会；学生在社会环境及部分家长的影响下，往往把班干部看成是荣誉的象征，把荣誉看得重于责任；只把班干部看成老师的助手，忽视班干部是学生的代表；学生都想当班干部、当个好班干部，但缺乏每个人都是班级小主人、争取做合格的班级小主人的意识。这些问题说明，在班级管理中，班干部特殊化，多数学生在班级管理中缺乏自主性是普遍存在的问题。

班主任要善于在各项活动中发现品学兼优、关心集体、能起带头作用的积极分子，不断壮大学生干部队伍，同时要注意把最有威信、最有能力的学生推选出来做班干部。

二、解决班级管理问题的对策

总体来说，要解决班级管理中的问题，应建立以学生为本的班级管理机制，要做到以下几点。

（一）以满足学生的发展需要为目的

传统的班级管理就是教师在班级中实施对人、事、物等因素的控制，体现了教师对班级

的预先期望及学生对教师的服从，纪律、秩序、控制、服从是传统班级管理所追求的目标。

在现代社会的学校教育中，班级活动完全是一种培养人的实践活动，在这一实践活动中，学生既是对象又是目的。因此，满足学生发展的需要既是班级活动的出发点，又是班级活动的最终归宿。班级管理的实质就是让学生的潜能得到充分开发。

（二）确立学生在班级中的主体地位

在传统的班级管理模式下，学生在某种程度上是教师的“附属物”，教师和学生的“人-人”关系降为“人-物”关系，学生的主体地位根本无法保障。现代教育的发展从根本上促进了新型班级的建立，从而为以学生为本的班级管理提供了保证；班集体按照学校的要求，根据学生的年龄特征和身心发展规律开展丰富多彩的活动，为学生个性的全面发展提供了条件。一方面，每个学生的聪明才智和特长在班集体活动中得到充分表现和发挥；另一方面，班集体活动严格、有序，使每个集体成员的个性受到教育和熏陶，其个性得到培养和发展。

（三）训练学生自我管理班级的能力

由于传统的班级管理模式是以教师为中心构建的，学生参与班级管理的机会有限；即使有机会，也只是教师意志的再现。但是，大多数学生非常渴望能参与班级管理，只是苦于不被教师赏识，从而缺少机会，这不利于培养学生独立、主动、创新的精神。

班集体是学生形成集体意识，促进学生社会化的基地。例如，在家里许多学生更多的是别人为自己服务；但是，在班集体里，自己成了主人，这就要求他们必须对集体尽自己的义务，承担对集体的责任，从而享受集体生活的权利。

为了更好地训练学生的自我管理能力，学校应该改革传统的班级管理制度，可适当增加班干部岗位，适当进行班干部轮换；按照民主程序选举班干部；使班干部从教师的助手变成学生的代表；把学生的注意力从当班干部引向当合格的班级小主人；把以教师为中心的班级教育活动转变为学生的自我教育，即把班集体作为学生自我教育的主体。

第四节　班集体的形成

一、班集体的基本特征与教育作用

（一）班集体的基本特征

班集体是指通过班主任等各种主要的教育力量的教育和培养而形成的班级群体。它一般是指以集体主义思想为导向，有共同的奋斗目标，较强的骨干力量，良好的纪律、舆论、班风和人际关系，能够促使班级全体成员德、智、体等各方面能力不断提高的学生群体。班集体一般具有以下几个特征。

1. 有共同的奋斗目标

共同的奋斗目标是班集体形成的基础。班集体首先必须要有一个明确的、全班同学共同确定的奋斗目标。当班级成员具有共同的目标定向时，群体成员在实现目标的过程中便会在认识、行动上保持一致，相互之间形成一定的依存性。

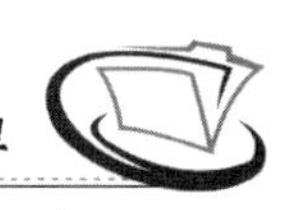

2. 有一个健全的组织系统

一个健全的组织系统是一个班集体所不可或缺的，它是构成班集体的核心。班级中的每个成员都是通过一定的班级机构组织起来的。班级按照组织结构建立相应的机构，维持和控制班级成员之间的关系，从而完成共同的任务和实现共同的目标。

3. 有一定的共同生活准则

一个正常运行的组织必须受到相应的规章制度的约束，并把取得集体成员认同的、为大家自觉遵守的行为准则作为完成共同任务和实现共同目标的保证。也就是说，班集体要有一定的共同生活准则。这些共同生活准则可以是明文规定的，也可以是无形的。

4. 有平等、民主的班级氛围

在班集体中，成员之间在人格上应处于平等地位，成员之间要相互信赖、相互尊重，让每个人的才能和优势都得到充分的发挥。

（二）班集体的教育作用

1. 有利于形成学生的集体意识

班集体是教育学生的必要条件，其本身具有巨大的教育力量。在良好的班集体形成过程中，学生的集体意识、集体荣誉感会得到较好发展。

班级的集体活动和学生群体之间的交往，可使学生积累集体生活的经验，学会交往与合作，学会对环境的适应。

德国哲学家雅斯贝尔斯说过：“教育是人的灵魂的教育，而非理智知识和认识的堆积。”一个具有积极向上的良好气氛的班集体，不仅能培养学生勤奋、认真的学习态度和学习习惯，还能促进他们形成奋发向上、创新进取的精神；师生之间、生生之间融洽的人际关系也能使学生的情感受到感染和熏陶，形成热爱集体、尊敬老师、关爱同学的好品质，促进学生形成良好的性格。正如捷克教育家夸美纽斯在《大教学论》中所说的：“在学生方面，大群的伴侣不仅可以产生效用，而且可以产生愉快感。一个人的心理可以激励另一个人的心理，一个人的记忆也可以激励另一个人的记忆。”

2. 有利于促进学生的社会化

班集体有利于发展学生的社会性，培养学生对社会生活的适应能力。社会化也称社会性发展，是指个体形成和发展社会性和个性的过程，也就是个体在特定的人类社会物质文化生活中，通过与环境的相互作用，不断掌握社会规范、社会技能、价值体系等参与社会生活所必需的品质，由一个自然人发展为能够适应社会生活的社会人的过程。教育社会学认为，班集体是一个微型社会，履行学校的社会职能，其共同愿景、发展目标、组织结构、角色分配、人际互动等都是社会关系的缩影和投射，深刻地影响着学生社会化的发展。

每个人必须经过社会化才能使外在于自己的社会行为规范、准则内化为自己的行为标准，这是社会交往的基础。社会化是人类特有的行为，是只有在人类社会中才能实现的。社会化涉及两个方面：一是社会对个体进行教化的过程；二是个体与其他社会成员互动，从而成为合格的社会成员的过程。

首先，班集体作为一种社会群体，能够按照社会的要求和学校的教育目标，营造良好的成长氛围。学生在班集体中，通过学习、活动、交往和社会实践活动，除了能够获得系统的文化科学知识和技能，形成良好的品德外，还能为学生参与社会生活和处理社会关系提供学习和实践的平台及机会。其次，学生在班集体里，接受社会规范教育，进行社会行为训练。班集体有严密的管理机构，制定了每个学生在集体活动中必须遵守的规章制度并形成了相关的舆论，这些都能有效地向学生传递社会规范。同时，班集体还按照这些制度要求组织学生进行社会行为训练，引导学生在集体活动和人际交往中，不断以集体的标准来约束自己的行为，并逐步将集体规范内化为自己的行为方式。

学生在班集体中通过学习和训练，为他们将来步入社会，尽快参与社会生活、履行社会角色、成为合格的社会公民奠定了一定的基础。

3. 有利于促进学生的个性发展

个性是指一个人的整个心理面貌，即具有一定倾向性和心理特征的总和。个性包括能力、气质、性格，还包括兴趣、爱好、需要等。学生个性发展的心理结构主要包括自我调控、个性倾向性和个性心理特征三个系统。自我调控系统是指自我意识对个体心理和行为的调节、控制系统，能使人的活动具有目的性、自觉性、计划性和能动性，是个性形成和发展的前提，也是个性发展和成熟的动力基础。个性倾向性系统是决定一个人的态度和对现实的积极性、选择性的动力系统，包括需要、动机、兴趣、理想、信念、价值观和人生观，是个性结构中最活跃的因素。个性心理特征系统是指个人稳定的心理特点，包括性格系统、气质系统和能力系统。

班集体有利于促进学生的个性发展，主要体现在以下两点。

（1）班集体有丰富多彩的集体活动，每个学生都可在班集体中找到发挥自身作用的舞台，集体的作用能够从认知、情感、意志、行为等多方面教育和感染学生，这种教育和感染要比教师个人对学生教育和感染的范围大、内容丰富、方法灵活，学生也容易接受，能够培养学生的不同兴趣、爱好和特长。

（2）学生在班集体中的学习、交往活动以及活动的经历和体验是学生个性发展的重要资源，班集体能够提供学生个性发展的有利条件。

4. 有利于训练学生的自我教育能力

自我教育能力是指处于一定社会关系中的群体和个体为了实现社会的共同目标，有效地、能动地计划、组织、控制和评价自己的意识和行为，自觉、主动地把社会要求的思想道德规范在内心加以理解和体验，并通过实践转化为比较稳定的自觉行为的能力。通俗来说，它就是自己对自己的教育能力。

苏联教育家苏霍姆林斯基说：“只有能激发学生去进行自我教育，才是真正的教育。”中小学生处于半成熟半幼稚时期，知识和经验较少，缺乏自我教育能力，这就有赖于教师通过班集体对学生进行培养和训练。在班主任的引导下，学生在接受教育和自我教育的过程中，逐渐形成自我教育的习惯和能力。培养学生的自我教育能力是重要的德育目标之一，是班主任的一项重要工作任务。班集体是训练学生自己管理自己、自己教育自己、自主开展活动的最好载体。一个良好的班集体能够促进学生自我教育能力的形成，而学生自我教育能力的形成又会极大地促进班集体的建设。

二、班集体的形成与培养

任何一个班集体的形成过程都需要班主任的正确指导与引领，在班集体的形成与培养

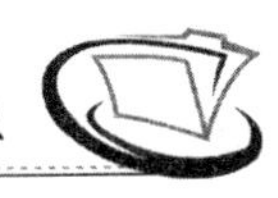

中，班主任要注意做好以下几个方面的工作。

1. 确定切合实际的奋斗目标

目标是集体发展的方向和动力，一个班级组织只有具有共同的目标才能使班级成员在认识和行动上保持统一，才能推动班级组织的发展。为此，班主任要精心设计班级发展的目标。

班级组织的发展目标一般可分为近期目标、中期目标和远期目标。目标的提出应由易到难、由近到远，逐步提高。在实现班级目标的过程中，班主任要充分发挥班级成员的积极性，使实现目标的过程成为班级成员教育与自我教育的过程。

2. 建立积极向上的核心队伍

一个良好的班集体都会有一批团结在班主任周围的积极分子，他们是带动全班同学实现集体发展目标的核心。因此，建立一支核心队伍是培养班级组织的一项重要工作。

建立班集体的核心队伍，要做到以下两点。

（1）班主任要善于发现和培养积极分子。这就需要班主任在了解学生的基础上，及时发现在班级活动中涌现出来的积极分子，从中选拔出能热心为集体服务、团结同学且具有一定管理能力的学生做班干部。一般来说，班干部的选拔方法有：班级刚刚组建时班主任的推荐和任命式，在自由平等的气氛中每一个学生都参与竞争的集体选举式，通过学生提名和投票选举产生的学生推举式，学生自我推荐的毛遂自荐式，根据一定的规则轮流担任班干部的全体轮岗式等。班主任可根据实际情况选择使用。

（2）班主任应把对积极分子的使用与培养结合起来。既要鼓励积极分子独立开展工作，又要耐心帮助他们提高工作能力；既要维护他们的威信，又要对他们严格要求；既要肯定他们的工作成绩，又要指出他们工作中的不足。

3. 建立科学的正常秩序

班集体科学的正常秩序是维持和控制学生在校生活的基本条件，是教师开展工作的重要保证。建立班集体科学的正常秩序包括建立必要的规章制度、共同的生活准则和一定的活动节律。

班主任在班级的组建阶段就应着手建立班集体正常秩序的工作，特别是当接到一个教育基础较差的班级时，首先就要做好这项工作。在建立班集体正常秩序的过程中，班主任要注意这几点：一是依靠班干部的力量，由他们来带动全班同学；二是一旦初步形成了班级秩序，不要轻易去改变它；三是不断让学生体验到正常的秩序对他们的学习、生活带来的便利与成效。

4. 组织形式多样的教育活动

班集体是在全班同学参加各种教育活动中逐步成长起来的，而各种教育活动又可使每个人都有机会为班集体出力并展现自己的才能。设计并开展班级教育活动是班主任的常规性工作之一。

从班级教育活动的时间分布来看，班级教育活动主要由日常性的教育活动与阶段性的教育活动两大部分组成，所涉及的内容有主题教育活动、文艺体育活动、社会公益活动等。

班主任在组织开展各种班级教育活动时，要有明确的目的和要求，要精心设计活动内容，注意形式的适龄化，力争把活动的开展过程变成教育学生的过程。

5. 培养正确的舆论和良好的班风

班集体舆论是班集体生活与成员意愿的反映。正确的班集体舆论是一种巨大的教育力量，对班级每个成员都有约束、感染、同化、激励的作用，是形成、巩固班集体和教育班集体成员的重要手段。

班主任要注意培养正确的班集体舆论，善于引导学生对班集体的一些现象与行为进行评议，努力把舆论中心引导至正确的方向。

良好的班风是班集体舆论的持久作用而形成的风气，是班集体大多数成员精神状态的共同倾向与表现。良好的班风一旦形成，就会在无形中支配班集体成员的行为，成为一种潜移默化的教育力量。班主任可通过讲清道理、树立榜样、严格要求、反复实践等方法树立良好的班风。

第五节　班主任与班级管理

班主任在班级建设中充当着重要的角色，行使着多种职能，是学校中全面负责一个班级学生的思想、学习、生活等工作的教师，是班级的组织者、领导者和教育者，是学生全面发展的指导者，是学校办学思想的贯彻者，是联系班级中各任课教师和学生团队组织的纽带，是沟通学校、家长和社会的桥梁，是学校领导实施教学、教育工作计划的得力助手和骨干力量。在班级管理中，班主任扮演着多重角色，担负着多种责任，发挥着特殊的作用，班主任工作的优劣直接影响到学生的成长。

一、班主任在班级管理中的地位与作用

班主任在班级管理中具有特殊的、不可替代的地位，班主任在班级管理中的地位与作用主要体现在以下几个方面。

（一）班主任是班级建设的设计者

班主任是班级建设的主帅，是班集体的缔造者、班级建设的设计者。培养和建立良好的班集体，不仅是班主任工作的一项重要任务，也是班主任开展班级工作的基础。

1. 班级建设设计的内涵

班级建设设计是指班主任根据学校的整体办学思想，在主、客观条件许可的范围内所提出的相对理想的班级模式，包括班级建设的目标，实现班级建设目标的途径、具体方法和工作程序。其中，以班级建设目标的制定最为重要。

2. 班级目标的制订

班级目标的制订主要依据两个因素：一是国家的教育方针政策与学校的培养目标；二是班级群体的现实发展水平。班级目标应以本班全体学生的全面发展为共同目标。

班级目标对班级建设有非常重要的作用：一是有利于获得学生对班级发展的认同与支持；二是有利于引导班级发展的方向，协调班级成员间的言行；三是有利于激发班级成员努力进取的行为动机；四是可作为设计与选择班级活动的依据，以及班级实施监督与考评的标准。

（二）班主任是班级组织的领导者

学校对学生进行教育工作是以班级为单位的，一个良好的班集体具有强大的教育功能。良好的班集体不是自发形成的，它依赖于班主任的领导与组织。在班级管理中，特别是在达成班级目标上，班主任的领导才能显得非常重要。

1. 班主任的领导影响力

班主任在班级管理中的领导影响力主要表现在两个方面：一方面，班主任的权威、地位、职权构成了班主任的职权影响力；另一方面，班主任的个性特点和人格魅力构成了班主任的个性影响力。这两个方面具有相对独立性，又密切相关。

班主任实施职权影响力要依据一定的组织法规和群体规范，具体来说，一是国家的教育法令、学制、教育方针，以及学校的课程、教学计划、规章制度等；二是班级的目标、规范、舆论、纪律、班风等。班主任对班级的领导影响力必须在这些范围内施加，否则班主任的领导合法性与有效性就会受到质疑。

班主任的个性影响力取决于三个方面：一是班主任自身对教育工作的情感体验；二是对学生产生积极影响的能力；三是高度发展的控制自己的能力。

2. 班主任的领导方式

班主任的领导方式一般可分为权威型、民主型、放任型三种类型。采用权威型领导方式的班主任，侧重于在领导与服从的关系上实施影响，由班主任自身对班级实施无条件的管理，严格监督学生执行自己所提要求的过程与结果；采用民主型领导方式的班主任，比较善于倾听学生的意见，在班级管理的过程中，不是以直接的方式管理班级，而是以间接的方式引导学生；采用放任型领导方式的班主任，主张对班级管理不要过多地干预，以容忍的态度对待班级生活中的冲突，不主动组织班级活动。民主型领导方式有利于形成良好的师生互动关系，有利于班集体的发展。

班主任的领导方式还可分为教学中心的领导方式和集体中心的领导方式。教学中心的领导方式是我国目前采用得比较多的一种班主任领导方式，这与我国学校教育对班主任工作考评的标准有关。这种领导方式最大的弊端是对人的因素不够重视，班级工作只见教学不见学生，只看学生的分数不看学生的发展。集体中心的领导方式认为，学生对集体的喜爱、期望、归属感、团结性与作业水平及学习成绩相关。因此，集体中心的领导方式主张用集体领导的手段管理班级，将班级作为教育的对象，而不是一对一地去对待每个学生。这一方式符合马卡连柯的平行教育原则，他曾说过："教育了集体，团结了集体，加强了集体，以后，集体自身就成为很大的教育力量了。"

（三）班主任是班级人际关系的艺术家

班级是存在于学校之中的一个特殊的社会组织，教育从本质上说就在于建立个人、集体与社会的实际联系，以保证个人的社会化。因此，研究班级中的交往行为，指导学生形成良好的人际关系，是班主任的重要使命之一。

1. 班级中学生交往的分类

以交往双方所承担的社会角色的不同来区分，它有学生间的交往、师生间的交往、教师间的交往；以交往双方的数量的多少来区分，它有个体与个体的交往、个体与群体的交往、群体与群体的交往。不同类型的交往对学生的发展有着不同的价值。

2. 班主任对学生交往的指导

交往是班级人际关系形成和发展的手段。班主任应悉心研究班级的人际关系，指导学生的交往活动，具体要注意以下几个方面。

（1）要把学生作为交往的主体，研究学生交往的需要和能力的差异性，指导学生正确知觉周围的人，懂得如何避免和解决冲突，营造积极的交往环境。

（2）依据班级活动的目的、任务和学生的特点，形成一个相互渗透、交互作用的多渠道、多层次、多维度的交往网络。

（3）在与学生的交往中，建立互相信任的关系。

二、班级管理的内容与方法

班主任要通过具体的工作贯彻班级管理的理念，对班集体的发展和每个学生的成长进行有效的教育、帮助和引导。班主任工作头绪复杂，班级管理的内容与方法如下。

（一）了解和研究学生

学生是班主任工作的对象，对学生的教育没有一个固定的模式。因此，班主任的工作方法要灵活多样，根据不同的事项、不同的学生灵活选择工作方法，这样才能指导得法、教育有效。

1. 了解和研究学生的内容

班主任了解和研究学生，可以从以下几个方面进行。

（1）了解和研究学生个人。包括了解和研究学生个人的思想品德状况、集体观念、劳动态度、人际关系、日常行为习惯、学习态度、学习成绩、学习方法、思维特点、智力水平、体质健康状况、个人卫生习惯、兴趣、爱好、性格，以及课外与校外活动情况等。

（2）了解和研究学生的群体关系。包括了解和研究班级风气、舆论倾向、不同层次学生的结构、同学之间的关系、学生干部情况等。

（3）了解学生的学习和生活环境。包括了解学生的家庭类型，家庭物质生活与精神生活条件，家长的职业、思想品德和文化修养，学生在家庭中的地位，家长对学生的态度等。

2. 了解和研究学生的方法

（1）通过阅读学生的有关材料来了解和研究学生，包括阅读记载学生各种情况的登记表、统计表和学生活动成果记录表等。

（2）通过对学生本人或知情者的调查访问，从各个侧面间接地了解学生，可采用个别谈话法、问卷法、座谈法等。

（3）在自然条件下，有目的、有计划地对学生在各种活动中的行为表现进行观察。

（二）组织和培养班集体

班集体不是自发形成的，它有一个发展的过程。一般认为，刚组成的教学班，经过班主任长期、系统的组织和培养，可由松散的学生群体转变成健全的班集体。组织和培养班集体是班主任工作的中心环节。组织和培养班集体大致要经过组建、初步形成和发展三个阶段。

1. 班集体的组建阶段

在新组建的班级中，同学之间、师生之间较为陌生，学生心里还没有班级的概念，群体

松散，班级吸引力差，共同目标和行为规范尚未形成。在这一阶段，班级活动都依赖班主任直接组织和指挥。实践表明，班主任在这一阶段如果抓不紧，教育引导不力，组织管理不严，班级就很容易出现松弛、涣散的现象。因此，有经验的班主任都十分重视从以下几个方面进行新的班级组建工作。

（1）抓紧时间全面了解学生，尽快熟悉班级和学生的整体情况，注意发现、选择和培养积极分子。

（2）建立班级规章制度，对学生的学习、生活提出切实可行的要求。

（3）组织和开展班级活动，促进同学之间的交流，增进了解，提高班级的吸引力。

2. 班集体的初步形成阶段

在班主任的引导和培养下，班集体出现了许多新特点，如同学之间彼此有了一定的了解，友谊加深；班级积极分子已涌现出来，集体有了骨干力量，班级核心初步形成。但是，这时的班集体还十分脆弱，班级行为规范尚未成为学生的共同需要，集体舆论还没有形成，班级目标还没有转变为全班同学共同自觉追求和行动的动力。针对这种情况，班主任应做好以下工作。

（1）把握住时机，积极向全班同学推荐干部人选，及时组建班委会，并通过精心指导和培养，逐步放手让学生干部自己组织开展班级工作，锻炼学生干部组织活动和独立工作的能力。

（2）注意继续扩大积极分子队伍，增强班级的凝聚力和号召力。

（3）重视班级规章制度的贯彻执行，培养学生自觉遵守班级行为规范的习惯，为形成良好的班风打下基础。

3. 班集体的发展阶段

在前两个阶段工作的基础上，班级群体已形成班集体，其主要标志是，班集体有了一个较稳定的、团结的领导核心，班干部能独立开展各项工作；班级目标已成为学生个体的奋斗目标，班内学生是非观念增强，正确的集体舆论和班风已形成。不过，班集体形成并不等于班主任工作结束，班集体还需要进一步巩固和不断发展，班主任要根据班级情况提出更高层次的奋斗目标，争创优秀班集体；还要针对班内学生的不同特点，充分发挥学生的特长，从整体上提高全班学生的素质。

（三）协调校内外各种教育力量

班级是一个开放的系统，学生是在多种因素纵横交错的影响下成长的。班主任要对班级实施有效的教育与管理，就必须争取校内外各种教育力量的配合，与家长、团队干部、各科教师和社会有关方面紧密配合，形成教育合力。班主任应主要做好以下工作。

1. 充分发挥本班任课教师的作用

一个人在求学过程中会遇到许多教师。学生的成长过程是多位教师通力协作教育的过程。班主任的职责之一就是协调所有任课教师的工作，充分发挥任课教师的教育力量。具体来说，班主任要做好以下工作。

（1）在班上形成尊师爱生的风气。

（2）定期联系任课教师，经常互通。

（3）调节各学科教育的负担，妥善做出全面的安排。

2. 协助和指导班级团队活动

团队的性质、任务决定了它在班集体中的核心作用，班主任有责任指导团队活动。具体来说，班主任应当做好以下工作。

（1）协助团队组织制订工作计划，班级工作计划与团队组织工作计划要步调一致。

（2）帮助团队组织落实计划，为团队组织创造开展活动的条件。

（3）帮助团队干部提高思想认识和工作能力。

3. 争取和运用家庭、社会教育力量

家庭和社会是学生成长的重要环境，班主任要积极争取家庭、社会对学校教育的支持，形成学校、家庭、社会一体化的教育力量。具体来说，班主任应做好以下工作。

（1）定期对学生家庭进行访问，举行家长座谈会，接待家长来访，了解家长和学生的全面情况。

（2）充分利用家长的教育资源，将家长的各种教育条件化为共同搞好班级工作的教育力量。

（3）争取校外各种积极的教育因素，以弥补学校教育的不足。

本章小结

本章主要是从班级、班级管理、班集体、班主任工作四个方面展开论述的。通过这一章的学习，了解了班主任工作的地位、作用、特点、内容及其方法，了解班级的功能与结构，班集体的特点与培养以及班级管理的特点，为班主任工作提供理论上和方法上的指导。

思考练习

一、单项选择题

1. 班级管理的主要模式有常规管理、平行管理、民主管理和（　　）等。

A. 目标管理　　B. 终极管理　　C. 行动管理　　D. 分组管理

2. 班级管理中进行目标管理，必须使目标具有（　　）。

A. 明确性和指向性　　B. 管理性和指向性

C. 可操作性和明确性　　D. 认同性和可操作性

3. 下面选项中不属于班级管理方法的是（　　）。

A. 调查研究法　　B. 行动研究法　　C. 情境感染法　　D. 心理疏导法

4. 班主任既通过对集体的管理去间接影响个人，又通过对个人的直接管理去影响集体，从而把对集体和个人的管理结合起来的管理方式属于（　　）。

A. 常规管理模式　　B. 平行管理模式　　C. 目标管理模式　　D. 民主管理模式

5. 下列说法中，违背班主任应具备的基本观念的是（　　）。

A. 每个学生都是独特的个体

B. 学生是班主任的服务对象

C. 评价方法多样化，注重量化评价与质性评价的结合

D. 建设班集体只需管好班级中的优等生

6. 下列行为中，不符合家访要求的是（　　）。

A. 家访的目的是与家长交流信息，而不是“告状”

B. 班主任态度要诚恳，尊重学生和家长

C. 班主任要承担责任，为学生和家长提供帮助

D. 要保证工作的有效性，只需针对问题学生进行家访

7. “每一个孩子都是一个潜在的天才儿童，要以多维度的、全面的、发展的眼光来评价学生”是（　　）理论学派的观点。

A. 人本主义　　B. 多元智能　　C. 结构主义　　D. 科学发展

8. 教育家赫尔巴特认为，教育的最高目的、教育的唯一工作与全部工作可以总结在这一概念之中——道德，进而他提出没有“无教育的教学”，这种观点说明实施班级活动的原则之一是（　　）。

A. 针对性原则　　B. 自主性原则　　C. 教育性原则　　D. 实践性原则

9. 下列选项不属于班级集体显著特征的是（　　）。

A. 明确的共同奋斗目标　　B. 和谐的人际关系

C. 相对稳定的学生群体　　D. 优良的班风和传统

二、材料分析题

1. 某小学六（3）班是全校有名的乱班，上课纪律混乱，打架成风。班上有一名“在野学生领袖”，喜好《水浒传》中的人物，爱打抱不平，常常“为朋友两肋插刀”。打架时，只要他一挥手，其他人就蜂拥而上。班上正气不能抬头，班干部显得软弱无力，全班同学的学习成绩逐步下降。

问题：

（1）如何将乱班转化为优良的班集体？

（2）如何正确对待和教育转化“在野学生领袖”？

2. 作为一名小学语文教师，我热爱我的工作，注意在学习中激发学生的学习兴趣，让他们主动参与到教学过程中来。但是，我感觉学生有的时候实在是太吵闹了。在讲课过程中，有的学生会在下面说话或插话；在自习或做练习时，有的学生会窃窃私语或自由地讨论问题；课堂讨论的时候更是难以把握，学生会争论不休；在课间休息时更是乱作一团。

问题：

如果你是这位教师，对于课堂吵闹的现象，你的基本态度和常规做法是什么？

第十二章 中小学教育研究与管理

学习目标

1. 了解教育科学研究的概念及性质。
2. 熟悉教育科学研究的原则和特点。
3. 掌握教育研究的基本过程。
4. 掌握常用的几种教育调查法。
5. 了解学校管理的基本内容。
6. 熟悉学校管理的原则和方法。
7. 熟悉学校管理的基本制度。

第一节　中小学教育研究

一、教育科学研究概述

（一）教育科学研究的概念及性质

教育科学研究是以教育问题为对象，运用科学的方法，遵循一定的研究程序，收集、整理和分析有关资料以发现和总结教育规律的过程。

教育研究同所有的科学研究一样，由三个基本要素组成，即客观事实、科学理论和方法技术。教育研究的基本性质是文化性、价值性和主体性。

（二）教育科学研究的原则和特点

1. 教育科学研究的原则

教育科学研究的原则包括：

（1）客观性原则；

（2）创新性原则；

（3）理论联系实际原则；

（4）伦理原则。

2. 教育科学研究的特点

教育科学研究既有一般科学研究的特征，也有其自身的特点，具体表现为客观性、科学性、系统性、综合性和可验证性。

（三）教育科学研究的对象和意义

1. 教育科学研究的对象和特点

教育科学研究的对象是教育问题，具体包括理论问题与实践问题。教育问题具有以下特点：复杂性、两难性、开放性、整合性与扩散性。

2. 教育科学研究的意义

教育科学研究具有推动教育改革与发展，提高教育质量，提升教师自身素质，完善和发展教育理论等意义。

（四）教师在教育研究中的优势和作用

1. 教师进行教育教学研究的优势

（1）教师工作在真实的教育教学情境之中，最了解教学的困难、问题与需求，能及时清晰地感知各种教学问题。

（2）教师与学生的共同交往构成了教师的教育教学生活，因此，教师能准确地从学生的学习中了解到自己教学的成果，了解到师生互动需要改进的方面，尤其能从教育教学现场中、从学生的文件（如考卷、作业等）中获得第一手资料，这为研究提供了良好的条件。

（3）实践性是教育教学研究的重要品性。教师是教育教学实践的主体，针对具体的、真实的问题所采取的变革尝试，能够在实践中得到检验，进而产生自己的知识，建构适合情境的教学理论。

2. 教师在教育研究中的作用

教师作为一个研究者，能够进入研究状态，以研究的态度、行为来对待教育教学工作，意义重大。其意义主要从以下几个方面表现出来。

（1）教师的教育研究有利于解决教育教学实际问题，提高教育教学质量。

（2）教师的教育研究可以使课程、教学与教师真正融为一体。

（3）教师的教育研究是教育科学发展的需要。

（4）教师的教育研究可以促进教师专业成长与发展，不断提升教师的自我更新能力和可持续发展能力，增强教师职业的价值感和尊严感。

（5）教师的教育研究有利于教师不断积累实践知识。

（6）教师的教育研究有利于提高学校办学品位，形成学校办学特色。

二、教育科学研究的基本过程

（一）选择研究课题

研究课题可以来源于教育实践，也可以来源于教育理论。

从教育实践出发，教育研究课题产生的途径有从社会变革与发展需要中提出课题，从日常的教育实践活动中发现课题，从教育实践的变革与发展中提出课题。从教育理论出发，教育研究课题的来源有：承袭已有的研究成果来探究新的问题；在理论空白处挖掘问题；在理论观点的争议中寻找问题；以反其道而行之开拓问题；在阅读理论、审视理论的过程中构思研究问题；各级课题指南。

一个好的研究课题必须有价值，有科学的现实性，明确具体，新颖、有独创性，有可行性。

（二）教育文献的分类、检索和综述

1. 教育文献的分类

（1）按教育科学文献的来源及其公开性划分可分为正式文献和非正式文献。

正式文献指专著、论文、科学研究报告和总结、丛书、学报、专刊、文集、统计材料、表册、年鉴以及与研究问题有关的教材、参考书等，还包括党和国家的政策法规、正式出版物以及教育行政主管部门、学校等的工作计划、工作总结、指示、决定等。

非正式文献指未正式出版的各种材料，以及私人通信、日记、个人声明等。

（2）按文献的表现形式划分，可分为统计资料、文字资料、音像资料和实物资料。

（3）按文献的功能划分，可分为事实性文献、工具性文献、理论性文献、政策性文献和经验性文献。

事实性文献是指专门为教育科学研究提供教育类事实证据的文献，包括古今中外已被发现和证实的各种形式、各种内容的事实资料，如教育类文物、教育史学专著、各种测验量表、各类教育实验报告、教育名家教育实录等。

工具性文献是指专门为教育科学研究提供检索咨询的文献，包括工具书、网上检索查询资料、学术动态综述等。

理论性文献是指专门为教育科学研究提供理性认识的文献，包括教育专著、论文、文集、教育家评传、方法论著作等。

政策性文献是指专门为教育科学研究提供政策依据的文献，包括规章制度、政府文件与统计资料等。

经验性文献是指专门为教育科学研究提供感性认识的文献，指调查报告、工作总结、经验、教育参考书、各级各类学校的教科书、教学大纲等。

（4）按文献的处理、加工程度划分，可分为一次文献、二次文献和三次文献。

一次文献包括专著、论文、调查报告、档案材料等以作者本人的实践为依据而创作的原始文献，是直接记录事件经过、研究成果、新知识、新技术的文献，具有创造性，有很高的直接参考和借鉴使用价值，但它储存分散、不成系统。

二次文献是对原始文献加工、整理，使之系统化、条理化的检索性文献，一般包括题录、书目索引、提要和文摘等。二次文献具有报告性、汇编性和简明性，是对一次文献的认识和再加工，是检索工具的主要组成部分。

三次文献是在利用二次文献的基础上对某个范围内的一次文献进行广泛深入分析研究之后，综合浓缩而成的参考性文献，包括进行动态综述性文献、专题评述、数据手册、年度百科大全及专题研究报告等。这类叙述性文献全面、浓缩度高、覆盖面广、信息量大、内容新颖，具有综合性、浓缩性和参考性特点。

2. 教育文献检索的作用、查阅方法及要求

（1）教育文献检索的作用。在教育研究过程中，文献检索是必不可少的步骤，它贯穿

于教育研究的全过程。文献检索的作用如下。

①可以从整体上了解研究的发展动向与结果，把握要研究的内容。

②可以吸取前人研究的经验教训，避免重复研究。

③可以澄清研究问题并界定变量。

④可以为如何进行研究提供思路和方法。

⑤可以综合前人的研究信息，获得初步结论。

教育文献检索的基本过程包括分析和准备阶段（明确检索主题）、搜索阶段（搜索与所研究问题有关的文献）、加工阶段。

（2）查阅教育文献的方法。查阅文献资料的途径很多，既可利用目录、索引、文摘等检索工具进行，也可利用联机检索、光盘检索、上网检索等计算机检索方法进行。网络检索是文献检索的基本方法，包括顺查法（以课题研究事件发生的时间为起点，按事件发展的时序，由远及近地查找有关资料）、逆查法（以目前研究的时间为起点，按照由近及远的顺序查找有关资料）、引文查找法（以现有的与研究课题有关的资料为依据，以其中的引文和附录为线索，来查找所需要的资料，是一种“滚雪球式”的方法）、综合查找法（综合地运用各种方法，全面、准确、迅速地查找有关资料）。

（3）教育文献检索的要求。

①文献检索的指向性。在进行文献检索时，要体现出明确具体的方向，依据教育研究的目的、范围去搜索查找所需的文献资料。例如，我们可以从学校德育工作、班主任工作、教学改革、心理健康、创新教育等方面集中查找所需要的文献资料。

②查阅要具有全面性。通过浏览，不仅要广泛查阅特定范围内的国内外有关研究成果，而且要把视野放宽，广泛浏览特定范围以外的有关研究成果。不仅要搜集与自己观点一致的材料，也要搜集那些与自己观点不一致，或与自己构思相矛盾的材料，以便及时掌握最新的研究资料和动向。特别是要着力搜集第一手资料，以保证研究的客观性、全面性。

③查阅要具有准确性。通过细读，基本掌握50年来，特别是近20年来教育领域内讨论过哪些问题，有哪些分歧意见，有哪些代表人物和主要著作，主要倾向是什么。要认真推敲观点和论据，并加以记录。真理是由争论确立的，历史的事实是在矛盾的陈述中清理出来的。

④勤于积累。应养成不断学习、善于积累的好习惯，并有意识地培养自己读书治学的能力，掌握查阅文献的方法，逐步积累自己所需要的资料目录；还要善于做摘要、札记、卡片，编制自己的文摘、提要、综述，建立个人资料库，同时又要会使用国家的信息库。

⑤善于思考。要批判性地阅读，对文献做进一步的分析综合，做到在批判中继承、在扬弃中创新，将“死”书读“活”，这就不仅需要有与研究问题有关的知识储备，而且必须依靠理论思维，在阅读中进行比较、分析、联想和构思，从而产生解决问题的新思路、新观点。文献资料要经过去粗取精、去伪存真，由表及里地改造制作。要舍弃成见，在理论联系实际的基础上锻炼和提高对资料真伪和价值的判断力和敏锐性，进行创造性的理论思维。这样，才能有所创新。

3. 教育文献综述

（1）教育文献综述的内涵。对于比较正规的教育科研或较大研究课题来说，完成文献资料的阅览之后，还要撰写文献资料综述，也就是在对文献进行整理、阅读、思考、分析、综合、概括的基础上，用自己的语言将与研究课题有关的文献内容叙述出来，在叙述的同时可以根据需要进行评论。它包括四个方面：问题的提出，说明查阅文献资料的目的及研究的问题；研究方法，确定文献资料的分析范围、分析维度和分析程序；正文部分，是文献综述的主体部分；主要文献目录，包括专著及论文。

(2) 教育文献综述的类型。文献综述有两种类型：一种是叙述性文献综述，另一种是述评性文献综述。

在做叙述性文献综述时，可以根据需要进行必要的组织和构思，但观点、数据必须忠于原文，文中不能加进综述者自己的观点，更不能修改数据。

在做述评性文献综述时，虽可以加进综述者的观点，但综述者观点所占的篇幅不宜过大，同时要将综述者的观点独立开来，放在最后，让读者一眼就能看出哪些是文献中的观点，哪些是综述者的观点。文献综述的长度可以依据研究报告的类型而定。

(三) 制订研究计划

1. 研究计划的内涵

研究计划是研究工作进行之初所做的书面规划，是关于如何进行研究的具体设想，是研究实施的蓝图，是实现研究目的的前提。撰写研究计划，首先必须了解研究计划的基本要求和写作形式。基本要求可以概括为以下四个问题：研究什么，为什么研究，怎样研究，预计成效。

2. 研究计划的内容

一份研究计划要包括以下内容。

(1) 研究题目。

(2) 对研究课题目的及意义的简单说明。

(3) 课题研究的基本内容。

(4) 课题的研究思路和方法，研究工作方案和进度计划。

(5) 研究课题已具备的工作基础和相关条件。

(6) 研究成果的预计取向及适用范围。

(7) 经费概算及需购置的仪器设备。

3. 制订研究计划要做的工作

制订研究计划时，要做的工作包括确定研究类型和方法，选择研究对象，分析研究变量，形成研究方案。

(四) 教育研究资料的收集、整理与分析

1. 收集研究资料

收集研究资料是指研究者在实施研究计划的过程中所得到的现实资料。

收集资料是研究的主要任务和研究基础。一般来说，教育研究资料的收集主要有两个渠道：一是采用问卷、访谈、测量、个案、观察等方法直接搜集资料；二是从现成的文献资料入手，在有关的文件、档案、作品中收集有关资料。

2. 整理研究资料

资料整理是根据调查、研究的目的，对收集和调查研究所得的资料进行科学的审核、分类、汇总和再加工的过程。资料整理有助于保证资料的可靠性，使研究资料和数据系统化、

条理化，便于保存。

3. 分析研究资料

（1）分析研究资料的内涵及步骤。分析研究资料就是对收集到的教育事实和数据进行整理和分析，进行理性地加工处理。分析研究资料的基本步骤包括阅读资料、筛选资料、解释资料。

（2）分析研究资料的两种方式：定性分析和定量分析。

定性分析就是通过分类处理文字描述资料，分析研究对象是否具有某种性质，分析某种现象变化的原因及变化的过程，从而揭示教育现象和规律。

定量分析就是将丰富的现象材料，用数量化的形式表现出来，借助教育统计方法进行处理，找出描述现象中存在的共同特征，并对变量间的关系进行假设检验。定量分析是教育研究走向成熟的重要标志，它常常可以消除一些无谓的争论，验证和确认定性的结论。

（五）教育研究报告的撰写

撰写教育研究报告是从事某项教育研究活动的最后环节，其目的在于总结研究工作，集中反映研究结果，提供研究的信息，以丰富教育理论，推进教育实践。下面简要介绍一般教育学术论文、教育调查报告、教育实验报告和教育经验总结报告的撰写。

1. 一般教育学术论文的撰写

（1）基本内涵。这里所说的一般教育学术论文，指的是对教育理论或教育实践中的某个问题，通过各种途径和方法，进行科学的探索或思考而写成的以论述为主的文章，目的是在适当报刊公开发表。

（2）基本结构。一般教育学术论文的结构，由题目、署名、摘要、关键词、前言、正文、结论、注释（或参考文献）等组成。其中，前言、正文和结论构成论文的主体。

2. 教育调查报告的撰写

（1）基本内涵。教育调查报告是在一定的教育思想指导下，通过对教育调查材料的整理、分析而写成的有事实、有分析、有理论观点的文章。教育调查报告具有真实性、针对性、新颖性、时效性等特点。根据调查报告内容的不同，常见的教育调查报告有概况调查报告、专题调查报告、典型经验调查报告、揭露问题调查报告、历史考察调查报告、政策研究调查报告等。

（2）基本结构。上述各种类型的调查报告，一般由标题、前言、主体、结尾四部分构成。

①标题。标题即题目，通常有三种写法。

第一种，用调查对象和主要问题作为标题，如《湖北省小学生龋齿情况的调查》。这种标题简明、客观、朴实，但不够生动，缺乏吸引力。

第二种，用一定的判断或评价作为标题，如《应试教育所产生的苦果》。这种标题的优点是能较好地表明作者的态度，也能揭示主题，有吸引力。但是，调查对象不够明确。所以，采用这种标题时，最好在上述主标题下加个副标题，如《——××中学教育情况调查》。

第三种，用提问作为标题，如《××县学龄儿童入学率低的原因何在》。这类标题比较尖锐、鲜明，有较大的吸引力，常用于揭露问题的调查报告。

②前言。教育调查报告的前言一般有以下几种写法。

第一种，目的直述法，即在前言中着重说明调查的主要目的和宗旨。这种写法有利于读者具体把握调查报告的主要宗旨和基本精神。

第二种，情况交代法，即在前言中着重说明调查工作的具体情况。这种写法有利于读者了解调查工作的历史条件。

第三种，结论先行法，即开门见山、单刀直入，直接把调查结论写在开头处，使人一目了然。

第四种，提问设悬念法，即一开头就提出问题，设下悬念，以增强文章的吸引力。

③主体。主体是调查报告的主干，它写得如何，直接决定调查报告的质量和作用。调查报告主体部分的结构，常见的有纵式结构（按时间）、横式结构（按事件）、纵横交叉式结构。

④结尾。教育调查报告的结尾一般有以下几种写法。

第一种，概括主题、深化主题，即概括地说明全篇报告的主要观点，进一步深化主题，增强说服力和感染力。

第二种，总结经验，形成结论，即根据调查实况，总结出工作的经验，得出结论。

第三种，指出问题，提出建议，即根据调查实况，指出存在的问题，提出改进工作的具体意见。

第四种，展望未来，说明意义，即由此及彼，扩展开去，指出调查问题的重要意义。

3. 教育实验报告的撰写

（1）基本内涵。教育实验报告是以书面形式反映教育实验过程和结果的一种研究报告。根据实验控制情形来划分，可分为控制情景实验报告和自然情景实验报告。

（2）基本结构。教育实验报告一般由题目、问题的提出、研究方法、实验结果、讨论与参与、参考资料六部分组成。

4. 教育经验总结报告的撰写

（1）基本内涵。教育经验总结报告所依据的完全是教育实践所提供的事实，它通过对教育实践中鲜活的教育现象的深入分析和总结，使之上升到教育理论的高度，从而揭示教育实践的客观规律。

（2）基本结构。教育经验报告的结构由标题、前言、正文、结尾四部分组成。

5. 常用的研究报告的基本结构

（1）题目。题目是指报告的标题或者课题名称，一般通过简练确切、鲜明的文字概括全篇内容，说明研究范围。题目的写法有三种，一是类似于文章标题的写法，二是类似于公文标题的写法，三是用正副标题的写法。

（2）引言。引言往往简明扼要地说明目的、背景、价值和意义等，交代研究方法，报告研究的主要内容，使读者对报告获得总体的认识，或提出社会、师生所关注和迫切需要了解和调查的问题，以引起关注。

（3）正文。正文是报告的主体部分，一般要求客观、真实地对研究材料和数据进行分析。正文是体现研究成果和学术水平的主要部分，要获得大量材料，经过分析整理，归纳出若干项目、条分缕析地叙述，做到数据确凿、事例典型、材料可靠、观点明确。

（4）结论。结论就是对问题给出答案，简单交代研究了什么问题，获得了什么结果，

说明了什么问题。其目的是说明全文结果的科学意义，而不是对正文各段小结的简单重复。

（5）参考资料和附录。参考资料和附录是对报告中所引用的资料注明出处。参考文献是反映报告作者的科学态度和报告真实的科学依据，也能反映这个研究的起点和深度，是对他人劳动成果的尊重，同时也方便读者检索和查找有关资料。

6. 教育研究报告撰写的基本要求

教育研究报告撰写的基本要求如下。

（1）在科学求实的基础上创新。

（2）观点和材料一致。

（3）在独立思考的基础上借鉴吸收。

（4）书写格式符合规范，文字精练、简洁，表达准确完整。

（六）小学教育科学研究的基本方法

1. 历史研究法

（1）历史研究法的内涵。所谓历史研究法，就是要从事物发生和发展的过程中去进行考察，以弄清它的实质和发展规律。历史研究法的运用极其广泛，由于教育是一种社会现象，而一切教育现象都有一个发生与发展的过程。所以我们要了解教育的某一问题，探求教育发展的规律，总结学校和教师的教育经验，都需要运用历史研究法进行研究。

（2）历史研究法的一般步骤。

第一步，搜集史料。史料包括文字的和非文字的两种。对教育问题的研究，不仅应查阅教育的史料，还应查阅与教育有关的政治、经济、文化、科技等方面的史料，以便更加全面深入地研究问题。

第二步，鉴别史料。历史的资料常有不可靠的成分，在研究问题时，应对搜集到的史料进行鉴别，去伪存真。

第三步，对史料进行分类。或按时间的先后，或按政治、经济、文化、教育的性质，或按地域、民族的不同进行分类，便于问题的研究。

（3）运用历史研究法研究教育问题要注意的事项。

在运用历史研究法研究教育问题时，要坚持全面分析的方法，要把历史分析和阶级分析结合起来，要正确处理批判与继承的关系。

2. 文献研究法

（1）文献研究法的内涵。文献研究法就是对教育文献进行查阅、分析、整理，从而探索教育问题的一种研究方法。它既可以作为一种单独的研究方法，又是其他教育研究的初步工作方法。一般研究工作都采用文献研究法。

（2）文献研究法的一般步骤。运用文献研究法时，一个重要问题就是资料的收集。一般而言，收集资料的途径主要是互联网、图书馆、档案馆、博物馆、展览馆、资料室，以及与同行联系，参加各种学术会议，自己购买书报杂志等。在收集资料时，必须注意：要重视收集第一手资料；不但要收集观点一致的资料，还要收集观点不一致的资料，以利于比较分析，避免偏颇。采取逆时法（也称倒查法），即在时间上要从现在查到过去，因为新的文献总是要运用以前的资料。

3. 教育观察法

（1）教育观察法的内涵。教育观察法是指人们有目的、有计划地通过感官和辅助仪器，对处于自然状态下的客观事物进行系统考察，从而获取经验事实的一种科学研究方法。教育观察法是教育科学研究广泛使用的一种方法。教育观察法不限于肉眼观察、耳听手记，还可以利用视听工具，如录音机、录像机、电影机等。

（2）教育观察法的特点。

①目的性：即在观察过程中要有明确的观察目的。

②自然性：即在观察过程中对观察对象不加任何干预控制。

③翔实性：观察要有翔实的观察记录。

④能动性：观察要求事先制订提纲和程序，规定观察的时间和内容，选择典型对象，全面地把握研究对象并科学分析、判断和理解观察结果。

（3）教育观察法的类型。

①根据观察的情境条件，可分为自然观察法和实验观察法。

②根据观察时是否借助仪器设备，可分为直接观察法和间接观察法。

③根据观察者是否直接参与被观察者所从事的活动，可分为参与观察法和非参与观察法。参与性观察法是研究者直接进入所观察对象的群体中，在不暴露研究者身份的前提下，在参与观察对象的活动的过程中，进行隐蔽性观察研究的一种方法。而非参与性观察法是指研究者作为局外人，公开或者秘密地旁观研究对象的活动的一种方法。

④根据观察的内容是否有统一设计的、有一定结构的观察项目和要求，可分为结构性观察和非结构性观察。

⑤根据观察的内容是否连续完整以及观察记录的方式，可分为叙述观察法、取样观察法和评价观察法。

（4）教育观察法的一般步骤。

第一步，界定研究问题，明确观察的目的和意义。第二步，编制观察提纲，进入研究情境。第三步，实施观察，收集、记录资料。第四步，分析资料，得出研究结论。

（5）教育观察法的优缺点。教育观察法的优点：可以在自然状态下获取教育事实数据；不干扰观察对象的自然表现，可以获得客观、真实的数据；可以对同一观察对象进行较长时间的跟踪研究。教育观察法的不足之处有：取样小，教育观察研究法一般限于小样本的研究；所获材料具有一定的表面性；观察缺乏控制，不能说明所观察到的现象的因果关系。

4. 教育调查法

（1）教育调查法的内涵。教育调查法是在教育理论指导下，通过运用观察、列表、问卷、访谈、个案研究以及测验等方式收集教育问题的资料，从而对教育的现状做出科学分析，并提出具体建议的一整套实践活动。在教育调查研究中，常用的调查方法有查阅资料、问卷法、开调查会、访谈法和调查表法，其中最基本、使用最广泛的是问卷调查。

（2）教育调查法的类型。依据调查的对象，教育调查分为全面调查、重点调查、抽样调查和个案调查。

全面调查就是调查某一事物和现象的全面情况。

重点调查是选择一部分能反映研究对象特征的单位进行调查。

抽样调查是从总体所包含的全部个体中随机抽出一部分个体作为调查的对象，借以推断、

说明总体情况的一种调查。个案调查是对一个单位、一个事件或一个学生的情况进行调查。

（3）常用的教育调查法：

①抽样调查法。抽样调查法包括简单随机抽样法、系统抽样法、分层抽样法、有意抽样法。

采用简单随机抽样法时，对全部样本进行随机抽取，每个样本被抽到的概率一样。

采用系统抽样法时，首先将总体中各单位按一定顺序排列，根据样本容量要求确定抽选间隔，然后随机确定起点，每隔一定的间隔抽取一个单位的一种抽样方式（如5，10，15，20，25）。

如分层抽样法，则将总体划分为若干个同质层，再在各层内随机抽样（一般按年级、性别进行随机抽样）。

有意抽样法也称按目的抽样法，主要根据选取对象的特殊性进行目的性（有意性）抽样。比如，要研究特殊儿童（聋哑、盲弱视、智障者）学习特点，或超常儿童的学习特点，就必须将特殊儿童作为抽样对象（称有偏取样）。

②问卷调查法。问卷调查法是以书面提出问题的方式收集资料的一种研究方法，它是教育科学研究中收集资料最基本、最常用的方法之一。

问卷由标题、指导语、问题和结束语四部分构成。标题是对问卷内容高度概括；指导语包括三部分——称谓与问候语、问卷的性质或目的、回答问题的方式；问题是问卷的主体部分，包括题干和选项；结束语一般是对答卷者表示感谢，有些情况下也可以提出一两个开放性的问题，以便收集更详尽的信息。

问卷题型设计应遵循非歧义性原则、非压力性原则、非诱导性原则、清晰性原则、穷尽原则。问卷的问题包括开放式问题、封闭式问题及半封闭式问题等几种。

③访谈调查法。访谈调查法是研究者通过与研究对象有目的地进行交谈来收集研究资料的一种方法。

根据访谈过程是否有经过严格设计的访谈问卷和访谈提纲或实际访谈时是否严格按照计划进行，可分为结构性访谈、非结构性访谈和半结构性访谈；根据某一问题对同一访谈对象进行访谈的时间或次数，可分为一次性访谈和重复性访谈；根据访谈者一次访谈对象的多少，可分为个别访谈和集体访谈。

访谈调查法的实施过程包括选择访谈对象，准备访谈提纲和访谈计划，正式访谈。

访谈调查法的优点有较为灵活，能深入了解被访者的心理感受，可观察表情、动作等体态语言，容易进行深入调查。缺点是时间和精力代价比较高，访谈结果不易量化等。

（4）教育调查法的一般步骤：

第一步，确定调查课题；第二步，选择调查对象；第三步，确定调查方法和手段，编制和选用调查工具；第四步，制订调查计划；第五步，实施调查；第六步，整理、分析调查资料，撰写调查报告。

（5）调查报告的结构。

①题目：介绍调查主题与对象。

②引言：阐述调查目的、意义、任务、时间、地点、对象、范围、取样等。

③正文：主体部分，把调查获得的大量材料整理统计分析后，归纳出若干项目进行叙述。

④讨论与建议：依据正文的科学分析，对调查的结果进行进一步阐述，亮出自己的观

点，针对调查结果写出对教育教学工作进行改进的意见和措施。

⑤结论：通过逻辑推理，归纳出结论。简单交代调查研究了什么，得到了什么结果，说明了什么问题。

（6）教育调查法的优缺点。教育调查法最突出的优点是可以深入了解教育现状，发现问题，弄清事实，为教育行政部门制定教育政策、教育规划及为教育改革提供事实依据。

教育调查法的局限性有：调查往往只是表面的，难以确定其因果关系；调查的成功往往取决于被调查者的合作态度，更多地受制于研究对象；调查的可靠性有一定限制，调查者的主观倾向、态度都有可能影响被调查者，使调查的客观性降低。

5. 教育实验法

（1）教育实验法的内涵。教育实验研究法是根据研究目的，运用一定的人为手段，主动干预和控制研究对象的发生、发展过程，通过观察、测量、比较等方式探索、验证所研究现象因果关系的研究方法。实验研究的目的是发现事物间的因果关系，是各类研究中唯一能确定因果关系的研究方法。

（2）教育实验法的基本性质。

教育实验法的基本性质如下。

①教育实验必须要有一个理论假说。

②实验的根本目的在于揭示变量之间的因果关系。

③实验必须控制某些条件。

④真正的科学的实验是可以重复验证实验结果的。

（3）教育实验法的基本类型。教育实验法具有多种分类标准，根据不同的标准可分为不同的类型。

①按照实验研究的目的，可分为探索性实验、验证性实验和改造性实验。

②根据对实验的控制程度，可分为前实验、准实验和真实验。

③根据实验环境的不同，可分为实验室实验和自然实验。

④根据分配方法，可分为等组实验、单组实验和轮组实验。

⑤根据自变量因素的多少，可分为单因素实验和多因素实验。

（4）教育实验研究的基本过程。

①提出实验的假说。

②设置变量。实验中的变量一般分为三种：自变量，又叫原因变量，是由研究者主动操纵而变化的变量，是引起变化的原因；因变量，是自变量作用于被试之后产生的效应，是结果变量；无关变量，指研究者操纵的自变量和将要测定的因变量以外的一切变量。

③选择实验被试，选择适当的实验组织形式。

④对实验组实施干预，同时严密控制无关变量。

⑤实验进行一个轮次或一个阶段，对因变量进行后效测试（后测），并对结果进行比较。

⑥检验课题假说能否成立。

（5）教育实验法的优点。

①能确立因果关系，认识事物的本质和规律。

②研究结果客观、准确、可靠。

③能对变量进行控制，提高研究的信度。

④能为理论的构建提供佐证和说明。

⑤能将实验变量和其他变量的影响分离开来。

⑥严密的逻辑性是其他研究方法难以比拟的。

（6）实验教育法的缺点。

①应用范围有限，有些问题难以用实验的方法来解决。

②可能会有伪造的痕迹，实验的结果不一定就是现实的结果，缺乏生态效应等。

6. 教育行动研究

（1）教育行动研究的概念。教育行动研究是指实际工作中基于解决实际问题的需要，与专家、学者及本单位的成员共同合作，将实际问题作为研究的主题，进行系统研究，以解决实际问题的一种研究方法。

（2）教育行动研究的特点。教育行动研究的特点可以概括为：为教育行动而研究，在教育行动中研究，由教育行动者研究。其中，为教育行动而研究指出了教育研究的目的，行动研究以提高行动质量、解决实际问题为首要目标；在教育行动中研究指出了研究的情境和研究的方式，行动研究以行动过程与研究过程的结合为主要表现形式；由教育行动者研究指出了教育行动研究的主体，主要是教师。

（3）教育行动研究的基本程序和步骤。

①计划。计划指以大量事实和调查研究为前提，制订总体规划和每一步具体的行动方案。这一阶段要完成的任务是明确问题、分析问题、制订计划。

②行动。行动指计划的实施，它是行动研究的核心步骤。

③观察。观察是指对行动的过程和结果、行动的背景、影响因素以及行动者特点进行全面考察。

④反思。在反思过程中，要注意对自己的实践和行动进行批判性思考，即对行动的过程和结果做出判断，对有关现象和原因进行分析解释，以提高思考的质量。

（4）教育行动研究的优缺点。

教育行动研究的优点包括：灵活，能适时做出反馈与调整；能将理论研究与实践问题结合起来；对解决实际问题有效。

教育行动研究的缺点包括：研究过程松散、随意，缺乏系统性，影响研究的可靠性；研究样本受具体情境的限制，缺少控制，影响研究的代表性。

7. 教育叙事研究

（1）教育叙事研究的内涵。教育叙事研究是抓住人类经验的故事性特征进行研究并用故事的形式呈现研究结果的一种研究方式。叙事研究所关注的是在一定的场景和实践中所发生的故事，以及主人公是如何思考、筹划、应对、感受、理解的，即教育主体叙述教育教学中的真实情境的过程，是通过讲述教育故事，体悟教育真谛的一种研究方法。通过教育叙事展开对现象的思索，即通过对问题的研究，将一个客观的过程、真实的体验、主观的阐释有机融为一体的一种教育经验的发现和揭示过程。

（2）教育叙事研究的类型。

①根据教育叙事研究的主体，可分为教师自陈式叙事和他人记叙式叙事。

②根据教育叙事研究的内容，可分为教学叙事、生活叙事和自传叙事。

③根据教育叙事研究的方式，可分为调查叙事研究、经验叙事研究和历史叙事研究。

④根据教育叙事研究结果的呈现形式，可分为教育传记、教育自传、教育故事、教育小说、教育电影和教育寓言。

(3) 教育叙事研究的操作步骤。

第一步，观察并提出问题。

第二步，进行记录与描述事件。

第三步，反思与分析。

第四步，总结与提升。

第五步，交流与评价。

(4) 教育叙事研究的优缺点。

教育叙事研究的优点有：易于操作，接近日常生活与思维方式，能创造性地再现事件场景和过程，具有人文气息，易于理解，引人深思。

教育叙事研究的缺点包括：容易遗漏事件中的一些重要信息，收集的材料可能不容易与故事的线索相吻合，难以使读者身临其境。

第二节　学校管理

一、学校管理概述

(一) 学校管理的概念

学校管理是学校管理者在一定社会环境条件下，遵循教育规律，采用一定的手段和措施，带领和引导师生员工，充分利用校内外的资源和条件，为有效实现工作目标而进行的一种组织活动。

(二) 学校管理的基本要素

学校管理是由管理者、管理手段和管理对象三个基本要素组成的。

1. 学校管理者

学校管理者主要是指学校的正副校长及各个职能部门的负责人，此外也包括学校的教职员工。

2. 学校管理手段

学校管理手段主要包括学校的组织机构和规章制度。目前学校的领导体制是校长负责制。

3. 学校管理对象

学校管理对象是指学校的人、财、物、事（工作）、信息、时间和空间等，这些是学校管理活动的客体或被管理者。

(三) 学校管理的基本内容

小学管理的基本内容包括思想品德教育管理、教务行政管理、教学工作管理和总务工作管理。

1. 思想品德教育管理

思想品德教育管理包括以下内容。

（1）制订学生思想品德教育计划。

（2）抓好班主任工作。

（3）上好政治课，充分发挥共青团、少先队和学生会的作用。

（4）加强与学生家长及校外教育机关的联系，并要求他们密切配合。

2. 教务行政管理

教务行政管理是指教导处的具体业务工作，主要有招生、编班、排课表、学籍管理与成绩统计、管理图书仪器和编制教务表册等。

3. 教学工作管理

教学工作管理是学校管理工作的核心。教学工作管理的主要内容和方法有：抓好教学组织工作；领导好教研组工作，督促检查和指导教学工作。

4. 总务工作管理

总务工作管理包括校舍的建设、维修，设备的购置、管理，以及生活福利工作和财务管理工作。

（四）学校管理的过程

学校管理的过程包括计划、实施、检查和总结四个基本环节。

1. 计划

学校管理的起始环节是制订学校工作计划。计划是全校人员的行动纲领，是管理过程起始环节的依据。计划包括学校工作计划、部门工作计划、教研组工作计划、班主任工作计划、少先队工作计划等。其中，学校工作计划规定学校工作的总任务和总要求，是制订其他各项计划的依据。

2. 实施

实施是将计划变为行动，是管理过程的中心环节。

实施计划是学校全体员工的责任，各机构成员都必须按计划做好自己的本职工作，完成规定的任务。在实施过程中，学校领导要做好组织、指导、协调、激励等工作。

3. 检查

检查是了解计划执行的情况，发现和解决问题，以期获得良好效果。

检查分经常检查和定期检查、自上而下的检查和自下而上的检查、互相检查和自我检查等。检查常用的方法有听课、观察、谈话、资料分析、举行会议、听取汇报、质量评估等。

4. 总结

学校工作总结是对学校教育工作和管理工作的质量进行实事求是的评估，把工作的主要经验加以总结，以便得到推广，并从失误中取得教训，从而进一步改进学校工作。总结一般分全面总结和专题总结两类。

做好总结，需要注意以下几点。

（1）总结要以实际效果为依据。

(2) 要在日常检查的基础上进行。

(3) 要抓住重点问题进行总结。

(4) 要善于依靠群众。

(5) 总结工作要与交流经验、评选先进、表彰先进结合起来，以收到更好的总结效果。

(五) 学校管理的原则与方法

1. 学校管理的原则

学校管理原则是根据学校管理规律以及教育理念提出、学校管理者观察和处理学校管理过程中各种问题的行为准则。

(1) 方向性原则。方向性原则是指学校管理工作坚持社会主义的办学方向，加强党对学校工作领导的行为准则。贯彻方向性原则的要求是：明确目标，把握全局，平衡内外。

(2) 科学性原则。科学性原则是指学校领导以科学理论为指导，按照党和政府的要求，遵循教育的客观性规律和发展趋势，从学校实际出发进行管理的准则。

(3) 民主性原则。民主性原则是指调动全体教职工的积极性和创造性，使之共同参与、监督学校管理工作的行为准则。贯彻民主性原则的要求是：树立相信教师、依靠教师的思想；实行民主管理，充分发挥教职工代表大会的作用；把民主和集中统一起来。

(4) 教育性原则。教育性原则是指学校管理过程中，时时体现教育性，处处着眼于育人的行为准则。

(5) 规范性原则。规范性原则是指通过编制各种管理计划，建立健全学校的各项规章制度，组织、协调、控制学校的常规管理活动，提高管理效率和质量的行为准则。

(6) 系统性原则。系统性原则是指以实现学校整体目标为主，协调各部分之间的关系，达到学校管理最优化的行为准则。贯彻系统性原则的要求是：抓住中心，带动全体；全面安排，协调配合。

(7) 效益性原则。效益性原则是指充分利用人力、物力、财力、时间、空间、信息等资源，以最小代价换取最大收益的行为准则。

(8) 动态性原则。动态性原则是指在学校管理过程中，根据管理条件的变化，及时调整管理策略与方法的行为准则。

(9) 责任制原则。责任制原则是指学校管理的各项工作由专人负责，明确规定岗位职责范围进行管理。

2. 学校管理的方法

学校管理方法是指各种能够实现管理职能，达到管理目标，确保管理活动顺利进行的手段、途径和措施。一般来说，学校管理方法可以分为以下几类。

(1) 行政管理方法。行政管理方法是指依靠行政组织和领导者的权力，通过强制性的行政指令等手段直接对管理对象施加影响，按行政系统进行管理的方法。行政管理方法的运用要求是：

①突出学校管理目标导向；

②适当集权，做到大权独揽、小权分散；

③按照系统原则建立一套严密的组织机构，保证集权的实现和指令的贯彻执行；

④要处理好跨度和层次的关系；

⑤责、权高度一致；

⑥要提高学校领导管理人员的素质。

（2）依法管理。依法管理指运用法律和国家机关制定的具有强制力的法规、规章制度来进行管理。依法管理主要有：

①加强法制理论学习，树立依法治校的观念；

②依法治校，保障学校自主、教学自由；

③树立法制的权威性，有法必依，执法必严，违法必究，做到人人知法、守法；

④加强法律意识、教育规章与学校制度的宣传；

⑤加强教育法律法规的监督。

（3）思想教育方法。思想教育方法是指通过宣传正确的精神观念，从真理性方面启发人们的理想，使之成为人们行动的动机，从而为实现学校目标而自觉努力的方法。思想教育方法的运用要求有：

①要有科学性；

②要有针对性；

③用表扬与批评的方法；

④保持思想教育工作的“弹性”；

⑤说服教育和其他方式相结合。

（4）经济方法。经济方法即物质效益的方法，是指把物质作为激励动力，按照经济规律的要求，运用经济手段来实施管理。经济方法的运用要求有：

①物质激励与精神激励相结合；

②要提高运用经济方法的科学化水平，讲求经济方法的有效性；

③要综合运用经济方法，如结构工资制度、福利待遇等。

（5）学术方法。学术方法是对学校中的教学研究等学术工作进行管理的方法，对学术工作的管理不应使用简单的行政命令手段，而应贯彻“百花齐放、百家争鸣”的方针。

（六）学校管理的目标与基本途径

1. 学校绩效是学校管理的目标

学校绩效是指学校功能发挥所产生的实际效果，是管理有效的重要标志。小学的绩效一般包括学校工作任务完成情况、工作效率、工作效益等，同时还包括学校所有成员知识技能、工作态度和工作成果等各个方面的基本状况，以及由以上诸方面所反映的学校组织及其人员的素质，对环境变化所表现出来的适应能力和对社会需求的满足程度等。

2. 沟通是学校管理的基本途径

沟通是信息在发送者和接受者之间进行交换的过程。管理系统中的层级越高，管理工作中沟通所占的比例就越大。沟通对于学校管理来说，有信息传递、控制、激励、情感交流的功能。沟通有正式沟通和非正式沟通两种。

二、我国小学的组织与运行

（一）学校组织

学校是国家为实施有组织、有目的、有计划的教育而创办的一种特殊的、正式的规范性社会组织，其目的是为儿童和青少年提供适当的身心发展环境，使其顺利完成社会化进程，成功地参与社会生活。

1. 学校组织的特点

学校组织具有以下特点。

（1）从学校组织内部系统剖析，学校组织从总体上来说是一个松散结合的组织。

（2）从学校组织的教职员工的特点出发，学校组织是一个更需要人文关怀的组织。

（3）从学校组织的任务、目标来看，学校组织是一个受到多重影响的、具有多重标准的组织。

2. 学校组织的结构模式

常见的学校组织结构模式有直线型学校组织、职能型学校组织、直线-职能型学校组织、矩阵型学校组织、事业部型学校组织。其中最常见的是直线-职能型学校组织。

（1）直线型学校组织。直线型学校组织是一种简单垂直领导的学校组织。这种组织中各种职位直线垂直排列，具体表现为：校长、副校长统一指挥，集中领导各教研组、少先队、后勤等部门。这种组织结构模式简单，统一指挥、集中领导，适用于规模较小的学校。

（2）职能型学校组织。职能型学校组织是强调专业化领导的学校组织。在学校管理层中设教务处、政教处、总务处等职能机构，各职能机构各司其职、地位平等。在其职能范围内，不仅可以直接指挥下级单位的工作，而且可以指挥、监督同级其他职能机构的工作。这种学校组织的一个突出问题是：基层组织受到来自不同职能部门的多重指挥，这种多重指挥难免会出现冲突。

（3）直线-职能型学校组织。直线-职能型学校组织综合了直线型学校组织统一指挥和职能型学校组织发挥专业部门优势而进行管理的优点。它与职能型学校组织的不同之处在于：职能部门无权直接向下级单位发号施令，只能对其进行业务指导，下级单位最终要听从直线部门直接领导的指示。

（4）矩阵型学校组织。矩阵型学校组织是在大型组织中，为克服缺乏横向沟通的弊病，把管理中的垂直联系和水平联系、集权化与分权化有机地结合起来而设计的组织结构。在这种结构中，纵向设有指挥-职能领导关系，横向设有项目-目标协调关系，各职能部门的垂直系统和各项目的水平系统组成一个纵横交错的矩阵。矩阵型学校组织的不足之处是对下属可能形成双重领导，使之难以适从。我国的大学和规模较大的中小学，多采用这种组织形式。

（5）事业部型学校组织。事业部型学校组织是一种典型的用分权形式来管理学校的组织形式。这种组织形式有利于调动各事业部门的办学积极性，为各事业部门培养全面的学校管理人才；但各事业部门存在重复设置管理机构和安排人员的情况，造成学校管理成本增高的现象，同时易于滋生本位主义，忽视学校的整体利益。事业部型学校组织适用于规模较大、有复合教学业务的或有跨地区教学业务的学校。

（二）学校组织机构的基本形式

我国中小学校内组织机构的设置，与学校领导体制改革有着密切关系，同时也与教育教学的内在规律性相关。中华人民共和国成立后，我国中小学校内组织机构历经了几次变革，主要围绕第二管理层级进行改革。1993 年，《中国教育改革和发展纲要》颁布，校长负责制

在中小学全面实行，校长领导下的“两处一室”或“三处一室”的行政性组织机构被进一步确定。其中，“两处”指教导处、总务处，“三处”指教导处、政教处、总务处，“一室”指校长办公室。

我国学校组织机构一般包括两大类：一类是行政性组织机构，这是为完成正常的教育教学任务、维持学校正常运转而设立的；一类是非行政性组织机构，这是为配合、监督、保证学校的各项活动而设立的。这两类组织相互联系、相互支持，共同对学校管理工作发挥作用和发生影响。

1. 行政性组织机构

各部门的主要职责如下。

（1）校长办公室。校长办公室是在校长领导下处理日常校务的办事机构，协助校长处理对外联系、对内协调的工作，负责对外联络、文件收发、报表统计、信息反馈等，通常设主任或干事1~2名。

（2）教导处。教导处是组织和管理学校教学业务的机构，具体领导各科教学研究组、年级组及班主任的工作；同时兼管与教学业务有关的科、室，如实验室、图书馆、文印室等。教导处的日常行政事务包括学籍管理、整理教学档案、成绩统计、安排作息时间、编制课表、组织课外活动等。一般设主任1名、副主任及办事员若干名。

（3）政教处。政教处是管理学生思想工作、组织学校各种德育活动的机构，对各年级组的德育工作负有领导、管理和协调责任。一般设主任1名、副主任及办事员若干名。需要说明的是，不是所有的中学都设政教处，有些规模较小的中学不设政教处，这些学校的德育工作由教导处统一管理和协调；小学一般也不设政教处。

（4）总务处。总务处是组织和管理学校后勤的机构，负责学校的基建工作、物资的供应、设备的维修、财务的支出和报销等事项，同时兼管学校的食堂、宿舍等，其宗旨是为教学服务、为师生服务。总务处一般设主任1名、副主任及办事员若干名。

（5）教研组。学校各科教学研究组，是学校的基层教学活动单位之一，负有组织本学科教学、开展教学研究活动、提高教师教学业务能力等责任。此外，教研组有责任对本学科的教学质量进行监控和评价，发现问题及时提出整改意见。教研组一般由同学科的教师组成，通常设组长一名。

（6）年级组。年级组是同一年级的班主任和任课教师的组织，其任务是了解同年级学生的德、智、体发展的实际情况，沟通班主任与班主任、班主任与任课教师之间的关系，统一认识，统一步调，提高教育质量。年级组长对本年级的教学工作、思想政治工作、体育卫生、课外活动、生产劳动等进行组织安排，落实各项活动，评估活动效果。

2. 非行政性组织机构

非行政性组织机构一般包括党、群、团组织和各种研究性团体，各机构的主要职责如下。

（1）党支部。一般来说，由于中小学学校规模有限，因此不设党委而设党支部或党总支。党支部主要抓好学校师生的思想政治工作，同时还参与学校重大问题的决策，对学校的教学、人事管理等工作负有监督和保证实施的职责。

（2）工会、教代会。大多数中学设有工会组织和教代会组织，其性质属党支部领导下的教职工群众组织。它们是党政联系群众的桥梁，负有下情上传、对学习工作提出批评和建议，推动学校民主管理，依据有关教育法律或劳动法律维护教职工的合法权益，组织教师开展休闲娱乐活动等责任。

3. 共青团、学生会、少先队

共青团、学生会、少先队是党支部领导下的青年教师和学生的群众组织。其中，共青团由青年教师和符合年龄要求的学生组成，参加者须具备一定的条件；学生会和少先队则由学生组成，一般没有严格的加入条件。这三种组织主要围绕青年教师或青少年学生的特点开展活动，活动内容涉及思想教育、教学、文体活动、社会活动等。

4. 研究性团体

一些学校为了更好地开展教育教学活动，成立了相关的研究性组织，如学科教学研究会、文学社、艺术会等。对于这些组织，学校行政应给予热情支持，并积极引导，使之对学校的工作起到有益的辅助促进作用。

（三）学校管理的基本制度

学校管理的基本制度是指对学校各部门、各环节起指导和决定作用的制度。我国现行的中小学基本管理制度，主要是依据国家的教育法律、教育行政规章的各种规定与要求确立的，这是由于基础教育属于国民基本素质教育，中小学不论其办学主体如何，作为社会主义事业的组成部分和实施机构，都必须贯彻实行党和国家的教育方针政策，且其教育对象都是成长中的青少年学生。此外，学校作为国家的事业单位，也必须适应社会主义市场经济发展的需要，服从大局，贯彻实施中央和地方若干带有全局性的改革措施和步骤，并在这一过程中建立起与社会主义市场经济体制相适应的学校基本管理制度，如校长负责制、教职工聘任制、教师职务评审与晋级制度等。以下重点阐述校长负责制。

1. 校长负责制的内涵

校长负责制也称一长制，是我国公办中小学的内部领导体制，是上级机关领导和校长全面负责、党支部监督保障、教职工民主管理的一种体制。校长是学校行政的最高负责人，是学校的法人代表，处于学校管理的中心地位，对外代表学校，对内全面领导和负责教育、教学、科学研究和行政管理工作。校长负责制赋予校长的办学自治权，包括决策权、指挥权、人事权、财经权等。

2. 实施校长负责制的基本要求

实施校长负责制的基本要求如下。

（1）坚持党的领导。

（2）正确处理党政关系。党政分工，职责要明确，充分发挥党、政各自的职能。

（3）正确处理与上级主管部门的关系。实行校长负责制首先是政府行为，只有强化改革意识，简政放权，扩大学校自主权，才能取得显著成效。

（4）正确处理校长和教职工代表大会的关系。必须建立民主管理机制，校长的管理要与教职工的民主管理相结合。

（5）切实建立制约机制。

（6）要做到责权统一，提高管理效能。

（7）校长要提高自身的素质。

3. 完善中小学校长负责制

（1）完善行政管理体系，正确处理教育主管部门与学校的关系；党政分开、管办分离，依法落实学校办学自主权。

（2）健全机制，完善学校内部治理结构，建立自我发展和自我约束机制；扩大民主参与，加强民主决策；完善监督检查和制约机制，规范校长权力运行。

（3）完善中小学校长的任职条件和办法。

（4）推进专业评价，强化外部监督。

（四）小学组织机构有效运行

小学组织机构有效运行必须满足以下条件。

（1）目标明确、功能齐全、党政分开。

（2）组织内部必须实行统一领导，分级管理。

（3）有利于实现组织目标，力求精干、高效、节约。

（4）有利于转换经营机制和提高经济效益与社会效益。

（五）学校组织的发展趋势

现今学校组织具有以下几发展趋势。

（1）学校组织结构网络化。

（2）学校组织结构一体化。

（3）学校组织结构人情化。

（4）学校组织结构个性化。

本章小结

本章主要是从教育科学研究的主要内容、基本过程及学校管理的主要内容和我国小学学校组织与运行等方面进行论述。通过这一章的学习，学生应了解教育科学研究的性质、原则、特点、意义及教学科学研究的基本过程，熟悉教育科学研究常用的几种方法，掌握教育科学研究方法的特点及基本步骤；同时，了解学校管理的内容、要素、目标、原则及方法，熟悉学校组织的特点、结构模式，掌握学校管理的基本制度，为学校科学研究和学校管理提供相应的依据。

思考练习

一、单项选择题

1. 在教育研究文献中，教育文物、教育史专著、名师教育实录等属于（　　）。

A. 事实性文献　　B. 工具性文献　　C. 理论性文献　　D. 经验性文献

2. 有目的、有计划地对事物或现象进行感知以获取资料的研究方法是（　　）。

A. 历史法　　B. 问卷法　　C. 观察法　　D. 文献法

3. 在教育研究中，透过单向玻璃进行的隐蔽性观察属于（　　）。

A. 显性观察　　B. 参与性观察　　C. 隐性观察　　D. 非参与性观察

4. 教育工作者通过控制和操纵自变量，观测因变量，以检验假设的方法是（　　）。

A. 调查法　　B. 实验法　　C. 观察法　　D. 文献法

5. 教育研究主体通过对有意义的教育教学事件的描述与分析，发掘或揭示内隐于这些生活、事件、经验和行为背后的教育思想、教育理论和教育信念，从而发现教育的本质、规律和价值意义的研究方法是（　　）。

A. 经验研究法　　B. 调查研究法　　C. 行动研究法　　D. 叙事研究法

6. 关注教育主体，解释教育现象，运用“深描”的写作手法，以讲故事的方式呈现研究结果。这一教育研究方式被称为（　　）。

A. 调查研究　　B. 行动研究　　C. 叙事研究　　D. 实验研究

7. 在教育调查中，为获取相关资料而对一所学校或一个学生进行的专门调查属于（　　）。

A 全面调查　　B. 重点调查　　C. 抽样调查　　D. 个案调查

8. 在教育研究中，通过考察事物发生的发展过程，揭示其本质和发展规律的研究方法是（　　）。

A. 调查法　　B. 访谈法　　C. 历史法　　D. 实验法

二、简答题

1. 简述教育研究中文献检索的基本要求。

2. 简述教育调查报告的一般结构。

参考文献

[1] 吕炳君．教育学 [M]．上海：同济大学出版社，2019．
[2] 王本陆．课程与教学论 [M]．3 版．北京：高等教育出版社，2017．
[3] 刘岩，王萍．班主任与班级管理 [M]．北京：北京师范大学出版社，2013．
[4] 付学成，吕炳君．班级管理的理论与实践 [M]．北京：北京师范大学出版社，2016．
[5] 吕炳君．教育学基础理论与实践 [M]．北京：北京师范大学出版社，2017．
[6] 孔德英，张大俭．教师必备的教育教学理论 [M]．保定：河北大学出版社，2015．
[7] 张东良．教育学原理 [M]．北京：北京理工大学出版社，2018．
[8] 黎翔．教育学基础 [M]．北京：航空工业出版社，2018．
[9] 路丹．小学教育学 [M]．上海：上海交通大学出版社，2021．
[10] 柳民．现代教育学原理导论 [M]．北京：高等教育出版社，2013．

附　录

教育教学知识与能力真题模拟测试一

一、单项选择题（本大题共21小题，每小题2分，共42分）

1. 在教育史上，重视实科教育，主张学生学习的自觉性，强调教育为完美生活做准备的教育家是（　　）。

A. 夸美纽斯　　B. 赫尔巴特　　C. 斯宾塞　　D. 杜威

2. 在儿童身心发展存在着不同的发展期，某一时期某一方面的发展特别迅速而在其他阶段相对平稳。这一现象体现了儿童身心发展的（　　）阶段。

A. 顺序性　　B. 阶段性

C. 个别差别差异性　　D. 不平衡性

3. 明确提出“长善救失”“教学相长”“不陵节而施”“臧息相辅”等重要思想的文献是（　　）。

A. 《论语》　　B. 《学记》　　C. 《孟子》　　D. 《大学》

4. 在教育目的价值取向问题上，主张教育是为了使人增长智慧，发展才能，生活更加充实幸福的观点属于（　　）。

A. 个人本位论　　B. 社会本位论

C. 知识本位论　　D. 能力本位论

5. 世界各国的学制存在着差异，但在入学年龄、中小学分段等方面却又存在较高的一致性。这说明学制的建立主要依据（　　）。

A. 社会政治经济制度　　B. 生产力发展水平

C. 青少年身心发展规律　　D. 民族和文化传统

6. 学生在小学教学课程中通过测量或拼图学习三角形的内角和为180°，在中学教学课程中通过证明学习三角形的内角和为180°。这种课程内容的组织形式是（　　）。

A. 直线式　　B. 螺旋式　　C. 纵向式　　D. 横线式

7. 某沿海城市在义务教育阶段的学校全面开设海洋教育课程，这种课程属于（　　）。

A. 国家课程　　B. 地方课程　　C. 校本课程　　D. 生本课程

8. 李老师在语文课上，按照组织教学，检查复习，讲授新教材，巩固新教材，布置课外作业的程序进行教学。这体现了（　　）的结构。

A. 单一课　　B. 综合课　　C. 练习课　　D. 复习课

9. 古希腊哲学家苏格拉底创立了“产婆术”，它体现的主要教学方法是（　　）。

A. 教授法　　B. 讨论法　　C. 谈话法　　D. 演示法

10. 有同学在班上丢了30元压岁钱，如何解决这个问题呢？王老师通过讲“负荆请罪”的故事，教育拿了钱的同学像廉颇将军一样知错能改，不久犯错误的同学把钱偷偷地还给了失主。王老师采用的德育方法是（　　）。

A. 榜样示范法　　B. 品德评价法

C. 实际锻炼法　　D. 个人修养法

11. 班主任陈老师通过生杏的酸涩和熟杏的香甜来教育一位早恋的初三女生，告诉她，谈恋爱和吃杏子是一样的道理，中学生还没有生长成熟，此时若谈恋爱，就如同吃生杏子一般，只能又苦又涩；只有到成熟后再去品尝，才会香甜可口，无比幸福，从而使这位女生从早恋中走了出来。这体现了德育的（　　）原则。

A. 知行统一原则　　B. 长善救失原则

C. 有的放矢原则　　D. 疏导原则

12. 学习游泳之前，小兰通过阅读书籍记住了一些与游泳相关的知识。小兰对游泳知识的记忆是（　　）。

A. 陈诉性记忆　　B. 程序性记忆　　C. 瞬时记忆　　D. 短时记忆

13. 小军由于对锐角三角形知识掌握不好而影响了对钝角三角形知识的掌握，这种现象属于（　　）。

A. 纵向迁移　　B. 横向迁移　　C. 顺应迁移　　D. 重组迁移

14. 小马上课时害怕回答问题，他发现自己坐在教室后排时可减少老师对他提问的次数，于是，他总坐在教室后排。下列的（　　）方式导致了小马愿意坐在后排。

A. 正强化　　B. 负强化　　C. 延迟强化　　D. 替代强化

15. 小星判断道德问题时，不仅能依据规则，而且能出于同情和关心做出判断，根据皮亚杰道德认知发展理论，小星的道德认知发展处于（　　）。

A. 自我中心阶段　　B. 权威阶段　　C. 可逆阶段　　D. 公正阶段

16. 中学生晓楠极端争抢好胜，性格急躁，富有竞争意识，外向，常常处于紧张状态，很难使自己放松。小楠的人格属于（　　）。

A. A 型人格　　B. B 型人格　　C. C 型人格　　D. D 型人格

17. 小强期中考试失利，但是他没有气馁，而是认真分析了失败的原因，找到了问题，确定了新的方向，小强这种对待挫折的方式是（　　）。

A. 宣泄　　B. 升华　　C. 补偿　　D. 认知重组

18. 中学生小艾上学前总是反复检查书包，如果不检查，他就难受，明知该带的文具都带了，就是控制不住。小强的这种症状是（　　）。

A. 抑郁症　　B. 焦虑症　　C. 强迫症　　D. 恐惧症

19. 华老师认为课堂管理是教学的一部分，课堂管理本身可以教给学生一些行为准则，使学生从他律走向自律，使学生逐步走向成熟，这主要说明课堂管理具有（　　）功能。

A. 维持功能　　B. 导向功能　　C. 发展功能　　D. 调节功能

20. 每学期开学前，王老师总是根据自己所教班级人数、课时量以及备课资料是否充分等来安排自己的教学方式与教学进度。根据福勒与布朗的观点，王老师处于教师成长的（　　）阶段。

A. 关注生存　　B. 关注情境　　C. 关注学生　　D. 关注自我

21. 李老师经常自觉分析自己的讲课过程，全面深入归纳和总结，不断地改善教学行为，提高教学水平。李老师的做法基于（　　）专业发展方式。

A. 教学实施　　B. 教学研究　　C. 自我发展　　D. 教学反思

二、辨析题（本大题共4题，每小题8分，共32分。判断正误，并说出判断理由）

1. 教育具有自身的发展规律，不受社会发展的制约。

2. 知识越多，能力越强。

3. 接受学习一定是意义学习。

4. 根据柯尔伯格的观点，道德发展的阶段性是固定的，相同年龄阶段的人都能达到同样的发展水平。

三、简答题（本大题共4小题，每小题10分，共40分）

1. 简述班主任培养班集体的主要方法。

2. 简述我国新一轮基础教育课程改革的具体目标。

3. 简述短时记忆的特点。

4. 简述学校心理辅导的原则。

四、材料分析题（本大题共2小题，每小题18分，共36分。阅读材料，并回答问题）

1. 材料：周老师总是认真地给学生写评语，把它作为教育学生的途径。他给班上一名淘气学生写了一首打油诗："小赵同学有头脑，就是不爱用正道；上课爱做小动作，插话接话瞎胡闹；学习态度不大好，学习成绩不大妙；你若聪明应知道，有才不用是草包；劝你来期赶紧改，否则成绩更糟糕。"小赵阅后哈哈大笑，也回老师一打油诗："老师写得好，老师写得妙；小赵一定改，决不当草包；不做小动作，头脑用正道；若是做不好，随你老师敲!"

小张迷恋电脑游戏，周老师用心良苦，巧妙把他比喻为电脑，给他的评语是："该主机硬盘超过80G，内存2G，运行绝大多数游戏非常流畅，反应灵敏；显卡强大，画面质量甚高；整体配置非常优良，但该机音效设定不良，常常该发声时没有声音，要安静时却发出杂音；另外，屏保时间设定过短，老师一分钟没操作，就进入休眠状态，修理修理，还是好用的。"后来，小张改掉了迷恋游戏的毛病，对电脑硬件也产生了兴趣。

小黄语文水平高，但有些浮躁，周老师给他的评语如下："汝生于书香门第，通达明理，开朗乐观，时有非常之事，亦处之泰然，好学善守。然汝时有蹉跎之意，数情烦甚。若不熟读圣贤之书，以致学识浅薄，泯然众人，岂不哀哉，痛哉!"小黄阅后，心服口服，决心静下心来，坚持勤奋读书。

问题：

（1）周老师给学生写的评语体现了那些德育原则?

（2）请结合材料加以分析。

2. 材料：小明和小罗今年高三，是一对好朋友。两人在处理问题的认知风格方面有较大差异。小明在学习上遇到问题时，常常利用个人经验独立地对其进行判断，喜欢用概况与逻辑的方式分析问题，很少受到同学与老师建议的影响。而小罗遇到问题时的表现常常与小明相反，他更愿意倾听老师和同学们的建议，并将他们的建议作为分析问题的依据。另外，他还善于观察生活，关注社会问题。

问题：

（1）结合材料分析小明和小罗的认知风格差异。

（2）假如你是他们的老师，如何根据认知风格差异展开教学?

教育教学知识与能力真题模拟测试二

一、单项选择题（本大题共20小题，每小题1.5分，共30分）

1. “君子如欲化民成俗，其必由学乎。”《学记》中这句话反映了（　　）。

A. 教育与经济的关系　　B. 教育与科技的关系

C. 教育与政治的关系　　D. 教育与人口的关系

2. 马克思认为，造成人的片面发展的根本原因是（　　）。

A. 个人天赋　　B. 社会分工　　C. 国家性质　　D. 教育水平

3. 在教育活动中，构建民主、和谐、融洽的师生关系的主导因素是（　　）。

A. 学生　　B. 家长　　C. 教师　　D. 文学艺术活动

4. 在小学课外活动中，学生摄影小组举办的摄影作品大赛属于（　　）。

A. 游戏活动　　B. 学科活动　　C. 科技活动　　D. 文学艺术活动

5. “捧着一颗心来，不带半根草去。”陶行知这句话强调的是教师应具有（　　）。

A. 深厚的教育理论知识　　B. 高尚的教师职业道德

C. 广博的文化科学知识　　D. 较强的教育教学能力

6. 将观察法分为系统观察和非系统观察的依据是（　　）。

A. 观察条件是否认为控制

B. 观察活动是否有规律

C. 观察者是否直接介入活动

D. 观察内容是否有设计并有结构

7. 假如小学生被狗咬伤，教师首先应采取的处理方式是（　　）。

A. 立即包扎伤口

B. 在伤口的近心端用绳子扎紧

C. 用肥皂水、高锰酸钾溶液或双氧化氢等冲洗伤口

D. 不做处理，直接送往医院

8. 成成同学在回答问题时能触类旁通，不墨守成规，说明其思维具有（　　）。

A. 广阔性　　B. 流畅性　　C. 变通性　　D. 独创性

9. 学生的学习是基于自己的经验，主动接受新的信息，并对其意义进行重构的过程，这一观点属于（　　）。

A. 有意义接受学习理论　　B. 建构主义学习理论

C. 信息加工学习理论　　D. 联结主义学习理论

10. 小强不按时完成作业，妈妈就禁止他看动画片，一旦按时完成就取消这一禁令，随后小强按时完成作业的次数增加了。这属于（　　）。

A. 正强化　　B. 负强化　　C. 自我强化　　D. 替代强化

11. 根据皮亚杰的道德发展阶段理论，小学低年级儿童常常认为听父母和老师的话就是好孩子，只是因为其道德发展处于（　　）。

A. 权威阶段　　B. 公正阶段　　C. 可逆性阶段　　D. 自我中心阶段

12. 儿童多动症的核心特征是（　　）。

A. 活动过多　　B. 冲动任性　　C. 注意障碍　　D. 学习困难

13. 课程是“组织起来的教育内容”，最早提出这一观点的是（　　）。

A. 斯宾塞　　B. 布鲁纳　　C. 赫尔巴特　　D. 夸美纽斯

14. 学校利用板报、橱窗、走廊、墙壁、雕塑、地面、建筑物等作为媒介，旨在体现教育理念，实现育人功能。在课程分类中，这属于（　　）。

A. 学科课程　　B. 活动课程　　C. 显性课程　　D. 隐形课程

15. 学习了《坐井观天》一课，学生学会了“信、抬、蛙、答”等生字，理解并熟记“无边无际”“坐井观天”等词。按照三维目标的要求，这主要达成的教学目标是（　　）。

A. 知识与技能　　B. 过程与方法

C. 认知与实践　　D. 情感态度与价值观

16. 能让学生充分交流互动并有利于发挥其主体作用的教学组织形式是（　　）。

A. 道尔顿制　　B. 个别教学　　C. 分组教学　　D. 文纳特卡制

17. 课堂教学中，课堂课桌和课椅的摆放方式会影响教学方法的运用效果。一般来说，“秧田型”的摆放方式最适合的教学方法是（　　）。

A. 实验法　　B. 讲授法　　C. 探究法　　D. 讨论法

18. 教师通过听写英语单词了解和评价学生的掌握情况，这种评价方式属于（　　）。

A. 测验评价　　B. 量表评价　　C. 实作评价　　D. 档案袋评价

19. 《义务教育数学课程标准（2011 版）》规定：小学第一学段初步认识分数和小数的意义，第二学段理解分数和小数的意义。这部分内容采取的教学组织方式是（　　）。

A. 直线式　　B. 圆周式　　C. 螺旋式　　D. 横线式

20. 张老师在课堂上出示了一个钟表模型，通过对三个指针的操作，帮助小学生理解“时、分、秒”的概念，这体现了教学的（　　）。

A. 巩固性原则　　B. 直观性原则

C. 循序渐进原则　　D. 因材施教原则

二、简答题（本大题共 3 小题，每小题 10 分，共 30 分）

1. 简述加德纳的多元智能理论。

2. 简述主观能动性在个体发展中的作用。

3. 简述班主任了解、研究学生的主要内容。

三、材料分析题（本大题共 2 小题，每小题 20 分，共 40 分）

1. 材料：在某小学新教师入职培训中，围绕“什么样的老师是真正的好老师?”这一问题，大家展开热议。有的老师说“好老师是热爱学生的老师”，有的老师说“好老师应该为人师表”，还有的老师说“教学好才是好老师”……

这时，培训教师跟大家分享了一位作家的故事：“小时候，我非常胆小害羞，上课从不主动举手发言，老师也从不叫我回答问题。一次，我写了一篇题为‘每一片叶子都有一个灵魂’的作文。上课时，老师轻轻地走到我的面前，问我是否愿意和大家分享我的作文。她的话语是那么柔和，那么亲切，让我无法拒绝。我用颤抖的声音读完了作文，她感谢了我。下课了，当我走到教室门口时，她建议我养成写日记的习惯，将来也可以从事这方面的工作。这些我都做到了。”

这个故事引起了大家关于“好老师”更深层次的思考。

问题：

（1）结合材料，试分析“什么样的老师才是好老师”。(10 分)

（2）试述小学教师如何为儿童发展提供适合的教育。(10 分)

2. 材料：语文老师在教古诗《春晓》时，小龙禁不住发问：“老师，诗人春天好睡觉，连天亮都不晓得，那他夜里怎么能听见风雨声呢?”老师不假思索地说：“这有什么奇怪的，早上起床到外面一看不就知道了嘛。”小龙还想追问，老师不耐烦地摆摆手，让他坐下，并说道：“大家在课堂上要认真听讲，不要随便提问。”教室里顿时安静下来，小龙也尴尬地低下头。

问题：

（1）结合材料评析这位教师处理学生课堂提问的做法。(10 分)

（2）谈谈教师怎么保护和培养学生的问题意识。(10 分)